河出文庫

決定版
第二の性
Ⅱ 体験 下

S・ド・ボーヴォワール
『第二の性』を原文で読み直す会 訳

河出書房新社

目次

第二部　女が生きる状況（承前）

第三部　自分を正当化する女たち

第四部　解放に向かって

上巻目次

凡例

1 原注は、＊を付し、傍注とした。ただし、引用文の出典のみの場合は（　）で括って本文中に示した。

2 原注に加えて、本文中の人名・地名等で注釈が必要と思われる項目には訳注を付した。長い訳注となる事項には＊を付して傍注にまとめ、短い訳注は〔　〕で括って本文中に示してある。

3 訳文中、特に解説が必要と思われる用語には†を付し、「用語解説」としてまとめて巻末に示した。

4 本文に引用されている各文献は、邦訳があるものは可能な限りその邦題を当てた。

決定版　第二の性

II　体験　下

第二部　女が生きる状況（承前）

第六章　母親

母親になることによって、女はその生理的運命をまっとうする。それは女の「自然的な」使命である。女の身体は全体が種（しゅ）の維持のために方向づけられているからだ。しかし、すでに述べたように、人間社会はけっして自然のままになっているわけではない。とくにここ百年ほど前からは、生殖機能は単に生物学的偶然のみに支配されるのではなく、意志によってコントロールされるようになっている。[*1] いくつかの国ではバースコントロールの適切な手段が公式に採用されている。カトリックの影響下にある国でも、ひそかに行なわれている。男が膣外（ちつがい）射精をしたり、女が性交のあとで精子を体外に除去したりするのだ。これはしばしば恋人たちや夫婦のあいだで争いや恨みの種（たね）になる。男は自分の快楽を見張っていなければならないことに苛立（いらだ）ち、女はわずらわしい洗浄を嫌がる。男は女のあまりにも多産な腹を恨み、女は自分の体内に生命の種子が残されたかも

＊1　〔原注〕バースコントロールと中絶の問題の歴史については、I巻第一部「歴史」V、二六二頁以下を参照。

しれないと心配する。そして、用心したにもかかわらず「できてしまった」ときは、二人とも茫然（ぼうぜん）としてしまう。こういうケースは、避妊方法が初歩的な国ではよくあることだ。そういう場合、反・自然はとりわけ深刻なかたちをとる。妊娠中絶である。バースコントロールを許可している国でも中絶は禁じられているが、そうした国では中絶に頼る場合がずっと少ない。しかしフランスでは、中絶は多くの女たちが余儀なく受けている手術であり、大部分の女たちの性生活につきまとっている。

ブルジョア社会がこれほどその偽善をあらわにしている問題は少ない。中絶は嫌悪（けんお）すべき罪であり、ほのめかすだけでも慎みがないという。作家は、出産した女の喜びや苦痛を描写するのは結構だが、中絶をした女のことを語ると、品性下劣であり、人間をおぞましい見方で描くと非難される。ところが、フランスでは毎年、出産と同じ数の中絶があるのだ。これは非常に広まっている現象なので、女の条件がふつうに含んでいる危険の一つとして考える必要がある。しかしながら、法律はあくまでも中絶を犯罪と見なす。この慎重を要する手術が非合法で行なわれるよう強いているのだ。中絶の合法化に反対する議論ほど不合理なものはない。反対論者は中絶は危険な手術だと主張する。しかし、良心的な医師たちは、マグヌス・ヒルシュフェルト博士[*1]を支持して、「中絶は、病院で必要な予防措置を施したうえで正規の専門医が行なう場合には、刑法が主張しているような重大な危険をともなうことはない」と認めている。逆に、現状のようなやり方だからこそ、中絶が女を大きな危険にさらしているのだ。「堕（おろ）し屋」の力量不足や手術の行なわれる条件のせいで、時には致命的な、多くの事故が生じている。不本意な出産をしても、親には養育能力がないだろうから、養護施設のいけにえか「被虐待児」になる虚弱な子どもを世の中に放り出すことになる。さらに、胎児の権利を擁護するのにこれほど熱心な社会が、生まれた子どもたちには関心を示さなくなることも指摘しておかなければならない。養護施設という名の、この破廉恥な施設の改革に取り組む代わりに、無資格の中絶施術者たちを訴追する。だが、孤児たちを体罰執行者に引き渡す責任者たちは自由の身にしておく。「少年院」や私宅で児童虐待者たちが行なっているひどい横暴には目をつぶっている。そして、胎児はそれを宿している女のものであるとは認めないのに、生まれた子どもは両親のものであると認めるのだ。同じ週のうちに、中絶手術で有罪になったために外科医が自殺するという出来事があり、息子を半殺しにするほど殴打した父親を執行猶予付きで三ヵ月の禁固刑に処するという判決があった。最近では、ある父親が小児ジフテリアにかかった息子の手当てをおこたり、死なせてしまった。ある母親は、神の御意志に無条件におまかせするということで、娘のために医者を呼ぶのを拒否した。墓地で子どもたちがこの母親に抗議の石を投げつけた。しかし、数人の新聞記者たちが憤慨の声をあげたのに対して、一団の善良な方々は子どもは親のものだ、他からの干渉はどんなものであれ許せない、と抗議した。『ス・ソワール』紙に

＊1　ドイツの性科学者。一九二八年、ハヴェロック・エリスと共に「性改革世界同盟」を設立。

よると、今日、「一〇〇万人の子どもが危機に瀕(ひん)している」。『フランス＝ソワール』紙は、「五〇万人の子どもが肉体的・精神的に危険な状態にあると指摘されている」と書いている。北アフリカでは、アラブの女は中絶することができない。自分が産む子どものうち一〇人に七、八人は死ぬが、それを気にするものはいない。苦しく無意味な出産を繰り返すうち、母性的感情は殺されてしまったのだ。こちらの方が道徳的だとするのなら、このような道徳をいったいどう考えればよいのか。胎児の生命をこのうえなく尊重する男たちはまた、成人男子を戦場での死へと追いやるのに最も熱心な人たちであるということも付け加えておかなければならない。

　中絶合法化に反対して持ち出される実際的な理由は、なんら重要性のないものだ。道徳的な理由はというと、これは古くからのカトリックの論法にすぎない。胎児にも魂があるのに、洗礼もせずに殺してしまうと、天国への扉を閉ざすことになるというのだ。注目すべきことに、キリスト教会は成人を殺すことは場合によって許可している。戦争や死刑囚の場合である。しかし、胎児については断固とした人道主義を保持している。胎児は洗礼によって聖(きよ)められていないという。だが、異教徒たちに対する聖戦の際、彼らもまた聖められてはいなかった。そして、そのために殺戮(さつりく)は公然と奨励されたのだ。宗教裁判の犠牲者もおそらく誰も神の恩恵に浴してはいなかったし、今日ギロチンにかけられる犯罪者や戦場で死ぬ兵士たちも同様だ。これらの場合にはすべて、キリスト教会は神の恩恵に託している。教会は、人間は神の手の中の道具にすぎないこと、魂の救済は教会と神によって決定されることを認めている。それではなぜ神が胎児の魂を天に召すことを教会は禁じるのか。もし宗教会議がそれを認めれば、アメリカ先住民の敬虔な虐殺が行なわれた良き時代と同じように、神が反対なさることはないだろう。実際、ここでは道徳とはなんの関係もない頑固な古い伝統にぶつかっているのだ。また、すでに述べた男のサディズムも考慮に入れるべきだ。一九四三年にロワ博士がペタン元帥[*1]に献じた著書は、その顕著な一例である。悪意の記念碑とも言える。彼は中絶にともなう危険を親切そうに強調するが、帝王切開ほど衛生的なものはないと思っている。彼は、中絶は軽罪ではなく重罪と見なされるべきだと主張する。治療的なもの、すなわち妊娠が母体の生命あるいは健康を危険にさらすような場合に関するものでさえも、中絶は禁じるべきだと希望している。彼は、二つの生命のどちらか一方を選ぶとは不道徳だと言明するが、これまでの論法からすれば、母親の方を犠牲にするよう勧めているのだ。胎児は母親のものではなく、独立した存在であると彼は言明する。しかし、同じ「正統派の」医師たちは、母性を賛美するときには、胎児は母体の一部であり、母体を犠牲にして育つ寄生物などではないと断言する。いく人もの男たちが女を解放する可能性のあることは何でも拒否しようとして示すこの執念は、反フェミニズム思想がいかに根強いものかをわからせてくれる。

＊1　第二次大戦中の対独協力フランス政府（ヴィシー政府）の首班。

そのうえ、多くの若い女を死や不妊や病気に追い込んでいる法律は、出生率の増加を確保するうえではまったく無力なのである。合法的中絶の支持者も反対者も一致して認めている点は、抑圧は全面的に失敗であったということだ。ドレリス、バルタザール、ラカサーニュ諸教授によれば、フランスでは一九三三年当時、年間五〇万件の中絶があったようだ。一九三八年に作成された統計（ロワ博士が引用したもの）では一〇〇万件と推計されている。一九四一年にボルドーのオーベルタン博士は、八〇万件から一〇〇万件のあいだと推定している。この最後の数字が最も現実に近いと思われる。一九四八年三月の『コンバ』紙の記事で、デプラ博士はこう書いている。

中絶は風習化している……抑圧は事実上、失敗した……セーヌ県では、一九四三年、一三〇〇件の取り調べがあり、七五〇件が告訴され、三六〇名の女が逮捕された。五一三件が一年未満から五年以上の有罪判決を受けたが、県内で一万五〇〇〇件と推定されている中絶数に比較すると、この数は微少である。フランス全土での告訴件数は一万件である。

さらに、

犯罪だということになっている中絶は、偽善的社会が認めている避妊政策と同様に、あらゆる社会階層になじみのものになっている。中絶した女の三分の二が結婚している……概算して、フランスでは出産と同数の中絶があると言える。

手術がしばしば悲惨な条件のもとで行なわれるため、多くの中絶が妊婦を死にいたらしめる。

一週間に二人の割合で、中絶した女の遺体がパリ法医学研究所に届く。また、治癒の見込みのない病気を引き起こす場合も多い。

時には、中絶は「階級犯罪」だと言われてきた。それは大体において真実だ。避妊法はブルジョア階級の方がずっと普及している。家に化粧室があるために、水道のない労働者や農民の場合に比べて、避妊の実行も容易である。ブルジョア階級の娘たちは、他の階級の娘たちよりも用心する。夫婦の場合にも、子どものための負担は他の階級ほど重くない。貧困、住宅難、女が家庭外で働かなければならないことなどが中絶の原因のなかで最も多い。夫婦が出産を制限しようと決心するのは、二回めの出産の後が最も多いようだ。だから、醜悪な顔をした中絶女は、腕に二人の金髪の天使を抱いてあやしているあの美しい母でもある。同じ女なのだ。一九四五年十月の『現代』誌に載った「大部屋」というドキュメンタリー記事で、ジュヌヴィエーヴ・サロー夫人は、彼女が入院していた病院の一室のさまを描いている。その病室には搔爬（そうは）を受けた患者が多く、一八人中一五人が流産で、その半数以上が故意に起こしたものだった。九号の患者はパリ中央市場の運搬作業員の妻で、二度の結婚で一〇人の子を産んだが、そのうち三人しか残っていなかった。七回流産したが、うち五回は故意のものだった。彼女はよく「金属棒」のテクニックを用いたが、それを得々と説明したり、使用した錠剤の名前を同室者たちに教えていた。十六号は十六歳で、既婚だったが、何度か浮気をし、中絶が原因で卵管炎にかかっていた。三十五歳の七号の患者は、こう言っていた。「結婚して二十年になるけど、夫を好きだと思ったことは一度もないの。二十年間品行方正よ。それが三ヵ月前に恋人ができて。一度だけ、ホテルの部屋で。妊娠してしまって……だから仕方ないでしょう。堕したの。このことは誰も知らないわ、夫も……彼も。これでおしまい。もう二度とこんなことはしないわ。とてもつらいもの……搔爬のことを言ってるんじゃないの……ちがう、ちがう、それとは別よ。つまり……自尊心、ね」。十四号は五年間に五人産んだ。四十歳だというのに、老女のように見えた。どの女にも絶望からくる諦（あきら）めがあった。「女は苦しむためにできてるのよ」と、彼女たちは悲しげに言うのであった。

この試練の深刻さは、状況によってかなり違ってくる。ブルジョア的な結婚をしたり、男の援助を受け、扶養されて快適な生活をしている、お金も縁故もある女は有利である。まず、ずっと容易に「治療上」の中絶許可を手に入れる。必要とあれば、中絶が自由に認められているスイスまでの旅費をまかなうこともできる。婦人科学の現状では、衛生上の措置を万全にし、場合によっては麻酔を用いて、専門医が行なえば簡単な手術である。公的援助を得られない場合でも、こういう女たちは同じくらい確実な裏の手を見つける。適切な連絡先を知っており、十分なお金をもっていて妊娠の月の進まないうちに良心的な手当てを受けることができる。彼女たちは手厚く扱ってもらえる。これらの特権的立場の女たちのなかには、この程度のことなら健康にもいいし、肌につやを与えるなどと言う者もいる。それに反して、独りぼっちでお金もなく、周囲の人たちに許してはもらえるはずのない「過ち」を隠そうとして、「罪」へと追い込まれていく娘の苦境ほど哀れなものはない。フランスでは毎年、約三〇万人の事務員、秘書、学生、工場労働者、農家の女たちがこういう目にあっているのだ。婚外出産はまだ恐ろしい汚点なので、未婚の母になるよりは自殺や嬰児殺しの方がましだと思う女が大勢いる。どんな刑罰も彼女たちに「子どもを堕す」のをやめさせることはできないだろう。何万もの同じようなケースでよく出会う一つの例が、リープマン博士の収録した告白のなかに語られている（『青少年期とセクシュアリティ』）。靴屋と女中のあいだに婚外子として生まれたベルリン娘の話である。

　十歳年上の近所の息子と知り合って……愛撫されるのは初めての経験だったので、されるままになっていました。でもそれはまったく恋愛なんかじゃなかったのです。

彼は、私にいろいろと手ほどきしました。女のことを書いた本を私に読ませたりして。結局、彼に処女を与えました。二ヵ月待って、スプーズの幼稚園の先生の職につこうというとき、私は妊娠していました。その後の二ヵ月間も、月経はまったくありませんでした。私を誘惑した男は手紙で、是非とも、月のものが戻ってくるようにしなければならない、石油を飲み、軟石鹸を食べるようにと書いてきました。私が耐え忍んだ苦痛をここでお話しすることは、もうとてもできません……私は独りぼっちでこの悲惨の行きつくところまで行かなければなりませんでした。子どもが生まれる心配は私に恐ろしいことをさせました。そのとき、私は男への憎しみを知ったのです。

紛れこんでいた手紙でこの事情を知った幼稚園の牧師が、長々とお説教をし、彼女は男と別れたが、まるで汚らわしいものを避けるように扱われる。

一年半、少年院にでも入っていたようでした。

その後、彼女はある教授のところで子守りになり、そこに四年間いた。

その頃、私はある役人と知り合うことができました。本当に愛せる人ができて幸せでした。愛情をこめてすべてをこの人に与えました。彼との関係の結果、二十四歳のとき、元気な男の子を産みました。その子はいま十歳です。父親にはもう九年半会っていません……私は二五〇〇マルクという額は不十分だと思ったし、彼の方では、子どもが彼の姓を名乗るのを拒否して認知してくれなかったからです。私たちの仲は終わったのです。もうどんな男も私に欲望を感じさせることはありません。

女に子どもを始末するよう説得するのは、多くの場合、誘惑した男自身である。あるいはまた、妊娠に気づいたとき、女がすでに捨てられていることもあれば、自分の不運を寛大にも男に隠そうとしたり、男にどんな助けも見出せないでいることもある。時には、女がしぶしぶ子どもを宿したままでいることもある。すぐには子どもを堕す決心がつかないとか、どこですればよいのか連絡先をまったく知らないとか、お金がないとか、役にも立たない薬を試していて時機を逸したとかいう理由からである。子どもを始末しようとする頃には、妊娠三ヵ月、四ヵ月、五ヵ月めにさしかかっていて、中絶は初期の数週に比べるとずっと危険で、苦しく、厄介なものになるだろう。女はそれを知っている。しかし、こうした苦悩と絶望の状況のなかで、女は思い切って処置をするのである。田舎では、ゾンデの使用はほとんど知られていない。「過ちを犯した」農家の女は納屋の梯子から落ちたり、階段の上から身を投げたりするが、たいていは怪我だけしてなんの成果もない。こうして、垣根や、茂み、汲み取り便所の中などに首を絞められた小さい死体が見つかることになるのだ。都会では女たちは互いに助け合う。しかし、「堕し屋」を見つけるのは簡単ではないし、請求額を工面するのはもっと大変だ。妊娠した女は友だちに頼むか、自分で処置する。これらのにわか外科医はたいてい、ほとんど知識がない。彼女たちは金属棒や編み棒で、ややもすると傷をつけてしまう。ある医者が私に話してくれたことだが、一人の無知な料理女が子宮に酢を注入しようとして、膀胱に入れてしまい、ひどい苦痛を引き起こしたという。乱暴な誘発作用と、手当ての悪さのせいで、しばしば流産は普通の出産よりもずっと耐えがたいものになり、癲癇の発作に近い神経障害を併発したり、重い内科の病気を誘発したり、出血死を招いたりすることもある。コレットは『意地悪女』のなかで、ミュージック・ホールの踊り子が無知な母の手にかかって苦しみながら死んでいく場面を描いている。それによれば、よく使われた手段は、濃い石鹼水を飲んで十五分間走ることである。これでは子どもを始末する代わりに母親を殺してしまう。あるタイピストが、人を呼ぶのが怖くて、飲まず食わずで三日間、自分の部屋で血まみれになっていたという話を聞いたこともある。死の脅威と罪や恥の脅威が交錯するなかで見捨てられている状態ほど恐ろしい遺棄を想像することはできない。貧しい女でも、結婚していて、夫と同意のうえで事を運び、必要以上の良心の呵責に苦しめられない場合には、試練の過酷さは少なくなる。あるソーシャルワーカーの話では、「貧民街」では、女たちが互いに助言しあい、道具を貸してやり、足の魚の目を取るときと同じくらい簡単に助け合っているという。しかし、彼女たちも激しい肉体的苦痛を免れることはできない。病院は流産しかかっている女を受け入れる義務があるが、陣痛のあいだも掻爬手術のあいだも一切の鎮痛剤を与えるのを拒んで、残酷な罰を与えるのだ。とりわけジュヌヴィエーヴ・サローが集めた証言にあるように、あまりにも苦しむことに慣れてしまった女たちはこのような迫害行為に憤慨さえしない。しかし、彼女たちは浴びせかけられる屈辱には敏感である。手術が闇で行なわれ、犯罪になるという事実が、危険度を倍加し、この手術をおぞましく、不安なものにしている。苦痛、病気、死が懲罰のかたちをとる。苦痛と拷問、事故と懲罰のあいだには大きな違いがある。女は自分が引き受ける危険をとおして自分に罪があると感じるのであり、とくに耐えがたいのは苦痛と過失にこのような解釈が与えられることなのだ。

このドラマの道徳的側面がどれくらい強く感じとられるかは、状況に応じて差がある。財産や社会的地位、自分の属する自由な環境のおかげで非常に「解放されている」女たち、また、貧困や悲惨によってブルジョア的道徳への軽蔑を学んだ女たちにとってはあまり問題にならない。多かれ少なかれ嫌な時期を過ごさなければならないが、その時期をやり過ごせば、それでおしまいだ。しかし、多くの女たちは道徳に怯えている。彼女たちにとって道徳は、それに自分の素行を合わせることはできなくても、やはり威厳のあるものに見えているのだ。彼女たちは内心では掟を尊重していて、それに背いたり、罪を犯すことに苦しむ。さらに、自分のために共犯者を見つけなければならないことにいっそう苦しむ。まず、人に懇願しなければならないことに屈辱を感じる。連絡先、医者や助産婦の手当てについて懇願しなければならない。偉そうにがみがみ言われたり、品位を汚すような共謀に身をさらしたりもする。故意に人を罪に引きずり込むこと、このような状況を大部分の男は知らぬふりをしているが、女は恐れと恥の交錯するなかでそれを経験するのだ。女は、手術を求めながらも、本心では拒否していることも多い。彼女の内面は二つに引き裂かれている。彼女の自然な欲求は、生まれるのを彼女自身が拒んでいるその子をそのままにしておきたいということであるかもしれない。母になることを、たとえ積極的に望んでいないとしても、自分のしている行為の両義性を感じている。というのも、中絶は殺人だというのは本当ではないにしても、ただの避妊手段と同一視することもできないからだ。一つの絶対的な始まりである事態が起こり、その発展を止めてしまうのだ。生まれなかった子どもの記憶に悩まされる女たちもいる。ヘレーネ・ドイッチュは、ある既婚女性のケースを例に引いている（『女性の心理』）。その女性は心理的には正常で、生理的条件のせいで三ヵ月の胎児を二度なくしたのだが、二つの小さな墓をつくらせ、後に何人もの子どもを生んでからも、敬虔に弔っている。まして、流産が人工的なものである場合、女は罪を犯したという気持ちを抱くだろう。子どもの頃、新しく生まれた弟に嫉妬して、死ねばいいのにと願ったあとで感じた後悔の念がよみがえる。それに今度は本当に子どもを殺してしまったことで、女は罪を感じるのだ。この罪悪感が病的憂鬱症となって現われることもある。人の命を奪ってしまったと考える女とならんで、自分自身の身体の一部を切断されたように思う女も多い。そこから、この切断に同意したり勧めたりした男への恨みが生じる。H・ドイッチュはまた、ある娘のケースを例に引いている。その娘は恋人を心から熱愛していて、二人の幸福の邪魔になるだろうからと、子どもを処分することを自分の方から主張した。ところが、退院すると、自分が愛していたその男に会うことを永久に拒絶したのだ。このようにきっぱり別れるのはめずらしいが、逆に、男全体に対して、あるいは自分を妊娠させた男に対して、女が不感症になるというのはよくあることだ。

男は中絶を軽く扱う傾向がある。彼らは中絶を自然の悪戯（いたずら）が女に運命づけている数々の事故の一つだと見ていて、そこに関わっている価値については考慮しない。男の倫理が最も根源的に自らに異議を唱えるとき、まさに、女は女であることの価値、自分自身の価値を否定する。女の道徳的未来はそれによって動揺する。実際、子どもの頃から女は産むためにできているのだと繰り返し教えられ、母性の讃歌（さんか）を聞かされてきた。女であるがための不便——月経、病気など——、退屈な家事、これらすべては子どもを産むという女だけのすばらしい特権のために当然のこととされてきた。ところが、男は自分の自由を守るため、自分の将来が不利にならないようにするため、自分の職業上の利益のため、女に雌としての勝利をあきらめろと要求する。もはや子どもはかけがえのない宝ではなくなり、産むことは神聖な役割ではなくなる。この繁殖は偶発的な、煩（わずら）わしいものとなる。これもまた女であることの汚点の一つなのだ。それに比べれば、月経という月毎（ごと）の苦役も祝福されたものに思える。こうして、少女を恐怖に陥（おとしい）れたあの赤い排出物がまた戻ってくるようにと心配しながら待ちわびるのだ。以前には子どもを産む喜びのためだと慰められたのに。たとえ中絶に同意し、それを望んだとしても、女は自分が女であることを犠牲にするのだと感じる。結局、女は自分の性を、もって生まれた不運、一種の欠陥、危険と見なさなければならなくなる。この否定を極端にまで押し進め、中絶による心的外傷(トラウマ)の結果、同性愛者になる女もいる。しかし男は、自分の男としての人生で成功するために女に女の肉体がもつ可能性を犠牲にするよう要求するとき、同時に、男の道徳規範の偽善を暴露しているのだ。男たちは一般論としては中絶を禁止しているが、個々の場合にはそれを便利な解決策として認める。彼らは軽はずみな臆面(おくめん)のなさで矛盾したことを言うことも可能だ。しかし女はこの矛盾を自分の傷ついた肉体をとおして体験する。女はふつうは臆病で、男の欺瞞(ぎまん)に敢然として反抗することができない。女は、自分が不当な仕打ちの犠牲者で、不本意にも有罪にされていると思いながら、汚(けが)され、辱(はずかし)められたと感じる。男の過失を具体的、直接的に、それ自体として体現するのは女なのだ。過失を犯した男は、それを女に押しつけて厄介払いをする。男は、哀願あるいは脅しの口調や、理性的あるいは怒り狂った口調で、ただ言葉をあやつるだけだ。それも言った後ではすぐに忘れる。これらの言葉の意味を苦痛と血によって表現するのは女である。時には、男は何も言わず、立ち去ってしまう。けれども、その沈黙と逃走は、男の作った道徳規範の矛盾をさらにいっそう明白に反証するものだ。女性蔑視の男たちの好むテーマだが、女の「不道徳性」ということに驚いてはいけない。男が公(おおやけ)には標榜(ひょうぼう)

しながら蔭（かげ）では本心を暴露するこの尊大な原則に対して、どうして女が内心の疑念を感じないでいられようか。彼女たちは、男たちが女を称賛して言うことも男を称賛して言うことも、もう信じなくなる。確かなことは唯（ただ）一つ、このひっかきまわされ血を流している腹、この赤い生命の断片、子どものこの不在である。女が「さとり」始めるのは、最初の中絶のときだ。彼女たちのうちの多くの者にとって、もはや世界はけっして以前とまったく同じ姿ではありえない。しかし、今日フランスでは、避妊方法が普及していないために、中絶は、貧窮で死んでいくことになる子どもを産みたくない女に開かれた唯一（ゆいいつ）の方策なのだ。シュテーケルの言ったことは正しい。「中絶禁止は不道徳な法律である。なぜなら、それは毎日、毎時、否応（いやおう）なく侵犯されざるをえないのだから」（『不感症の女』）。

*

バースコントロールと合法的中絶は女が妊娠・出産を自由に引き受けることを可能にするだろう。実際は、女の妊娠を決定するのはしっかりした意志による部分と、偶然による部分がある。人工授精が一般化された医療行為となっていないかぎり、女が出産を望んでもそうできないこともある——男性との付き合いがなかったり、夫に生殖能力がなかったり、自分に欠陥があったりという理由で。逆に、産みたくないのに産まなければならない場合も多い。妊娠・出産は、反抗や諦めのうちに進行するか、あるいは満足、感動のうちに進行するかに応じて非常に異なった体験になるだろう。若い母親が告白する決意や感情は必ずしも心の奥底の願望と一致していないということに留意しなければならない。未婚の母になった女が、突然ふりかかってきた負担に実質的に押しつぶされ、嘆きを隠さないとしても、ひそかに育(はぐく)んできた夢の充足を子どものなかに見出すこともありうる。逆に、妊娠を喜びと誇りの気持ちで迎える若妻が、口には出さないが妊娠を恐れ、自分でも認めたくない、小児期の強迫観念、幻想、思い出などをとおして妊娠を嫌悪(けんお)していることもありうる。こうしたことが、この問題について女があまり口を開きたがらない理由の一つとなっている。彼女たちの沈黙は、一つには、女だけに固有のものである経験を神秘のヴェールで包んでおきたいからだが、また、自分の心中に起こっている矛盾や葛藤(かっとう)に当惑しているからでもある。「妊娠時の不安は、分娩(ぶんべん)の苦痛の夢と同じように完全に忘れてしまう夢である」（N・ハーレ）と、ある女は言っている。彼女たちが忘却のなかに埋めてしまおうとするのは、そのとき彼女たちに明かされた複合的な真実なのだ。

すでに見たように、女は幼少期や思春期に母性に関していくつかの段階を経過する。ごく幼い頃には、母性は奇跡であり、遊戯である。所有し支配する対象を人形に見出し、将来生まれるだろう子どもにそれを予感する。思春期には、逆に、そこに自分の大切な人格の完全性を脅(おびや)かすものを見る。コレット・オードリーの作品の女主人公が打ち明けているように、猛然として母性を拒否するのだ。

砂の上で遊んでいる小さな子どもたちはどの子も女から出てきたのだと思うとぞっとした。この子どもたちを支配し、下剤をかけ、お尻をたたき、洋服を着せ、あらゆる方法で堕落させる大人たちにもぞっとした。ぐにゃぐにゃ柔らかい体からいつでも赤ん坊を繁殖できそうな女たちや、自分の子どもや女たちのぽっちゃりした体を満足げに無関係といった顔で見ている男たちを嫌悪した。私の体は私だけのものだった。自分の体が日に焼け、海の塩にまみれ、ハリエニシダでひっかかれるのが好きだった。私の体は硬いまま、封印されていなければならなかった。(『負けを覚悟の勝負』「子ども」)

思春期の娘はまた、子どもを望みながらも恐れていて、そのために妊娠妄想やあらゆる種類の不安に駆られる。母性のもたらす権威をふりかざすのは好きだが、その責任を十分に果たすことはできない少女たちがいる。ヘレーネ・ドイッチュが例に引いているリディアの場合がそうだ。彼女は十六歳で外国人の家の女中になり、任された子どもたちを驚くほど献身的に世話した。それは彼女が自分の母親と一緒に子どもを育てているつもりになっていた小児的夢想の延長だった。ところが突然、彼女は仕事を怠るようになり、子どもたちに無関心になり、出歩いたり、ボーイフレンドと付き合ったりし始めた。遊戯の時期が終わり、自分の本当の生活を気にかけるようになったのだが、その生活のなかで母性願望はほとんど場所を占めていなかったのだ。子どもたちを支配したい欲望を一生ずっともっているのに、出産という生物学的な任務には嫌悪感を拭えない女たちがいる。そういう女たちは助産婦や看護婦、教師になる。彼女たちは献身的な小母さんだが、子どもを産むのは拒むのだ。また、母になることが嫌で拒否するわけではないが、恋愛とか仕事に夢中になっていて、生活のなかに母性の占める場所のない女たちもいる。あるいはまた、子どもが自分や夫にとって負担になりはしまいかと心配する女もいる。

　性的な関係を避けたり、バースコントロールをしたりして、意図的に妊娠しないようにしている女も多い。しかし、自分では認めていなくても子どもができるのを恐れていて、心理的防衛プロセスが妊娠を妨げているケースもある。そういう女には、医学的検査で認められるような神経性の機能障害が生じる。アルテュス博士はそうしたケースのなかでも顕著な例を引いている。

　H夫人は、母親のせいで、女としての生活の準備ができていなかった。この母親はいつも彼女に、妊娠するようなことになったら最悪の不幸だと言っていたのだ。H夫人は、結婚した翌月に妊娠したと思ったが、誤りだったとわかった。それから三ヵ月してまた妊娠したと思ったが、これも誤りだった。一年経って、婦人科医に診てもらいに行ったが、医者は彼女にも夫にも不妊の原因になるようなものは認められないと言った。三年後に、別の医者に診てもらったが、その医者は、「あまり気にかけないようにすれば、そのうち妊娠しますよ」と言った。結婚後五年経ち、H夫妻はもう子どもはできないだろうと認めた。六年後に子どもが生まれた。(『結婚』)

妊娠を受け入れるか拒否するかは、妊娠一般と同様の要因によって左右される。妊娠中には、本人の小児期の夢想や思春期の不安などがよみがえる。妊娠は、妊婦が母親や夫や自分自身とどういう関係にあるかによって、非常に異なる体験になる。

女は今度は自分が母親になることで、いわば自分を産んだ母親の立場に立つことになる。これこそ女にとって完全な自由である。女がこの自由を心から望んでいる場合は、妊娠したことを喜び、独力で産み月まで頑張ろうと努力する。まだ夫や親の支配下にとどまっていて、それでもかまわないと思っている場合は、逆にふたたび母親の手に自分を委(ゆだ)ねてしまう。生まれた子は、自分の子というよりも弟か妹のように思える。自由になりたいけれども勇気がないという場合、女は子どもが自分を救ってはくれず、束縛することになるのではないかと恐れる。こうした不安が流産の原因になることがある。ヘレーネ・ドイッチュは、夫の旅行に同行するため、子どもが生まれたら自分の母親に預けざるをえないということになったある若い女が死産した例をあげている。彼女は自分が失った子どものことをあまり悲しまないのに驚いた。というのも彼女は子どもをとても望んでいたからである。だが、おそらく彼女は、子どもをとおして自分を支配するであろう母親に子どもを預けることがひどく嫌だったのだ。前にも書いたように、思春期の娘は母親に対して罪悪感を抱いていることが多い。この感情がまだ根強く残っていると、自分の子どもや自分自身に呪(のろ)いがのしかかるのではないかと気をまわす。子供が生まれるとき自分が死ぬのではないか、または、生まれるとき子どもの方が死ぬのではないかと思うのだ。無事に出産にこぎつけられないのではないかという不安、若い女に多いこうした不安を引き起こすのは良心の呵責(かしゃく)である。H・ドイッチュが報告している例を見ると、母親との関係のせいでいかに重大な結果にいたる可能性があるかがわかる。

スミス夫人は、子だくさんだが男の子は一人しかいない家族の末っ子に生まれた。男の子を望んでいた母親には歓迎されなかったが、父親と姉が可愛(かわい)がってくれたおかげで、あまり気に病まずに育った。しかし、結婚して身ごもったとき、子どもを熱烈に欲しがっていたにもかかわらず、自分が以前母親に対して抱いていた憎しみのために自分自身が母親になるという考えを憎むようになった。出産予定日の一ヵ月前、彼女は死産した。二度めに妊娠したとき、彼女はまた同じようなことが起こるのではないかと怖がった。幸いにも仲の良い友人の一人が同じ時に妊娠していた。その友人にはとてもやさしい母親がいて、若い二人の妊婦を守ってくれた。しかし、その友人の妊娠は一ヵ月早かったことがわかり、スミス夫人は一人で出産をやりとげなければならないかと恐れた。驚いたことに、友人は予定日から一ヵ月すぎてもまだ出産せず、二人は同じ日に出産した。二人は次の子も一緒に妊娠しようと約束した。そしてスミス夫人は心配せずに次の妊娠を始めた。ところが三ヵ月めに入ったとき、その友人は町を離れなければならなくなった。それを聞いた当日、スミス夫人は流産した。彼女はその後もう子どもをもつことができなかった。母親の思い出があまりにも重く彼女の上にのしかかっていたのである。

女とその母親との関係に劣らず重要なのは、女とその子どもの父親との関係である。すでに成熟し、独立している女は、子どもを自分だけのものにしておきたいと思うことがある。私もそういう女の一人を知っているが、彼女は男性的な男を見ると目を輝かせるのであった。男に性欲を感じたからではなく、男の種馬としての能力を値踏みしていたのだ。こういう女たちは母性的なアマゾネス〔ギリシア神話。戦闘と狩りを好んだ女人族〕であり、人工授精の奇跡を熱狂的に歓迎する。子どもの父親と生活を共にしている場合でも、彼女たちは子どもに対する父親の権利を拒否し――『息子と恋人』〔D・H・ロレンスの小説〕のポールの母親のように――子どもと二人だけの閉鎖的なカップルを形成

＊1　〔原注〕ヘレーネ・ドイッチュは、子どもが本当に一ヵ月遅れで生まれたことを確認したと断言している。

しようとする。しかしたいていの女は、新しい責任を受け入れるために男の支えを必要とする。誰か男が自分のために献身してくれないと、女は生まれる子どもに喜んで献身することができない。

女がまだ子どもっぽく、内気であるほど、こうした欲求は強い。たとえば、ドイッチュは、ある娘が十五歳で十六歳の男と結婚し妊娠した話を語っている。その娘は幼い頃、いつも赤ん坊が大好きで、母親が弟妹の世話をするのを手伝っていた。しかし、ひとたび自分自身が二人の子どもの母親になると、パニックに襲われた。彼女は絶えず夫にそばにいてほしがった。夫は長時間家庭にいられる仕事に就かなければならなかった。彼女はいつも不安のなかで暮らし、子どもたちの喧嘩を大げさに訴え、毎日のささいな出来事を途方もなく大げさに考えるのだった。多くの若い母親がこんなふうに夫に助けを求めるが、彼女たちの心配事にうんざりした夫を家庭の外に追いやることになる場合もある。ヘレーネ・ドイッチュは他にも興味深い例をあげているが、そのうちの一つは次のとおりだ。

ある若妻は妊娠したと思い、とても幸せだった。だが、旅行に出て夫と離れていたとき、束の間の浮気をしてしまった。彼女は母親になるという満足感にみちあふれ、他のことはすべて、たいしたことではないように思えて、そんなことになったのだ。ふたたび夫のもとに戻り、少したってから、彼女は実は受胎の日付が間違っていたことを知った。それは旅行に出ていた時期だったのだ。息子が生まれたとき、急に彼女は夫の子なのか一時の恋人の子なのか不安になった。彼女は欲しがっていた子どもに対する気持ちがわからなくなった。苦しみ、つらい気持ちで、彼女は精神分析医に助けを求める。そして、夫をその赤ん坊の父親だと思う決心をしたときはじめて子どもに関心をもてるようになった。

妻が夫を愛しているとき、妻は夫がどう感じるかによって自分の気持ちを決めることが多い。妊娠や出産を夫が誇らしく思っているか面倒に思っているかによって、彼女もそれを喜んで迎えたり嫌だと思ったりする。時には二人の関係や結婚の絆（きずな）を強めるために子どもを欲しがることもあり、母親が子どもに抱く愛情は、その計画の成功あるいは失敗に左右される。妻が夫に敵意を感じているときは、状況はまた違ってくる。父親の子どもに対する所有権を拒否して、わが子にすべてをうち込むこともあるし、逆に、嫌な男の子どもだと思って憎むこともある。前にシュテーケルの著書から、結婚初夜のことを引用したH・N夫人は、たちまち妊娠したが、あの恐ろしい乱暴な性の手ほどきによってできた娘を一生嫌っていたという。同じように、ソフィア・トルストイの『日記』のなかにも、初めての妊娠に夫への矛盾した気持ちが反映されているのがわかる。

この状態は肉体的にも精神的にも耐えがたい。肉体的にはいつも具合が悪いし、精神的には、ひどい倦怠、空虚、不安を感じている。そしてリオヴァ〔レフの愛称〕にとって、私はいないのも同然……妊娠している私には彼にどんな喜びも与えられない。

こうした状態で彼女が見出す唯一の快楽はマゾヒズム的なものである。おそらく、夫婦関係がうまくいっていないことが彼女に自己懲罰という小児的な欲求をもたらしたのだ。

昨日からすっかり具合が悪くて、流産するのではないかと心配している。お腹のこの痛みは快感さえ感じさせる。子どもの頃、何か馬鹿なことをしでかしたとき、ママは許してくれたけれど、私は自分を許すことができなかった、あれに似た感じ。私は自分をつねったり、痛みが我慢できなくなるまで手を強くぶったりしたものだった。けれど、それをじっと耐えて、大きな快感を味わった！　……子どもが生まれたら、またあのことが始まるのだわ。嫌だいやだ！　なにもかもうんざりする。時がたつのが憂鬱になる。なにもかも陰気。ああ！　もしリオヴァが！　……

ところで、妊娠はとりわけ、女のうちで自分と自分のあいだで演じられるドラマである。女は妊娠で自分が豊かになったように感じると同時に自分が損われたように感じる。

胎児は女の身体の一部であり、また、女の身体を養分にする寄生物である。女は胎児を所有し、また、胎児によって所有されている。胎児は未来全体を要約している。そして、胎児を自分の胎内に育む女は、自分を世界のように広大だと感じる。しかし、まさにこの豊かさが女を茫然(ぼうぜん)自失させ、女は自分がもはや何ものでもないという印象をもつのだ。新たな存在がそれ自身の存在を主張し、彼女自身の存在をも正当化しようとする。彼女はそれを誇らしく思う。けれども、彼女はまた、自分が得体のしれない力にもてあそばれ、ふりまわされ、犯されているように感じる。妊娠した女に特異なことは、彼女の肉体が自らを超越しようとするその時に内在†として捕らえられることである。彼女の肉体は吐き気や不快感を感じ、自分の内に閉じこもる。彼女の肉体は、自分のためだけに存在するのをやめるその時に、これまでになかったほどかさばってくる。物を作る人や行動する人の超越†には主体性が宿っている。しかし、未来の母親においては主体と客体の対立がなくなる。彼女は自分の身体をふくらませているこの子どもと共に、境界のあいまいなカップルをなし、生命のなかに包み込まれている。自然の罠(わな)に捕らえられた女は、植物であり動物であり、膠質(コロイド)の貯蔵器であり、孵化器(ふかき)であり、卵である。彼女は、自分自身の肉体しかもたない子どもたちを怯(おび)えさせ、若者たちに冷笑される。なぜなら、彼女は人間でありながら、つまり意識、自由でありながら、生命の受動的な道具となっているからだ。生命は、通常は、存在の一つの条件にすぎないが、妊娠すると、創造的なものに見える。しかし、それは偶然性と事実性†のなかで実現される奇妙な創造である。

妊娠と授乳に大きな喜びを感じて、それをいつまでも続けていたいと思う女たちがいる。彼女たちは、赤ん坊が離乳すると、満たされない気持ちになる。こうした女たちは、母親というより「産卵鶏」であり、自分の肉体のために自分の自由を放棄する可能性を懸命に求めている。彼女たちには、自分の身体が受動的で多産であることによって自分の実存が証明されるように思われる。肉体は、まったく活性のないものであるかぎり、低いレベルの超越でさえも具現できない。それは怠惰であり、倦怠である。しかし、新しい生命が芽ばえるとき、肉体は株になり泉になり花になる。肉体は自分を乗り越える。それは充実した現存であると同時に、未来に向かう運動である。かつて女が離乳のときに味わった別離のつらさが償われる。彼女はふたたび生命の流れに浸り、全体のなかに再統合され、果てしなく連なる世代の鎖のひと目として、他の肉体に対して、他の肉体によって存在する肉体となる。男の腕のなかで求め、与えられるとすぐに拒否された融合を、母親は、自分の重い腹の中に子どもの存在を感じるとき、あるいは、自分の胸に子どもを抱きしめるときに実現する。母親は一つの主体に従属する客体ではない。また、自由であるがゆえに不安な主体でもない。母親は生命というこの渾然とした現実なのだ。彼女の身体は、彼女自身のものである子どものものだから、ついに彼女自身のものになる。社会は母親が子どもを所有することを認め、そのうえ、それに神聖な性格をおびさせている。この前まで性愛の対象物であった胸を、母親はおおっぴらに見せびらかすことができる。それは生命の源泉である。宗教画にさえも、胸をあらわにした聖母が息子イエスに人類を赦してくれるよう嘆願している様子が描かれている。母親は、自分の身体と社会的威信のなかに疎外されて、自分がそれ自体としての存在、一つの完成した価値であるという心休まる錯覚を抱くのだ。

けれどもそれは錯覚にすぎない。なぜなら母親は本当に子どもをつくるわけではないのだから。子どもが母親のうちにできるのだ。母親の肉体は子どもの肉体を生み出すだけである。彼女には、実存者自身が築くべきものである実存を代わりに築くことはできない。自由から発する創造は、対象の価値を定め、必然性を与える。一方、子どもは母親の胎内でまだ存在理由をもたず、わけもなく増殖するものでしかない。それは単なる事実にすぎず、その偶然性は死の偶然性と同じものである。母親は子どもというものを欲しいと思う自分自身の理由をもつことはできる。しかし、これから生まれようとしているこの他者にその存在理由を与えることはできない。母親は一般的な身体としての子どもを産むのであって、個別的な実存としての子どもを産むのではない。コレット・オードリーの女主人公が次のように言うのは、彼女がこのことを理解しているからだ。

子どもが私の人生に意味を与えることができると思ったことはなかった。子どもの存在が私のなかに芽ばえ、私は何が起ころうと、たとえそのために死ななければならないとしても、事を早めることもできず、予定日まできちんと育てなければならなかった。そして彼が、私から生まれ出てそこにいた。このように子どもは、私が自分の人生でなすことができたかもしれない作品に似ていたけれども、結局はそうではなかった（『負けを覚悟の勝負』「子ども」）。

ある意味で、受肉[*1]の神秘は一人ひとりの女のうちに繰り返される。生まれる子どもはすべて、人間の姿をとった神である。子どもはこの世に生まれてこなかったら、意識と自由として自分を実現することはできないだろう。母親はこの神秘に手を貸すけれども、それを支配はしない。この存在は彼女の胎内でかたちづくられるが、その究極の真理は彼女の力の範囲を超えている。母親が抱く二つの矛盾した幻想はこうしたあいまいさの表われである。すべての母親は、自分の子どもが英雄になるだろうと考える。このように彼女は一つの意識であり自由である存在を生み出すのだと考えて、感嘆する。しかし同時に障害児や奇形児を生みはしないかと恐れている。なぜなら彼女は肉体のおぞましい偶然性を知っており、自分に宿るこの胎児はただの肉体にすぎないからだ。どちらか一方の神話が優位を占める場合もあるが、たいていの母親は両方のあいだで揺れている。また、もう一つのあいまいさにも敏感である。種という大きなサイクルに捕らえられた母親は、時間と死に抗して生を主張する。こうして彼女は不死を約束される。しかし同時に、「子どもの誕生は親たちの死である」というヘーゲル[†]の言葉の現実性を自分の肉体において実感する。ヘーゲルはまた、親にとって子どもは「彼らの愛から生まれ、彼らの外にこぼれ出た対自存在であり」、逆に、子どもは「源泉からの分離によって、そうすることで源泉が涸(か)れることになる分離によって」対自存在を獲得する、と言っている。この自己超越はまた女にとって死の予兆である。女が出産を想像するときに感じる恐怖はこの現実を反映している。女は自分の生命を失うのを恐れているのだ。

　妊娠の意味はこのように両義的であるから、女の態度が矛盾しているのも当然である。だいいち、その意味は胎児の発達段階に応じて変化する。まず強調しておかなければならないのは、初期の過程では子どもは存在していないということである。子どもはまだ想像上の存在でしかない。母親はこの小さな個体が数ヵ月後には誕生するのを夢見て、揺籠(ゆりかご)や産着(うぶぎ)の用意に精をだすにしても、具体的には自分のなかで起こっている器官的現象をぼんやりと感じているにすぎない。〈生命〉と〈繁殖〉について説教する人のなかには、女は感じた快楽の性質で自分が男によって母親になったことを知る、と神秘的に主張する者もいる。これは破棄するべき神話の一つだ。女が妊娠という出来事をはっきり直観することはない。不確かな兆候から結論を引き出すだけである。月経が止まり、脂肪がついて、乳房が重たくなり痛くなる。目まいや吐き気をおぼえる。時にはただの病気だと思っていて、医者に言われてはじめてわかる。こうして女は、自分の身体がこの身体を超越するという目的をもつものを受け入れたことを知る。自分の肉体から生まれるが、自分の肉体とは異なる小さな肉塊が、日に日に女のなかで太っていく。女は神

＊1　神がキリストとして、人間となって現われること。

秘的な法則を押しつける種の餌食である。そして一般に、この疎外は彼女を恐れさせ、その恐れはつわりとなって現われる。このつわりは、一つには、その時期に生じる胃の分泌の変調によって起こるのであるが、他の哺乳類の雌には見られないこの反応が重大なものになるのは、精神的な原因からである。この反応は、人間の雌において種と個の抗争がおびる深刻な性質を示している（I巻第一部第一章）。女が非常に子どもを欲しがっている場合でも、いざ子どもを産まなければならなくなると、女の身体はまず反抗する。シュテーケルは『不安の神経症状』のなかで、妊婦のつわりはつねに子どもに対する何らかの拒否を示していると断言している。そして、子どもを——自分でもしばしば、なぜかわからないまま——敵意をもって迎えるときは、胃の変調は激化する。

「精神分析学は、嘔吐が妊娠や胎児に対する敵意の表現である場合には、心理的な原因でつわりの症状が激化することがあると教えている」とヘレーネ・ドイッチュは言っている。さらに彼女は、「妊娠の際のつわりの心理的な意味は、しばしば、妊娠妄想からくる若い娘のヒステリー性の吐き気とまったく同じである」[*1]と言っている。どちらの場合にも、口から妊娠するという昔からの考え、小児に見受けられるこの考えが復活したのである。とくに、小児的な女にとって妊娠は、昔と同じように、消化器官の病気と同一視される。ヘレーネ・ドイッチュが引用しているある患者は、自分の吐いたものに胎児の断片が含まれていないか心配して調べていたという。この患者は、こうした強迫観念がばかばかしいことを知っていたとH・ドイッチュは言っている。過食症、食欲不振、拒食症はどれも同じように、胎児を保存したい気持ちと破棄したい気持ちのあいだの動揺を示している。私が知っているある若い女性は、ひどい吐き気と頑固な便秘に苦しんでいたが、ある日、彼女自身が私に「同時に胎児を捨ててしまおうとしたり、そのまま置いておこうと努力したりしている感じがするわ」と言った。これはまさに彼女の欲望を明確に表明するものである。アルテュス博士は次のような例をあげている。要約すると、

T夫人は、強度の吐き気をともなう重い妊娠障害の症状があった……かなり不安な状況で、妊娠中絶を行なうことも考えられるほどだった……彼女はがっかりしていた……簡単な精神分析の結果、次のことがわかった。T夫人は、彼女の感情生活で大きな役割を演じていた寄宿学校時代の旧友で最初の妊娠のせいで亡くなった女性と自分を、無意識のうちに同一視していたのだった。この原因が明らかになると、症状は好転した。二週間後、まだときどき吐き気はあったものの、もう危険な症状はまったくなくなった。(『結婚』)

＊1　〔原注〕ちょうど私の聞いた例によると、ある男が、妻——彼女をたいして愛していたわけでもなかったが——の妊娠初期に、吐き気や、目まいなど妊婦に見られるのとまったく同じ症状を呈したということだ。

便秘、下痢、嘔吐はどれもつねに欲望と不安が混ざり合って現われたものである。それが高じて流産することもある。ほとんどすべての自然流産は、精神的原因からきている。こうした体の不調は、女がそれを重要視して「自分の身をいたわり」すぎるとよけいにひどくなる。とくに、妊婦の例の「異食癖」は小児的起源をもち、大切に秘められていた強迫観念の表われである。この強迫観念は、食物で妊娠するという昔からの考えのせいで、いつも食物に関係している。自分の体の異変を感じた女は、精神衰弱の場合によくあるように、この異常感を何らかの欲望で表わし、時にはその欲望でがんじがらめになってしまう。そのうえ、かつてヒステリーの文化があったように、異食癖の「文化」が伝統的にできあがっている。女は異食癖が現われるのを期待し、待ちかまえ、でっちあげもする。私が聞いた例では、妊娠した若いある未婚の女は猛烈にホウレンソウが欲しくなって、急いで市場に買いに走り、ゆでているあいだも待ちきれずに地団駄を踏んでいたという。この女はこうして自分の孤独の不安を表現していたのだ。自分しか頼りにできないことがわかっていたので、いらいらして、欲望をいそいで満足させようとしたのだった。ダブランテス公爵(こうしゃく)夫人〔一七八四―一八三八〕は『回想録』のなかで、異食癖が女の周囲の人たちによって有無をいわせず暗示される様子を非常におもしろく描いている。彼女は妊娠中にあまりにもまわりから心遣いされたことを嘆いている。

こうした配慮や思いやりは、妊娠初期につきものの不快感や吐き気や神経症などの無数の苦痛をつのらせるのです。私はそれを経験しました……ある日、母のところで食事をしていたときに、彼女が始めたのです……「まあ、大変！」と突然、彼女はフォークを置いて、茫然とした様子で私を見ながら言いました。「まあ！　なんてことでしょう。おまえの食べたいものを聞くのを忘れていたわ」

「とくにないわ」と私は答えました。

「とくに欲しいものがないですって！　そんなこと聞いたことがないわ！　おまえ、わかってないのよ。よく注意してないからよ。私からお姑さまに話しておきましょう」

それから二人の母のあいだで相談がはじまり、夫のジュノはジュノで、私が毛むくじゃらのイノシシみたいな顔の子を産むのではないかと恐れて、毎朝、「ロール、何か食べたいものはないかね？」と尋ねる始末でした。ヴェルサイユから訪ねてきた夫の姉までこの質問のコーラスに加わりました……異食癖を満足させなかったために、変な顔に生まれついた人を彼女は随分たくさん見たという……おしまいには私も怖くなってきました……私は頭のなかで何がいちばん好きか考えてみたけれども、全然思い浮かびません。とうとうある日、パイナップルのキャンデーをなめていて、パイナップルならきっと美味しいにちがいないと思いました……一度パイナップルが欲しいのだと確信すると、すぐにもう欲しくてたまらなくなりました。それからその欲望は、コルスレが「いまはシーズンじゃない」と言ったとき、さらに激しくなりました。おお！　そのとき私は、その欲望を満足させるか死ぬかという状態にさせるあの狂乱にも似た苦痛を体験しました。

（ジュノはいろいろ手を尽くして、とうとうボナパルト夫人のおかげでパイナップルを入手した。ダブランテス公爵夫人は喜んで受け取ったが、医者に朝になってから食べるように言われていたので、匂いをかいだり、さわったりしながら一夜を過ごした。ところが、やっとジュノが切って出すと）

私はお皿を押しやったのです。「だって……どうしたのかしら、私パイナップルを食べられないの」。彼はそのいまいましい皿の上に私の鼻を近づけました。すると、私がパイナップルを食べられないことを断定することが起きてしまいました。パイナップルを片づけるだけではだめで、窓を開けたり、部屋に香水をまいたり、たった一瞬で私にとって我慢のならないものになったあの匂いをほんの少しでも残さないようにするために大変でした。この出来事でいちばん奇妙なのは、それ以来、私はよほど無理をしないとパイナップルを食べられなくなったことです。

最も病的な現象を示すのは、あまり世話をやかれすぎたり、あるいは、自分で気をつけすぎたりする女である。妊娠の試練を最もやすやすと通りすぎるのは、かたや、子どもをよく産むという自分の役割に没頭している貫禄ある女であり、かたや、自分の身体に起こっていることに気をとられず、そうした変化を楽々と乗り越える覚悟のできている男性的な女である。たとえばスタール夫人は、妊娠をまるで会話を操るのと同じようにてきぱき片づけたものだ。

妊娠が進行するにつれて、母親と胎児の関係は変化する。胎児は母親の胎内にしっかり落ち着いて、二つの生物体は互いに適応し、両者のあいだの生物学的交換は母親にもとの安定を取り戻させる。彼女はもう種に取りつかれているとは感じない。彼女の方こそ、自分の腹のなかの果実を所有しているのだ。妊娠の最初の数ヵ月、彼女はどこにでもいるただの女にすぎなかったし、自分のなかで進行している秘(ひそ)かな作業のせいで、彼女の体力は弱っている。やがて、彼女ははっきりと母になり、彼女の衰弱は彼女の栄光と表裏一体をなす。彼女が苦しんできた体の不自由は、一段と強まり、一つの口実になる。こうして多くの女は妊娠においてすばらしい平和を見出(みいだ)す。自分が正当化されたと感じるのだ。女には自分を注意深く見守り、自分の身体の変化に気をつけていたい気持ちがつねにあったが、社会的な礼儀から、あえて自分への関心を抑えてきた。ところがいまや、そうする権利があるのだ。彼女が自分の満足のためにすることはすべて、子どものためにすることにもなるのだ。誰も彼女にあくせく努力するように求めはしない。自分と子ども以外のことは、もう何も心配する必要がない。彼女が大切に育(はぐく)んでいる将来の夢は、現在に意味を与えてくれる。彼女はただ生きていればいい。休暇を楽しんでいればいいのだ。彼女の存在の理由はそこに、腹のなかに、ある。そして、完璧(かんぺき)なまでに満ち足りた気分にしてくれる。「それは、冬のあいだいつも火のついているストーブのようなもの。そこに、自分だけのためにあり、自分の意のままになるもの。それはまた、夏のあいだ絶え間なく流れている冷たいシャワーのようなもの。それは、きちんとそこにある」と、ヘレーネ・ドイッチュに引用されているある女は語っている。すっかり満たされて、女はまた、自分が「(妊娠しており) 人の関心を引く存在」だと感じる満足感をおぼえる。

それは、彼女が少女の頃からの最も根強い願望であったのだ。妻として、女は夫への依存に苦しんでいた。いまや彼女はもう性的な対象ではない、奴隷でもない。その代わりに、彼女は種を体現している。彼女は生命を、永遠を約束するものである。まわりの人たちは彼女に敬意を払い、彼女の気まぐれさえも神聖なものになる。前に見たように、これが彼女に「異食癖」を思いつかせるのである。「妊娠は女に、ふつうならばかげていると見える行為を正当化してくれる」と、H・ドイッチュは言っている。自分のなかにもう一人、他の人間が存在することによって正当性を与えられ、女はついに自分自身である喜びを十分に味わうのだ。

コレットは『宵の明星』に、自分の妊娠時のことを次のように書いている。

子を孕んだ雌のうっとりするような幸せが、ひそかに、ゆっくりと私のなかに満ちてきた。私はもう不安とも不幸とも関係なかった。陶酔？　のどをごろごろならす猫のような満足？　この守護されている感じを科学的にしろ俗な言葉でにしろ何と名づければよいだろう。いまでもそれをおぼえているくらいだから、ともかくこの守護に満たされていたのだ……いままで一度も言わなかったこと、つまりこの場合には、私が私の果実〔子ども〕を準備しながら味わったこの誇らしい自信というか、平凡なぜいたくのことを黙っているのはあきあきする……毎晩私は、私の人生の良き時の一つに別れを告げた。失われた時を懐かしく思うだろうということがわかっていた。しかし、何もかも歓喜、陶酔、のどをごろごろならす猫のような満足に浸されて、私は、増える体重と自分がかたちづくりつつある生命のかすかな呼び声のもたらす穏やかな動物性と無頓着さに身を任せていたのだった。

六ヵ月、七ヵ月……。最初のイチゴ、最初のバラ。この妊娠は、いつまでも続く祝日という以外に何と名づけようがあろう。分娩の苦しみは忘れるが、他と比べようのないこの長い祝日は忘れない。すべてよくおぼえている。とりわけ、時間かまわず眠くなり、子どもの頃のように地面や草の上や温まった土の上で寝たいという欲求にとらえられたことを思い出す。これが私の唯一の「欲望」、健康な欲望であった。

予定日近くなると、私は盗んだ卵をひきずるネズミのようだった。自分の体をもてあまし、横になるのもいやなほど疲れていることもあった。体の重さ、疲れ、それでも長い祝日は中断されなかった。みんなが私を妊婦のための特権と配慮のみこしに乗せて運んでくれたのだった。

こうした幸せな妊娠を、友人の一人が「男の妊娠」と名づけたと、コレットは書いている。そして実際コレットは、妊娠という状態に、それだけにかかりきりにならないから、勇敢に耐えることのできる女の典型であるように見える。彼女は妊娠中も作家の仕事を続けていた。「子どもが私の方が先よと知らせたので、万年筆のキャップをしめました」

他の女たちはますます不活発になり、自分の新しい重要性をいつまでもかみしめなおしている。少しでもきっかけを与えると、彼女たちはよろこんで男の神話を受け入れる。知性の明晰さと〈生命〉の多産な闇を、明瞭な意識と内面性の神秘を、豊かな自由と巨大な事実性としてそこにある彼女の腹の重みを対比させるのだ。未来の母は自分を腐植土、耕地、源泉、根と感じる。彼女がまどろむとき、その眠りは世界がたぎり発酵する混沌の眠りである。なかには自分にかかずらうことが少なく、自分の内で成長する生命の宝に心を奪われる女もいる。セシル・ソヴァージュが詩篇「芽ばえの魂」で表現しているのはそうした喜びである。

夜明けが平野のものであるように、おまえは私のもの
私の生命はおまえを包む暖かい羊毛
おまえの寒そうに縮んでいた手足はそのなかでひそやかに伸びていく

もっと先には、

おお、私がおそるおそる愛撫（あいぶ）する真綿にくるまれたおまえ
私の花に結ばれた小さな芽ばえの魂よ
私の心の一片でおまえの心をつくろう
おお、綿のようにやわらかな私の果実、小さなぬれた口よ

また、夫に宛（あ）てた手紙では、

おかしいのよ、なんだか自分が小さな惑星の形成を手伝っているような、もろくて壊れそうな球体をそっと丸めているような気がするの。こんなに身近に生命を感じたことはなかったわ。こんなにはっきり、精気と活力に満ちた大地を姉妹みたいに感じたことはなかったわ。大地を歩む私の足はまるで生きものの上を歩いているような気がします。私はフルートや目を覚ましたミツバチや露で満ちあふれた日を思うのです。なぜって、ほらまたあの子が私のなかでふんばったり動いたりしているから。この芽ばえの魂がどんなに私の心に春のみずみずしさと若さを与えてくれているか、あなたにわかってもらえたら。そして、それはピエロの子どもっぽい魂

で、彼の目のような二つの大きな無限の目を私の存在の闇のなかでつくっているのだと考えてもみてください。

逆に、徹底的にコケティッシュで、基本的に自分を性愛の対象と考えていて、自分の身体の美しさを愛している女の場合は、身体の形が変わって、醜くなり、欲望をそそることができなくなるのを苦にする。こうした女たちにとって妊娠は祝日でもなければ充実でもない。それは自我の縮小のように思われる。

なかでも、イサドラ・ダンカンの『わが生涯』には次のように書かれている。

いまでは子どもの存在が感じられるようになった。……大理石のようにきれいだった私の体はゆるみ、くずれ、変形していく……海辺を歩きながら、ときどき私はありあまるほどの活力、精力を感じ、この小さな存在は私のもの、私だけのものになるのだと思ったものだった。けれども、また別の日には……自分が罠にかかった哀れな動物のような気がするのだった……希望と絶望に交互にとらわれながら、私はよく若い頃の長旅、気まぐれな散策、芸術の発見のことなどを考えたものだった。そうしたものすべては霧のなかに消えてしまった古い劇の序幕にすぎず、結局はどんな百姓女にも手のとどく傑作、子どもの誕生を待つことしかないのだった……私はあらゆる種類の不安にとらわれ始めた。女はみんな子どもをもつのだから、と自分に言い聞かせたが無駄だった。それはただの自然なことだったのに、私は怖かった。何が怖いというのか。たしかに死が怖いわけでも、もちろん苦痛が怖いわけでもなかった。自分でも知らない何かに対するそれまで味わったことのない恐れだった。私の美しい体は、驚いている私におかまいなくますます変形していった。泉の妖精のような私の若々しい優雅な体はどこにいってしまったのか。私の野心や名声はどこにいったのか。われにもあらず、私はよく自分がみじめで敗北者であるように感じた。人生との、この巨人との戦いは初めから勝負にならなかった。けれどもそんなとき、生まれてくる子どものことを考えると、私の悲しみはすっかり消え去るのだった。闇のなかでの、耐えがたい待機の時間。母になるという栄誉のために私たちは何と高価な犠牲を払うことか。

妊娠の末期の段階になると、母と子の分離が開始される。女たちは、それぞれに子どもの最初の動きを感じる。世界の扉をたたくあの足の蹴り、世界と自分を隔て、閉じ込めている腹の壁をたたくあの足の蹴りを。ある女は、自律した生命の存在を知らせるこの合図を感嘆の思いで迎える。別の女は、自分が他の人間を入れる容器になっていると思って嫌悪を感じる。ふたたび、胎児と母体の結合が乱れてくる。子宮が下がり、女は圧迫感や、緊張感、呼吸の困難をおぼえる。今度は、漠然とした種にとりつかれているのではなく、生まれ出ようとするこの子に捕らわれているのだ。それまで子どもは単なるイメージ、希望にすぎなかったが、いまでは存在の重みをもっている。その実在感が新たな問題を生む。すべて過渡期は不安である。分娩は特別に恐ろしいものに見える。予定日が近づくと、彼女のあらゆる小児的な恐怖がふたたび息を吹き返す。何かの罪悪感から母親に呪われていると思い込むと、彼女は自分がもうじき死ぬのだとか、あるいは子どもが死ぬだろうと信じたりする。トルストイは『戦争と平和』のなかでリーザという人物をとおして、分娩に死の宣告を見る小児的な女の一人を描いた。そして実際に彼女は死ぬ。

どんな出産になるかは場合によってかなり違ってくるだろう。母親は自分の大切な一部である肉の宝をこのままお腹に入れておきたいと思う一方、邪魔者を厄介払いしてしまいたいとも思う。自分の夢をついにはこの手に抱きたいと思うが、それが現実化するのにともなって生じる新しい責任には不安をおぼえる。どちらかの思いがもう一方に勝つこともあるけれど、たいていはどちらともつかない分裂した気持ちだ。またほとんどは、苦しい試練に臨むときになっても、気持ちがすっきり定まっているわけではない。自分やまわりの人々——母親とか夫——に、自分が誰の助けもなしにこの試練を乗り越えられるところを証明したいと思う。だが他方では、自分に与えられた苦痛のせいで世界や人生や近親者を恨み、抗議のために消極的態度をとったりする。自主的な女たち——円熟した女や男性的な女——は出産の直前や最中に積極的役割を果たそうと努める。非常に子どもっぽい女たちは助産婦や母親に完全にまかせきりだ。声をあげないのを誇りにする女たちもいる。どんな指示も受けつけない女たちもいる。全体的には、この重大な場面で女たちは一般的には世界に対する、個別的には自分の母性に対する根本的態度を示していると言える。たとえば、彼女たちは毅然(きぜん)としていたり、あきらめていたり、要求が多かったり、いばったり、反抗的だったり、無気力だったり、緊張していたり……といった態度を示す。こうした心理的傾向は出産の長さとむずかしさに相当の影響を与える（出産が純粋に体質的要因に左右されるのはもちろんであるが）。重要なのは、正常な場合でも——一部の家畜の雌のように——女は自然が与えた役割を果たすための手助けを必要とすることだ。粗野な風習をもつ農婦や恥じている未婚の母たちは自力で出産する。だがほとんどの場合、彼女たちの孤独は子どもの死や母親に不治の病をもたらす。女は自分の女としての運命を果たし終えるときでさえまだ依存状態でいるのだ。このことはまた人間という種においては自然と人工がけっして明確に分けられないことを証明している。自然のままでは、個としての女の利益と種の利益との対立は非常に深刻になるので、多くの場合母親が死ぬか、さもなければ子どもが死ぬという事態を招く。かつて頻繁に起こっていた事故を大幅に減少させた——あるいはほとんどなくした——のは、医学つまり外科学の人為的な医療処置である。いまや無痛分娩法が、聖書の確言「汝(なんじ)、苦痛のうちに産むべし」を否定しようとしている。アメリカではこの分娩方法が一般的に用いられているが、フランスでは普及しはじめたところだ。イギリスでは、一九四九年三月に政令によって、この方法が義務づけられたばかりである。[*1]

無痛分娩法が女に免除してくれる苦痛とは正確にはどんな苦痛なのか、それを知るのはむずかしい。分娩は二十四時間以上かかることもあれば、二、三時間ですむこともあるので、どんな一般化もできない。ある女たちにとっては受難のようなものである。イサドラ・ダンカンの場合がそうだ。彼女はひどい不安のなかで妊娠を体験していた。そしておそらく心理的抵抗が分娩の痛みをいっそうひどくしたのだ。彼女は次のように書いている。

スペインの宗教裁判所についてあれこれ言われているが、子どもを産んだ経験のある女ならどんな女も裁判所など恐れるに足りないはずだ。比べてみればそんなのはたやすいことだった。絶え間なく休むことなく容赦なく、目に見えない残酷なこの霊は私の首根っこを押さえ、骨と神経をずたずたにした。それほどの苦しみでもすぐに忘れてしまうものだと人は言う。それに対する私の答えはただ一つ。私の叫び、うめき声をもう一度聞こうと思えば目を閉じるだけで十分だということ。

反対に、これを比較的簡単に耐えられる試練だと見なす女たちもいる。少数ながら性的快楽を見出す女たちもいる。ある女性は次のように書いている。

私はたいへん性的に敏感な人間なので、出産そのものが私にとっては性行為なのです。私に付いてくれたのはとても美しい「婦人」でした。彼女が入浴させ、洗浄してくれました。それだけで十分、神経がぞくぞくし、すごく興奮しました。[*1]

分娩のあいだ創造的力を発揮しているように感じたと言っている女たちもいる。実際彼女たちは積極的に生産的労働を果たしたのである。逆に、多くの女たちは自分を受動的なもの、拷問にかけられ苦しむ道具のように感じていた。

赤ん坊が生まれて、母親が最初にもつ感想もまたさまざまである。ある女たちは自分の身体にいま感じている空虚さに苦しむ。宝物が盗まれてしまったような感じなのだ。

＊1　（55頁）〔原注〕すでに述べたように、分娩の苦痛をなくそうという主張に対し、一部の反フェミニストは自然と『聖書』を盾に怒りを表明した。苦痛は母性「本能」の一つであるはずだというのだ。ヘレーネ・ドイッチュはこの意見に引きつけられている。母親が出産の苦しみを味わわなかったら、赤ん坊を目の前に差し出されても、母親はその赤ん坊を心の底では自分の子として認めないのではないか、と彼女は言っている。しかしまた彼女は、苦痛の大きかった妊婦たちには空虚感や疎遠感が共通して見出されることも認めている。そして著作を通じて、母性愛は一つの感情、一つの自覚的な態度であって、本能ではない、つまり母性愛と妊娠は必ずしも結びつかない、と主張している。彼女によれば、夫が最初の結婚で得た子を養子にして、その子を実の母親のように愛している女もいるという。この矛盾はドイッチュが女はマゾヒズムを運命づけられているとしたことと、彼女の理論から女の苦痛に高い価値を与えざるをえないことから生じている。

＊1　〔原注〕このテーマでシュテーケルが集めた告白の一つを部分的に要約したもの。

わたしは言葉をもたない巣箱
ミツバチは空に飛びたっていった
もう餌をもっていくこともない
わたしの血からおまえのか弱い体まで
わたしは閉じられた家
いましがたひとりの死者が運びだされていったばかりの

このようにセシル・ソヴァージュは書いている。そしてさらに、

おまえはもうわたしのものではない。おまえの頭は
すでに彼方の地のことを考えている。

また、

彼は生まれた、わたしは幼いいとし子を失ったのだ
たったいま彼は生まれてしまった、わたしは独り、わたしは感じる、
わたしのなかで血の空虚がおののくのを……

しかし一方で、非常に若い母親には驚嘆するほどの好奇心がある。自分のなかで生き物が形成され、自分の外に出ていくのに立ち会い、それを手に抱くというのはなんともふしぎな奇跡なのだ。だが、新しい存在を地上に押しだすという驚くべき出来事のなかで、母親は正確にはどのような貢献をしているのだろうか。彼女にはわからない。母親がいなければ子どもは存在しないだろう。にもかかわらず、子どもは母親から離れていく。子どもが自分から切り離されて、外に出ていくのを見るのは思いもよらない悲しみである。ほとんどつねに失望感がともなう。女は自分の手と同じくらい確かなものとして赤ん坊を自分のものと感じたい。けれど、赤ん坊が感じていることは赤ん坊本人のなかに閉じこめられている。赤ん坊は不透明で不可解で別個のものだ。母親は赤ん坊のことを知っているわけではないので、それだと確認することさえできない。母親は赤ん坊とともに妊娠を生きているのではない。この小さな未知のものと共有する過去はまったくもっていない。とはいえ彼女はこの未知のものが自分にとってすぐに親しい存在になると考えていた。しかしそうではなかった。それは新参者だ。そして、彼女は自分が赤ん坊を迎える際のそっけなさに呆然(ぼうぜん)とする。妊娠中あれやこれや夢想しているとき、赤ん坊は一つの観念的イメージであり、無限であった。母親は観念のなかで未来の母親を演じていた。いまや、それはまったくちっぽけな有限の個人で、要求の多い、か弱い、偶然の存在として、ほんとうにそこにいる。ついに赤ん坊がそこにいる、たしかに現実にいる、という喜びは、赤ん坊がそのようなものでしかないという後悔とないまざる。

若い母親の多くが分離を経て親密な動物的関係を子どもにふたたび見出すのは授乳をとおしてである。それは妊娠の疲労よりしんどい疲労である。しかしこの授乳によって、母親は妊娠した女がゆっくり楽しむ「休息」、安らぎ、充足の状態を続けることができるのだ。

コレット・オードリーは小説の主人公の一人について書いている。

赤ん坊がお乳を吸っているとき、ただそれだけがするべきことだった。それが何時間か続くこともある。あとのことをあれこれ考えたりさえしなかった。お腹がいっぱいになったミツバチのように赤ん坊が乳首を離すのを待つしかない。(『負けを覚悟の勝負』)

しかし、授乳できない女たちもいる。彼女たちの場合、最初の数時間の茫然とするような冷淡さがそのままかなり続くので、子どもとのあいだに具体的関係がもてなかったのである。とくにコレットの場合がそうだった。彼女は娘に授乳できなかった。彼女は初めて母親としてもった感情をいつものように率直に描いている。

それから、外からではなくわが家にやって来た一人の新参者をじっと見つめた……私は十分な愛情をもってじっと見つめていたのだろうか。そうだと言う勇気はない。たしかに私はいつものように——まだそれが習性となっていたのだが——感嘆していた。数々の奇跡の集合であるような赤ん坊に驚嘆していた。バラ色の小海老のふくらんだ鱗に似た透明なその爪、大地に触れることなく私たちのところにやって来たその足の裏。地上の光景と夢想する青い目のあいだに置かれた頬のうえにかかるまつげの羽毛のような軽さ。小さな性器はほとんど割れ目のないアーモンド、二枚貝、正確には閉じられた二枚貝、そして触れ合う唇と唇。けれども、娘に捧げた細やかな賛辞に私は名を与えなかったし、それを愛情とは感じなかった。私は待ちわびていた……私の命がこれほど長く待っていた光景から私は子に魅せられた母親たちの注意深さや競争意識を引き出さなかった。とすれば、いつ、第二のもっとむずかしい侵害をする合図が私のところに来るのだろうか。いろいろな注意、束の間の嫉妬の高まり、みせかけの用心やほんものの用心、私がささやかな債権者となっている一つの生命を意のままにできるという高慢さ、他の人間に謙虚さを教えるという少々欺瞞的な意識、こうしたことすべてがついには私を普通の母親に変えてしまうのを受け入れなければならなかった。それでも、私の心がはじめて平静を取り戻したのは、その魅惑的な唇から理解できる言葉が発せられるようになってから、いろいろわかってきていたずらや愛情表現さえできるようになって、赤ちゃん人形から一人の娘に、一人の娘から私の娘！　になってからであった。（『宵の明星』）

新しい責任におそれをなす母親たちも数多くいる。妊娠中、彼女たちは自分の肉体のなすがままにしていればよかった。率先してやるべきことはどんなことも要求されなかった。ところがいまや、彼女に対して権利をもつ一人の人格が目の前にいる。病院にいるあいだは彼女たちはまだ楽しく呑気で、子どもを熱心に可愛がるが、家に帰るや子どもを重荷のように見なしはじめる。授乳してもなんの喜びもない。反対に、彼女たちは乳房の形を悪くするのをひどく恐れるようになる。乳房を傷めていると感じたり、乳腺が痛いと思うのは恨みからである。子どもの口が乳房を傷つける。子どもが自分の力、生命、幸福を吸い込んでしまうように思われる。もう自分の一部ではないにもかかわらず、子どもがしんどい義務を押しつけてくる。子どもは専制君主だ。彼女は自分の肉体、自由、自我そのものを脅かすこの小さな見知らぬ個人を敵意をもって眺める。

他にも多くの要因がかかわっている。出産した女の、自分の母親との関係は相変わらず重要である。ヘレーネ・ドイッチュは自分の母親が会いにくるたびにお乳が出なくなってしまった若い母親の例をあげている。彼女はしばしば他に手助けを求めるのだが、他の女が赤ん坊の世話をやくのに嫉妬し、赤ん坊に対し不機嫌になる。子どもの父親との関係、父親自身が抱いている感情もまた大きな影響を与える。経済的理由、感情的理由の全体から、子どもが重荷、束縛と見なされたり、あるいは解放、喜び、安心と見なされたりする。敵意がはっきりした憎しみとなり、それが極端な無視や虐待となって現われる場合もある。ほとんどの場合、母親は自分の義務を自覚し、そうした憎しみと闘う。彼女は後悔を感じ、その結果苦しむようになり、妊娠期の不安を長くひきずることになる。どの精神分析家も認めているように、自分の子どもを傷つけるのではないかという強迫観念のなかで生きている母親、つまり恐ろしい事故を想像する母親は、抑えようと努めながらも子どもに敵意を感じてしまうのである。いずれにしろ、注目すべきことは、そして母子の関係と他の人間関係とを区別するものは、初めのうち子ども自身はこの関係に何の影響力ももたないという点である。子どもの笑顔、片言は母親がそれに与える意味以外の意味をもたない。母親に子どもが魅力的なもの、かけがえのないものに思われたり、あるいは面倒なもの、どうでもよいもの、我慢のならないものに思われたりするのは、子ども自身とはかかわりなく、母親次第のことなのである。だから、不感症の女、性的に満たされない女、鬱状態の女が、自分自身から抜け出したいと思って、子どもが、一緒にいて相手をしてくれる人、熱中するもの、刺激になるものになってくれると期待しても、つねに期待を完全に裏切られることになる。思春期、性の入門、結婚を「通過」することと同じように、妊娠・出産を「通過」することは、外的出来事が自分の人生を一新し、そして正当化してくれると期待する人々にあっては、陰鬱な失望を引き起こすのである。ソフィア・トルストイに見られるのはこうした感情である。彼女はこのように書いている。

この九ヵ月は私の人生で最悪だった。十ヵ月目については何も言わない方がましだ。

彼女は日記に型通りの喜びを書きとめようと空しい努力をする。私たちに強い印象を与えるのは、彼女の悲しみ、責任に対する不安である。

すべてが終わった。産み終わったのだ。相応の苦しみも経験した。私は回復し、生活のなかに少しずつ戻っていく。子どもに対し、また、とくに夫に対して絶えず不安と心配を抱きながら。何かが私のなかで壊れてしまった。何かが私にずっと苦しむことになるだろうと言う。それは、私の家族に対して義務をきちんと果たせないのではないかという不安なのだと思う。私はありのままの自分でいることをやめた。なぜなら、私は子どもたちに対する女のこのありふれた愛情に不安を抱き、夫を愛しすぎることに恐れを感じるから。人は夫と子どもを愛することは美徳だという。時には、この考えが私の苦しみを和らげてくれる……母親の感情というのはなんと強いことか、母であることはなんと私には自然なことに思われることか。それがリオヴァの子どもだから、だから、私はこの子を愛するのだ。

しかし、彼女が夫に対してこれほどの愛情をひけらかすのは夫を愛していないからに他ならないということがわかる。こうした反感は、女に嫌悪感を催させる抱擁のなかで孕まれた子どもに影響を及ぼす。

キャサリン・マンスフィールドは、夫を深く愛していながらその愛撫をいやいやながら受ける若い母親のとまどいを描いている。この母親は子どもたちに対して優しさと空虚感を覚えている。憂鬱になりながら彼女は、その空しい感じを完全な無関心と解釈する。リンダは、庭で末っ子をそばにくつろぎながら、夫スタンレーのことを考える。

いまは、彼女はスタンレーと結婚していた。しかも彼を愛していた。みなが知っているスタンレーではなく、日頃のスタンレーでもない、毎晩お祈りのためにひざまずく内気で神経質で純真なスタンレーを。けれども、不幸だったのは……ほんとうにたまにしか自分のスタンレーを見られなかったことだ。さっと日の光が輝いたり平穏な瞬間もあったが、残りの時間は、いつ火が燃えあがってもおかしくはない家で、毎日遭難している船で、暮らしているようなものだった。そして、危険の只中にいるのはいつもスタンレーだ。彼女は彼を救い介抱し落ち着かせ話を聞くことにすべての時間を費やしていた。あとの時間は子どもができやしないかと恐れて過ごした……子どもをもつのは女の運命で誰でもやることだと言うのはご立派なことだが、それは真実ではない。たとえば彼女が、それはまちがっていると証明できるだろう。何回かの妊娠によって、彼女はくたくたになり、体は弱り、気力が衰えてしまった。最も耐えがたいことは子どもたちを愛せないことだった。ごまかしてもだめだった……いや、それはあたかも冷たい風があの恐ろしい旅ごとに吹いて彼女を凍らせてしまったかのようであった。もう子どもたちに与える温かさは残っていなかった。この幼い男の子に、ああ、なんてこと！　神様のお恵みで、この子は彼女の母親、ベリル、この子を欲しいと思う人のものだ。彼女は彼を腕に抱いたことはまったくといっていいほどなかった。子どもは、彼女の足元に横たわっていても、彼女にはほとんど無関心だった。彼女は見下ろした……子どもの笑顔には何かとても奇妙なもの、思いがけないものがあった。今度はリンダが微笑んだ。しかし、彼女はわれに返り、子どもに冷たく言った。「私は赤ちゃんが愛せないの——おまえだって、赤ちゃんを愛せないでしょ」。子どもはそれを信じることができなかった。「母さんはぼくを愛してくれないの？」。彼は愚かにも母親に腕をさしだした。リンダは草の上に転んだ。「なぜずっと笑っているの？」。彼女はきびしい口調で言った。「私が考えていることを知ったら、笑ってなんかいられないだろうに……」。リンダはこの小さな被造物が自分に寄せる信頼に大きな衝撃を受けた。ああ、いけない、真摯でなければ。彼女が感じたのはそういうことではなかった。それとはまったく違う何か、もっと新しい何か、もっと……涙が目のなかでゆらゆらした。彼女はやさしくささやいた。「こんにちは、私の小さな子ども……」（『湾にて』）

これらの例は母性「本能」というものが存在しないことを示すに十分である。この言葉はいかなる場合にも人類には適用されない。母親の態度は彼女が置かれた状況全体によって、そして彼女がそれをどのように引き受けるかによって決まる。これまで見てきたように、母親の態度はきわめて多様である。

といっても、環境が明白に母親に不利となっていなければ、彼女が子どものなかに自分を豊かにしてくれるものを見出すのは確かである。

それは彼女自身の存在の現実性に対する一つの返答のようだった……子どもをとおしてまず初めに彼女はあらゆることに、そして自分自身に手がかりを得たのだ。

このようにコレット・オードリーは若い母親について書いている。

彼女は他の母親には次のような言葉で語らせている。

わたしの腕と胸のなかにいる赤ん坊は、世界にこれ以上重いものがあるかしらというように、もう限界と言えるほどずっしりと重かった。沈黙と夜のなかで彼はわたしを地中に埋めた。一挙に、彼はわたしの肩に世界の重荷を背負わせてしまった。たしかにそれがわたしが子どもを欲しいと思った理由だった。わたしひとりではあまりにも軽すぎたのだ。

母親であるというより「産卵鶏」のような女たちもいる。彼女たちは子どもが乳離れするやあるいは生まれたばかりでも、子どもに関心を失い、次の妊娠をしたいとそればかり考える。反対に、多くの女たちは子どもがもたらすものは別離そのものだと感じている。子どもは分離できない自分の一部ではなくなり、世界のごく小さな一部となる。ひそかに身体にとりついている存在ではなく、見て触れることができる存在なのだ。分娩による鬱状態のあと、セシル・ソヴァージュは子どもを所有できるという母親の喜びを綴っている。

これでおまえは、わたしの小さな恋人
ママの大きなベッドのうえで
わたしは接吻し、抱きしめて、
おまえのすばらしい未来に思いを巡らすことができるのだ
こんにちは、わたしのかわいい彫像
血、喜び、裸の肉体でできた
わたしの小さな分身、わたしのときめき……

女は幸いにも子どもにペニスの等価物を見出すのだと繰り返し言われてきた。これはまったく不正確である。事実は、成人の男はもう自分のペニスをすばらしい玩具と見なしてはいないのだ。なぜなら、男の性器がもつ価値、それは性的欲望をそそる対象がもつ価値なのだから。性器がそういう対象の所有を保証してくれるのだ。同じように、大人の女が男を羨ましく思うのは、男がものにする獲物についてであって、獲物を自分のものにするための道具についてではない。子どもは、男の抱擁によっては満たされないこの攻撃的官能性を満たしてくれる。というのは、子どもは女が男にもたらす愛人と同じ種類のものであるからだ。女にとって男はこうした愛人ではないのだ。もちろん、まったく完全に同じ等価物というものはない。あらゆる関係には独自性があるからだ。母親は子どものうちに――恋する男が恋人の女のうちに見出すのと同じように――官能の充足を見出す。そして、それが見出されるのは降伏の状態ではなく支配の状態においてである。母親は子どものなかに男が女に求めるものを捕らえるのである。自然であり意識である一人の他者、自分の獲物であり分身である他者を。この他者は自然全体を具現している。コレット・オードリーの小説の主人公は、彼女が何を子どものなかに見出したかを私たちに語ってくれる。

　　肌はわたしの指のためにあり、それはすべての子猫たち、あらゆる花々の約束を守っていた……

子どもの肉体は、女が幼い頃には母親の肉体をとおして、もっと大きくなってからは世界のいたるところで手にしたいと願った、そのような柔らかさ、心地よい弾力性をもっている。子どもは植物であり、動物だ。その目には雨や川、空や海の青さがある。その爪はサンゴのようで、髪の毛は絹のような植生である。子どもは生きた人形、鳥、子猫。私の花、私の真珠、私の雛、私の子羊……母親はほとんど恋する男のような言葉をささやく。そして同じく所有形容詞をやたらと用いる。愛撫、接吻など男と同じ独り占めの方法を使う。いやがるのに子どもを抱きしめる。腕のあたたかさで、ベッドのぬくもりで子どもを包む。時には、この関係ははっきりした性的特徴をおびる。すでに引用したが、シュテーケルが集めた告白のなかにこれを読みとることができる。

私は息子にお乳をやっていましたが、息子は大きくならないし、二人ともやせたので、なんの喜びも感じませんでした。授乳は私にとっては何か性的なものでした。お乳を与えながら、恥ずかしいという感じがありました。ぴったり寄せてくる温かい小さな体を感じるとなんともいえない興奮を味わいました。可愛い手が触れてくるときは、ぞくぞくしました……私は全身全霊をかけて息子を愛し、息子と私は四六時中といっていいほど一緒でした。ベッドに私を見つけるや、そのとき息子は二歳でしたが、ベッドの方に這ってきて、私の上に乗ろうとしました。彼はその小さな手で私の乳房をなで、指を使って降りようとしました。それが私には快感で、息子をどけるのに苦労するほどでした。私はしばしば息子のペニスと戯れたいという誘惑と闘わなければなりませんでした。

子どもが大きくなると、母親であることは新しい様相をおびる。生まれて最初の頃子どもは「標準的な赤ちゃん人形」というだけで、一般性のうちにしか存在していない。子どもは少しずつ個性を示すようになる。そうなると、支配欲が強い女や非常に官能的な女は子どもに対する熱が冷めてくる。反対に、この時期になって、コレットのような女たちは子どもに関心をもちはじめる。母親と子どもの関係はしだいに複雑になってくる。母親にとって子どもは分身で、時には彼女は子どものうちに完全に自己疎外しようとする。しかし子どもは自律した主体である。だから反抗するし扱いにくい。いまここにいる子どもが現実の子どもだが、想像上では将来の青年であり大人である。子どもは豊かさ、宝であると同時に重荷、専制君主だ。母親が子どもに見出すことができる喜びは無私無欲の喜びである。母親は仕え与え幸福を作り出すことに喜びを感じなければならない。そのような母親をコレット・オードリーは描いている。

それで、彼は本に書いてあるような幸福な子ども時代を送った。けれど、絵葉書のバラとほんもののバラが違うように、彼の子ども時代は本に書かれた以上のものだった。そして、彼の幸福は、私が与えて育てたお乳と同じように、私から出たものであった。

恋する女のように、必要とされていると感じて母親は有頂天になる。あれこれの要求をとおして彼女の必要性が証明され、彼女はそれに応(こた)える。しかし、母親の愛を困難なもの、そして偉大なものにしているのは、そこに相互性がないことである。彼女が相手にしているのは男、英雄、半神ではなく、偶然存在するか弱い肉体に包まれた片言をしゃべる小さな意識である。子どもはいかなる価値ももっていないし、価値を与えることもできない。子どもを前にして、女は独りぼっちである。与えるのと引きかえにどのような見返りも期待できない。与える必要があるかどうかを判断するのは彼女自身である。この無私無欲は称賛に値し、男たちはあくことなくそれをほめ称(たた)える。けれども、〈母性〉の信仰がすべての母親は模範的†であると宣言したとき、欺瞞(ぎまん)が始まった。なぜなら、母親の献身は完全に本来的なものとして生きられることもあるからである。だが実際にそうなるのは稀(まれ)だ。ふつうは、母親であることはナルシシズム、愛他主義、夢、誠実、欺瞞、献身、冷笑的態度が奇妙なかたちで妥協したものなのだ。

私たちの慣習によって子どもがさらされる最大の危険は、自分では何もできない子どもが委(ゆだ)ねられる母親が、ほとんどつねに、満足していない女だということである。性的には、不感症か欲望が満たされていないかである。社会的には、男に対し劣等感をもっている。そうした女には世界や未来にかかわる手がかりがない。彼女は子どもをとおしてこうした欲求不満をすべて埋め合わせようとする。女の状況が女の自己実現を困難にしているのはどのような点か、欲望、反抗、主張、要求を女がどれくらい内部に重く抱えこんでいるかがわかれば、ひとは子どもが無防備のまま女に委ねられていることにたじろぐだろう。女が自分の人形を可愛がったりいじめたりしていたときのように、この行動は象徴的である。しかし、これらの象徴は子どもにとっては厳しい現実である。わが子を鞭でうつ母親は子どもをたたいているだけではない。ある意味では彼女がたたいているのは子どもではない。彼女は男に、世界に、自分自身に仕返しをしているのである。といっても、たたかれているのはたしかに子どもである。マルセル・ムルージ[*1]は『エンリコ』のなかでこの痛ましい確執を浮かびあがらせた。エンリコは母親が気が狂ったようにたたいているのは自分ではないことをよく知っている。この錯乱状態からわれに返って、彼女は後悔とやさしさを取り戻して泣きじゃくる。エンリコには母親を恨む気持ちはまったくない。けれども、彼の顔はたたかれることで醜くなっていた。同じように、ヴィオレット・ルデュックの『窒息』で描かれた母親は娘に怒りをぶつけることで、自分を捨てた誘惑者、自分を辱め征服した人生に復讐する。母性にこのような残酷な側面があることはつねにわかっていたことである。しかし、人々は欺瞞的な慎み深さから、継母という典型を作り出すことで、「悪い母親」という概念をぼかしてしまった。亡くなった「良い母親」の子どもを苦しめるのは継母なのである。事実、セギュー

＊1　一九二二－九四、フランスの作家、歌手、俳優、作曲家。

ル夫人が描いたのは、模範的なフルールヴィル夫人と好一対のフィチーニ夫人という母親である。ジュール・ルナール[*1]の『にんじん』以来、こうした母親に対する非難の声が高まった。たとえば、『エンリコ』、『窒息』、S・ド・テルヴァーニュの『母の憎しみ』、エルヴェ・バザン[*2]の『蝮を手に』など。これらの小説に描かれたタイプが多少例外的であるとすれば、それは女たちの大多数が倫理感と良識から自然な衝動を抑えているからである。そうした衝動は喧嘩、平手打ち、怒り、侮辱、罰などをとおして瞬間的に現われる。はっきりとサディズムの傾向がある母親と並んで、とくに気まぐれな母親が多い。彼女たちを魅了するのは支配である。乳児は玩具なのだ。それが男の子なら、平気で彼の性器を楽しむ。女の子なら人形がわりにする。子どもがもっと大きくなると、彼女たちは幼い奴隷を盲目的に従わせようとする。虚栄心が強い女は、芸をよく仕込んだ動物のように子どもをみせびらかす。独占的で嫉妬深い女は、世間の人々から子どもを隔離する。またしばしば、女は子どもにした世話の報奨をあくまでも求める。というのは、女は子どもをとおして一個の想像上の存在を作りあげ、その存在が感謝の念をもって彼女をすばらしい母親と認めてくれ、そしてそこに彼女は自分自身の姿を認めたいからである。コルネリア[*3]が、息子たちを示して「これが私の宝物です」と誇らしく言ったとき、彼女は後世に最も悪い例を残してしまった。あまりにも多くの母親がいつかこのような自慢をやってみたいという希望のなかで生きている。この目的のために彼女たちはためらうことなく生身の小さな個人を犠牲にする。この不確かで偶然の存在はそのままでは彼女たちを満たしてはくれないからだ。子どもを夫のようにしようとしたり、または反対に、そうはしまいとする。あるいは父親、母親、敬愛されている祖先の生まれ変わりにしようとする。威信のあるモデルを手本にするのだ。リリー・ブラウンに心から敬服していたあるドイツの女性社会主義者の話をH・ドイッチュが書いている。名高いアジテーター、ブラウンには若くして亡くなった天才的息子がいた。当の女性社会主義者はブラウンをまねて、無理やり息子を未来の天才として扱いつづけ、その結果息子は強盗になってしまった。こうした硬直的な横暴さは子どもを損なってしまい、母親を必ず失望させる。ヘレーネ・ドイッチュは他の顕著な例、あるイタリア女性の例をあげている。ドイッチュはその女性のことを何年かにわたって追跡調査したのである。

マゼッティ夫人は子だくさんで、いつもそのなかの誰かとうまくいかないと訴えていた。彼女は助けを求めたが、助けるのはむずかしいことだった。彼女は誰よりも自分は優れていると、とくに夫や子どもより偉いと思っていたからである。家庭の外では彼女はとても慎重に、そしてかなり尊大にふるまっていたが、家のなかで

＊1　一八六四－一九一〇、フランスの作家。
＊2　一九一一－九六、フランスの作家。家族や社会への反抗を独特の文体で描く。
＊3　前一八九頃－前一一〇頃。夫グラックスの死後、息子の教育に献身。古代ローマの理想の母親像とされる。

は逆に、非常に激高しやすく激しいけんかをしていた。彼女は貧しく教養のない階層の出でつねに「上昇」したいと思っていた。彼女は夜学に通った。十六歳で性的に引きつけられた男と結婚し、母親にならなかったならば、おそらく野心を満足させることができたであろう。彼女はそのまま夜学の勉強などを続けて自分の階層を抜け出そうとした。夫はすぐれた熟練工だったが、妻の攻撃的で優越的な態度に対する反動からアルコール中毒になってしまった。彼が何度も妻を妊娠させたのは、多分それに対する仕返しだった。夫と別居し、自分の境遇に見切りをつけたあと、彼女は子どもたちをその父親と同じように扱いはじめた。小さい頃は、子どもたちは彼女を満足させた。彼らはよく勉強し成績などもよかった。しかし、長女のルイーズが十六歳になると、自分の二の舞になるのではないかと不安になった。それでとても厳格にしたのだが、そのあげくが復讐心からルイーズは私生児を生んだ。品行方正を口やかましく要求して彼らをうんざりさせる母親に反抗して、子どもたちは全員、父親がとったと同じような態度をとるようになった。彼女は一度に一人の子どもにしかやさしく接することができず、その子にすべての望みをかけた。そうやってはお気に入りの子を理由もなく変えた。子どもたちは怒り嫉妬した。娘たちは次々と男たちと付き合いはじめ、梅毒にかかり、私生児を家に連れてきた。息子たちは泥棒になった。彼らをこのようにしてしまったのは、自分の理想のためにあれこれ要求したからだということをこの母親はわかろうとしなかった。

この教育する者としての頑固さと前に述べた気まぐれなサディズムはしばしば混じり合っている。母親は自分が怒るのは子どもを「教育」したいためだというのを口実にするが、逆に、その試みが失敗すると激しい憎しみが生まれる。

よく見受けられるもう一つの態度、そして同じくらい子どもに有害な態度は、マゾヒスト的献身である。心の空虚を埋めるために、認めたくない自分の憎しみに罰を与えるために、子どもたちの奴隷となる母親たちもいる。彼女たちは子どもが自分から離れていくのに耐えられない。異常なほどの不安を際限なくふくらませる。彼女たちはあらゆる喜び、自分自身の人生を断念する。そうすることで、犠牲者の姿を装(よそお)うことができる。そして、こうした自己犠牲を理由に子どもに完全な自立を認めない権利を手にするのである。このような断念と支配への専制的意志はたやすく両立する。嘆きの母は、自分の苦しみを武器に変え、それをサディスト的に使う。母親があきらめるのを見て、子どもには自責の感情が生まれ、それが子どもに一生重くのしかかってくる。断念の場面は攻撃的場面よりずっと有害である。子どもは動揺し困惑し、どのように身を守ればよいかわからない。あるときはたたき、あるときは泣く、そのようにして子どもを悪者にするのである。母親の最大の言い訳は、幼い頃から約束されてきた彼女自身の幸福な自己実現を子どもがとても果たさせてくれそうもないからというものだ。自分は犠牲者だという欺瞞、それを子どもが愚かにも示してしまうから子どもを攻撃するのである。むかし、自分のお人形は好きなように扱った。姉妹や女友だちのために赤ん坊の世話を手伝うときには、なんの責任もなかった。でも自分の子どもがいる今、社会、夫、母親、彼女自身の自尊心が、この小さな未知の生命についてあたかも彼女の作品であるかのような説明を彼女に求める。とくに夫は子どもの欠点に対して、料理の失敗や妻のだらしのなさに対すると同じように腹をたてる。夫の抽象的な要求は多くの場合母と子の関係に重くのしかかる。自立した女は——孤独、ゆとり、または家庭でもつ権威のおかげで——、夫の支配的意志を押しつけられ仕方なくそれに服従する一方で子どもを自分に服従させるといった女たちより、はるかに公平でいられるだろう。なぜなら、動物のようにわけのわからない、落ち着きのない存在、自然の力のようにどこに向かうかわからない、だが人間である存在を、あらかじめ決められた枠のなかに閉じ込めるのは非常に難しいことだからだ。イヌの調教と同じように子どもをおとなしくさせるよう調教することはできないし、大人の言葉で子どもを納得させることもできない。子どもは言葉に対してはしゃくりあげて泣いたりひきつけを起こしたりする動物的行動で応じ、強制的に何かをさせられる時には生意気な言い方で応じて、このあいまいさを巧みに利用する。たしかに、このような問題には興味津々たるものがある。母親に余裕があれば、彼女は子どもの教育者であることを楽しむことができる。公園に静かに置かれた赤ん坊は、お腹の中にいたときと同じように、まだ一つの口実となる。子どもっぽさが抜けない母親は子どもと一緒に幼稚な遊びを面白がり、いたずら、言葉、熱中、忘れ去った時間の喜びをよみがえらせる。しかし、洗濯、料理、他の子どもへの授乳、買物、接客、とくに夫の世話をしているときには、子どもはわずらわしい、くたくたに疲れる存在でしかない。彼女には子どもを「教育」するゆとりはない。まず、子どもが何かを傷つけないようにしなければならない。壊したり破ったり汚したり、子どもは物にとっても子ども自身にとっても危険である。動き、叫び、しゃべり、騒がしい。子どもは自分のためにだけ生きている。子どもの生活は親の生活を邪魔する。親の利害と子どもの利害は一致しない。そこから悲劇的事態が生じる。子どもに四六時中わずらわされる親は子どもに絶えず犠牲を押しつける。だが子どもの方にはその理由がわからない。親は、自分たちが平穏でいるため、また子どもの将来のためだといって子どもを犠牲にする。子どもが反抗するのは当然だ。母親が説明しようとしても子どもには納得できない。母親が子どもの意識に入り込むことは不可能だ。子どもの夢、趣味、妄想、欲望は不透明な一つの世界をかたちづくっている。母親は外から手探りで一人の人間を規制することしかできないし、子どもはそうした抽象的規制を不条理な暴力のように感じる。子どもが大きくなっても、互いに理解できない状態は続く。子どもは関心、価値の世界に入っていくが、母親はそこから排除されてしまっているからだ。それで、子どもはたいてい母親をばかにするようになる。とくに男の子の場合、男としての特権に誇りをもっていて、女の指示など意に介さない。宿題をやるように言っても、その問題を解くことやラテン語の文章を翻訳することは彼女にはできないだろう。息子に「ついていく」ことができないのだ。母親はこの骨の折れる仕事に時には涙がでるほど苛立(いらだ)つが、夫がその大変さをわかることは稀だ。意思の疎通はとれなくとも人間である一個の存在を指導すること、相手に反抗することでしか自分を定義できず自己主張できない一つの未知な自由に介入することのむずかしさを。

子どもが男の子か女の子かによって状況は違ってくる。男の子は「大変」であるにもかかわらず、母親は一般的には男の子の方とうまくやっていける。女が男に与える威信や男が具体的にもつ特権のせいで、多くの女たちは息子を欲しがる。「男を産むとはなんとすばらしいこと！」と彼女たちは言う。すでに見たように女たちは「英雄」を産みたいと夢見てきた。この「英雄」は当然男である。息子はやがて長に、指導者に、軍人に、創始者になるだろう。彼は自分の意志を地上で実現するだろう。母親は息子の不朽の名声に寄与することになる。自分が建てたのではない家、探検したのではない国々、読んだことのない本、それらを息子が与えてくれる。息子をとおして彼女は世界を所有するだろう。だが、息子を所有するという条件でだ。そこから、母親の態度に矛盾が生じる。フロイトは母と息子の関係は両面感情(アンビヴァレンツ)が最も少ない関係と見なしている。しかし実際は、恋愛や結婚と同じく母親になることにあっても、女は男性的超越に対してあいまいな態度をとる。夫婦生活つまり愛情生活から男に敵意をもつようになった場合、子どもの姿をした男を支配することは女に満足をもたらすことになる。彼女は傲慢(ごうまん)な思い上がりをもつ性器を皮肉な親しさをもって扱う。時には、お利口にしないとそんなものとっちゃうわよといって子どもをおどかす。もっと控え目で穏やかな女が息子を将来の英雄として尊重する場合でも、本当に自分のものにするために、息子をその内在的現実にとどめておこうとする。だから、夫を子どもとして扱うのと同じように、女は子どもを赤ん坊として扱うのである。女は息子を去勢したいのだと信じるのはあまりに合理的で単純すぎる。女の夢はもっと矛盾している。女は息子が無限でありながら自分の掌中にあってほしい、全世界を支配しながら自分の前にひざまずいてほしいと思っているのだから。彼女は息子が神経質で、抑制的で、寛大で、内気で、出不精になるように仕向ける。スポーツや仲間の付き合いを禁じる。息子が自分に自信をもてないようにする。息子を彼女自身のものにして所有していたいためだ。しかし同時に、息子が自慢できるような冒険家、勝者、天才にならなければ幻滅する。こういう母親の影響が有害だということは——モンテルランが断言し、モーリヤックが『ジェニトリクス』で物語っているように——明白である。男の子にとって幸運なことに、彼はこの影響力から容易に逃れることができる。慣習や社会がそうするように励ましてくれるからだ。母親自身も、男と闘うのは不利だということをよく知っているので、すぐにあきらめる。嘆きの母を演じたり、未来の勝者の一人を産んだ誇りをかみしめることで自分を慰める。

女の子は母親にもっと全面的に委ねられる。母親の要求は多くなる。それで、母と娘の関係ははるかに葛藤（かっとう）を含んだ性格をおびる。母親は娘には選ばれたカーストの一員の価値を認めない。彼女は娘に自分の分身を求める。娘に自分と自分自身との関係のあいまいさを投影する。このもう一人の自分（アルテル・エゴ）の他者性がはっきりと現われると、母親は裏切られたと感じる。すでに述べたように、葛藤が激しいかたちをとるのは母と娘のあいだでのことである。

自分の人生に十分満足していて、娘に自分の生まれ変わりを見たいと思ったり、少なくとも男の子でないとがっかりしたりせずに娘を受け入れる女たちもいる。彼女たちは自分がかつてもった、またはもてなかった可能性を子どもに与えたいと思い、子どもに幸福な青春時代を準備してやるだろう。コレットは感情の安定した寛大な母親たちの一人の肖像を描いた。シドは娘を自由にさせて可愛がっていた。何も要求せずに娘の望みはなんでもかなえた。というのも、彼女は自分の喜びは自分自身の心から引き出せたからである。母親が娘という分身に献身し、そこに自分を認め、自分を越えることで、ついには娘のなかに完全に自己を疎外（そがい）[†]してしまうということもある。彼女は自分をあきらめる。唯一（ゆいいつ）の関心は子どもの幸福である。彼女は世間の他の人々に対して厳しい利己主義者にさえなるだろう。彼女を脅（おびや）かす危険は熱愛する娘に煩（わずら）わしがられるようになることだ。たとえば、セヴィニェ夫人[*1]がグリニャン夫人〔セヴィニェ夫人の娘〕にとってそうなってしまったように。娘は不機嫌になっておしつけがましい献身と縁を切ろうとする。しかし、しばしば、彼女はそれに失敗する。あまりに「親鳥が抱えるかえり雛（びな）」であるために、彼女は自分の責任に対して一生幼稚で消極的なままである。だがとくに、ある種のマゾヒスト的な母性のかたちは若い娘に深刻な影響を与えるおそれがある。ある女たちは自分の女らしさを絶対的な呪いと感じる。それで、娘にもう一人の犠牲者を見出すという苦い喜びをもって、彼女たちは娘を望んだり受け入れたりするのである。しかも同時に、娘を産んでしまったことで罪悪感を抱く。娘をとおして彼女たちが自分自身に対して感じる悔恨、憐れみは果てしない不安に変わる。彼女たちは子どもから一歩も離れられなくなる。彼女たちは十五年間、二十年間にもわたって娘と同じベッドに寝るだろう。幼い娘はこの情熱の炎によって完全に意欲を喪失させられることになる。

　大部分の女は女の条件を要求すると同時にそれを嫌悪する。彼女たちは恨みを抱きながら女の条件を生きる。自分の性に対して感じる嫌悪から彼女たちは娘に男性的教育を与えようとする。自分の性に寛大であることは稀であるからだ。娘を産んだことに苛立ちながら、母親は「おまえも女になるのだろうね」という意味のはっきりしない呪いの言葉をもって娘を受け入れる。彼女は自分の分身と見なす娘を優れた人間にすることで自分の劣等性を補いたいと思う。一方で自分が苦しんだ欠陥を娘にも押しつけようとする。ある時は、子どもに自分の運命をそのまま押しつけようとする。「私にとってとても良かったことは、おまえにも良いのだ。そうやって育てられたし、おまえも私と同じような運命を辿るだろう」と言って。反対に、ある時は、娘が自分の二の舞になることを頑として禁じる。彼女は自分の経験が役立ってほしいと思うのだ。これは一つの反撃

＊1　一六二六－九六、フランスの書簡作家。

の仕方である。身持ちのよくない女は娘を修道院に入れる。無知な女は娘に教育を受けさせる。『窒息』では、母親が娘のうちに自分の若い頃の過ち(あやま)の憎むべき結果を見て、必死に言う。

わかってちょうだい。おまえにわたしと同じことがおきたら、わたしの子とは認めないよ。わたしは、わたしは何にも知らなかったんだ。罪! 漠然としてるけど、罪なんだよ! 男がおまえに声をかけても、行ってはいけない。自分の道を行くんだよ。振り返るんじゃない。わかるかい。おまえに警告しておいたはずだ。そんなことがあってはいけないと。もしそんなことになったら、わたしは金輪際憐れむことなどしない。落ちぶれるがいい。

すでに見たように、マゼッティ夫人は自分が犯した失敗を娘にさせまいとして、かえって娘を失敗へと追いやってしまった。シュテーケルは娘に対する「母親の憎しみ」の複雑な事例を次のように語っている。

私が知っているある母親は四番目の娘が生まれたあと、娘を、この魅力的でかわいい被造物を受け入れることができなかった……彼女は娘が夫の欠点をことごとく引き継いでいると非難した……子どもが生まれたのは彼女が他の男に言い寄られていたときだった。その男は詩人で彼女は情熱的に愛していた。彼女はゲーテの『親和力』におけるように子どもが愛する男の面影をもっていてほしいと願ったが、生まれた子どもは父親にそっくりだった。そのうえ、熱狂、やさしさ、信仰心、官能などの面で、子どもが自分の生き写しであることに気づいた。彼女は強く、不屈で、厳しく、貞淑で、精力的でありたかった。それで、子どものうちに見られた夫より自分自身の姿にずっと大きな嫌悪を感じたのである。

少女が成長したとき、本当の葛藤が生まれる。少女は母親に対して自律性を主張したいと思ってきた。母親の目からすれば、それこそ我慢のならない恩知らずな行為である。母親は自分から離れようとするこの娘の意志を「挫こう」と頑張る。自分の分身が一人の他者になるのは受け入れられない。女に対して男が味わう喜び、つまり自分が絶対的に優位であると感じること、女はこの感覚を自分の子ども、とくに娘に対してしか経験できない。彼女はこの特権、権威をあきらめなければならないとしたら、裏切られたと感じるだろう。情熱的な母親であれ冷たい母親であれ、子どもの自立は彼女の希望の挫折である。彼女は二重に嫉妬する。娘を奪った世界に対して。そして、世界の一部を獲得し、彼女からそれを盗んだ娘に対して。この嫉妬心はまず娘と父親との関係に向けられる。時として、母親は夫の気持ちを家庭につなぎとめるために子どもを利用する。失敗するとくやしがるが、この駆け引きがうまくいくと、逆に、たちまち子どもじみた劣等感をよみがえらせる。そして、かつて母親に対してしたのと同じように、娘に苛立ちを覚え、ふてくされる。理解されず見捨てられたように思うのである。娘たちをとても愛してくれる外国人と結婚したフランス女性が、ある日怒って言った。「よそ者と暮らすなんてもううんざり！」。父親お気に入りの長女がとくに母親の迫害の的になってしまった。母親は骨折り損の仕事をさせて彼女を苦しめ、年齢以上のまじめさを要求する。娘はライバルとなるので、一人前の大人扱いされる。娘の方もまた「人生は小説のようじゃないし、すべてはバラ色っていうわけでもない。したいことがなんでもできるわけでもないし、この世は楽しいばかりでもない……」ということを学ぶだろう。母親はただ単に「教えてやるため」といってわけもなく娘に平手打ちをくわせる。彼女はまずは自分が女主人なのだと娘に示してやりたいのだ。なぜなら、彼女が最もいらつくのは、十一、二歳の子どもに対して優位に立てるものをまったくもっていないことだからである。これぐらいの子どもになると、完全に家事をこなせるようになる。それは「小さな女」である。娘は活発さ、好奇心、明晰(めいせき)さすらもち、それらが大人の女に対して多くの点で娘を優位に立たせるのだ。母親は女の世界にしっかりと君臨していたい。自分が取り替えのきかない唯一の存在でいたい。ところが、若い助手は母親の役割をまったくの一般性にしてしまったのだ。母親は、自分が二日間家を留守にしたあと、家が乱雑になっているのを発見すると、娘をきつく叱(しか)る。しかし、家族の生活が彼女がいなくても完全にやっていけることが明らかになると、激しい不安に襲われる。娘が自分の本当の分身、彼女自身の代用品になるのは認められないのだ。けれども、娘がはっきりと他者として自分を主張するのはもっと耐えがたい。彼女は娘の女友だちを徹底的に憎む。娘が家族の圧迫に抵抗するために彼女たちに助けを求め、彼女たちが「娘をけしかけた」からだ。彼女は娘の友だちを非難し、ちょくちょく会うことを禁じる。または「悪い影響」を口実に会うことを完全に禁じてしまう。自分の影響以外はすべて悪い影響なのである。彼女はとくに娘の愛情が向けられる自分と同年代の女たち――教師や、娘の仲間の母親――に対して敵意を感じる。母親はそういう感情はばかげたもの、または不健全なものだというのだ。子どもの不機嫌、無分別、いたずら、笑いすら、母親を激しく苛立たせるに十分なこともある。彼女は男の子がそうしても平気で大目に見る。男の子は男の特権を利用する。当たり前だ。母親はずっと前に負け戦はあきらめてしまっているのだ。しかしなぜ、このもう一人の女が自分には許されていない特典を享受するのだろうか。謹厳さの罠に閉じ込められた母親は、うんざりする家庭から娘を引き離す用事や楽しみのすべてを羨しく思う。このような娘の脱出は母親が献身してきた価値をことごとく否定するものだ。子どもが成長するほどに、いっそう恨みは母親の心を蝕んでいく。年ごとに、母親は衰退へと追いやられる。年々、若々しい身体は自分を主張し花開いていく。この娘の前に開かれた未来、母親はそれが自分からくすねとられてしまったように思う。だからこそ、娘が初潮を迎えたとき、一部の女たちは苛立つのである。これからはいまいましいが女であるということで、娘に恨みを抱くのだ。年長の女の運命である反復と習慣性に対して、この新参の女にはいまなお無限に開かれた可能性が差し出される。そうした可能性を母親は羨みそして憎む。それをものにできなかった母親は娘の可能性を狭め、つぶそうとする。娘を家に閉じ込めて監視し支配するのだ。わざわざみっともない服装をさせたりもする。娘の楽しみはことごとく取りあげ、若い娘が化粧をしようものなら、「外出」しようものなら、怒り狂う。人生に対するすべての恨みから母親は新しい未来に向かって突進していく若い人生に逆らうのである。彼女は若い娘を憎み、その自主的な行動をばかにし、娘をいびる。しばしばおおっぴらな争いが母と娘のあいだで起きる。当然のことながら若い方が勝つ。時が彼女に味方するからだ。だが、娘の勝利には罪の味わいがある。母親の態度は娘のうちに反抗と後悔とを同時に生じさせる。ただ母親という存在がかかわっているだけで娘は罪人になってしまう。すでに見たように、こうした感情が娘の将来そのものを大きく狭めてしまうこともある。母親は最終的には仕方なく自分の敗北を受け入れる。娘が大人になると、母と娘のあいだには多かれ少なかれ揺れ動きながらの親愛の情が復活する。といっても、一方は幻滅し裏切られたという思いをずっと抱きつづけ、他方はしばしば自分が呪われているように感じる。

ここで、年配になった女と大きくなった子どもとのあいだに維持される関係に戻ろう。当然のことだが、子どもたちが母親の人生に大きな場所を占めるのは最初の二十年間である。これまでの記述の中から、一般に受け入れられている二つの偏見の危険な間違いがはっきりと浮かび上がってきた。第一は、いずれにせよ母親であることは女の欲求を満たすに十分であるというものだ。これはまったく真実ではない。満足できず苛立っていて不幸な母親たちはたくさんいる。十二回以上も出産したソフィア・トルストイの例は意味深い。彼女は日記全体を通じて、世の中にあっても彼女自身のなかでもすべてが無用で空しく思われると繰り返し書きつづけている。子どもたちは彼女に一種のマゾヒスト的安らぎをもたらす。「子どもと一緒にいるともう若くはないと感じる。私は平穏で幸せだ」。青春、美しさ、自分だけの生活の断念は彼女にわずかながらの平安をもたらす。年をとったと感じ、これでいいのだと思う。「子どもたちにとってなくてはならない存在だと感じると、とても幸福だ」。子どもたちは夫の優越性を拒否できる武器である。「私たちのあいだに平等を回復させるための唯一の手段、武器、それは子どもたち、エネルギー、喜び、健康……」。しかし、子どもは倦怠に蝕まれている存在に意味を与えられるほど十分な存在ではない。一九〇五年一月二十五日、一瞬の高揚のあと、彼女は書いている。

私もまた、すべてを欲し、すべてを可能にできるのだ。けれど、この感情が去ってしまうと、何も欲しくない、何もできないことに気づく。子どもたちの世話をすること、食べて、飲んで、眠って、夫と子どもたちを愛するだけだ。これがとどのつまりは幸福であるはずのものだろう。けれど、このことが私を悲しませ、昨日のように泣きたい思いにさせるのだ。

私はうまくやりたいと心から思い、力のかぎり子どもの教育に身を捧げてきた。でも、なんてこと！　私はなんと短気で怒りっぽいのだろう、どれほど私は泣き叫んだことだろう！　……子どもたちとのこの永遠の闘いはなんと悲しいことか！

そして、十一年後、

母親と子どもの関係は、母親の生活が全体的にどのようなかたちをとっているかに規定される。それは彼女が夫、自分の過去や仕事、自分自身とどのような関係をもつかに左右される。子どもがなんにでも効く万能薬だと思い込むのは愚かで有害な過ちなのだ。これが結論である。ヘレーネ・ドイッチュも精神科医としての経験をとおして母親であることのさまざまな現象を研究した著作——これまで私がたびたび引用した著作——においてこの結論に到達している。彼女は母親の役割を非常に高く位置づけている。女が完全に自分を実現するのはこの役割をとおしてだとドイッチュは考えている。ただし、この役割が自由に引き受けられ、かつ心から望まれているという条件の下でである。若い女はその負担を引き受けられる心理的、精神的、物質的状況にいなければならない。さもなければ、その結果は悲惨なものになるだろう。とりわけ、鬱病や神経症の女に子どもを治療薬のように勧めるのは犯罪的である。それは女も子どもも不幸にする。健康で安定した、自分の責任を自覚する女だけが「良い母親」になれるのである。

すでに述べたように、結婚にのしかかる不幸、それは、結婚において個人どうしが結びつくのが強さではなく、弱さにおいてであるということであり、それぞれが相手に与えたいと思う代わりに相手に求めてしまうことである。子どもをとおして、自分自身では作り出せなかった充足、熱中、価値を手に入れたいと夢見るのはさらにいっそう期待外れの幻想である。子どもは、一人の他者の幸福を無私無欲で望むことができる女、過去にこだわることなく自分の存在を乗り越えようとする女だけに喜びをもたらしてくれるのだ。たしかに、子どもは人が正当に志すことができる企てである。だが、この企ては他のどんな企てよりも紋切り型の正当化ですますことはできない。この企ては当てにならない利益のためではなくそれ自身のために望まれなければならない。シュテーケルはそのことを非常に的確に言っている。

子どもは愛の代用品ではない。子どもを挫折した人生の目的に置き換えることはできない。子どもはわれわれの人生の空虚を満たすための材料ではない。子どもは責任、重い義務である。自由な愛の最も惜しみない価値ある宝である。子どもは親の玩具(おもちゃ)でも親の生きる欲求の実現でも果たせなかった野心の代用品でもない。彼らは親の子どもたち、それは幸福な存在を育てる義務なのだ。

このような義務に自然的なところはまったくない。自然は倫理的な選択を命じることはけっしてできないだろう。倫理的な選択は世界への参加(アンガージュマン)†を前提としている。子どもを産むこと、それは一つの世界への参加(アンガージュマン)である。産んだあと母親がそこから逃げるとすれば、彼女は一人の人間的実存、一つの自由に対して過ちを犯しているのだ。しかし、誰も彼女にそれを強要はできない。親子の関係は、夫婦の関係と同じように、自分から望むものでなければならない。そして、子どもは女にとって特権的な自己実現だというのも正しくはない。ひとは、女について、あの女は「子どもがいないから」男に媚(こ)びる、浮気だ、同性愛者だ、野心家だと、とかく言いがちである。女が追求している性生活、目的、価値は子どもの代用品というわけだ。実際には、こうした言い方にはもともとのあいまいさがある。なぜなら、女が子どもが欲しいと思うのは愛情の対象がないから、やることがないから、同性愛の傾向を満足させられないからと言うこともまたできるからである。似非(えせ)・自然主義の下に隠されているのは社会的・人為的モラルである。子どもは女の最高の目的であるというのは、まさに宣伝用スローガンの価値をもつ確言なのだ。

　第二の偏見は、第一の偏見から直接出てくるのだが、それは子どもは母親の腕のなかで確かな幸福を見出すというものだ。母親の愛には自然的なものは何もないのだから、「母親の本性を欠いた」母親というものは存在しない。しかし、まさにそれだからこそ、悪い母親がいるのである。精神分析が明らかにした重要な真実の一つは、「正常な」両親でさえ子どもにとって危険となるということである。大人が悩まされるコンプレックス、強迫観念、神経症は彼らの過去の家族生活に根ざしている。対立、不和、葛藤を抱えた親は、子どもにとって一緒にいるのが最も望ましくない人間である。自分の親との家庭生活を深く刻印された彼らは今度はコンプレックスと欲求不満を介して自分の子どもに接する。しかも、この悲惨な連鎖は際限なく続く。とくに、母親のサド゠マゾヒズムは娘に罪悪感を植えつけ、それがまたその子どもたちに対する果てしないサド゠マゾ的行動となって現われる。女に向けられる軽蔑と母親を飾り立てる尊敬とが両立するというのはまったくおかしな欺瞞である。女の公的活動をいっさい認めない、男の職業活動を女には閉ざす、あらゆる領域で女の無能力を言い立てる、人間を育てるという最も難しくかつ重大な企てを女に任せる、こうしたことは矛盾に満ちた犯罪行為である。慣習や伝統のせいで、男たちの特権である教育、文化、責任、活動をいまだに与えられていない女たちが数多くいる。にもかかわらず、そういった女たちの腕に子どもたちがなんのためらいもなく委ねられる。以前、人形を与えられて幼い男の子に対する劣等感を慰められたように。女が生きるのは禁じておいて、その埋め合わせに、生身の玩具と遊ぶことは許すのである。それで女は完全に幸福なはずだ、あるいは、女は聖人君主であり自分の権利をふりまわしたい気持ちを押さえられるはずだ、というわけなのだろう。モンテスキュー[*1]が、女には家庭の統治より国家の統治をまかせた方がよいと言ったとき、彼は多分正しかった。女は、その機会を与えられさえすれば、男と同じくらい思慮分別があり有能なのだから。抽象的思考と具体的行動においてこそ女は最も容易に自分の性を乗り越えるのだ。女としての自分の過去から自由になって、安定した感情——それを助長するような状況がまったくないのだが——を見出すのは、現在のところ、女にとってはよりいっそう難しいことだ。男もまた、家庭より仕事にかかわっているときの方がずっと感情が安定し理性的だ。数学的正確さで計算をするのに、女のそばでは非論理的で嘘つきで気まぐれである。男は女を相手にしていると自分のことは「なげやりになる」。同じように、女も子ども相手だと自分のことは「なげやりになる」。このような迎合は、子どもにとってはもっと危険である。妻は夫に対して身を守ることができるが、子どもは母親に対してそのように身を守ることはできないからだ。母親が歪んだところのない完璧な人格であって、子どもをとおして専制的に自己実現を図ろうとするのではなく、仕事や社会との関係のなかに自己実現を見出す女であれば、子どものために明らかに望ましいことだろう。また、子どもが親に委ねられる度合いがいまよりずっと少なくなって、勉強や娯楽が、子どもとまったく個人的な関係のない大人の監督のもとに子どもどうしで行なわれることが望ましいだろう。

　幸福な生活または少なくとも安定した生活のなかで子どもが自分を豊かにしてくれるものと見なされている場合でさえ、子どもは母親の視野を限定してしまうことはできないだろう。子どもは母親をその内在性から引き離すことはない。母親は子どもの肉体を作り、養い、世話をする。つまり、母親は一つの実質的状況を作り出すことができるだけで、その状況を乗り越えるのは子どもの自由にのみ属することなのだ。母親が子どもの未来に賭けるとき、彼女はまたもや他人の手で、全世界と時間をとおして自己超越しようとしているのである。言い換えれば、彼女はふたたび依存に自分を捧げているのだ。息子が恩を忘れるだけでなく、挫折しても、母親のすべての希望を否定することになるだろう。結婚や恋愛の場合と同じように、彼女が一人の他者に自分の人生の正当化の責任を委ねるからである。唯一の本来的行動は自分の人生を自由に引き受けることであるにもかかわらず。すでに見たように、女の劣等性はまず第一に女が生活の反復に自分をとどめてしまうことから根本的に生じてきたものだ。一方、男は、存在の純粋な事実性より彼の目にはより本質的に思われる生きる理由を発見してきた。女を母親であることに閉じ込めるのは、女は劣っているという状況を永続させることになるだろう。今日、女は、人類が自分を乗り越えながら絶えず自分を正当化しようとしてきた活動に参加することを要求している。女は自分の人生に意味をもたらす場合にしか子どもを産むことに同意できない。経済・政治・社会生活のなかで一つの役割を果たそうとせずに母親であることはできないだろう。それは、兵隊、奴隷、犠牲者、自由人を作り出すのと同じことではない。子どもの扶養は大部分を共同体が引き受け、母親が大切にされ援助され

＊1　（93頁）一六八九―一七五五、フランスの思想家。

るというように、適切な仕組みができている社会では、母親であることは女が働くことと両立できないことはまったくないはずだ。かえって、農婦、化学者、作家などの働く女は、自分個人に幻想をもっていないので、最も気楽に妊娠できる。最も豊かな個人生活をもつ女こそ子どもに最も多くを与え、最も少なく要求する。努力し闘うなかで人間の真の価値について理解している女こそ最もよき教育者であろう。家庭の外に女を数時間引きとめる仕事と子どもの利益のために女の全精力を奪っていく養育の仕事との両立に、現在これほど多くの女が苦労しているのは、一方では女性労働がほとんどの場合いまだに奴隷状態にあるからであり、他方では家庭外での子どもの世話、保護、教育を保証するための努力がまったくなされていないからである。社会の怠慢こそが問題なのだ。だが、天上にまたは大地の胎内に記載されている法が母親と子どもはもっぱら互いに属するものであるよう求めていると主張して、この怠慢を正当化するのは詭弁である。実際、この相互に属するという関係は二重に有害な抑圧を生むだけなのだ。

女は母親になることで男と実質的に対等な人間になると主張するのは欺瞞である。精神分析家は、子どもは女にペニスの等価物を与えるのだということを証明するために多くの労力を割いてきた。しかし、この付属物がどんなに羨望の的であろうと、これを所有することだけで存在を正当化できるのだとか、これを所有することが最高の目的であるなどとは誰も主張していない。また、母親の神聖な権利については実に多くのことが語られてきたが、女たちが投票用紙を獲得したのは母親としてではない。未婚の母はまだ軽蔑されている。母親が讃(たた)えられるのは結婚においてだけ、つまり夫の従属物であるかぎりにおいてのことなのだ。夫が家族の経済的責任者であるかぎり、母親が子どもたちを夫以上に世話したとしても、子どもたちは母親より父親により依存していることになる。だから、すでに示したように、母親と子どもの関係は母親が夫とのあいだに保つ関係によってじかに支配されるのである。

　このように夫婦関係、家庭生活、母親であることは一つの全体をかたちづくっていて、そこではすべての契機が相互に規制し合っている。夫と愛情のこもった結びつきをもっている女は家庭の責任を楽に担(にな)うことができる。子どもたちに囲まれて幸福を感じている女は夫に寛大になれるだろう。けれども、このような調和は簡単には実現されない。女に割り当てられた異なる役割はうまく折り合わない。女性誌が多くの誌面をさいて家庭の主婦に教えているのは、家事をこなしながら性的魅力を保つ法、妊娠中も美しく洗練されている秘訣(ひけつ)、おしゃれ・母親でいること・家計を両立させる法などである。しかし、こうした忠告をことごとく守ろうとする主婦は、気を使うあまりたちまち混乱におちいり、顔つきも醜くなってしまうだろう。出産によって手がひびわれ、身体の形が崩れてしまったとき、セクシーでいるのは非常にむずかしい。それで、夫を熱愛している女はしばしば子どもたちに恨みを抱く。彼らのせいで魅力が台無しになり、夫は愛撫(あいぶ)をしてくれなくなってしまうからだ。逆に、女が心底から母親である場合には、子どもは自分のものでもあると主張する男に嫉妬(しっと)する。そのうえ、すでに見たように、理想的家事は生活の流れに逆らうものである。子どもはワックスを塗った寄せ木張り床の敵だ。母親の愛はしばしば叱責と怒りに変わる。掃除の行き届いた家庭にしておきたいという気遣いからだ。こうした矛盾のなかで悪戦苦闘している女がたいていは苛立ちながら、とげとげしく日々を過ごすのは、別に意外なことではない。一覧表を作ってみれば、彼女はいつも負けている。勝っても一時的だ。勝利がたしかな成功と記されることはまったくない。彼女が自分を救うことができるのは、けっして家事によってではない。この仕事は彼女の時間を奪うが、彼女を正当化しはしない。正当化は、自分の外にある自由に根拠づけられて行なわれるものだからである。家庭に閉じ込められている女は、自分で自分の存在を正当化することはできない。彼女は個別性において自分を示す手段をもたない。したがって、この個別性が彼女には認められていないのである。アラブ人、インド人、農村の多くの人々にあっては、女は飼い慣らされた雌でしかなく、果たす労働によって評価され、いなくなれば惜しまれることなく取り替えられてしまうのである。現代文明では、妻は夫の目には多少とも個別化されて見える。しかし妻は、ナターシャ〔トルストイ『戦争と平和』の女主人公〕のように、家族に対して情熱的だが一方的な献身に没入し、自我をあきらめないかぎり、完全な一般性にされてしまうことに苦しむ。彼女は同じようで区別できない主婦、妻、母親というものなのだ。ナターシャはこのような最終的な自己消滅に満足し、衝突をことごとくしりぞけ、他者を否定したのである。しかし現代の西欧の女は、逆に、この主婦、この妻、この母親、この女として他の人に認められたいと望んでいる。こうしたことが社会生活のなかで満足させられるよう求めているのだ。

第七章　社交生活

家族は閉じた共同体ではない。その境界を越えて他の社会的単位と交流している。家庭は夫婦がひきこもる「内部」であるだけでなく、夫婦の生活水準、財産、趣味の表現でもある。つまり、家庭は他人の目にはっきりと示されなければならないのだ。この社交生活をとりしきるのは主に女である。男は分業に基づく組織的連帯の絆によって、生産者、市民として集団に結びついている。夫婦は一個の社会的人格であり、この人格は、夫婦が属する家族、階級、環境、人種によって定められ、機械的な連帯の絆によって社会的に似たような状況にある集団に結びつけられている。この人格を最も純粋に具現することができるのは妻である。夫の職業上の人間関係はその社会的価値の表明と一致しないことがよくある。一方、どんな仕事にも必要とされない女は、仲間との交際にとどまることができるのだ。そのうえ、妻は「訪問」や「接待」で、こうした実際には無用な関係を確保する暇をもっている。そしてもちろん、こうした関係が重要なのは、社会的序列のなかで自分の地位を保つのに汲々としているタイプの人々、つまり、他の人々より自分たちの方が優れていると思っている人々の場合だけであるが。妻は、自分の内面、自分の姿そのもの——それに囲まれている夫や子どもの目にはよく見えていないもの——まで夢中になってさらけ出して見せる。「表わす」という妻の社交的義務は自分を見せる快楽と混同されることになるのだ。

まず、彼女は自分自身を見せなければならない。家で仕事に精を出しているときは、単に衣服を身につけているだけだ。外出や来客のために、彼女は「着飾る」。おしゃれには二重の性格がある。女の社会的威信（生活水準、財産、属している環境）を示すためのものであると同時に、女のナルシシズムを具体的に表現する。おしゃれは制服であり、飾りなのだ。何もすることがないと悩んでいる女は、おしゃれによって、自分の存在を表現しているように思う。化粧して、着飾ることは一種の労働であり、それによって、女は自分の人格を自分のものにすることができる。家事によって自分の家庭を自分のものにするのと同じように。そうすると、女は自分自身で自我を選択し、再創造したと思うのだ。慣習に促されて、女は、こうして自分のイメージのなかに自己を疎外（そがい）†してしまう。男の衣服は、男の身体と同じように、その超越†を表示しなければならず、視線を引きとめてはならないのだ。[*1] 男にとっては、優雅も美も、自分を対象物にすることではない。また、ふつう、男は自分の外見を自分の存在の反映とは見なさない。反対に、女は、社会そのものによって、性愛の対象になることを要求される。女が流行に従うのは、自律した個として自分を表わすためではなく、反対に、自分を超越から切り離して、男の欲望の餌食として差し出すためである。人は女の投企†を助けようとするどころか、反対に、妨害しようとする。スカートはズボンより不便であり、ハイヒールは歩行を妨げる。最も優雅なのは、最も非実用的なドレスやパンプス、最も傷みやすい帽子やストッキングだ。衣装が身体を偽装しようが、変形しようが、身体にぴったり合っていようが、とにかく、衣装は身体を眼差しに委ねるのである。というわけで、自分を眺めてもらいたいと思う幼い少女にとっては、おしゃれは魅惑的な遊びである。さらに成長すると、子どもの自律性が、透けるようなモスリンやエナメルの靴に反抗する。思春期になると、自分を誇示したいという気持ちと、そんなことは嫌だという気持ちに分裂する。性的な対象という使命を受け入れてしまうと、女は喜んで身を飾るようになる。

すでに述べたように（I巻）、女は身を飾ることによって、欠かすことのできない人工的装いを自然に与えながらも自然に似るのである。女は男にとって花や宝石になる。自分自身のためにそうなるのだ。水のゆらめき、毛皮の暖かみのある柔らかさを男に与える前に、女はそれらを自分のものとする。小さな置物や絨毯、クッションや花束に対するよりもいっそう親しげに、羽根飾りや真珠、金銀糸入り絹紋織物や絹地を手に入れ、自分の肉体に混ぜ合わせる。こうした品々の玉虫色に光り輝くさまや柔らかな感触が女の運命である性愛の世界の不快さを埋め合わせてくれる。女の性的快楽が不十分であればあるほど、こうしたものにますます引きつけられるのだ。女性同性愛者の多くが男装しているのは、男を模倣したり社会に挑戦するためばかりではない。彼女たちはビロードやサテンの愛撫を必要としていないのだ。彼女たちは女の身体にそうした受動的な性質を感じ取るのだから。[*1] 男の粗野な抱擁に身を任せても、女は——たとえそれを楽しんでいるにせよ、快楽なしに応じている場合はよりいっそう——自分自身の身体以外のどんな官能の餌食も抱きしめることができない。香水をふりかけて自分の身体を花に変え、首につけたダイヤモンドの輝きが肌の輝きと混同される。こうしたものを所有しようと、彼女は世界のあらゆる富に同一化する。官能の宝庫を渇望（かつぼう）するだけでなく、感傷的で、理想的な価値を渇望することもある。ある宝石は思い出の品であり、ある宝石はシンボルである。自分を見世物やゴシップにしてしまう女たちがいる。自分を美術館にしてしまう女たち、象形文字にしてしまう女たちがいる。ジョルジェット・ルブランは『回想』のなかで青春の日々を回顧して、こう述べている。

私はいつも絵画から抜け出してきたような服装をしていました。ファン・アイクやルーベンスの寓意画（ぐういが）やメムリンクの聖母マリアの格好で散歩しました。司祭服か

＊1 （101頁）〔原注〕Ⅰ巻を参照。まさに自分を性の対象として把握する同性愛者は例外である。また、ダンディについては別に研究しなければならない。今日、目立つカットの明るいスーツを着るアメリカの黒人の「ズートスーツ好み」〔ズートスーツは、裾（すそ）でくくっただぶだぶのズボンと長い上衣から成る派手なスーツ〕には非常に複雑な理由があると言われている。

＊1 〔原注〕クラフト゠エビングが報告しているサンドールの場合は立派な服装をした女が大好きであったが、自分は「着飾る」ことはしなかった。

> 何かから取った古い銀の飾り紐（ひも）がついたアメジスト色のビロードのドレスで、冬のある日、ブリュッセルの通りを横切っている自分の姿が今も目に浮かびます。長い裾（すそ）を気にするなんて軽蔑（けいべつ）すべきことだと思って、裾を引きずって歩いたので、私はていねいに歩道を掃いていたのでした。黄色の毛皮の修道女風の帽子がブロンドの髪を縁取っていましたが、最も奇抜だったのは額の真ん中にフェロニエール[*1]で留めたダイヤモンドでした。どうしてこんな格好をしたのでしょう？　そうすることが単に楽しかったからですし、そうすることで、いっさいの慣習の外で自分が生きているような気がしていました。私が通り過ぎるのを見てひとが笑えば笑うほど、私はおかしな工夫をさらに加えていきました。格好を変えるなんて恥ずかしくてできなかったでしょう。皆がそれを嘲（あざけ）っていたのですから。そんなことは卑（いや）しい降伏だと思ったことでしょう……家ではまた別でした。ゴッツォーリやフラ・アンジェリコの天使たち、バーン・ジョーンズやワトーのような絵画が私のモデルでした。私はいつも空色や曙色（あけぼのいろ）の服を着ておりました。ゆったりとしたドレスが私のまわりにいくつもの長い裾を広げておりました。

森羅万象をこのように魔術的に自分のものにするすばらしい例が見出（みいだ）されるのは精神病院である。貴重な品々や象徴への愛に抑えのきかない女は自分自身の姿を忘れて突飛な服装をしてしまうことがある。たとえば、幼い女の子なら誰でも、おしゃれは自分を妖精（ようせい）や王妃や花に変えてくれる変装だと思っている。花飾りやリボンをつけただけで、自分が美しくなった気がする。彼女はこうしたすばらしい魔法の装飾品と同一化しているのだから。布地の色合いに魅せられると、素朴な若い娘は自分の顔色が悪く見えることに気づかない。こうした大胆な悪趣味は、自分自身の姿を気にかけるよりも外の世界に魅力を感じている大人の芸術家や知識人にも見うけられる。彼女たちは、古代織物や昔の宝石に夢中になって、うっとりとして中国や中世のイメージを思い描くが、自分の鏡はちらっと見たり、先入観をもって見るだけである。年配の女が嬉々（きき）として奇妙な格好をしているのに驚かされることもある。冠やレース飾りや派手なドレスやバロック風のネックレスは、残念ながら、彼女たちの老（ふ）けた顔を目立たせるだけだ。よくあることだが、彼女たちは誘惑することを諦（あきら）めてしまい、子どもの頃のように、おしゃれはふたたび無償の遊びになったのである。反対に、エレガントな女は官能や美の快楽を文字通りに求めることができるが、この快楽を自分のイメージと調和させなければならない。ドレスの色が彼女の顔色を引き立て、服のカットが体の線を強調したり、矯正したりすることになる。彼女がうっとりと愛するのは着飾った自分自身であって、彼女を飾る品々ではない。

おしゃれは単に着飾ることではない。それは、すでに述べたように、女の社会的状

＊1　十六世紀に流行した前頭部を飾る宝石入りの鎖状の冠。

況・地位を表わす。もっぱら性愛の対象という役割を果たす売春婦だけが、独特の身なりで、明らかにそれとわかるようになっていなければいけない。かつてはサフラン色の髪の毛やドレスにちりばめられた花々によって、今日ではハイヒールや体にぴったりとしたサテン地、濃いメイクやきつい香水によって、その職業が知れる。他の女は「娼婦のような」服装をしているといって非難される。素人女のエロチックな力は社会生活に統合されていて、穏当なかたちでしか現われてはならないのだ。しかし、品位ある装いとは、羞恥心から厳しく抑制された身なりをすることではないということは強調しておかなければならない。あまりにあからさまに男の欲望をそそる女は品が悪いのだが、それを撥ねつけるように見える女も好ましくない。男のようになりたがっているのはレスビアンだと世間は思う。奇をてらうのは変人、対象物という役割を拒否して社会に挑戦するのはアナーキストというわけだ。目立ちたくないと思うなら、女らしさを保たなければならないのである。露出趣味と羞恥心のあいだの妥協を取り決めるのは慣習である。「淑女」が隠さなければならないのは、ある時代には胸であり、他の時代にはくるぶしである。ある時には、若い娘は求婚者を引きつけるために魅力を強調する権利があるが、既婚の女はいっさいのおしゃれをあきらめる。多くの農民文化ではそうなっている。ある時には、若い娘は控えめなカットの、淡い色合いのぼんやりとした服装をさせられるのに、年配の女は体にぴったりとしたドレス、重い服地や豊かな色彩、挑発的なカットが許されている。黒は十六歳の身体には派手に見える。この年齢では黒を着ないのがきまりだからだ。[*1]こうした規制にはもちろん従わなければならない。だが、とにかく、どんなに厳格な環境でも、女の性的特徴は強調されるであろう。たとえば、牧師の妻は髪にウエーヴをかけ、薄化粧して控えめに流行を追い、肉体的魅力を気にかけることによって、自分が女という役割を受け入れていることを示すのである。こうした、社会生活へのエロチシズムの統合は、「イヴニング・ドレス」の場合、とりわけ明らかである。パーティーが催されること、つまり、贅沢と浪費が行なわれることを意味するために、こうしたドレスは高価で傷みやすいものでなければならない。できるだけ窮屈にする。スカートは丈が長く、幅は広すぎるか狭すぎるかで、歩きにくい。宝石や襞飾り、スパンコール、花飾り、羽飾り、ヘアーピースで、女は肉体の人形に変わる。この肉体そのものが誇示される。花が無償で咲くように、女は肩や背や胸を見せびらかす。大饗宴は別だが、男は女を切望していることを見せるべきではない。男にできるのは見つめることと、そしてダンスで抱くことだ。だが男は、かくもやさしい秘宝をとりそろえた世界の王であることにうっとりすることができる。人から人へと、祝宴はここではポトラッチ[*2]の様相をおびる。皆がそれぞれの相手に、自分の財産であるこの肉体の幻影を贈物にす

＊1　〔原注〕前世紀を背景とする映画。それにしてもつまらない映画で、ベティ・デイヴィスは、結婚までは白を着るきまりなのに、舞踏会で赤のドレスを着て顰蹙をかっていた。彼女の行為は既成秩序に対する反抗と見なされたのであった。

＊2　饗宴や贈物によって互いの威信を競い合う北米先住民の儀礼的行事。

る。イヴニング・ドレスの女は、すべての男の快楽と自分を所有する者の誇りを思って、女に仮装しているのである。

　おしゃれにはこうした社会的な意味作用があるので、女は服の着方で社会に対する態度を表わすことができる。既存の秩序に従っていれば、穏やかで上品な人になる。多くのニュアンスが可能だ。自分の選択しだいで、弱々しくもなれば、子どもっぽくもなる。神秘的にも、無邪気にも、禁欲的にも、陽気にも、落ち着いたふうにも、ちょっと大胆にも、控えめにもなるのである。あるいは、反対に、独創的な格好をして、さまざまな慣習に対する拒否を表明する。多くの小説において、「自由奔放な」女が、性的対象としての特徴、つまり隷属（れいぞく）を強調する大胆な身なりで人目を引こうとしているのが目立つ。だから、イーディス・ウォートンの『無邪気な時代』では、波瀾（はらん）に満ちた過去をもち、大胆な心をもつ離婚した若い女は、まず、極端なデコルテ姿で登場する。彼女が引き起こすスキャンダルの戦慄（せんりつ）が、彼女が順応主義を軽蔑していることを明白に映し出す。だから、若い娘はおもしろがって大人の女の格好をするのだし、年配の女は幼い少女の格好をし、高級娼婦は上流階級の女の格好を、上流階級の女は妖婦（ヴァンプ）の格好をするのである。それぞれの女が自分の身分に応じた服装をする場合も、そこにはやはり遊びがある。技巧は、芸術のように、想像の世界のものである。コルセット、ブラジャー、毛染め、メイクが体と顔を変えて見せるだけではない。まったく垢抜（あかぬ）けない女でも、ひとたび「着飾る」と、それと気づかれないのだ。女は絵画や彫像のように、舞台の役者のように、類比物(アナロゴン)[*1]であり、これをとおして、演じられる人物像ではあるが存在はしていない、欠如した主体が暗示されるのである。小説の主人公のような、肖像画や胸像のような、非現実的な必然的で完璧(かんぺき)な対象との混同が女を得意にさせる。彼女はそこに自分を疎外しようと努め、こうして、自分が不動で正当であると思い込もうとするのである。

同様に、マリー・バシュキルツェフの『日記』では、ページからページへと、飽きることなく、自分をさまざまな姿に描いているのが見られる。彼女は自分のどんなドレスの描写も省かない。新しいおしゃれをするたびに、自分が別人になったと思い込み、自分を新たに熱愛するのである。

私はママの大きなショールを取り、頭を出す部分に切り込みを入れて、ショールの両端を縫い合わせた。クランックな襞となって垂れ下がるこのショールは私にオリエント風で聖書風の不思議な雰囲気を与えてくれる。

ラフェリエールさんの店に行く。カロリーヌが三時間でドレスを作ってくれる。このドレスをまとうと、まるで雲に包まれたかのよう。イギリス・クレープ地の服で、彼女が私に着せてくれると、私はほっそりとして優雅で背が高くなる。

調和のとれた襞がよった暖かいウールのドレスに包まれて、まるでルフェーヴル

＊1　心的イメージを生む媒介として役立つ、類似の具体的対象物。

の挿絵。彼は清純なドレープに包まれた、こうしたしなやかで若々しい体を描くのがとてもうまい。

こうしたリフレインが日々繰り返される。「私は黒のドレスでとてもすてきだった……グレーを着て、私はとてもすてき……私は白でとてもすてきだった」ノアイユ夫人――彼女も身なりをとても重要視していた――は『回想録』のなかで、ドレスが失敗した時の悲劇を暗澹たる気分で思い出している。

私は鮮やかな色彩、その大胆なコントラストが好きだった。一着のドレスはある風景のように、運命をともなった一つの発端のように、冒険の約束のように思われた。自信なげな手で作られたドレスを着る時には、欠点に気づき、必ずたまらない気持ちになるのだった。

多くの女にとっておしゃれがこれほど重要であるのは、それが女に世界と自分自身の自我を同時に幻想として与えてくれるからである。『人絹を着た娘』(I・コイン作)というドイツの小説は貧しい娘がキタリスの毛皮のコートに抱いた情熱を語っている。彼女はその愛撫するような感触の暖かさ、毛皮のやさしい肌触りを官能的に愛している。彼女が愛しむのは、高価な毛皮のもとで変貌した自分自身なのだ。彼女はかつて一度も抱きしめたことのないこの世の美と、かつて一度も自分のものであったことのない輝かしい運命をついに所有するのである。

フックに掛けられたコートがふと目に入った。とても柔らかくて、ふわっとして、とても心地よく、渋くておとなしいグレーの毛皮。私はそれに接吻したくなった。それほど、気に入っていた。毛皮が、慰めや万聖節、天のような完全な安らぎの雰囲気をかもしだしていた。本物のキタリスだった。そっとレインコートを脱いで、キタリスの毛皮に手を通した。この毛皮は、それが気に入っている私の肌には、まるでダイヤモンドのようだった。好きなものは手に入れたらもう返したりはしない。内側は、手刺繡をした純絹のモロッコ・クレープの裏地。コートは私を包んで、私よりも上手にフーベルトの心に話しかけていた……この毛皮を着て、私はとてもエレガントだ。私を愛することで私を洗練された女にしてくれる稀な男の人――この毛皮はまるでこうした稀な男のようだ。このコートが私を欲しいと思い、私もそれを欲しいと思う。私たちはお互いを所有する。

女は対象物なのだから、おしゃれの仕方が女そのものの価値を変えるということは理解できる。絹のストッキングや手袋や帽子を女があれほど重要視するのはくだらないことではない。自分の地位を保つことはやむにやまれぬ義務なのだ。アメリカでは、職業をもつ女の予算のかなりの部分が化粧品や衣服に費やされている。フランスでは、この負担はもっと少ない。とはいえ、女は「見かけがよい」ほど、尊重される。職を見つける必要があればあるほど、身なりのよさがよけいに役に立つ。エレガンスは武器、看板、尊敬をもたらすもの、推薦状なのだ。

エレガンスは一つの拘束である。そこから得られる価値には金がかかる。あまりに金がかかるので、デパートで、上流の奥様や女優が香水や絹のストッキングや下着を盗んでいるのを監視人が捕まえることもある。多くの女が売春をしたり、「援助してもらう」のはよい身なりをするためである。おしゃれには金が必要なのだ。身なりを整えるには時間と手間がかかる。これは一つの仕事であり、時には積極的な喜びの源となる。この領域でも、「隠れた宝の発見」、駆け引き、たくらみ、策略、創意工夫がある。これがうまいと、女は職業デザイナーになることさえできる。展示会の日——とくにバーゲン・セール——は熱狂的な出来事だ。新調のドレスはそれだけで祝祭なのだ。メイクやヘアー・スタイルはまがいの芸術作品である。今日、女は、以前にもまして、スポーツや体操、水浴やマッサージ、ダイエットによって体の形を整える喜びを知っている[*1]。自分で体重、スタイル、肌の色を決める。現代の審美観は女が活動的な性質を女性美に取り入れることを許している。女は鍛えた筋肉をもつ権利を得ているし、脂肪がつくことを拒否している。身体文化においては、女は主体として自己主張しているのだ。そこには、女にとって、偶然的な肉体に関する一種の解放がある。だが、この解放は従属へと簡単に戻ってしまう。ハリウッドのスターは自然に打ち勝つが、プロデューサーの手でふたたび受動的な対象物となる。

女が正当にも満足を覚えることのできるこうした勝利と並んで、おしゃれには――家事の手間と同様に――時間に対する闘いが含まれている。女の体もまた時の流れが蝕む対象物なのだから。コレット・オードリーはこの闘いを描いた。家で主婦がほこりを相手に繰り広げる闘いと対照的な闘いである。

もうそれは若い頃のひきしまった肉体ではなかった。腕や腿にそって、筋肉の形が脂肪の層やすこしゆるんだ皮膚の下に透けて見えていた。不安になって、彼女はふたたび時間割を一変させてみる。一日は三十分の体操で始まり、晩は、ベッドに入る前に十五分のマッサージだ。彼女は医学書やモード雑誌を開いて、ウエストサイズに気を配り始めた。フルーツ・ジュースをこしらえ、時々下剤を飲み、皿はゴム手袋をして洗った。彼女の二つの気掛りは結局一つになった。十分に体を若返らせ、十分に家を磨けば、いつか、一種の静止期、一種の死点に達する……世界は老化や消耗の外に停止し、その歩みを中断するだろう……プールで、彼女はスタイル

＊1　〔原注〕しかし、最近の調査によれば、フランスの女性用体育館には今日ほとんど人がいない。フランスの女が身体文化に熱中するのはとくに一九二〇年から一九四〇年にかけての時期である。今のところ、家事の負担が彼女たちにあまりにも厳しくのしかかっている。

を改善しようと、今では本格的なレッスンを受けていたし、美容雑誌は、無限に新しくなる美容法で彼女に息もつかせなかった。ジンジャー・ロジャース[*1]は打ち明ける。「毎朝百回ブラシをかけるのよ。正確に二分半かかる。それで、私は絹のような髪ってわけ」。いかにして足首を細くするか。毎日、三十回続けて、かかとをつけずに爪先立ちしましょう。このエクササイズは一分しかかからない。一日のうちの一分がなんだというのでしょう。別の時には、爪をオイルに浸すこととか、レモン入りの練粉で両手をパックすること、あるいは、つぶしたイチゴで頬をパックすることであった。(『負けを覚悟の勝負』)

ここでもまた、習慣性が美容や服の手入れを決まりきった苦役にしてしまう。どんな生き物の生成にもつきものである衰退への恐怖のために、不感症や欲求不満の女のなかには、生そのものを恐れる者もいる。彼女たちは、他の女たちが家具やジャムを保存するように、自分を現状のままに保存しようと努めるのだ。この否定的な頑固さのために、彼女たちは自分自身の生存の敵となり、他人に敵対的になる。おいしい食事は体の線を壊す。ワインは顔色を悪くする。笑いすぎると顔の皺が増える。日の光は肌を荒らす。休息は動きを鈍くする。仕事は体力を消耗させる。セックスは目に隈をつくる。キスは頬をほてらせる。愛撫は乳房の形を崩す。抱擁は肉体を衰えさせる。妊娠と出産、育児は顔や体を醜くする。周知のとおり、いかに多くの若い母親が、パーティー・ドレスに驚嘆している子どもを、怒って押しやることか。「触っちゃだめ。濡れた手をして、私が汚れるじゃないの」。コケティッシュな女も、夫や恋人の性急な要求に、同じような肘鉄砲をくわせる。家具を覆いで包んでしまうように、彼女は男たちや世界や時間から逃れたいのだろう。だが、いくらこのように気をつけても、白髪にはなるし、カラスの足跡は目立ってくる。この運命が避けられないことを女は若い頃から知っているのだ。だから、いくら慎重にしても、女は災難の犠牲者だ。一滴のワインがドレスにかかる。タバコが焼け焦げを作る。すると、サロンで気取って微笑んでいた贅沢で陽気な姿も消え失せてしまう。家庭の主婦のまじめで厳しい表情になる。そこで初めてわかるのだ。女のおしゃれは、瞬間を十分に輝かせるためのはかない無償の華やぎ、花束や花火ではないことが。それは財産、資本、投資なのだ。それには元手がかかっている。それが台無しにされるのは取り返しのつかない災害である。しみ、かぎ裂き、仕立ての失敗したドレス、格好の悪いパーマネントは、ロースト肉を焦がすとか、花瓶を壊すよりもさらに深刻な事態となる。コケティッシュな女はモノのなかに自己を疎外しただけでなく、自分がモノであって欲しかったのだから。彼女は、急に、世の中で自分が危機に瀕したように感じるのだ。仕立屋やデザイナーとの関係、彼女の苛立ちや要求には、彼女の真剣な気持ちと不安感がほのみえる。仕立てがうまくいけば、夢に描いた人物になれる。

＊1　アメリカの映画女優。

だが、古くさいできそこないの格好では、自分が失墜したような気になるのである。

ドレス次第でした。私の気分も態度も表情も……（と、マリー・バシュキルツェフは書いている。さらに続けて）、真っ裸で歩くか、それとも、自分の体つき、趣味、性格に合わせた服装をしなければなりません。この条件にかなっていないと、自分がぎこちなくつまらなく思えて、恥じ入ってしまいます。気分や気持ちはどうでしょう？　格好が悪いと思っていると、うんざりして、いやな気分になって、身の置きどころがなくなってしまいます。

多くの女は、たとえ自分が注目されるはずがなくても、まずい格好で行くくらいなら、パーティーには出かけない。

しかし、なかには「私は自分のために着る」と言い切る女もいるが、すでに見たように、ナルシシズムのなかにさえ、他人の視線が含まれている。コケティッシュな女が誰も見ていないのに頑固にそのまま信条を守っているのは、ほとんど精神病院の中だけだ。ふつうは、見てくれる人を求めている。

ソフィア・トルストイは、結婚してから十年後、次のように書いている。

私は人に好かれたい。美しいと言ってもらいたい。リオヴァに見てもらいたい、聞いてほしい……美しいことがなんの役に立つの？　私のかわいいペーチャは、ばあやのニャーニャをまるで美女を愛するように愛している。リオヴォチカはひどく醜い顔に慣れてしまったようだ……私は髪をカールしたい。誰も巻き毛に気づかなくても、それでもやはり、巻き毛はすてき。誰かに見てもらう必要なんてあるだろうか？　リボンや紐（ひも）飾りは気に入った。新しい革のベルトが欲しい。こんなことを書いてしまうと、私は泣きたくなる……

夫はこうした役割を果たすのが非常にへただ。ここでもまた夫の要求は二面的である。妻があまりに魅力的だと夫は嫉妬（しっと）する。しかし、どんな夫にも多かれ少なかれカンダウレス王[*1]のようなところがある。妻が自分の名誉であってほしい。優雅で、きれいで、少なくとも「いい女」であってほしいのだ。さもなければ、不機嫌に、ユビュ親父（おやじ）[*2]のせりふを借りて、妻に言う。「なんてかっこうだ。うちにお客さんでも来るのかい？」。すでに見たように、結婚においては性的な価値と社会的な価値は両立しがたい。この矛盾がここに反映されているのだ。性的魅力を見せつけるような妻は夫の目には下品に見える。よその女が大胆な格好をしていると心引かれるくせに、自分の妻がやると文句を言う。

＊1　前七－前六世紀頃、小アジアに栄えたリュディアの王。妻の王妃の容色を自慢し、臣下にその裸体を盗み見させるが、それに気づいた王妃の命令に従った当の臣下の手で暗殺される。

＊2　ジャリの喜劇『ユビュ王』（一八九六）の主人公。

文句を言っているうちに欲望はすっかり萎えてしまう。妻が無難な服装をしていると、夫はそれでよいと言うが、その態度は冷やかである。妻が魅力的には見えないと、それをあいまいに非難するのだ。このため、夫は自分自身のために妻を眺めることはほとんどない。「人は妻をなんと言うだろう?」と、他人の目をとおして妻を吟味するのである。自分の視座を他人に委ねているのだから、夫は正しく見通すことができない。妻にとってみれば、自分がすると夫がけなすような服装や振る舞いを他の女がしていて、それに夫が感心しているのを見るほど苛立たしいことはない。そのうえ、自然に、妻の近くにいることが多いので、夫は妻を見ていない。夫には妻はいつも同じ顔だ。妻の新しい服装にもヘアー・スタイルの変化にも気づかない。妻を愛している夫や恋人でさえ、女のおしゃれには無関心ということがよくある。彼らが裸のままの彼女を熱烈に愛しているなら、とてもよく似合う服装でも、仮装でしかない。彼女がみすぼらしい身なりでやつれていても、すばらしい服装の時と同じように愛してくれるだろう。もう彼が愛していないなら、どんなに彼の気に入りそうな服でも将来の見込みはない。おしゃれは征服の道具にはなるが、防御の武器にはなりえないのだ。おしゃれの技術は蜃気楼を創造することであり、視線に想像上の対象物を差し出すことだ。毎日のように顔を合わせ、抱き合っていれば、どんな蜃気楼も消え失せる。夫婦の感情も性愛も現実の場に立っている。女が着飾るのは自分が愛する男のためではない。ドロシー・パーカーはある中編小説で、休暇で戻ってくる夫を首を長くして待っている若い妻が、夫を出迎えるために、おしゃれをしようと決心するところを描いている。

彼女は新しいドレスを買った。黒だ。彼が黒が好きだったから。シンプルな服だ。彼はシンプルなドレスが好きだった。値段が高すぎたが、彼女はそれを気にしようとはしなかった……

「……私の服、気に入った？」

「もちろんさ！」と、彼は言った。「それを着た君はいつだってすてきだったよ」

彼女はまるで木片になったかのようだった。

「このドレスはね」と、彼女は軽蔑（けいべつ）するようなはっきりした口調で言った。「新品なの。今まで一度も着たことないわ。あなたの気を引こうと思って、今日のためにわざわざ買ったのよ」

「ごめん。ごめん」と、彼は言った。「あっ！　たしかに、他の服とはちがう。すばらしい。黒を着た君はいつだってすてきだ」

「こんな時には」と、彼女は言った。「黒を着る理由が他にあったらいいのに」（『愛らしき洞窟（どうくつ）』）

女が服を着るのは他の女の嫉妬をかきたてるためであるとはよく言われてきたことだ。たしかに、この嫉妬は着こなしがうまくいったことの華々しいしるしではある。しかし、それだけが目的ではない。羨望の、称賛の目がどれだけ集まるかによって、女は自分の美しさや身だしなみのよさや趣味、つまり、自分自身というものが絶対的に肯定されることを求めているのだ。女は自分を見せるために服を着る。自分を存在させるために自分を見せる。そうすることによって、苦しい依存関係に従属してしまう。家庭の主婦の献身は、たとえそれが認められなくても有用である。コケティッシュな女の努力は、誰かの意識に刻みつけられなければ無駄になる。そうした女は自分自身の決定的な評価を求めているのだ。この絶対への要求が彼女の探究を非常に消耗させる。一言でもけなされると、その帽子は美しくない。一言お世辞を言われると舞い上がってしまうが、少しでも否定されると傷ついてしまう。そして、絶対というものは際限のない一連の出現によってしか姿を現わさないのだから、彼女が完全に勝利を得ることはけっしてないだろう。だから、コケティッシュな女はあんなにも傷つきやすいのだ。また、きれいでちやほやされている女のなかにも、自分は美しくもなければ、身だしなみもよくない、自分の知らない審判者の最高の称賛がまさに欠けていると悲しく信じ込んでいる者がいるのだ。彼女は実現不可能な即自をめざしている。自分自身がエレガンスの法則を体現していて、成功、失敗については自分が決定を下すのだから、誰からも欠点を摑まれることのないというすばらしくコケティッシュな女は稀である。そうした女は自分の支配が続くかぎり、自分を模範的な成功と見なすことができる。不幸なのは、この成功がなんの役にも立たず、誰のためにもならないことだ。

おしゃれといえばすぐに連想するのが外出やパーティーである。しかも、これこそ、おしゃれの本来の目的だ。女はサロンからサロンへと新しいスーツを見せてまわったり、他の女を招いて、自分が「家の中のこと」をきりもりするのを見てもらう。とくに儀礼的な場合は、夫が「訪問」についていくこともある。しかし、ほとんどの場合、夫が働いている最中に、妻は「社交の義務」を果たす。こうした集まりにのしかかる逃れがたい倦怠は、非常にたびたび描かれてきた。この倦怠の原因は、「社交的な儀礼」で集まった女にはお互いに伝えあうものが何もないことにある。弁護士の妻を医師の妻に結びつける共通の関心は何もないし、医者のデュポン博士の妻とデュラン博士の妻のあいだだってそうだ。子どものつまらない過ちや家庭の苦労を口にするのは、一般的な会話では不作法だ。だから、天候とか流行りの新刊小説の話をしたり、夫から聞きかじったあたりさわりのない考えをいくつか述べることになる。「奥様のお客日」の習慣はだんだん消えつつある。だが、さまざまなかたちで、「訪問」の苦役はフランスに生き残っている。アメリカ人はとかく雑談をブリッジに代えてしまうが、これも、このゲームが好きな女でなければありがたくもない。

しかし、社交生活には、こうしたどうでもいい義理のつきあいよりも魅力的な様態がある。お客を招くことは単に他人を個人の家に迎え入れることではない。自分の家を魔法の国に変えることだ。社交的な催しは祝宴であると同時にポトラッチなのだ。家の女主人は銀器やテーブルクロスやナプキン、クリスタルの器といった自分の宝物を並べる。

家を花で飾る。はかなく、むなしい花々は浪費と贅沢である祝宴の無償性を体現している。花瓶のなかで開き、すぐさま散ってしまう運命にある花々は歓喜の炎、香と没薬、献酒、供犠である。テーブルには、洗練された料理、高価なワインが並ぶ。お客の欲求を満喫させるには、彼らの欲求をあらかじめ心得た優雅な贈物を案出しなければならない。食事は神秘的な儀式になる。こうした特徴を、ヴァージニア・ウルフはダロウェイ夫人〔小説『ダロウェイ夫人』の主人公〕を描いた一節で強調している。

それから、扉が開いて、白いエプロンに帽子姿の小間使いたちが静かに可愛らしく行き来しはじめた。彼女たちは食欲に仕える侍女ではなく、秘儀の巫女だった。メイフェアの館の女主人たちが一時から二時まで執り行なう神秘の儀式に仕える巫女たちだった。手を一振りすると、行き来は止まって、それに代わって、あの人目を欺くような幻影が立ち昇る。まず、無償で提供される食物だ。それから、テーブルがクリスタル・グラスや銀器、籐の籠、赤い果物の入った器でひとりでに覆われる。褐色のクリームの膜がカレイを包み隠している。ココット鍋には切りわけたチキンが浮かび、火はあざやかにうやうやしく燃えている。ワインとコーヒー――これも無償――が出ると、夢見ごこちの目の前に、楽しい幻覚が立ち昇る。心地よく瞑想する目には、人生は音楽のように、神秘のように見えてくる……

この秘儀を司る女は、自分が完璧な瞬間を創造し、幸福や陽気さを分かち与えているような気がして誇りに思う。彼女によって、お客たちは集い合ったのであり、彼女によって、出来事が起こる。彼女は歓喜の、調和の、無償の源である。

これがまさにダロウェイ夫人が感じていることだ。

　しかし、ピーターが彼女にこう言うと仮定してみよう。けっこう！　けっこう！　でも、あなたの夜会、あれはいったいなんのため？　彼女ができるのはこうである（誰にも判らなくたってしかたがない）。あれは贈物なの……某氏は南ケンジントンに住んでいる。もう一人はベイズウォーターに、また、もう一人が、たとえば、メイフェアに住んでいる。それで、いつも彼らのことを気にかけていて、彼女は思う。なんて残念なこと！　ほんとにつまらない！　彼女は彼らに集まってもらうことはできないかと考えて、彼らに集まってもらう。これは贈物です。これは組み合わせること、創造すること。でも、いったい誰のために？

たぶん、贈物をする喜びのための贈物。とにかく、それはプレゼントなのだ。彼女にはひとにあげるものは他になにもない……

　他のひとだって、誰だって、そんなことはやれるだろう、同じくらい立派に。でも、少しは誉められてもいいのにと彼女は思う。とにかく自分がやったのだから。

他人にもたらされるこうした敬意に純粋な気前のよさがあるなら、パーティーはまさしくパーティーである。だが、社会的な慣例は、たちまち、ポトラッチを制度に、贈物を義務に変え、パーティーはもったいぶった儀式と化す。「よそのディナー」を楽しみながらも、招待された女はお返しをしなければと思う。もてなしがよすぎたからと文句を言う女もいる。「Xさんご夫婦、私たちをあっと言わせたかったんだわ」と、とげとげしく夫に言う。私はこんな話を聞いたことがある。この前の戦争のあいだ、ポルトガルのある小さな町では、ティー・パーティーはポトラッチのなかで最も費用のかかるものになったという。集まりのたびに家の女主人は、以前の集まりよりももっとたくさん、いろいろなお菓子を出す義務があった。この負担が非常に重くなってきたので、ある日、女たちは、全員一致で、お菓子はもうなにも出さないことにした。このような状況でのパーティーは鷹揚で豪華な性格を失ってしまう。こうなると苦役の一つである。パーティーの楽しさを表現する品々も心配の種だ。グラスやテーブルクロスに気を配り、シャンパンやお菓子の量を加減しなければならない。カップが一つ割れても、肘掛け椅子の絹が焦げても大変だ。翌日は掃除し、かたづけ、きちんと整頓しなければならない。女はこうした仕事が増えるのを恐れている。彼女は家庭の主婦の運命を規定しているさまざまな依存状態を実感する。つまり、彼女はスフレやロースト肉、肉屋、料理人、臨時のお手伝いさん次第なのだ。なにか気に入らないとすぐに眉をひそめる夫次第なのだ。家具やワインを品定めして、夜のパーティーが成功したかどうかを決める招待客次第なのだ。よほど寛大で自分に自信のある女でないと、このような試練を冷静に乗り切ることはできないだろう。称賛が得られれば、彼女は大満足だ。しかし、この点では、多くの女はヴァージニア・ウルフが述べるダロウェイ夫人に似ている。「こうした勝利……そして、それがもたらす輝かしさや興奮を愛しながらも、彼女はそのむなしさや見せかけのごまかしを感じてもいた」。女がそれをほんとうにうれしく思うのは、それをあまり重要視していない場合だけだ。そうでない場合には、けっして満足することのない虚栄心に苦しめられるだろう。もっとも、「社交」に自分の人生の使いみちを見出すほど裕福な女はほとんどいないのではあるが。社交に打ち込む女は、ふつう、社交をとおして自分を崇拝しようとするだけでなく、この社交生活を特定の目的に向けて乗り越えようとする。ほんとうの「サロン」には文学的な、あるいは政治的な性格がある。こうした女は社交という手段で男を支配する力をもち、個人的な役割を果たそうと努める。彼女は、結婚した女の条件を免れているのだ。結婚した女はふつう快楽や束の間の勝利に満たされてはいない。そんなものにはめったに恵まれていないし、彼女にとってそんなことは気晴らしと同時に疲労を意味している。社交生活は「見せる」こと、自分を誇示することを彼女に要求するが、彼女と他人のあいだにほんとうのコミュニケーションを作り出すことはない。社交生活は彼女を孤独から救い出すことはないのである。

「考えるのも痛ましいことだが、二人でなければ生きられない相対的な存在である女は、男よりも孤独であることがよくある。男はいたるところに社会を見つけて新しい関係を作り出す。女は家族なしでは無だ。そして、家族は女にのしかかる。すべての重みが彼女にかかる」とミシュレは書いている。実際、女は閉じ込められ、切り離されて、何かの目的を共同で追求するといったことを含む交友の喜びを知らない。女の仕事は知性を使わない。女の教育は女に自立の意欲も習慣も与えてこなかった。それにもかかわらず、女は孤独のなかで日々を過ごすのだ。これはソフィア・トルストイが嘆いていた不幸の一つである。結婚のせいで、彼女は、しばしば父親の家庭や娘時代の友だちから遠ざけられてしまった。コレットは『私の修業時代』で、田舎からパリに移ってきた若い妻の根無し草状態を描いている。母親とやり取りする長い手紙だけが彼女の唯一(ゆいいつ)の救いである。しかし、手紙ではそばにいることには代えられないし、彼女は〔母親の〕シドに自分の失望を打ち明けられない。ほんとうの親密さが若い女とその家族のあいだにはもはや存在しないことも多いのだ。母親も姉妹も友だちではない。今日では、住宅難のせいで、多くの若い夫婦が夫や妻の家族と同居している。しかし、このやむを得ず一緒に暮らす家族は、女にとって、いつでもほんとうの話相手になるというにはほど遠いものなのである。

うまく維持したり生み出したりすることができた女の友情は女にとって貴重である。女の友情には男たちが知っている人間関係とは非常に異なった性格がある。男たちは、それぞれに固有の企てを自分の考えをとおして個人として伝えあう。女たちは女の運命という一般性に閉じ込められていて、一種の内在的共犯関係、暗黙の了解によって結びついている。そして、まず、女たちがお互いに求めるのは、自分たちに共通の世界を確認することである。女たちは意見を競わない。打ち明け話や対処の仕方を交換する。女たちは結束して、男の価値に優る価値をそなえた一種の反・世界を作り出す。集まることで、自分たちの鎖を揺るがす力を見出す。お互いに不感症を打ち明けたり、自分の男の性欲や不器用さを臆面もなく嘲笑したりして、男の性的支配を否定する。自分の夫や男性一般の精神的・知的優越性に対して、皮肉たっぷりに異議をさしはさんだりもする。お互いの経験を比べてみる。妊娠、出産、子どもの病気、自分の病気、家事一般は人間の歴史の本質的な出来事になる。女たちの仕事は技術ではない。料理や家事のやり方を伝えあうことによって、口伝えに基づく秘密の知識のような威厳を自分の仕事に与える。時には、道徳上の問題を一緒に検討することもある。女性雑誌の「投書欄」はこうした意見交換のよい見本である。男性専用の「身の上相談欄」など、ほとんど想像できない。男たちは自分たちの世界であるこの世界でお互いに出会う。ところが、女たちは自分たちに固有の領域を定め、推し測り、検討しなければならない。女がとくに伝えあうのは美容のアドヴァイスや料理や編み物のやり方であり、女たちはお互いに意見を求めるのである。彼女たちのおしゃべり好きやみせびらかし好きをとおして、時には本当の苦悩がやっとわかったように感じる。女は男の規範が自分たちのものではないことを知っているし、男の規範が公然と弾劾している中絶や姦通、過失、裏切り、嘘に女が追いやられるのは男の規範のせいなのだから、女がそれを守ることなど男でさえ期待していないのを女は知っている。だから女は、女たちに協力を求めて、一種の「仲間の規範」、女に固有の道徳の掟を定めるのである。女たちが女友だちの行動をあれこれと論評したり、批判したりするのは単に悪意からだけではない。女は、それらを判断し、自分自身で行動するために、男よりずっと多くの道徳規範を考え出す必要があるのだ。

こうした女どうしの関係に価値があるのは、そこには真実が含まれているからだ。男の前では、女はいつも演技している。女は非本来的な他者として自分を受け入れるふりをすることで、嘘をつく。身振りやおしゃれや慎重な言葉使いをとおして、男の前に想像上の人物を作り上げることで、嘘をつく。こうしたお芝居には絶え間ない緊張が必要とされる。夫のそばで、恋人のそばで、女という女はみな、多少とも「私は私自身じゃない」と思っているのだ。男の世界は厳しい。そこにはくっきりとした稜線があり、そこでは声はあまりにもよく響き、光はあまりにどぎつく、交際は不快だ。女たちのそばでは、女は舞台裏にいる。武器は磨いているが、戦ってはいない。おしゃれを工夫し、メイクを考え、策略を練る。つまり、舞台に出る前にスリッパと部屋着姿で楽屋をうろついている。女はこの生暖かく、穏やかで、くつろいだ雰囲気が好きだ。たとえば、コレットは女友だちのマルコと過ごした時のことをこう描いている。

短い打ち明け話、人里離れて閉じこもっている時の気晴らし、慈善手芸所で過ごす余暇にも似た、病後のつれづれにも似た時間……（『ケピ』）

コレットは年上の女に対して助言者の役をするのが好きだ。

熱い日の午後、マルコはよくバルコンの日除けの下で下着を繕っていた。彼女はへたでもていねいに縫っていたが、私は彼女にいろいろと言ってやれるのを誇らしく感じていた。……「シュミーズには空色のリボンをつけちゃだめ。下着にはバラ色の方がすてきだし、肌の色にも近い」。白粉や口紅の色、瞼の美しい輪郭を描くくっきりとしたアイラインについてもアドヴァイスするのを忘れなかった。「そうかしら？　本当にそう思う？」と彼女は言った。年下とはいえ、私の権威は揺らがなかった。櫛をとって、顔を縁取る前髪をちょっと優雅にふわっとさせてあげた。燃えるような眼差しをつくってあげたり、こめかみ近くの頬骨のあたりに曙の赤をつけてあげたりして、私はエキスパートぶりを見せるのだった。

もう少し先の方で、コレットは、夢中にさせたいと思っている青年に会いに行く支度を不安そうに整えているマルコの姿を描いている。

……彼女は涙を浮かべた目を拭おうとした。私はそれを押しとどめた。

――私にまかせて。

私は両方の親指で彼女の上瞼を額の方に持ち上げて、まばたきでまつげのマスカラが崩れないようにと、今にも流れ出しそうな涙を止めた。

――さあ、ちょっと待って。もう少し。

私はメイクをすっかり直してあげた。口もとがすこし震えていた。彼女はじっと我慢して、まるで包帯をしてもらっているかのようにため息をついて、されるがままだ。仕上げに、私はさらにローズがかった白粉をパフにとった。私たちはお互いに口をきかなかった。

――何が起きても、泣かないで。そう、私は彼女に言った。ぜったいに涙を見せてはだめ。

……彼女は前髪と額のあいだに手をやった。

――前の土曜日に古着屋さんで見たあの黒のドレス、買っておけばよかった……ねえ、上等なストッキング、貸してもらえない？　もう時間がないの。

――もちろん、いいわ。

――ありがとう。花をつけるとドレスが明るくなると思わない？　やっぱりだめ、胸元に花は。アイリスの香水は流行遅れって本当？　あなたに教えてもらいたいこと、たくさんあるような気がする。山ほども……

『トゥトゥニエ』という別の作品でも、コレットは女の生活のこうした裏面を描いている。恋に悩んだり、不安になったりしている三姉妹は、毎晩、子どもの頃からなじみの古いソファーのあたりに集まってくる。そこで、彼女たちはその日の心配事を思い返したり、明日の闘いにそなえたり、心地よい休息やよい眠り、湯上がりや涙の発作といった束の間の快楽を味わって、くつろぐのである。お互いに話はしないが、それぞれが他の人のために鳥の巣のようなものをこしらえてやる。彼女たちのあいだで起こることのすべてが真実だ。

こうしたたわいのない温かな親密さは、男との交際のまじめくさったものものしさよりも貴重だと思う女もいる。ナルシシストの女は、娘時代のように、相手の女に二重の特権を見出す。相手の女の注意深く競うような目に映った、自分のカットのよいドレスや洗練されたインテリアにみずからほれぼれとすることもある。結婚してからも、心を許した女友だちは自分のおしゃれの証人である。女友だちがいつまでも、望ましい欲望の対象に見えることもある。すでに述べたように、若い娘ならほとんど誰にでも同性愛の傾向がある。夫の抱擁が稚拙である場合が多いため、こうした傾向はなくならない。そこから、女が同性のもとで知るこうした官能的悦楽が生じるのであり、こうした悦楽にあたるものは、正常な男性には見当たらない。女どうしでは、官能的な愛着は高揚した感傷に昇華されることもあれば、とりとめのない愛撫やはっきりとした愛撫となって現われることもある。彼女たちの抱擁は暇つぶしの遊びにすぎないこともある——ハレムの女たちの場合がそうで、彼女たちの主な気掛りは時間をつぶすことなのだ。あるいは、こうした抱擁がきわめて重大になることもある。

しかし、女どうしの親しさが真の友情にまで高まることは稀(まれ)である。女どうしは男どうしより素直に連帯感を感じるが、この連帯のなかで女が自己を超越するのは、それぞれの女が他の一人に向かってのことではない。女は一緒になって男の世界の方を向き、その世界の諸価値をそれぞれの女が自分のものにしようと望む。女の人間関係は、各自の個別性に基づいてつくられているのではなく、女という一般性のなかでじかに生きられているのだ。だから、敵対的な要素がすぐに入り込む。ナターシャ[*1]は自分の赤ん坊のおむつを家の女たちの目にさらすことができるので彼女たちを大切にしているが、それでも、彼女たちに嫉妬(しっと)を感じてしまう。ピエール〔ナターシャの夫〕の目には、それぞれの女が女というものを体現しているかもしれないからだ。女どうしの相互理解はお互いに同一視し合うことから生じるが、だからこそ、女は自分の女友だちを疑ってかかるのである。女主人は女中とかなり親しい関係をもっているが、男は——同性愛者でもなければ——自分の従僕や運転手とけっしてこうした関係にはならない。女主人と女中は打ち明け話をしあい、時には、共犯関係になる。だが、二人のあいだには敵意にみちたライバル意識もある。女主人は仕事の遂行を肩代わりしてもらっていながら、その責任と功績は自分のものにしたいと思うからだ。自分はかけがえがない、必要とされていると思いたいのだ。「私がいないと、何もかもだめ」。女主人は女中の落度を厳しく見つけ出そうとする。女中がうまく仕事をこなしすぎると、女主人は、自分はかけがえがないと感じる誇りを抱けなくなる。同様に、子どもたちの面倒をみている養育係、家庭教師、乳母、子守り女や、仕事を手伝ってくれる親戚の女や女友だちには、彼女はいつも必ず苛立ちを感じている。その口実として、「私の意志」を尊重してくれない、「私の考え」を無視するなどと言うのである。実を言えば、彼女は意志も独自の考えももってはいない。彼女を苛立たせるのは、反対に、自分がしたのとまったく同じやり方で他の女が自分の職務を果たしてしまうことなのだ。これこそが、家庭生活をうんざりさせる、家族や使用人とのあらゆるいざこざの主な原因の一つとなっている。女は自分独自の価値を人に認めさせる手段が何もなければないほど、やっきになって女王さま然としたがるのだ。しかし、女が他の女を敵視するのは、とくに媚態と恋愛の領域である。若い娘のこうしたライバル意識についてはすでに指摘したが、それが一生続くこともよくある。すでに見てきたように、エレガントな女や社交好きな女の理想は絶対評価である。こうした女は自分の頭のまわりに後光を感じることがけっしてないことに悩んでいる。他の女の頭のまわりにかすかな輝きを認めることも、彼女にはひどく不愉快だ。他の女が集めている支持票はすべて自分から盗んだものなのだ。唯一のものではない絶対とはいったい何なのだろうか。誠実に恋する女なら、一つの心のなかで賛美されるだけで満足する。

＊1　〔原注〕トルストイ『戦争と平和』参照。

女友だちの表面的な成功など羨んだりはしない。だが、そういう女でも、自分の恋愛そのものにおいて危険を感じているのである。事実、最も仲のよい女友だちに裏切られる女というテーマは文学の常套であるだけではない。二人が仲がよければよいほど、二人の共存は危ぶまれる。打ち明け話を聞かされる方の女はしだいに恋をしている女の目をとおして見、その心、その肉体で感じるようになる。彼女はその恋人に引きつけられ、女友だちを魅惑しているその男に魅せられる。彼女は、信義ということがあるから、自分の感情に流されたりはしないと思っているが、自分はどうでもよい役を演じているだけだということに苛立ってもいる。やがて、女友だちの恋人に身を任せてもよい、身を捧げてもよいという気になってくる。多くの女は、用心深いので、恋人ができるとすぐ「親友」を避ける。この両面感情のせいで、女たちは相互の友情に安らぐことがほとんどできないのだ。男の影がいつも二人に重くのしかかる。男のことを話していない時でさえ、彼女たちにはサン＝ジョン・ペルス[*1]の次の詩句があてはまる。

太陽は名ざされずとも、われらのあいだに厳としてあり。

女たちは一緒になって男に復讐したり、罠を仕掛けたり、呪ったり、侮辱したりするが、男を待望している。閨房でじっとしているかぎり、女たちは、偶然性のなかに、沈滞と倦怠のなかに浸っている。この地獄の辺境は母の胸の暖かさをいくぶんとどめてきたとはいえ、そこはやはり地獄の辺境である。まもなくそこから浮かび上がるという期待がなければ、女は喜んでそこに執着したりはしない。同様に、女が浴室の湿気のなかで喜んでいるというのも、これから輝かしい客間に入っていくと想像すればこそである。女どうしは牢獄の友である。助け合って、自分たちの牢獄に耐え、逃亡の準備さえするが、解放者は男の世界からやってくるだろう。

大多数の女にとって、この男の世界は結婚後もその輝かしさを失わない。威光を失うのは夫だけだ。妻は夫のなかの純粋な男の本質が低下したことに気づく。それでもやはり、男は宇宙の真理、至上の権威、驚異、冒険、主人、眼差し、獲物、快楽、救いである。男はやはり、超越性を体現し、あらゆる問いの答えなのだ。どんなに貞淑な妻でもこうした男をまったくあきらめて、つまらない一人の人間との活気のない差し向かいのうちに閉じこもるのをけっして承知しはしない。子どもの頃のように指導者がいてほしいという、やむにやまれぬ気持ちが妻には残っている。夫がこの役割を果たすのに失敗すれば、妻は別の男の方を向く。父親、兄弟、おじ、親戚の男、幼友だちが昔からの威光を保っていることもある。妻はこうした男たちに頼ることになる。職業上、女の相談相手や指導者になるように定められた二種類の男がいる。司祭と医者だ。前者には無料で相談にのってくれるという大きな利点がある。告解所で、司祭は気やすく女の信者の

＊1　一八八七－一九七五、フランスの詩人。

おしゃべりを聴いてあげる。「ごりごりの信者」や「信心に凝り固まった人」はできるだけ避けるが、従順な信者を教えの道に導くことは彼らの義務だし、そうした女たちが社会的、政治的に重要になればなるほど、また、教会が彼女たちを利用しようとすればするほど、それは差し迫った義務となる。「霊的指導者〔聴罪司祭〕」は告解をする女に自分の政治的意見を示唆して、その投票を左右する。また、司祭が夫婦生活に干渉するのを見て、腹を立てた夫も多い。司祭が閨房のことまで取り決める。子どもの教育に口出しする。夫に対する態度全般にわたって女に助言する。男に神を見てきた女は、神の地上の代理人であるこの男の足元にうっとりとひざまずく。医者は謝礼を要求するという意味で、司祭より守られているし、あまりに慎みのない女の患者には門を閉ざすこともできる。だが、医者はいっそう確かな、いっそう執拗な追跡にさらされる。色情狂の女が追いかける男の四分の三は医者だ。一人の男のまえで体を露出することは、多くの女にとって大きな露出症的快楽を意味している。

シュテーケルは次のように述べている。

> 気に入った医者に診察してもらう時にだけ満足感を見出すという女を何人か知っている。とくにオールドミスのなかには、なんでもない子宮出血やなんらかの障害のために「ていねいに」診察してもらおうと医者にやってくる患者が多い。癌や（トイレでの）感染の恐怖に苦しみ、それを口実に診察を受けにくる者もいる。

シュテーケルはまた、次の二つの例もあげている。

独身のB・V。四十三歳で裕福。彼女は、月に一度、月経の後に医者にでかけていっては、具合が悪いような気がするのでていねいに診てほしいと言う。毎月医者を変え、毎回、同じお芝居をする。医者は彼女に服を脱いで診察台か長椅子に寝るように言う。彼女はそうしない。恥ずかしい、そんなことはできない、それは自然に反する！　と言う。いろいろとなだめすかされて、やっと脱ぐ。自分は処女なので傷つけないでほしいと言う。医者は彼女に肛門指診をするからといって安心させる。医者の検診が始まると、しばしばオルガスムスが起きる。肛門指診のあいだ、オルガスムスは繰り返され、強くなる。彼女はいつも偽名で現われ、すぐに支払いをする……彼女は医者に強姦されたくて、そうしたのだと認めている……

L・M夫人。三十八歳で既婚。彼女は夫に対して完全に不感症だと私に言う。彼女は精神分析を受けにくる。分析を二回すませただけで、もう、愛人がいると告白する。しかし、その愛人は彼女をオルガスムスに到達させることができないでいる。彼女がオルガスムスを感じたのは、婦人科医に診てもらった時だけだった。（彼女の父親は婦人科の医者だった！）二、三回の分析を受けるごとに、必ず彼女は医者に行って検診を受ける必要に駆られた。時々、彼女は治療も求めたが、これは最も幸せな時期だった。先日、婦人科医がいわゆる子宮の位置矯正のためにマッサージをした。マッサージをするたびに数回のオルガスムスが起きた。彼女は、こうした検診が大好きになったのは最初の感触が生まれて初めてのオルガスムスを引き起こしたからだと説明している……

女は、自分をさらけ出してみせた相手の男は自分の体の魅力や心の美しさに強く印象づけられたと想像しやすい。だから、病理学的なケースでは、自分が司祭や医者に愛されていると信じ込んでしまう。彼女が正常であっても、その男と自分のあいだには微妙な関係が存在するような気がしてくる。うやうやしく服従して悦にいる。そこに、自分の人生を受け入れるのに役立つ安心感を見出すこともある。

しかし、自分の生活を道徳的な権威で支えることに満足しない女たちもいる。こうした女は、この生活の只中で、ロマネスクな興奮も求める。夫をだましたり、別れたりした場合は、生身の男を怖がっている若い娘と同じような手だてを講じる。想像上の情熱に身を任せるのだ。シュテーケルがそうした例をいくつかあげている。

既婚女性。たいへん礼儀正しく、上流階層。苛立ちと抑鬱(よくうつ)状態を訴えている。彼女はある晩、オペラ座でテノール歌手に激しく恋していることに気づいたという。

彼の歌声を聴いて、すっかり興奮している。彼女はこの歌手の熱烈なファンになった。公演には必ずでかけ、ブロマイドを買い、彼のことを夢に見た。「感謝しております。知られざる女より」という献辞を添えてバラの花束を送ることさえした。手紙を書く決心さえする（署名は同じく「知られざる女」）。しかし、距離は保っていた。この歌手と実際に知り合いになるチャンスに恵まれる。すぐに、自分は行かないだろうと思う。彼女は彼とじかに会いたいとは思っていなかった。彼女には彼がそばにいることは必要ではなかった。熱狂的に愛し、それと同時に貞淑な妻のままでいることで、彼女は幸福だったのである。

ある貴婦人は、ウィーンのたいへん有名な俳優、カインツを崇拝しきっている。自分の家に、この大芸術家のポートレートを数えきれないほど飾ったカインツ室を作っていた。その一角にはカインツ用の本棚があった。収集できたあらゆるもの、つまり、この人物を語る書籍やパンフレットや雑誌がていねいに保存されていた。カインツの初演や五十周年記念公演などのプログラムもある。宝物はこの大芸術家がサインした写真だった。偶像が亡くなると、彼女は一年間喪に服し、カインツについての講演を聴いてまわるために長い旅行を企てた。カインツ崇拝が彼女のエロチシズムや官能に免疫を与えていたのである。（『不感症の女』）

ルドルフ・バレンチノ[*1]の死がどんなに涙をもって迎えられたかが思い起こされる。人妻も若い娘も映画のヒーローを崇拝する。彼女たちが自慰をする時や夫婦の抱擁で幻想を呼び起こす時に連想するのは、彼らのイメージであったりする。こうした幻想が祖父や兄弟、学校の先生などの姿となって、なんらかの幼児期の記憶をよみがえらせることも多い。

しかし、女のまわりには、生身の男たちもいる。性的に満たされていようと、不感症であろうと、欲求不満であろうと——完璧(かんぺき)で絶対的な排他的な愛という稀なケースを除くと——女にとっては、彼らの人気の的になることが一番の価値である。夫のあまりに日常的な眼差(まなざ)しでは、彼女のイメージはもはや生き生きとしてこない。彼女が必要としているのは、相変わらず神秘に満ちた目が彼女自身を一つの神秘として発見してくれることだ。打ち明け話を聞いてもらい、色あせた写真をよみがえらせるためには、また、口もとのあのえくぼ、彼女だけのあのまつげのまばたきを存在させるためには、彼女の前に至高の意識が必要だ。人に欲望をもたれなければ、人に愛されなければ、望ましくも、愛らしくもない。女が結婚にほぼ順応している場合には、他の男たちに求めるのはとくに虚栄心の満足である。彼女が自分自身に捧げている崇拝に彼らも加わるようにと誘う。誘惑し、喜ばせ、禁じられた恋を夢見て、自分が望みさえしたら……と思って満足する。誰か一人と深くかかわるより、大勢の賛美者を魅惑するのを好むのだ。若い娘よりも熱烈で、人馴れしている彼女の媚態は男たちに自分の価値と力を認めさせようとする。家庭に根をおろし、一人の男を得ることに成功して、たいした希望も危険もなく遊んでいればいるほど、こうした女はいっそう大胆であることが多い。

しばらく貞淑な時期を過ごした後、女は、もう、こうした恋愛遊戯や媚態だけに留まっていないこともある。夫に対する恨みの気持ちから、夫を裏切ってやろうと決心することも多い。アドラーは女の不貞はつねに復讐であると主張している。これは言い過ぎだ。だが、事実、愛人からの誘惑に負けるというより、夫に挑戦したいという欲望に負けてしまうことがよくあるのだ。「あの人が世界でたった一人の男というわけじゃない——私が気に入る男は他にもいる——私は奴隷じゃない、あの人、うまくやってるつもりだわ。でも私にだまされてるの」。夫は笑いものにされてはいても、妻の目には基本的な重要性を失っていないこともある。若い娘が母親に対する反抗心から恋人をつくり、両親の不平を言い、両親に逆らって、自己を確立しようとするように、恨みそのものによって夫に執着している女は、愛人に、打ち明け話の相手、自分という犠牲者の証人、夫をこきおろすのを手伝ってくれる共犯者を求めているのだ。夫のことを明かして愛人の軽蔑をさそおうと、絶えず夫のことを彼に話す。もしも愛人がうまく役割を果たしてくれないと、彼女は不機嫌に彼から遠ざかり、夫の方に戻るか、別の慰め手を探す。し

＊1　一八九五－一九二六、アメリカの映画俳優。

かし、よくあるのは、恨みよりは失望の気持ちから愛人の腕のなかに飛び込む場合である。結婚生活でこうした女は愛に出会っていない。若い頃から期待に胸をふくらませていた官能の悦び（よろこ）や性の快楽を一度も味わったことがないことになかなか諦め（あきら）がつかないのだ。結婚で、女はあらゆる性愛の充足に失望させられ、自分の感情の自由と独自性を拒否されて、必然的で皮肉な弁証法によって姦通（かんつう）へと導かれるのである。

モンテーニュ[*1]は言う。

> われわれは子どもの頃から愛を仲立ちにして女をしつける。女のしとやかさ、おめかし、教養、言葉使い。あらゆる教育がこうした目的だけをめざしている。家庭教師は彼女たちにひたすら愛の顔のみを刻みつける。そのことばかりたえず言うので、それを嫌わせてしまうかもしれないが……

モンテーニュはもうすこし先でこう付け加えている。

> ゆえに、女にとってかくも痛切でかくも自然な欲望を女に抑制させようとすることは狂気の沙汰（さた）である。

また、エンゲルスははっきりと言っている。

一夫一婦制とともに、ふたつの特徴的な社会的人物像が恒常的に現われる。妻の愛人と、妻に姦通された夫（コキュ）である……一夫一婦制と娼婦（しょうふ）制のかたわらで、姦通は不可避ではあるが禁止され、きびしく罰せられるが廃止できないといった一つの社会的制度になる。

夫婦の抱擁が女の官能を満足させずに、その好奇心を刺激してきたとすれば、コレットの『無邪気で奔放なひと』のように、女は他の男のベッドでこの教育を完成させようとする。夫がうまく妻の性感を目覚めさせると、妻は、夫に個別的な執着を抱かないので、夫のおかげで発見できた快楽を他の男と味わいたいと思うようになる。

道徳主義者たちは女が愛人の方を気に入ることに憤慨してきた。また、すでに指摘したように、ブルジョア文学は夫の人物像の名誉回復に努めてきた。だが、社会の目には――つまり、他の男たちの目には――夫の方がライバルより価値がある場合が多いということを示して夫を擁護するのは不合理である。問題は、夫が妻にどう見えるかということにあるのだ。ところで、夫をいまわしいものにする本質的な特徴が二つある。まず、性の手ほどきをするという報われない役割を引き受けるのが夫だということだ。自分が

＊1　十六世紀フランスのモラリスト。『エセー』の著者。

暴行されるのと丁重に扱われるのを同時に夢想している処女の矛盾した要求のせいで、夫はほとんど必然的に失敗する。彼女は夫の腕のなかでは永遠に不感症のままだ。愛人が相手だと、処女喪失の苦しみも、羞恥心(しゅうちしん)が打ち負かされるという初めての屈辱も感じない。不意打ちの心的外傷(トラウマ)はない。起こるはずのことはだいたいわかっている。初夜の時より素直で傷つきにくく、世間知らずではなくなった彼女は、理想の愛と肉体的な欲望、感じやすさと恋のときめきを混同しない。愛人を得るのは愛人が欲しいからである。この明快さは彼女の選択が自由だということの一側面である。なぜなら、そこに、夫のもう一つの欠陥があるのだから。ふつう、夫はあてがわれた相手であり、自分が選んだ相手ではない。本人があきらめて承諾したか、家族が引き渡したかである。とにかく、たとえ愛によって結婚したとしても、結婚することによって、彼女は夫を主人にしたのである。二人の関係は義務になり、夫はしばしば暴君の姿に見える。おそらく、愛人の選択も周囲の事情に制約されるが、この関係には自由の次元がある。結婚することは義務であるが、愛人を得ることは贅沢(ぜいたく)である。女が愛人に譲歩するのは彼に心引かれたからである。彼女は、自分の愛とは言わないまでも、自分の欲望は確信している。愛人がすすんで事を行なうのは法に従うためではない。彼にはまた、日常生活の軋轢(あつれき)のなかで自分の誘惑力や魅力をすり減らさないという利点がある。彼は距離のある一人の他者のままだ。だから、女は、愛人と過ごす時には、自己から出て、新しい豊かさに近づくような気がする。自分を別人のように感じる。これこそ、ある女たちが愛人関係でなによりも求めることである。つまり、他者によって占有され、驚かされ、自分自身から引き出されることを求めているのだ。別れはそうした女たちに絶望的な空虚感を残す。ピエール・ジャネ[*1]はこうした憂鬱症のいくつかの事例をあげている。女が愛人に何を求め、見出してきたかが陰画的に示されている。

三十九歳の女性。五年のあいだ、ある文学者の仕事に協力してきたが、彼に捨てられたことを遺憾に思って、ジャネに手紙を書いた。「あのひとは豊かな生活をしておりましたし、たいへんな暴君でしたので、あのひとのお世話をすることしかできませんでした。他のことは考えられませんでした」

もうひとりは三十一歳の女性。熱愛していた恋人と別れて病気になってしまった。「あのひとの机の上のインク壺になって、あのひとの姿が見たい、声が聞きたい」と、彼女は書いている。そして説明する。「一人きりで退屈しています。夫は私の頭を十分に働かせてくれません。なにも知りませんし、なにも教えてくれません。驚かせてもくれません……夫にはただ普通の良識があるばかり。これにはもううんざりです」。反対に、愛人については、こう書いている。「驚くべき人なんです。少

＊1　一八五九－一九四七。フロイトとならぶ、フランスの代表的心理学者。

しでも動揺したり感動したりしたのを見たことがありません。はしゃいだり、なげやりだったりしたことも。あの人はつねに自分自身の主人。皮肉屋で、ひとを悲しみで死なせるほど冷たいんです。それに、傍若無人で冷静。頭脳明晰（めいせき）で知性があふれてる。私の頭がおかしくなりそうなほどに……」（『強迫観念と精神衰弱』）

こうした満足感や楽しい興奮を愛人関係の初期にしか味わわない女もいる。愛人がすぐに快楽を与えてくれないと――初めての時には、お互いに気後れしてしっくりいかないので、よくあることだが――相手に恨みや嫌悪（けんお）を感じる。こうした「メッサリナ」のような女は経験を何度も繰り返し、愛人を次々に捨てる。しかし、夫婦間の失敗に啓発されて、今度は、まさに自分にふさわしい男に引きつけられ、二人のあいだに持続的な愛人関係が作り出されることもある。彼女が愛人に引かれるのは、彼が夫とはまったく違うタイプだからだということがよくある。おそらく、サント＝ブーヴ〔十九世紀フランスの文芸評論家〕はヴィクトル・ユゴー〔十九世紀フランスの小説家、詩人〕と対照的だったから、アデルを引きつけたのだろう。シュテーケルは次の事例をあげている。

P・H夫人は八年前、陸上競技クラブの会員と結婚した。彼女は軽い卵管炎で婦人科の医院に診察を受けに行き、夫が放してくれないと訴える……彼女は苦痛しか感じない。夫は粗野で乱暴だ。ついに夫に愛人ができた。彼女にはそれがうれしい。

彼女は離婚したいと思うが、弁護士事務所で夫とまさに正反対の秘書と知り合いになる。彼はすらりとしていて、ひ弱できゃしゃだがたいへん親切でやさしい。二人は親しくなる。男は愛情を求め、やさしい手紙を書いてきて、いろいろと敬意を払ってくれる。二人は精神的に共鳴する……最初の接吻が彼女の知覚麻痺を消失させた……この男の精力は比較的弱いが、女に強力なオルガスムスを引き起こす……離婚後、二人は結婚し、たいへん幸せに暮らした……接吻や愛撫でオルガスムスが起きることもあった。この同じ女性を、とても元気な夫は不感症だと非難していたのだ。

すべての愛人関係がこのようにおとぎ話で終わるわけではない。若い娘が親の家から引き離してくれる解放者を夢見るように、夫婦生活のくびきから解放してくれる愛人を女が待っていることもある。それまで激しく恋していた男が、相手の女が結婚を話題にしはじめると冷たくなって、逃げ出してしまうというのは、よくあるテーマだ。男が躊躇するので女が傷つき、恨みや反感から、こんどは二人の関係が悪化してしまうこともある。愛人関係が安定すると、ついには家庭的になり夫婦のようになってしまうこともしばしばある。そこに見出されるのは倦怠、嫉妬、用心、策略、結婚生活のあらゆる欠陥である。そこで、女はこうした日常的惰性から救い出してくれる別の男を夢見るのである。

とはいえ、姦通には慣習や状況に応じてたいへん異なった特徴がある。家父長制の伝統が存続している私たちの文明では、夫婦間の不貞は男より女にとってずっと深刻なものとして現われる。

モンテーニュは言う。

悪徳の見方が不当なのだ！　われわれは自然によってではなく、利害によって悪徳に走ったり、さらにひどい悪徳を犯すのであって、そのために、悪徳にはあれほど多くの違った形があるのである。われわれの掟（おきて）が過酷だから、女の状況がもたらす取るに足らない悪徳に女はかえって熱中してしまい、もとの状況よりも悪い結果に導かれてしまうのだ。

こうした厳しさの本来の理由はすでに見た。女の姦通には、よその男の息子を家族に加えて、法定相続人の取り分を奪うおそれがある。夫は主人であり、妻はその所有物だ。社会の諸変化や「バースコントロール」の実践によって、こうした動機はその力の多くを失ってきた。だが、女を依存状態にしておこうという意志がタブーを永続させており、女はいまだにタブーに取り囲まれている。しばしば、女はこれを内面化している。夫婦間のとっぴな行為には目を閉じる。宗教や道徳や「貞淑さ」のために、女はどんな相互関係も考えられないのだ。周囲の人たちが行なう規制は――新旧大陸の「小都市」ではとくに――夫を圧迫する規制よりずっと厳しい。夫は妻よりよく外出し、旅行するし、その逸脱行為はずっと大目にみられている。妻の方は自分の評判や結婚している女という立場を失ってしまうかもしれないのだ。こうした監視の目をあざむくにいたる策略がしばしば描かれてきた。私はポルトガルのある小都市を知っているが、古くさい厳格さをそなえた町だ。そこでは、若い女が外出する時には必ず義理の母か姉妹がついてくる。しかし、美容師が仕事場の上にある部屋を貸してくれて、髪の「セット」と仕上げのブローのあいだに愛人どうしは急いで抱き合うのである。大都市では見張りはずっと少ない。だが、以前よくあった「五時から七時までの」逢引き（あいびき）も、もう非合法の感情を幸せに花開かせるものではなくなった。急いで、隠れて行なわれる姦通は人間的な自由な関係を作り出しはしない。そこに含まれる嘘（うそ）がついには夫婦関係のいっさいの尊厳を否定してしまう。

多くの階層で、女は、今日、性的自由を部分的に獲得している。しかし、夫婦生活と性的満足とを両立させることは、女には相変わらず難しい問題である。結婚には一般的に性愛が含まれていないとしたら、両者をはっきり分離してしまった方が合理的だと思われるのだが。人も認めるように、男がすばらしい夫でありながら、浮気であることもありうる。実際、夫が性的に気まぐれでも、共同生活という企てを妻と二人で友好的に推し進めることはできる。こうした友情は、それが束縛にならなければならないほど、それだけ両面感情（アンビヴァレンツ）が少なくなり、純粋にさえなるだろう。妻にも、同じことが認められるだろう。妻は夫と生活をともにし、子どもたちのための家庭を一緒に作り上げたいと望むが、それにもかかわらず、他の人との抱擁も経験したいのである。姦通を卑(いや)しいものにするのは、用心深くて偽善的な妥協である。自由で誠実な契約なら、結婚の欠陥の一つはなくなるだろうに。とはいえ、アレクサンドル・デュマ・フィス[*1]の『ラ・フランション』のヒントとなった「女の場合は、男とちがう」という苛立(いらだ)たしい言葉には、今日でもまだ、かなりの真実味がある。こうした男女の違いには自然的なものはなにもない。女は男ほど性的活動を必要としないと言われているが、これほど不確かなことはない。性的に抑圧された女は気難しい妻、サディスティックな母親、偏執的な主婦、不幸で危険な人間になる。とにかく、女の性欲が男より希薄だとしても、このことは女が性欲を満足させるのはよけいなことだとするための理由にはならない。こうした男女の違いは、伝統と現在の社会が決定づけているような男女の性的状況の総体から生じるのだ。女においては、性行為は男のためにする勤めであり、男は、そこでは女の主人となると考えられている。すでに見てきたように、男は劣った者としての女をいつでも自分のものにすることができるのであり、女は自分と同等の身分ではない男に身を委ねると、品位を落とすことになる。とにかく、女の同意は降伏、堕落に見えるのだ。夫が他の女をもつことを妻が喜んで受け入れる場合も多い。それを自慢に思う妻さえいる。アデル・ユゴーは情熱的な夫がその激しさを他のベッドに向けるのを残念だとも思わずに見ていたらしい。ポンパドゥール夫人[*2]をまねて、夫に他の女をとりもってやる妻さえいる。反対に、抱擁においては女は対象物に、獲物に変えられる。夫には、彼女はよそのマナ[*3]をおびて見える。自分のものであるのをやめ、誰かに奪われてしまったように見えるのだ。そして、事実、ベッドでは、女はしばしば支配されていると感じ、そうされたいと望んで、その結果、支配されるのである。男の威信のせいで、女は、自分を所有して、男全体を具現しているように見える相手の男を称賛し、まねる傾向があるのも、また、事実である。夫がなれ親しんだ妻の口からよその男の考えのこだまを聞いて苛立つのも理由のないことではない。彼は、いくぶん、自分が所有され、凌辱(りょうじょく)されたような気がするのである。シャリエール夫人が若きパンジャマン・コンスタン――彼は二人の男性的な女とのあいだで女の役割を果たしていた――と別れたのは、彼にスタール夫人の嫌な影響が刻印されていると感じて耐えられなかったからである。女が「身を任せた」男の奴隷となり、反映となるかぎり、自分の不貞は、相互の不貞よりも徹底的に夫から自分を引き離してしまうということを女は認めなければならない。

女は公明正大さを保っていても、夫が愛人の意識のなかで悪く思われたのではないか

＊1　一八二四－九五、フランスの作家。
＊2　〔原注〕ここでは結婚について述べている。恋愛においてはカップルの態度は反対になるのがわかるであろう。
＊3　人や物などあらゆるものにこもり畏怖(いふ)の念を起こさせる超自然的な力。原始的な信仰のもとと考えられる。

と心配することもある。女でさえ、男と寝ると——それが一度だけ急いでソファーの上でであっても——、正妻に勝ったとすぐ想像する。まして、愛人を所有した気になっている男は夫に一杯くわしていると思うのだ。だから、バタイユの『慈しみ』やケッセルの『昼顔』では、女は気をつけて身分の低い愛人を選んでいる。愛人に官能的な満足を求めるが、自分の尊敬している夫に対して愛人が優越感を抱いてほしくはないのである。『人間の条件』で、マルローは、お互いの自由という契約を交わしたあるカップルを描いている。しかし、メイがキヨに仲間と寝たと語ると、キヨはその男がメイを「所有した」と思い込んだのではないかと思って悩む。キヨはメイの自立を尊重することを選ぶ。人は誰をもけっして所有などしないということを彼は知っているからである。だが、他の者が自己満足していると思うと、それがメイをとおして彼を傷つけ、辱めるのだ。社会は自由な女と軽薄な女を混同している。愛人さえ、自分が利用している自由をすすんで認めようとはしない。彼は、自分の愛人である女が負けた、引きずられた、自分に征服された、誘惑されたと思いたいのだ。自尊心の強い女は個人的に相手の男の虚栄心を認めることはできるが、尊敬する夫が愛人の傲慢に耐えているのには我慢ならない。男女の平等が普遍的に認められ、具体的に実現されないかぎり、女が男と同等なものとして行動することは非常に困難である。

いずれにしろ、姦通、友情、社交生活は夫婦生活において気晴らしにしかならない。夫婦生活の束縛に耐えるのには役立つが、束縛を打ち砕きはしない。それらは偽りの逃避にすぎず、こうした逃避によっては、女は自分の運命を本来的†に引き受けるようには絶対になれないのである。

第八章　売春婦と高級娼婦

すでに見たように（I巻第二部）、結婚と売春はそのまま対になる。「売春制度は家族の上に落ちる暗い影となって、文明のなかまで人間の後を追っていく」とルイス・ヘンリー・モーガン[*1]は言った。男は用心して妻に貞淑を強いるが、妻に押しつける体制に自分は甘んじない。モンテーニュは、ペルシアの王たちの知恵を称賛して、こう語っている。

ペルシアの王たちは妻を饗宴に呼んだ。しかし、本当に酒の酔いが廻ってきて、逸楽の手綱がすっかりゆるめられそうになると、妻たちを放縦な欲望の仲間に入れるようなことはせずに私室に帰し、代わりに尊敬を払う必要のない女たちを招き寄せるのが常だった。

宮殿の衛生を保つには排水溝が必要だ、と教会の神父たちは言った。またバーナード・マンデヴィル[*2]は、評判になった著書のなかで「他の女を守るために、そしてもっと不快な醜い本性を予防するために、一部の女を犠牲にする必要があるのは明らかだ」と言った。アメリカの奴隷制擁護論者が奴隷制度を支持する論拠の一つに、南部の白人は奴隷のする仕事をまったくしないですむから、白人どうしはきわめて民主的で上品な関係を保てる、というのがある。同様に、「売春婦」という階級が存在するからこそ、きわめて紳士的な敬意をこめて「淑女」に接することができるのだ。売春婦は身代わりだ。男は破廉恥な言動を売春婦に投げかけて解放され、売春婦など知らないと言うのだ。売春婦は、合法的身分で警察の監視下におかれて働いていても隠れて働いていても、いずれにしろのけ者扱いされるのだ。

経済的見地からすると、売春婦の状況と既婚女性の状況は対称的だ。「売春で身を売る女と結婚で身を売る女の唯一の違いは、契約金と契約期間だ」とマロは言っている（『思春期』）。どちらにとっても性行為は勤めだ。後者は一生、ただ一人の男に雇われる。前者は、その都度支払いをする何人かの客をもつ。後者は一人の男により、その他のすべての男から保護される。前者はすべての男により、一人の男が独占的に権威を振るうのから守られる。どちらにしても、彼女たちが自分の肉体を与えることで得る収益は、競争により制限される。夫は、別の妻を確保することもできたことを承知している。つまり「夫婦の義務」を果たすのは、恩恵ではなくて契約の履行なのだ。売春では、男の

＊1　一八一八－八一、アメリカの人類学者。
＊2　一六七〇－一七三三、イギリスの医師、風刺作家。『蜂の寓話』で有名。

欲望は個のものではなく種のものだから、どんな肉体を相手にしても欲望は満たされる。妻または高級娼婦は、男に個別の影響力を及ぼさないと、その男を活用することができない。妻と売春婦には大きな違いがある。正妻は既婚女性として抑圧されているが、人間としては尊重されている。この尊重が妻の抑圧をかなり食い止めるのだ。他方、売春婦は人間の権利をもたず、彼女のなかに、女の隷属状態のあらゆる姿が同時に凝縮する。

　いったいどんな動機から女は売春にはしるのか、と不思議がるのはお人好しだ。売春婦と犯罪者を同一視し、どちらも変質者だと見なしたチェザーレ・ロンブローゾ[*1]の学説は、今ではもう信じられていない。統計が示すとおり、一般的に売春婦の知能水準は平均よりやや低く、明らかに精神薄弱の者もいるかもしれない。知的能力の高くない女は、専門化をまったく要求されない仕事をとかく選ぶ。しかし売春婦の大部分は正常で、なかには非常に聡明な者もいる。彼女たちにはどんな遺伝的宿命、生理的欠陥の影響もない。実際、貧困と失業が猛威をふるう世界では、ある職業が生まれると、すぐにそれを選ぶ人々がいる。警察、売春が存在するかぎり、警察官、売春婦はいなくならないだろう。これらの仕事は平均して他の多くの仕事より儲かるのだから。男の買い注文にかき立てられて売りの申し出があるとは、と驚くのは非常に偽善的だ。これこそ初歩的、普遍的な経済のプロセスなのだ。一八五七年にパラン゠デュシャトレ〔フランスの医師〕は調査のなかで「売春する理由すべてのなかで、仕事がないことと、給料が足りなくて必然的に陥る貧困ほど重大なものはない」と書いている。体制的な道徳家は、売春婦の哀れな身の上話はお人好しの客のための作り話だと応じて、せせら笑う。実際、多くの場合、売春婦は他の手段で生計を立てることもできただろう。だが自分の選んだ手段を最悪と考えないからといって、その血に悪徳が流れている証拠にはならない。むしろ、多くの女がこの仕事をそれほど悪くない仕事の一つ、といまだに思っているような社会が糾弾されるのだ。人は「彼女がなぜこれを選んだか」と尋ねるが、問題はむしろ「なぜあれを選ばなかったか」なのだ。とくに、「売春婦」の大部分が女中出身であることが注目された。このことはパラン＝デュシャトレがすべての国について立証したが、リリー・ブラウンがドイツについて、リケールがベルギーについて指摘している。売春婦の約五〇％は最初、住み込みの家事使用人だった。「女中部屋」をちらりと見るだけで、事態は説明される。搾取(さくしゅ)され、抑圧され、人間としてよりむしろ物として扱われる雑用女中、小間使いは、将来なんらかの待遇改善がなされるとは期待できない。時には家の主人の気まぐれに耐えなければならない。家内奴隷の状態、女中相手の主人の情事から、これ以上悪くなりようのない隷属状態、だが彼女にはまだしも幸福と思える隷属状態へとずるずる入っていくのだ。そのうえ、働く女は根無し草のことが非常に多い。パリの売春婦の八〇％は地方すなわち田舎の出身者と考えられている。女は、家族が近くにいて評判が気になれば、評判を落としそうな仕事には就かない。しかし大都会に紛れこみ、

＊1　一八三六－一九〇九、イタリアの精神医学者、法医学者。

もう社会に組み込まれなくなると、「道徳性」という抽象的な考えは何の歯止めもかけない。ブルジョア階級は性に関すること――とくに処女性――をおそるべきタブーで取り囲むが、多くの農民階級、労働者階級では、そんなことはどうでもよいことのように見える。多くの調査がこの点で一致している。相手かまわず処女を捧げる少女が大勢いるが、彼女たちは次に、相手かまわず身を任せるのは当然のことだと思うようになる。百名の売春婦を対象に行なった調査で、ビザール博士は次の事実を指摘している。十一歳で処女を失った者が一名、十二歳で二名、十三歳で二名、十四歳で六名、十五歳で七名、十六歳で二一名、十七歳で一九名、十八歳で一七名、十九歳で六名、その他は二十一歳以上だ。したがって、思春期前に強姦されたものが五％いたことになる。半数以上は愛のために身を任せたと言ったが、その他は無知のために同意したのだ。最初の誘惑者はたいてい青年だ。最も多いのは作業場の仲間、事務所の同僚、幼友だちだ。その次に軍人、現場監督、召使い、学生が来る。ビザール博士の表にはその他に弁護士二名、建築家、医者、薬剤師各一名が載っている。性の手ほどきの役割を担うのは、よく言われるように雇用主自身であることはかなり稀で、たいていはその息子か甥または友人だ。コマンジュも調査のなかで、十二歳から十七歳の四五人の少女が知らない人に処女を奪われ、その後一度も再会してない、と指摘している。彼女たちは何となく同意したが快楽は感じなかったという。ビザール博士は、とくに次のような例をさらに詳しく取りあげている。

ボルドーのG嬢は十八歳で修道院を出ると、罪の意識のないまま、誘われるままに好奇心から大型馬車に乗り込み、知らないよそ者に処女を奪われる。

十三歳の女の子は、道で出会った知らない男によく考えもせずに身を委ね、再会することもない。

Mは十七歳のとき、知らない青年に処女を奪われた……まったくの無知からされるままだった、と一字一句そのまま語った。

Rは十七歳半のとき、病気の妹のために近所の医者を迎えに行き、そこで偶然出会った、見も知らない青年に処女を奪われた。男は、早く帰れるからと車に連れ込み、実際はしたいことをした後、大通りに置きざりにした。

Bは十五歳半のとき、Bの言葉をそのまま伝えれば、「自分が何をしているか考えずに」青年に処女を与えたが、その後一度も再会したことがない。九ヵ月後に非常に丈夫な男の子を産んだ。

Sは十四歳のとき、妹を紹介するという口実で青年の家に連れていかれ、処女を奪われた。実はその青年に妹はなかったが梅毒があり、Sは感染した。

Rは十八歳のとき、既婚の従兄と一緒に古戦場を訪れ、昔の塹壕の中で処女を奪われた。Rは妊娠し、家族のもとを離れなければならなかった。

Cは十七歳のとき、夏の夜の海辺で、ホテルで知り合ったばかりの青年に、二人の母親がつまらないおしゃべりをしている場所から一〇〇メートルのところで処女を奪われた。淋病(りんびょう)に感染した。

Lは十三歳のとき、ラジオを聞いていて、おじに処女を奪われた。早寝のおばは、隣の部屋で静かに眠っていた。

この少女たちはされるがままに身を任せたのだが、それでも処女喪失の心的外傷(トラウマ)を受けたのは確かだと思われる。この容赦ない経験が少女たちの将来にどのような心理的影響を及ぼしたのか知りたいものだ。しかし「売春婦」の精神分析はないし、彼女たちは自分を語るのが下手で、型通りの表現の後ろに隠れてしまうのだ。ある者については、相手構わず簡単に身を任せるのは、すでに書いた売春幻想で説明できる。つまり家族への恨み、芽生えはじめた性欲への恐れ、大人のふりをしたいという欲望から、売春婦の真似(まね)をする幼い少女がいる。派手な化粧をして男の子のもとに足しげく通い、あだっぽく、色っぽくふるまう。まだ子どもっぽくて中性的で肉欲に乏しく、火遊びをしても平気だと思っている。ある日、ある男が彼女たちの言うことを言葉どおり実行すると、彼女たちは夢想から行為に滑り込んでいくのだ。

十四歳のある若い売春婦は「扉が壊されてしまうと、その後、扉を閉めておくのは難しい」と言っている。[*1] しかし娘が処女喪失の後すぐ客の袖(そで)を引く決心をすることはめったにない。ある場合は最初の愛人にこだわり、同棲(どうせい)を続ける。「まっとうな」仕事に就く。愛人に捨てられると別の愛人に慰めを求める。もうたった一人の男のものではないのだから皆に身を任せてもよい、と考える。時には愛人――第一の、第二の愛人――が、こうした金儲けの方法を提案するのだ。両親によって売春婦にされる少女も大勢いる。なかには、女は全員この仕事をすると決められている一族――有名なアメリカのジュー ク家のような一族――もある。住所不定の若い女のなかには近親者に捨てられた女の子が大勢いるが、彼女たちは物乞いから始め、物乞いから街娼に変わる。パラン＝デュシャトレは一八五七年に五〇〇〇名の売春婦について調べたが、貧困の影響による者が一四四一名、誘惑されて捨てられた者が一四二五名、何の手立てもなしに両親に捨てられ放り出された者が一二五五名だった。現代の調査でもほぼ同じ結論が示されている。病気のためにまともな仕事ができなくなったり職を失った女が、よく売春に追いやられる。病気によって不安定だった家計の均衡が破れ、急いで新しい資金源を考え出さなければならなくなるのだ。出産も同じだ。フランスのサン＝ラザール医療刑務所にいる女の半数以上は、子を少なくとも一人もったことがある。三人から六人の子を育てた者が多い。ビザール博士は、一四人の子を産み、博士が知った当時はその内の八人が健在だった女のことを伝えている。博士によれば、子を捨てる女はあまりいない。かえって、子を養うために未婚の母が売春婦になることがあるのだ。とくに次の例が引かれている。

＊1　〔原注〕マロ『思春期』による。

彼女は十九歳のとき、地方で六十歳の雇用主に処女を奪われた。当時はまだ家族と同居していたが、妊娠したので家族のもとを離れなくてはならなかった。健康な女の子を出産し、立派に育てた。出産後パリに出て乳母になり、二十九歳のときに放蕩生活を始めた。そして三十三歳から売春をしている。今は体力も気力も使い果たし、サン＝ラザール医療刑務所に入ることを希望している。

戦時中と戦後の不況のなかで売春が増加することも知られている。『現代』誌にその一部分が掲載された『ある娼婦の生涯』[*1]の著者は、仕事開始を次のように語っている。

私は十六歳で十三歳年上の男と結婚した。結婚したのは親の家から出るためだ。夫は子どもを作ることしか考えなかった。夫は「こうすればお前は家に居なくてはならない、お前は外に出られない」と言った。私がお化粧するのを嫌がり、映画に誘ってもくれなかった。私は姑に耐えなければならなかった。姑は毎日家に来て、いつも馬鹿息子の肩をもった。最初の子は男の子でジャック。十四ヵ月後にはもう一人、男の子ピエールを産んだ……私はうんざりして看護婦養成講座に通いはじめたが、これはとても気に入った……パリ郊外の病院の女性病棟で働き始めた。じゃじゃ馬の看護婦がいて、それまで知らなかったことをいろいろ教えてもらった。夫とセックスするのは、どちらかというと労役だ、とか。男性病棟に移ってからも、私に六ヵ月間、浮気相手は一人もいなかった。ところがある日、北アフリカの従軍兵士らしく、こわもてながら、美男子が私の部屋に入ってくる……人生を変えよう、一緒にパリに行こう、もう働かないでいい、と説得する……私はうまく丸めこまれた……彼と駆落ちすることにした……一ヵ月のあいだ、本当に幸せだった……ある日、彼は身なりのよい、しゃれた女を連れてきて「実は、こいつは売春してるんだ」と言った。初め私は真に受けなかった。近所の病院に看護婦の仕事を見つけ、道で客の袖を引く気がないところを見せた。でも長くは抵抗できなかった。彼は「僕を愛してくれないんだね。男を愛していれば、男のために働くものだ」と言った。私は泣いた。病院でも沈み込んでいた。ついに美容院に引きずられていった……ショートタイムを始めた！　情夫は私が売春してるかどうか調べるため、また警官が私の方へ来たとき私に知らせられるように、私の後をつけていた。

この話はいくつかの点で、ひもによって街娼をさせられる売春婦の月並みな身の上話に一致する。ひもの役をつとめるのが夫のこともある。時には女のことも。リュシア

＊1　〔原注〕著者は本名を伏せてマリー＝テレーズという筆名でこの身の上話を公刊した。私は著者をこの筆名で示すことにする。

ン・フェーヴルは一九三一年に五一〇名の若い売春婦の調査を行なった。そのうち一人暮らしは二八四名、男友だちと同居している者が一三二名、たいていは同性愛関係にある女友だちと同居している者が九四名であることがわかった。フェーヴルは次のような手紙の抜粋を引用している（本人たちの書いたまま）。

　シュザンヌ、十七歳。私はとくに売春婦たちを相手に、売春しました。長いあいだ私のめんどうをみてくれた女はとても嫉妬深く、だから私は……通りを離れました。

　アンドレ、十五歳半。親元をはなれてディスコで出会った女と同居したのですが、すぐに彼女は私を男のように愛そうとしているのだということに気づき、四ヵ月のあいだ一緒にいて、それから……

　ジャンヌ、十四歳。亡くなった大好きなパパはX……という名前でした。一九二二年に戦争の後遺症のために病院で亡くなりました。母は再婚しました。私は修了証書を取るために学校に行き、修了証書をもらうと、その後は裁縫を習わされました……それから、稼ぎがとても少なかったので義父との喧嘩が始まりました……通りのX……夫人の家の女中にされました。二十五歳くらいに見えるお嬢さんと二人だけになって十日たつと、お嬢さんは目に見えて変わりました。そしてある日、まるで青年のように、私に熱い恋心を告白しました。私はためらったのですが、首になるのが恐ろしいので、結局、従いました。そのとき、いくらか学びました……働きましたが、その後失業したので森に行かなければならなくなり、女相手に売春しました。とても気前のよいご婦人と知り合いになりました、云々(うんぬん)。(『獄中の街娼(がいしょう)たち』)

女は売春を、単に一時的な資金かせぎの手段と考えることがよくある。しかしその後どんなふうにはまってしまうか、繰り返し書かれてきた。力ずくで、約束が違って、だまされて、等々で泥沼に引きずり込まれるといった「白人婦女売買」の例は比較的稀で、よくあるのは、意に反して仕事から足を抜けなくなる場合だ。仕事開始に必要な資金を出したひもや娼家の女主人が彼女に対する権利を獲得し、儲けの大部分を受け取るので、彼女はその権利からなかなか自由になれない。「マリー＝テレーズ」は、成功するまで何年ものあいだ、本当の闘いを繰り広げた。

情夫は私のお金だけ欲しがっていることがついにわかったし、情夫から遠ざかれば少しは貯金もできるだろうと思った……娼家では最初、気後れがして、客に近寄って「上がって」と言うことがなかなかできなかった。情夫の仲間の女が私を注意深く監視していて、私のショートタイムを数えたほどだ……そして情夫は、毎晩お金を女主人に渡すように、「そうすれば盗まれないだろう……」と書いて寄越した。

ドレスを買いたいと言うと、娼家の女主人は情夫が私にお金を渡すのを禁じていると言った……できるだけ急いでこの娼家を出ることに決めた。女主人は私が出たがっているのを知ると、私にはそれまでのように検診前のタンポンをあてがわなかったので[*1]、休養を命じられ、病院に入れられた……私は旅費を稼ぐために娼家に戻らなければならなかった……でも売春宿には四週間しかいなかった。前のようにバルベスで数日働いたが、パリにとどまるにはあまりにも情夫を恨んでいた。ののしりあい、殴られ、一度は窓からほとんど放り出されんばかりだったのだ……田舎に行こうと思って、斡旋業者に話をつけた。その斡旋業者が情夫の知り合いとわかり、約束した場所に行かなかった。ベロム通りの先で斡旋業者の女二人に見つかってしまい、めった打ちにあった……翌日、荷物を旅行鞄に詰めてたった一人でT島に出発した。三週間後、娼家に嫌気がさし、医者宛に、検診に来たとき廃業と記してほしい、と書いた……マジャンタ大通りで情夫に見つかり、殴られた……マジャンタ大通りで殴られた後、顔に傷痕が残った。情夫にはうんざりだ。そこで私はドイツに行く契約を結んだ。

文学のおかげで「情夫」像は普及した。情夫は売春婦の生活のなかで保護者の役割を演じる。身づくろいのためのお金を前貸しし、そして他の女たちとの競争や、警察——時には自分自身が警察だ——や、お客から女を守る。無料で楽しめれば客にとってはもっけの幸いだし、女を相手にとかくサディズムを満たしたがる客もいる。マドリッドではいまから数年前、ファシストの裕福な若者たちが、寒夜に売春婦たちを河に投げこんで遊んだ。フランスではほろ酔いの学生たちが女たちを田園に連れていき、夜、真っ裸のまま置き去りにしてくることがよくある。お金を取り立てるため、虐待を避けるため、売春婦には男が必要なのだ。男は精神的な支えにもなる。「一人でいるとしっかり働かないし、仕事に精を出す気にならないし、投げやりになる」と言う者もいる。売春婦が情夫に恋をすることもよくある。恋のためにこの仕事を選んだり、あるいはこの仕事を正当化する。この世界には、はなはだしい男尊女卑がある。この男女差のために宗教的愛がかき立てられ、なかには熱烈な献身をする売春婦もいる。自分の男の振う暴力のなかに男らしさのしるしを見て、いっそう従順に従う。男のかたわらにいると嫉妬や苦悩を味わうが、恋する女の喜びもまた味わえるのだ。

とはいえ、時には情夫に敵意と恨みだけをもつ。先に見たマリー＝テレーズの場合のように、恐れから、また拘束されているから、情夫の支配下にいるのだ。こうなると、たいてい客のなかから選んだ「浮気相手」で自らを慰める。

マリー＝テレーズは次のように書いている。

＊1　〔原注〕「淋病をごまかすため、検診前に女主人が女に渡すタンポン。だから、医者が病気の女を見つけるのは、女主人が女を首にしたいときだけというわけであった」

女はみな自分の情夫のほかに浮気相手をもっていたが、私にもいた。とても美青年の船乗りだった。彼がまともにセックスしても、私は彼を相手にオルガスムスに達することはできなかったが、私たちは互いにとても良い友だちだった。彼はよく、セックスするのでなくただ話をするために私について上がってきては、ここから出なくてはならないとか、私の居場所はここではない、と言うのだった。

売春婦たちはまた、女を相手に自らを慰める。大勢の売春婦が同性愛者だ。売春稼業の発端に、しばしば同性愛の情事があること、また、多くの売春婦が女友だちと同居を続けていることがわかっている。アンナ・リューリングによれば、ドイツでは売春婦の二〇%が同性愛者らしい。フェーヴルは、牢獄内で若い留置人たちが情熱的な調子で猥褻な手紙をやり取りし、「生涯結ばれた友」と署名していることを指摘している。こうした手紙は、小学生たちが心に「炎」を燃やしながら書きあう手紙と同じだ。小学生はあまりものを知らず、おずおずしている。売春婦は、言葉においても行為においても、感情の最先端まで行っている。マリー゠テレーズ——彼女は一人の女によって性的快楽の手ほどきを受けた——の生涯では、「女友だち」が、冷たくあしらわれる客や威張りちらすひもに比べ、どれほど特権的な役割を演じているかが見てとれる。

情夫が小娘を、履く靴もない哀れな下女を連れてきた。私は蚤の市で何もかも買ってやり、それから一緒に働きに出た。とても優しい子で、またそれ以上に女が好きだったので、私たちは気が合った。私は、あの看護婦から教わったことをすっかり思い出した。私たちはよく笑いさんざめき、働かないで映画に行ったりした。彼女が私たちに加わり、私は満足だった。

売春婦仲間の女友だちは、女たちのなかに閉じ込められている貞淑な女のために心優しい男友だちが演じる役割のようなものを果たしているのがわかる。女友だちは遊び仲間であり、彼女との関係は自由で無償で、それゆえ必要とされるのかもしれない。男たちにうんざりし、嫌気がさしたり気晴らしをしたいとき、売春婦は他の女の腕のなかに休息と快楽を求めるのだ。いずれにしろ、すでに言及した共犯関係、つまり女たちが直接結び合わされて出来上がる共犯関係は、どんな場合よりもこういう場合にしっかり存在する。人類の半数との関係が商売がらみだし、社会全体にのけ者扱いされるから、売春婦たちは仲間どうしで緊密に連帯する。ライバルになったり、妬み合ったり、罵倒し合ったり、殴り合うことはある。しかし彼女たちは、人間の尊厳を取り戻す「反・世界」を作り上げるために、互いを本当に必要としているのだ。仲間は打ち明け話をする友であり、とくに選ばれた証人であり、服や帽子を鑑定する。服や帽子は男を誘惑する手段なのだが、他の女たちの羨望や称賛の眼差しのなかでは、それ自体が目的となって現われる。

売春婦と客の関係に関しては、意見が非常に分かれており、おそらく事例はさまざまだろう。売春婦は自由な愛情表現である唇のキスを恋人のために取っておき、愛の抱擁と職業上の抱擁の差は歴然としていて比較は成り立たないと、しばしば力説される。男は虚栄心のために快楽の芝居にだまされがちだから、男の証言はあやしい。たいていひどい肉体的疲労をともなう「荒稼ぎ」か、手っ取り早いショートタイムか、「泊まり」か、何度も訪れるなじみ客との関係かで、事態は非常に異なると言わなければならない。マリー＝テレーズは、いつもは淡々と仕事をしていたが、無上の喜びとともに思い出される晩もいくらかある。マリー＝テレーズには「浮気相手」がいたが、仲間にもみないた、とマリー＝テレーズは言う。女は気に入った客からお金を取らないことがあるし、時には、そうした客がお金に困っていれば援助を申し出ることもある。とはいえ全体的に、女は「冷静に」働く。なかには客全体に対して少し軽蔑の混ざった冷淡さしかもたない女たちもいる。「ああ、男ってなんてばかなの！　女は何でも好きなことを男の頭に詰め込むことができる」とマリー＝テレーズは書く。しかし、多くの売春婦が男に対して嫌悪のこもった恨みを感じている。とくに性的倒錯にはげんなりする。妻や愛人にとても告白できない倒錯趣味を満足させるために娼家に来るからなのか、娼家にいるから倒錯趣味を思いつくことになるのか、多くの男が女に「酔狂な趣味」を要求する。マリー＝テレーズは、とくにフランス人に見られる止めどのない空想を嘆いている。ビザール博士の治療を受けた女たちは「男はみな多かれ少なかれ倒錯者だ」と言っている。

私のある友だちはボージョン病院で、非常に聡明な若い売春婦と長い時間、話をした。初めは家事使用人だったが、熱愛するひもと同棲するようになったという。「男はみな倒錯者、私の男以外は。だから私はあの人が好き。もしあの人に倒錯趣味が見つかったら、別れます。最初お客さんは、必ずしもそうではなく、ふつう。でも二度目には、いろんなことやりたがる……あなたはご主人が倒錯者でないと言うけれど、いまにわかります。みんな倒錯者」と言った。彼女は男の倒錯趣味のために男を嫌っていた。私の別の友だちは、一九四三年にフレーヌで、ある売春婦と親しくなった。その売春婦は、客の九〇％に倒錯趣味があって、約五〇％は恥ずべき男色家だと言った。あまりに想像力を示す人は怖かったそうだ。あるドイツ人将校は、裸で花を抱えて部屋の中を歩き回るように命じ、自分は鳥の飛ぶ真似をした。礼儀正しく金離れのよい男だったが、この男を見ると必ず逃げだしたという。「酔狂な趣味」は単なる性交よりはるかに料金が高く、しかも女はたいていあまり消耗しないのだが、マリー＝テレーズは大嫌いだった。この三人の女はとくに聡明で繊細だ。たぶん三人は、自分が商売の型通りのやり方に守られなくなるや、男が一般の客でなくなり個別性を示すようになるや、すぐに自分が良心と移ろいやすい自由の餌食になることに気づいたのだろう。もう単なる取引の問題ではなくなるわけだ。とはいえ、実入りがいいので「酔狂な趣味」を専門にする売春婦たちもいる。客に対する敵意には、階級に対する恨みが入りこんでいることが多い。ヘレーネ・ドイッチュはアンナという売春婦のことを詳しく語っている。アンナは金髪で子どもっぽく、きれいで、普段はとても優しいが、ある種の男たちに対して発作を起こして狂乱状態になるのだ。労働者の家族の出で、父親は酒飲み、母親は病気だった。この夫婦が不幸だったせいでアンナは家庭生活が大嫌いになり、仕事を続けるうちによく求婚されたが、けっして承諾しなかった。界隈の青年たちは彼女を誘惑した。彼女は仕事が大好きだった。ところが、結核にかかり入院させられると、医者たちを相手に激しい憎悪を展開した。アンナには「尊敬すべき」男たちがおぞましく、医者の礼儀正しさ、気遣いに我慢ならなかったのだ。「私たちは、こういう男たちが親切、体面、自制心の仮面をすぐに捨ててしまい、動物のようにふるまうのをよく知ってるんだから」と言った。それを除けば、精神的な平衡をまったく保っていた。里子に出した子がいると嘘を言い張ってはいたが、他に嘘はつかなかった。アンナは結核で死亡した。もう一人、十五歳の時から、出会った男の子みなに身を任せたという若い売春婦ジュリアは、弱い、貧しい男しか愛さなかった。そういう男と一緒だと、優しく親切だった。その他の男は「どんなにひどく虐待してもよい野獣」と考えていたのだ。(母性本能の欲求不満を示す、明らかなコンプレックスをもっていた。ジュリアの前で母、子という言葉、またはそれと似た発音の言葉を使うと、狂乱状態におちいった。)

大部分の売春婦は自分の条件に精神的に適応している。これは遺伝的あるいは先天的に不道徳だということではなく、売春婦の仕事を要求する社会に自分が組み込まれていると、正しく感じているということだ。カードに書きこみながら警官たちがするお説教がまったくのお題目であることを知っており、客たちが娼家の外でひけらかす高尚な意見などあまりこわくない。マリー＝テレーズはドイツの下宿先のパン屋の女主人に説明している。

私はみなを愛してます。お金がからんでいる時はね、……ええ、なぜって、ただで何の見返りもなく男とセックスしても同じこと、あの女は尻軽女、と思われる。お金を取ってもやはり尻軽女と決めつけられる、ずるい尻軽女と。だって男にお金を要求すると必ずすぐその後で「こういう仕事してるとは思わなかった」とか「男はいるのかい」と言われるもの。そう。お金を受け取ろうが受け取るまいが、私には同じこと。おばさんは「そうね、その通りだね」と答える。私は言う。おばさんは靴の切符を手に入れるために三十分、行列しますね。でも私は、三十分でセックスします。靴は手にはいる。代金を支払うどころか、上手に言いくるめれば、それでまたお金をもらえる。だから私の言うとおりでしょ。

売春婦の生活が耐えがたくなるのは、精神的、心理的状況のためではない。大部分の場合は嘆かわしい、その物質的な条件のためである。売春婦はひも、娼家の女主人に搾取され、明日をも知れぬ生活を送っていて、売春婦の四分の三はお金をもっていない。大勢の売春婦の治療にあたったビザール博士は、商売を始めて五年たつと約七五％が梅毒にかかると言っている。とくに経験の浅い未成年者はすぐに感染してしまう。そのうちの二五%近くが淋菌性の合併症を起こして手術を受けなければならなかったという。二〇人に一人は結核で、六〇%はアルコール中毒か麻薬中毒になる。四〇%が四十歳までに死亡するのだ。さらに付け加えなければならないのは、予防策を講じても時には妊娠し、一般に劣悪な条件のもとで手術を受けることだ。下級売春は耐えがたい仕事であり、そこでは女は性的にも経済的にも抑圧され、警察の独断、医学上の屈辱的な監視、客のわがままに従わされ、黴菌と病気、悲惨を約束され、まさに物の水準にまでおとしめられるのだ。[*1]

下級売春婦から堂々たる高級娼婦までに、多くの段階がある。主な違いは、前者が、自分のまったくの一般性を売りものにし、その結果、競争のために悲惨な生活水準にとどめおかれるのに対し、後者は、自分の個別性を認めさせようと努め、うまくいけば高級な人生を望める点である。ここでは、美貌や魅力、セックスアピールは必要だが、それで十分というわけではない。そうした女は世間から高く評価される必要があるのだ。彼女の価値は男の欲望を通じて明らかになることが多い。しかし、男が世間の目に対し、彼女の値段をはっきり示したときだけ「売り出される」のだ。前世紀において、「娼婦」が庇護者に支配力を及ぼしていることを示し、高級娼婦の身分に引き上げてくれるのは、邸宅、馬車、真珠だった。男たちが彼女のために莫大な出費を続けるかぎりにおいて、彼女の価値は確立しているのだ。社会的、経済的変化のために、ブランシュ・ダンチニー[*2]のような型の女は消えてしまった。そこで名声を確立させようにも、もう「ドゥミ＝モンド〔高級娼婦を取り巻く社交界〕」はない。野心家の女は別の方法で名声を得ようとする。高級娼婦の最新の姿、それは人気スターだ。スターは夫――ハリウッドでは絶対に必要――や信頼できる男友だちに付き添われているが、それでもやはりフリュネやインペリア〔十六世紀初頭イタリアの高級娼婦〕、「黄金の兜（かぶと）」〔十九世紀末パリの高級娼婦〕に似ているのではないだろうか。スターは男たちの夢想に〈女〉をもたらし、その代わり男たちから富と栄光を与えられるのだ。

売春と芸術のあいだには、いつも不確かな道があった。美と性的快楽が何となく結び付けられているからだ。実際には、〈美〉は欲望を生み出さない。しかしプラトン的な恋愛論が好色に偽善的な根拠をもたらすのだ。フリュネが胸をはだけると、アレオパゴス裁判所のお歴々は純粋理念について瞑想（めいそう）する。包み隠さず肉体を見せびらかすことが芸術的なショーとなる。アメリカの「バーレスク[*3]」は、脱ぐことを大げさに考える。

＊1　〔原注〕もちろんこの状況は、消極的なうわべだけの方策では変えられない。売春をなくすためには二つの条件が必要だ。すべての女性にしかるべき仕事を保証すること。自由な愛を慣習がけっして妨げないこと。売春を成り立たせている必要性を取り除いてはじめて売春を廃止することができるのだ。

＊2　十九世紀フランスの作家ゾラの小説『ナナ』のモデルとされた高級娼婦。

＊3　寸劇、猥褻な歌、ストリップなどを交えたショー。

「芸術的ヌード」の名のもとに猥褻写真を収集する老紳士たちは、「ヌードは清純だ」と主張する。娼家では「お見立て」の時間がそれだけで客寄せ芝居になる。これが複雑になると、客は「活人画」、「芸術的ポーズ」を見せられる。特異な価値をもちたいと願う娼婦は、もう消極的に肉体を見せるだけではない。特殊な才能を目ざすのだ。ギリシアの「フルート奏者たち」は歌と踊りで男を魅惑した。ベリー・ダンスをするウレ＝ナイル〔アルジェリア南部の山地〕の女たち、バリオ＝チノで踊り歌うスペイン女たちは、買い手の見立てに対して洗練された方法で自分を売り込んでいるだけだ。ナナ〔小説『ナナ』の主人公〕は「庇護者」を見つけるために舞台に上がる。一部のミュージック・ホールは、かつて一部の演芸カフェがそうだったように、単なる売春宿だ。女が自分を見せる仕事はすべて、色事の目的に使われる可能性がある。たしかに、性生活が仕事を侵食するのを許さないコーラスガール、フロアーダンサー、ヌードダンサー、ホステス、ピンナップガール、ファッションモデル、歌手、女優はいる。仕事が技術や創意を前提としていればいるほど、仕事それ自体が目的としてとらえられる。しかし、生計を立てるために公衆の面前で「自分を見せる」女は、自分の魅力を性的な売りものにしたくなるのだ。逆に高級娼婦は言い訳になる仕事を欲しがる。コレットの作品〔『シェリ』〕に出てくるレアのように、自分のことを「親愛なる芸術家」と呼ぶ男友だちに、「芸術家ですって？私の恋人たちは本当に失礼なんだから」と言い返す女は稀だ。すでに述べたように、商品価値を授けるのは名声だ。商売の資本になるような「名」をあげることができるようになるのは、舞台かスクリーンの上なのだ。

シンデレラはいつも〈すてきな王子さま〉を夢見ているわけではない。夫なり恋人が暴君になりはしまいかと恐れている。一流映画館の入口で微笑んでいる自分自身の写真を夢見る方がよい。しかしたいていは男の「庇護者」のおかげでその目的に達する。そして男——夫、恋人、ファン——が彼女を男自身の財産と名声にあずからせてくれ、彼女の勝利を確実なものにするのだ。「スター」が高級娼婦に似ているのは、個人個人に、大衆に好かれる必要があるからだ。スターも高級娼婦も、社会で同じような役割を演じる。私は高級娼婦という言葉を、自分の肉体だけでなく全人格を活用すべき資本として扱っている女すべてを指すのに使っている。彼女たちの態度は、作品のなかで自己を超越しながら、あらかじめ与えられた条件を乗り越え、他人のなかの自由に訴えかけて他人の未来を開く創作者の態度とは非常に違っている。高級娼婦は世界をあばき出してみせはしないし、人間の超越になんの道も切り開きはしない。[*1] 逆に、人間の超越を自分のためにせしめようとする。高級娼婦は崇拝者の支持をとりつけようとして、自分を男に捧げるといった受け身の女らしさを捨てない。こうした女らしさが彼女に魔法の力を授け、その力のおかげで男たちを自分の存在感の罠にかけ、自分の糧にすることができる。

＊1　〔原注〕スターが芸術家でもあり、愛されるために創意工夫し創造することもある。そうなると彼女は、これら二つの任務を兼ねるか、あるいは情事の段階を越えて、後にふれる女優、声楽家、ダンサーなどの仲間に入ることもありうる。

この女らしさが彼女とともに男たちを内在性†に呑み込むのだ。

こうした方法によって、女はある種の独立を得るのに成功する。何人もの男に同意しながら、どの男にも決定的に属することはない。集めたお金、商品を売り出すように「売り出す」名前が、経済的自立を保証するのだ。古代ギリシアで最も自由だった女は主婦や下級売春婦でなく、高級娼婦だ。ルネサンス時代の高級娼婦や日本の芸者は、同時代の人々に比べ、はるかに大きな自由に恵まれていた。フランスで最も雄々しく独立しているように見える女は、おそらくニノン・ド・ランクロだろう。逆説的に、女らしさを徹底的に活用するこれらの女は、男の状況とほとんど同等の状況を作り出す。自分を客体として男に引き渡す女という性から出発して、主体に戻るのだ。男のように生計を立てるばかりでなく、ほとんど男ばかりのなかで暮らす。振る舞いも話題も自由で、彼女たちは——ニノン・ド・ランクロのように——自分を類(たぐ)い稀な自由な精神に高めることができる。きわめて卓越した者は、「淑女」に退屈した芸術家、作家たちに取り巻かれる。男の作る神話は、高級娼婦のなかに最も魅力的に結実する。つまり高級娼婦は、他のどの女よりも肉体と意識であり、偶像、霊感の泉、詩神(ミューズ)なのだ。画家、彫刻家は高級娼婦をモデルにしたがる。高級娼婦は詩人の夢を育(はぐく)む。知識人は高級娼婦のなかに、女の「直観」の宝を探究する。高級娼婦は、偽善のなかであまり勿体(もったい)ぶったりしないから、主婦より簡単に聡明になるのだ。並外れた才能に恵まれた者は、〈助言者〉の役割では満足しなくなる。彼女たちは他人の支持によって手に入れた価値を、自主的に発揮したいという欲求を感じる。受動的な美徳を能動的なものに変えたいと思うのだ。主権をそなえた主体として世界のなかに浮かび上がり、詩、散文を書き、絵を描き、作曲をする。こうしてイタリアの高級娼婦のなかでもインペリアが有名になった。また、男を道具として使うことによって、この媒介をとおして男の任務を行使することもある。「寵姫」たちは権力のある愛人たちを通じて世界統治に参加したのだ。[*1]

このような解放は、とくに性愛の面に現われる。女は、男から奪いとるお金や献身のなかに、女の劣等感の補償を見出すことがある。お金にはみそぎの役割がある。お金が男女の闘争を消滅させるのだ。商売女でない多くの女が愛人から小切手や贈物をまきあげるのに執着するのは、金銭欲のためだけではない。男に支払わせることは――後で見るように男を買うことも――男を道具に変えることなのだ。それによって女は自分が道具になることから身を守る。たぶん男は、「女を手に入れた」と思うだろうが、このような性による所有は錯覚だ。女こそ、経済という、はるかに安定した領域で男を手に入れたのだ。自尊心は満足している。彼女は愛人の抱擁に身を任せることができる。外部の意志に身を任せるのではない。快楽が「押しつけ」られることはありえず、快楽はむしろ余得として現われる。金品を受け取っているのだから、「惚れている」のではない。

＊1　〔原注〕同様に、結婚を自分の目的に役立つように使う女もいれば、愛人たちを政治的、経済的等々の目的に達する手段のように用いる女もいる。前者は主婦の状況を越え、後者は高級娼婦の状況を越える。

しかしながら、高級娼婦は不感症だと言われる。自分の心と下半身を制御できれば自分にとって便利だ。多感多情では男の支配を受けるおそれがあり、自分が搾取され、独占され、苦しめられるだろう。男がする抱擁のなかには侮辱するようなものがたくさんある――とくに仕事を始めたばかりの頃には。男の横暴に対する抵抗が不感症となって現われるのだ。高級娼婦も主婦も、「はったり」をきかせる「こつ」をすすんで打ち明け合う。男に対するこうした軽蔑、嫌悪は、搾取するかされるかの勝負で勝ったと確信できないことの証拠だ。そして実際、大部分の場合、高級娼婦の運命はやはり従属なのだ。

どの男も最終的には高級娼婦の主人ではない。しかし彼女たちは男から今すぐ要るものを手に入れている。高級娼婦は、もし男が自分を望まなくなれば、一切の生活手段を失う。新人女優は、自分の未来がすべて男の手に握られていることを知っている。スターでさえ、男の支えがなくなれば威信は薄れる。オーソン・ウェルズ〔アメリカの映画俳優〕が去った後、リタ・ヘイワース〔アメリカの映画女優〕はアリ・カーン〔パキスタンの富豪〕に出会うまで、孤児のように貧乏たらしくヨーロッパをさまよっていた。どんな美しい女もけっして明日を確信することはできない。なぜなら、彼女の武器は魔法であり、魔法はきまぐれだからだ。「貞淑な」妻が夫に釘付けにされているのとほとんど同じくらい、庇護者――夫あるいは愛人――にしっかり釘付けされているのだ。ベッドの勤めを果たさなければならないばかりでなく、彼の存在、彼の会話、彼の友だち、そしてとくに彼の虚栄心の欲求に耐えなければならない。ひもが自分の女にハイヒールやサテン地のスカートを買ってやるのは投資をしているのであり、それは利子をもたらすだろう。実業家、製造業者は愛人に真珠と毛皮を贈り、愛人をとおして富と力を顕示する。女が金儲け(かねもう)の手段であろうと金を使う口実であろうと、同じ隷従(れいじゅう)なのだ。女に浴びせられる贈物は鉄鎖だ。それに、女が身につけるこれらの衣装や装身具は、本当に女自身のものだろうか。男は時に、かつてサッシャ・ギトリ[*1]が上品にやってのけたように、別れ話のあと、その返還を要求する。女は、自分の楽しみをあきらめずに庇護者を「つないでおく」ために、策略、駆け引き、嘘、猫かぶりをして二人の生活をおとしめる。奴隷根性のまねごとだけのことかもしれないが、まねること自体が奴隷根性なのだ。美しくて有名なら、今の主人がいやになったら別の主人を選ぶことができる。しかし美は気がかりの種で、壊れやすい宝物だ。高級娼婦は、時が情け容赦なく価値を下落させる肉体に、ほとんど頼りきっている。老いに対する闘いが最も劇的な様相をおびるのは、高級娼婦の場合だ。すばらしい威信に恵まれていれば、顔かたちの損なわれたあとも生きのびられるだろう。しかしこの評判という最も確実な財産を管理しようとすれば、世論という最も無情な横暴に従わなければならない。ハリウッドのスターたちがどんな隷属状態におちいっているかは、よく知られている。彼女たちの身体はもう彼女たちのものではな

＊1　一八八五－一九五七、フランスの劇作家、俳優。

い。プロデューサーが髪の色、体重、体の線、タイプを決める。頬の線を変えるために歯を抜かれる。節食、体操、試着、化粧が毎日の労役だ。「素顔」欄には外出や情事が載る。私生活は、公的な生活のなかの一瞬にすぎなくなる。フランスではこれほどはっきり定まってない。だが慎重で抜かりのない女なら、「広告」が何を要求しているのかわかる。この要求に従おうとしないスターは、急激な凋落が、急激でなくても避けがたい凋落を見るだろう。肉体だけを引き渡す売春婦はたぶん、愛されることを商売とする女ほど縛られないだろう。技が身についていて、才能を認められて「出世した」女――女優、声楽家、ダンサー――は高級娼婦の条件を免れる。そうした女は本当の独立を味わうことができる。しかし大部分の者は一生危ういままだ。彼女たちは新たに大衆を、男たちを、休みなく誘惑しなければならないのだ。

　妾はたいてい従属を内面化する。世論に従い、世論の価値を認める。「上流社会」に敬服し、その風習を取り入れる。ブルジョア階級の規範に基づいた尊敬を得たいのだ。裕福なブルジョア階級に寄生し、その思想に賛同する。「体制的な考え方をする」のだ。かつては、そうした女は娘を喜んで修道院に入れ、年をとると大騒ぎして回心し、自分自身、礼拝に行ったものだ。彼女は保守派にまわる。この世界に自分の場を作り上げたのを非常に誇りに思うので、世界が変わるのを望まない。「出世する」ためにしている闘争のために、友愛や人類連帯に気持ちが向かわない。成功を求めてあまりに多くの卑屈な媚びを売ってきたので、普遍的な自由を誠実に望むことができないのだ。ゾラはナナのなかに、こうした特徴を強調している。

本や芝居について、ナナはとてもはっきりした意見をもっていた。優しく上品な作品、夢を見せてくれ、心を大きくしてくれるようなものを望んでいたのだ……共和主義者にはかっとなった。体を洗いもしないあの不潔な奴らは、いったいどうしたいというの？　私たちは幸福ではない？　皇帝は人民のためにあらゆることをなさってるではないの。人民って、何てひどい下司野郎！　ナナは人民を知っており、人民について語る資格がある。「まさか、そうでしょう、皆にとって大きな不幸になるわ、あいつらの共和制は。ああ神様！　できるだけ長く皇帝をお守りください」

戦時中、高級娼婦ほど強烈な愛国心をひけらかす者はない。高貴な感情を装って公爵夫人並みになろうと思うのだ。常識、紋切り型、偏見、型にはまった感情が公の交際の基本で、たいていは誠実さを心底まですっかり失ってしまっている。嘘と誇張のあいだで言葉は自滅する。高級娼婦の生涯は客寄せ芝居だ。その言葉、身振りは考えを表現するためのものではなく、効果を生むためのものなのだ。庇護者に愛の芝居を打つ。そして時には自分自身に。世論に慎ましさと威信の芝居を打つ。そして最後には自分を徳の鑑、聖なる偶像と思うのだ。頑固な欺瞞が高級娼婦の内面生活を支配し、その欺瞞のせいで、取りつくろった嘘が真実のように自然らしく見える。時には高級娼婦の生活にも自然な感情の動きが見られる。まったく愛を知らないわけではない。「浮気相手」、「のぼせ相手」がいる。時には「恋わずらい」さえする。しかし、気まぐれ、感情、快楽にあまり重きを置きすぎる者は、すぐに「地位」を失う。一般に、気まぐれな恋には、姦通する人妻のように慎重になる。プロデューサーと世論から身を隠す。だから「恋人」たちに自分の多くを与えることはできない。恋人は気晴らし、小休止にすぎないのだ。そのうえ一般に、本当の愛にわが身を忘れるにはあまりに成功にこだわる。もう一方の女たちに関して言えば、彼女たちが高級娼婦に官能的に愛されるということは、かなりよく起こる。自分を支配する男たちの敵となって、高級娼婦は女友だちの腕のなかに官能的な休息と仕返しを同時に見出す。だからナナは、いとしい女友だちサタンのかたわらにいるのだ。積極的に自由を使うために社会で活動的な役割を演じたいと願うのと同様に、高級娼婦は他の人間を所有するのも好きだ。若い青年を「援助」してまで喜んだり、若い女をすすんで養ったりするが、いずれにしろ、彼らに対し男性的な人物になるのだ。同性愛であろうとなかろうと、すでに述べたように、女全体と複雑な関係をもつ。つまり、男に抑圧されたあらゆる女が切望する「反・世界」を作り出すために、高級娼婦は彼女たちを、裁判官として証人として、打ち明け話をする友として共犯者として必要とするのだ。しかし女の敵対関係はここで頂点に達する。自分の一般性を売りものにする売春婦には競争相手がいる。しかし、全員のために十分な仕事があれば、売春婦たちは口論を通じてさえ連帯を感じる。自分が「異彩を放つ」ことをめざす高級娼婦は、自分のような特権的な場を欲しがる者と先験的に敵対している。この場合、女の意地悪についてよく言われる命題が本領を発揮する。

高級娼婦の最大の不幸は、自分の独立が数限りない従属の裏返しで、偽りであるばかりでなく、この自由自体が消極的であることだ。ラシェル[*1]のような女優やイサドラ・ダンカンのような舞踊家は、男に助けられてはいても、仕事が彼女たちを必要とし、正当化する。彼女たちは、自分で望んだ、好きな仕事のなかで実質的な自由に到達するのだ。しかし大部分の女にとって技、仕事は手段でしかない。彼女たちがその本当の計画に賭けることはないのだ。とくに映画はスターを演出家に従属させるので、スターには創造的な活動の創意、進歩が許されない。人々は彼女のあるがままを活用する。彼女は新しいものを創造するわけではないのだ。とはいってもスターになることはめったにない。いわゆる「売春」で、超越に通じる道はない。ここでもまた、内在に閉じ込められた女は倦怠につきまとわれる。ゾラはリナのなかにこの特徴を示している。

しかし贅沢のなか、この宮廷のような生活の真ん中で、ナナは死ぬほど退屈していた。夜のどんな時刻にも男がいて、化粧台の引出しにまでお金が入っていたが、

＊1　一八二一－五八、スイス生まれの舞台女優。

もうそれでは満足できず、どこかに隙間のようなもの、穴が感じられて、それがあくびを催させた。ナナの生活は無為のまま、同じような単調な時間を繰り返してだらだら続いていた……食べさせてもらえるのは確かなので、ナナは娼婦という仕事に閉じ込められているかのように一日中なんの努力もせず、修道院のような畏怖と服従の奥でまどろみ、横になったままだった。ただ男を待って、つまらない娯楽で時間をつぶしていた。

アメリカ文学に何度となく描かれているように、この不透明な倦怠がハリウッドに重くのしかかり、到着したばかりの旅行者の息を詰まらせる。もっとも、ここでは男優やエキストラも、女たちと同じ条件のもとで、彼女たちに負けず劣らずうんざりしている。フランスでも売り出しが労役の性格をおびることはよくある。駆け出し女優の生活を支配する庇護者は年配の男で、その友だちも老人だ。つまり彼らの関心事は若い女には無縁で、彼らの会話にうんざりさせられる。寄り添って日夜を過ごす二十歳の新人女優と四十五歳の銀行家のあいだには、ブルジョア階級の結婚よりなおいっそう深い溝があるのだ。

高級娼婦が快楽、愛、自由を捧げるモレク神[*1]、それはキャリアだ。主婦の理想、それは夫と子どもとの関係を包む、静的な幸福だ。「キャリア」は時を経て広がっていくが、それでもやはり一つの名前に要約される内在的な物である。社会の梯子を段々高く上っていくにつれ、名前はポスターの上、人の口の端々で大きくなっていく。女は、自分の性格に応じて慎重にあるいは大胆に、自分の企てを取り仕切る。整理だんすに収める立派な布類をたたむ主婦の満足をかみしめる者もいれば、恋の陶酔を味わう者もいる。女は、つねに危うく時には崩壊することもある状況の平衡をつねに保つことに満足を見出すこともあれば、空しく天をめざすバベルの塔のような、限りない名声を樹立することもある。他の活動に情事をからめ、本当の冒険家のように見える女たちもいる。つまりマタ・ハリ〔第一次大戦中にドイツのスパイとして活躍〕のようなスパイや秘密諜報員だ。彼女たちは一般に計画の主導権は握らず、どちらかというと男の手に握られた道具なのだ。ところで全体的に、高級娼婦の態度には冒険家の態度と似たところがある。冒険家と同じように、たいていいわゆる冒険と手堅さの中途にいる。お金と栄光という紋切り型の価値をめざす。しかしそれを征服することに、所有することと同じくらいの価値を結びつける。そして結局、高級娼婦の目に最高の価値と見えるもの、それは主観的な成功なのだ。高級娼婦もまたこの個人主義を、いくらか型にはまったニヒリズムで、しかし男には敵対し、他の女には敵を見るだけにいっそう確信をもって体験されるニヒリズムで、正当化しようとする。もし道徳的に正当化する必要を感じるほど聡明なら、いくらかかじったニーチェ主義〔超人主義〕を持ち出すだろう。庶民に対する選ばれた者の権利を

＊1　カナンの地で崇拝された神、子どもが捧げられた。

主張するのだ。自分の人格が、ただ存在するだけで恵みとなる宝のように見える。だから自分を自分自身に捧げながら、共同社会に奉仕していると思い込むのだ。男に捧げられる女の人生には恋愛がつきまとう。男を活用する女は、自分に捧げる礼拝のなかで安らいでいるのだ。自分の栄光にあれほどの価値を結びつけるのは、経済的利益のためだけではない。そこにナルシシズムの開花を求めているのだ。

第九章　熟年期から老年期へ

女の生涯は――女が相変わらず雌の機能に閉じ込められているために――男よりもずっとその生理的運命に左右される。女の生理的運命の曲線は男の曲線よりもぎくしゃくしていて、非連続的である。女の人生は、時期ごとに見ると完結していて単調だが、一つの段階から次の段階への移行は急激で、危険をともなう。この移行は思春期、性の入門期、閉経期というように、男よりもずっと決定的な危機となって現われる。男は徐々に老化していくのに対し、女は突然、女の特質を奪われてしまう。女は、社会の目にも自分自身の目にも、自分の存在の根拠と幸福のチャンスを引き出すもとになっていた性的魅力や出産能力をまだ若いうちに失う。こうして女は、成人としての人生のほぼ半分を、あらゆる未来を奪われて生きていかなければならない。

「危険な年齢〔更年期〕」は、いくつかの器官的変調によって特徴づけられるが（I巻第一部第一章）、そうした変調が重要性をもつのは、それがおびる象徴的な意味のせいである。何よりも自分の女らしさに賭けてきた女は、この危機をいっそう切実に感じる。家庭内にしろ家庭外にしろ、厳しい労働をしている女たちは、月経の束縛がなくなったことをほっとして受け入れる。たえず妊娠のおそれを感じている農婦や工場労働者は、ようやくこの危険から免れることを幸せに思う。閉経期においても、他のさまざまな状況におけるのと同じように、女の体調が悪くなる原因は身体そのものよりも、女が身体に対して抱く不安感にある。精神的な葛藤はふつう、生理的な現象が開始される前に始まり、その現象がおさまった後しばらくして、ようやく終了するのである。

身体的な機能障害が決定的になるずっと前から、女は老いの恐怖にとりつかれる。熟年の男は色恋よりも重要な企てにかかわっていて、性的な情熱も若い頃より弱くなっている。男は、客体としての受動的性質を求められることがないので、容貌や肉体が老化しても、ひとを魅了する力は損われない。逆に女の場合は、一般に三十五歳くらいになってようやくさまざまな抑制が克服され、官能がいっぱいに開花することになる。この時期には、女の欲望は最も激しくなり、最も貪欲に欲望を満たそうとする。男より女の方が自分にそなわる性的な価値に重きを置いてきた。夫をつなぎとめ、男に保護してもらうために、女はどんな仕事をしているにしろ、男の気に入られることが必要なのだ。女は男に媒介してもらってはじめて世界に働きかけることができる。それなのに、男に働きかける手段を失ったら、いったい自分はどうなることだろう。この問いこそ、自分と同一視しているこの肉体という客体の変形をなすすべもなく見守りながら、女が不安げに発する問いなのである。女は抵抗し、闘う。しかし、髪を染めたり、皮膚整形や美容整形をしてみても、いまや死に瀕している若さをひきのばすのがせいぜいである。少なくとも鏡はごまかせるかもしれない。だが、思春期に作り上げられた構築物が彼女のうちですっかり破壊されていく、決定的、不可逆的なプロセスが開始されるとき、女は死すべきものとしての運命そのものに捕らえられたように感じるのだ。

最もひどい動揺を経験するのは、自分の美貌や若さに最も夢中になっている女だと思えるかもしれない。ところが、そうではない。ナルシストの女は、自分のことを非常に気にかけているので、逃れられない運命の日が来ることをあらかじめ見込んでいるし、避難場所も用意してある。たしかに、そうした女も自分の身体的な損傷に苦しみはするだろうが、少なくとも不意を打たれることはないし、かなり素早く適応するだろう。自分のことを忘れ、献身的で、自分を犠牲にしてきた女の方が、事態を突然認識して、ずっと大きな衝撃を受けることになる。「私には一つの人生しか生きられなかったというのに。これが私の運命だった、これが私だったなんて」。こうして、まわりの人たちを驚かせるほど根本的な変化が彼女のなかに生じる。隠れていた場所から追い払われ、立てていた計画を取り上げられ、突如として彼女は誰の援助もなく、自分自身と向き合うことになる。彼女には、思いがけず突き当たったこの境界を通り越すと、あとはただ生きのびているだけのように思われる。自分の肉体にはもう前途はない。自分が果たせなかった夢や願望は永遠に実現されることはないだろう。こうした新たな立場から、彼女は過去を振り返る。過去をご破算にし、決算をする時がきたのだ。彼女は過去を総括する。そして、人生から窮屈な制約を課されてきたことに唖然とする。自分の生涯であった、この短い、失望に満ちた生涯に向かい合うとき、ふたたび彼女は、まだ入れない未来への入口にたたずむ思春期の少女のようにふるまう。自分の有限性を拒否し、自分の存在の貧しさと自分の人格の混沌とした豊かさを対比してみる。女として、自分の運命にともかくも従順に従ってきた彼女には、自分が機会を奪われ、騙されたように思われる。青春から熟年へと自覚もなくいつのまにか移行していたように思われる。夫も環境も職業も自分にふさわしいものではなかったことに気づく。自分が理解されていないように感じる。彼女は自分の方が優れていると思い、まわりから孤立する。心のなかに秘密を抱いて、自分のなかに閉じこもる。この秘密だけが不幸せな運命を解いてくれる深遠な鍵なのである。彼女はまだ残っている可能性をひととおり検討してみようとする。日記をつけはじめたり、打ち明け話を聞いて理解してくれる相手が見つかると、とめどなくしゃべり続け、心情をさらけだす。そして、一日中、昼も夜も、後悔や不満を反芻する。若い娘が自分の未来はどんなものになるだろうと夢想するように、自分の過去がどんなものでありえただろうと想像する。逃してしまった機会を思い描いてみたり、回顧的な美しい物語を作り出したりする。ヘレーネ・ドイッチュが例として引いているある女の場合は、まだ若いうちに不幸な結婚に破れ、そのあと二度目の夫のもとで平和な長い年月を過ごしたが、四十五歳をすぎてから、最初の夫を懐かしがり苦しみ、憂鬱症に陥っている。子供時代や思春期の関心事がよみがえってきて、若い頃の話を際限なく繰り返す女もいる。また、両親や兄弟姉妹、幼友だちに対する眠っていた気持ちがふたたびかきたてられる。時には、夢見がちで受け身で陰気な気分に浸っている女もいるが、最も多いのは、失われた生活を取り戻そうと急に試みる女である。これまでの貧弱な運命とは対照的な、今になって気づいたこの人格をひけらかし、見せびらかし、長所を自慢し、是非にも正当な評価を要求する。経験によって成熟した今、ようやく自分の真価を発揮できると思う。自分の運を取り戻したいと願う。まず第一に、涙ぐましい努力によって、時間を止めようとする。母性的な女は、まだ子どもを産めると請け合う。そしてもう一度、生命を生み出そうと夢中になる。官能的な女は、新しい恋人を獲得しようと努力する。異性を引きつけるタイプの女は、男の気に入ることにこれまで以上に熱心になる。そうした女はみんな、今はど自分を若く感じたことはないと言う。自分たちが時の経過にまだほんとうには捕らえられていないことを他人に納得させたいのだ。「若づくり」を始め、子どもっぽいしぐさをする。老年にさしかかっている女は、自分が性愛の対象でなくなったのは自分の肉体が男に新鮮な富をもたらさなくなったからだけではないことを知っている。というのも、彼女の過去、彼女の経験が否応なく彼女を一人の人間にするからである。彼女は自分のために闘い、愛し、望み、苦しみ、喜んだ。こうした自主性は男を怖気づかせる。そこで彼女はその自主性を否定しようとする。自分の女らしさを誇張し、着飾り、香水をふりかけ、自分を色気と魅力のかたまりに、純粋な内在性[†]にする。無邪気な眼差しと子どもっぽい口調で、相手の男を称賛する。小さかった頃の思い出をまくし立てる。話をするというよりもさえずるのであり、手をたたき、けらけら笑い転げる。ある種のまじめさでこうした喜劇を演じるのだ。というのも、彼女が抱いている新しい関心、これまでの習慣から抜け出して新たに出直したいという願望は、ふたたびやりなおせるという印象を彼女に与えるからである。

実際には、ここで問題になっているのは真の出発ではない。世界のなかに自由で有効な動きによって自分を投企（プロジェ）できるような目的を見つけないからだ。彼女の落ち着きのない動きは、突拍子もなく、一貫性のない、無駄なかたちで現われる。それは過去の過ち（あやま）や失敗を補おうとするポーズにすぎないからである。この時期の女は、とりわけ、幼年期や思春期の頃のあらゆる願望を手遅れにならないうちに実現しようと努めるだろう。ピアノを再開する女もいれば、彫刻をしたり、文章を書いたり、旅行をしたりする女もいる。スキーや外国語を習う女もいる。それまで自分で拒否していたものすべてを――やはり手遅れにならないうちに――受け入れようと決心する。以前には我慢していた夫への嫌悪（けんお）を告白し、夫に抱かれると不感症になる。あるいは逆に、それまで抑えていた情熱に身を任せる女もいる。そうした女は夫に欲望をぶつけたり、子どもの頃からやめていたマスターベーションをまたするようになる。同性愛的な傾向――これは、ほとんどすべての女に潜在的なかたちで存在する――がはっきり現われる。この傾向を自分の娘に向ける場合も多い。しかしまた、通常とは異なる感情が女の友人に対して生まれることもある。ラム・ランドウは『性・人生・信仰』という著書のなかで、患者から聞いた次のような話を語っている。

X夫人は五十歳に手が届こうとしていた。結婚生活二十五年、すでに成人した三人の子の母で、住んでいる町の社会慈善団体でも傑出した地位を占めていた。彼女はロンドンで彼女と同じように社会事業に献身している十歳年下の女性と出会った。二人は友だちになり、そのY嬢はX夫人に次にロンドンに来たときには自分の家に泊まるようにと提案した。X夫人は承知した。彼女がY嬢のところに泊まった二日目の夜、突然、彼女は自分がY嬢を情熱的に抱擁していることに気づいた。どうしてそんなことになったのかは全然わからないと彼女は何度も確言した。その夜を女友だちと過ごし、自分の家に帰ったときは、恐ろしかった。それまで彼女は同性愛というものをまったく知らなかったし、「こんなこと」が存在することさえ知らなかった。彼女は夢中になってY嬢のことを考え、生まれて初めて、夫の愛撫(あいぶ)や単調なセックスがあまりよくなかったことに気づいた。彼女は「ことをはっきりさせる」ためにY嬢に会う決心をしたが、情熱はつのるばかりだった。この関係は、それまで経験したことのなかった喜びで彼女を満たした。けれども彼女は、罪を犯したという考えに苦しめられて、自分の状態は「科学的に説明」できるかどうか、なにか道徳的な論拠で説明できるかどうか知りたくて医者に相談したのだった。

このケースでは、当人は自然な衝動に身を任せたのであり、また、彼女自身それによって深く動揺させせられている。しかし、それまで経験したことのない、そしてやがてもう経験できなくなる小説めいたことを意図的に体験しようとする女も多い。そうした女は家庭から遠ざかる。家庭が自分にふさわしくないと思うと同時に独りになりたいと思うからである。そしてまた、情事を求めているからでもある。情事に巡り合うと、むさぼるようにそれに熱中する。シュテーケルが報告している話の場合もそうである。

B・Z夫人は四十歳で、三人の子どもがいた。結婚後二十年たって、自分が理解されていない、自分の人生は失敗だったと思い始めた。彼女は熱心にさまざまな活動を始めたが、そのうち、スキーをしに山にでかけた。そこで三十歳の男と出会い、その愛人になる。ところが、やがてこの男はB・Z夫人の娘に恋をする。男を自分のそばにひきとめておくために、彼女は男と娘の結婚に同意する。母と娘のあいだには意識されてないが非常に強い同性愛的な感情があり、それが、なぜこうした同意を決心したかを一部分説明している。しかしながら、やがて状況は耐えがたいものになる。夜、男は母親のベッドから出て娘のそばに行くというようなことが起こる。B・Z夫人は自殺しようとする。彼女がシュテーケルの治療を受けたのは、その当時――彼女は四十六歳になっていた――である。彼女は男と別れる決心をし、娘の方も結婚の計画をあきらめる。B・Z夫人はふたたび模範的な妻にもどり、信仰に没頭した。

品位や貞淑の伝統に抑えつけられている女は、行動にまでいたらないこともある。しかし、彼女の見る夢にはエロチックな亡霊がつきまとい、起きているときでさえ悩まされる。自分の子どもに熱狂的で官能的な愛情を示し、息子に対して近親相姦的な妄想を抱く。若い男に次々と秘かな恋心を寄せる。思春期の少女のように、犯されはしないかという考えにとりつかれる。また、売春の誘惑に目がくらむ。欲望と恐怖を同時に感じることで不安が生じ、時にはその不安が神経症を引き起こす。こうして彼女は奇妙な振る舞いをしてまわりの顰蹙をかうが、そうした振る舞いは実は彼女の空想の生活の表われなのだ。

空想と現実の世界の境界線は、この動揺期には思春期よりもいっそう不確かになる。老年期の女に最も特徴的な徴候の一つは、自分を確認するためのあらゆる客観的な目印を失う人格喪失の感覚である。まったく健康な人が死を間近に経験したとき、自分が二人いるような奇妙な感じがしたと言う。自分を意識であり、行動であり、自由であると感じているときに、運命にもてあそばれる受動的な客体が自分とは別人に思えるのは当然である。いま車にひかれたのは私ではない。鏡に映っているこのお婆さんは私ではない、というわけだ。「いまほど自分を若く感じたことがなく」、そして、いまほど年老いた自分を見たことのない女には、自分自身のこの二つの側面を一致させることができない。時が流れ、時間が彼女を蝕むのは、夢のなかのことである。こうして現実は遠ざかり、薄れていく。同時に、幻影と自分自身の区別がつかなくなる。時間が後じさりしていくこの奇妙な世界、自分の分身がもう自分に似ておらず、出来事が自分を裏切るこの奇妙な世界よりも、自分の心のなかのまぎれもな事実の方を信用するようになる。こうして彼女は恍惚と幻想と妄想に身を任せる。いまや恋愛はこれまでにもまして彼女の主要な関心事なのだから、自分が愛されていると錯覚するのも当たり前だ。色情狂の一〇人中九人は女である。そしてほとんどが四十歳から五十歳である。

けれども、誰もがこれほど大胆に現実の壁を突破できるわけではない。人間の愛に夢のなかでさえ裏切られた多くの女たちは神に救いを求める。浮気女、恋多き女、移り気な女が信心家になるのは閉経時である。人生の秋を目前にした女が、運命、神秘、理解されない人格について抱く漠然とした考えが、宗教のなかに合理的な一貫性を見出すのだ。信心深い女は自分の失敗した人生を主のくだされた試練だと考える。彼女の魂は不幸をとおして例外的な功徳を汲み取り、それによって特別に神の恩寵に浴する。ともすればそうした女は、天から啓示をたまわるとか、さらには――クリューデナー男爵夫人[*1]のように――天から緊急の使命を託されるのだとか信じるようになる。彼女たちは多かれ少なかれ現実感覚を失くしているので、この老年期の危機のあいだ、さまざまな暗示にかかりやすい。霊的指導者は、こうした女の魂に強い影響力を及ぼすのに適した立場にいる。彼女たちはもっと疑わしい権威でも熱狂的に受け入れるだろう。さまざまな宗派や、交霊術者、予言者、祈禱師にとって、あらゆるいかさま師にとって、絶好の餌食なのだ。それは単に彼女たちが現実世界との接触を失い、いっさいの批判的感覚を失くしているためばかりではなく、決定的な真実を希求しているからでもある。ある日突然、世界を救済することで自分も救われるような方策、処方箋、鍵を必要としているのだ。彼女は自分の個別的ケースには明らかに当てはまらない論理をこれまで以上に軽蔑する。自分のために特別に用意された議論だけが説得力をもつと思われる。啓示や、霊感、天命、おしるし、さらに奇跡といったものが彼女のまわりに花開く。こうして見出したものが彼女を行動へと導くこともある。なんらかの助言者や内心の声に動かされて、商売や事業や冒険に身を投じるのだ。また時には、真実や絶対的な英知の所持者であると自認するだけにとどまることもある。行動的であるにしろ、瞑想的であるにしろ、彼女の態度には熱をおびた高揚がともなっている。閉経期の危機は女の人生を容赦なく真っ二つに分断する。この断絶こそが女に「新しい人生」という幻影を与えるのだ。彼女の前に開けているのは別の時であり、彼女は改宗者の熱意をもってその時に向かっていく。恋愛に、人生に、神に、芸術に、人類に目覚めたのである。こうしたものに没頭し、自分を高める。自分は一度死んで生き返ったのであり、あの世の秘密を知った目で地上を眺め、未踏の頂に向かって飛び立つのだと信じる。

＊1　一七六四－一八二四、ロシア生まれの文学者、神秘家。

しかしながら、地上は元のまま変わりない。頂は依然として手の届かないところにある。天命はさずかっても——それは眩しいほど明白なものであっても——その意味を解読するのはむずかしい。心のなかの光は消え、鏡の前には、前日よりも一日分さらに年老いた女が残っているだけである。熱狂の瞬間の後に、憂鬱な消沈の時が続く。身体はこのリズムを告げている。というのも、ホルモン分泌の減少が脳下垂体の異常活動によって補われるからだ。けれども、こうした変化を支配するのはとりわけ心理的な状況である。なぜなら、興奮や、幻想、熱狂は、過ぎ去った宿命に対する防御策にすぎないからだ。その生命はすでに燃えつきたのに、まだ死が迎えにこない女の喉を、ふたたび不安が締めつける。彼女は絶望に対して刃向かうかわりに、しばしばそれに麻痺してしまう。不満や後悔や不平をくどくどと繰り返し、隣人や身近な人たちが意地の悪い策略をしているのではないかと邪推する。人生を共にしている同じ年頃の姉妹や友人がいると、一緒になって被害妄想をでっちあげることもある。しかし、とりわけ彼女は夫に対する病的な嫉妬を育む。夫の友人や、姉妹、職業に嫉妬する。的を射ていようがいまいが、自分のあらゆる不幸の責任を恋敵のせいにする。病的な嫉妬の症例が最も多いのは五十歳から五十五歳のあいだである。

閉経期に出会う困難は、女に老いる決心がつかないうちは長引くだろう——時には、死ぬまで続くこともある。女としての魅力以外に何も取り柄がない場合は、それを守るために必死に闘うだろう。依然として性欲が旺盛な女の場合も、夢中になって闘うだろう。そういう場合は少なくない。メッテルニヒ夫人[*1]は、女は何歳で肉欲に苦しめられなくなるのかという質問に「わからないわ。私はまだ六十五歳ですもの」と答えた。モンテーニュによれば、結婚は女にとって「ちょっとした熱さまし」しかもたらさず、年齢を重ねるにつれてますます不十分な方策にすぎなくなる。若い頃は身持ちが固くて、冷淡だったのを、熟年になって埋め合わせる女も多い。やっと性欲の情熱を知り始める頃には、夫はもうずっと前から妻の無関心さに諦めをつけて、他で用を足している。時の経過と慣れのせいで妻の魅力はすっかり色あせ、夫婦の愛の炎をかきたてる可能性はほとんど残っていない。悔しがり、「自分の人生を生きる」決心をした女は、これまでのように遠慮せずに――遠慮していたとしてだが――恋人を捕まえる。それも恋人が捕まってくれればの話である。まるで男狩りだ。彼女はあらゆる手管を弄する。身を任せるように見せて、押しつける。礼儀、友情、感謝にかこつけて、罠をはる。若い男をねらうのは、みずみずしい肉体への好みだけではない。彼らだけが、思春期の少年がときに母親のような恋人に対して感じる損得ぬきの愛情を期待させてくれるからなのだ。彼女の方も攻撃的、支配的になっている。レア〔コレットの連作小説の作中人物〕を満たすのはシェリ〔同上〕の美貌と同様、シェリの従順さなのだ。スタール夫人は四十歳を過ぎてからは、彼女の威光に頭のあがらない若い男を召使いに選んだ。それに、内気でうぶな

＊1　十九世紀オーストリアの宰相メッテルニヒの妻。

男の方が捕まえやすい。誘惑や手管にまったく効き目がなくなっても、まださとれない女に残された手段は一つ、すなわち金で買うことである。中世の「小刀」の民間説話が語っているのは、こうした飽くことを知らない人食い鬼のような女の運命である。ある若い女が自分の与えた愛のしるしへの返礼として、その都度相手の男たちに「小刀」を要求し、それを戸棚のなかにしまっておいた。ついに戸棚がいっぱいになる日がきた。ところが、その時から、愛の一夜を過ごすごとに今度は男たちの方が「小刀」を要求しはじめた。戸棚はあっという間に空になってしまった。「小刀」は全部返してしまい、別のを買い足さなければならなくなった、というのだ。ある女たちは悪びれることなくこうした状況を直視する。自分たちの時代は過ぎたのだ。今度は彼女たちが「小刀を返す」番なのだ。お金は彼女たちにとって、娼婦の場合と逆の役を果たしているように見える。しかし、どちらの場合も、清めの役を果たしていることには変わりない。お金は男を一個の道具にし、若い頃は傲慢に拒否していた性的な自由を女に与える。だが、明晰であるよりもロマンチックな女パトロンは、ともすると愛情、称賛、尊敬の幻想までも買おうとする。彼女は、与える喜びのために与えているので、相手から何も要求されるわけはないと思い込んでいる。ここでもまた若い男は格好の恋人である。なぜなら、若い男なら母親的な気前のよさを自慢できるからだ。そしてまた、若い男にはわずかにしろ、男が自分の「援助している」女に求めるあの「神秘」がそなわっている。というのも、それによって、取引の露骨さが偽装されて謎めくからである。けれども、欺瞞がいつまでも味方してくれることはめったにない。男女の闘いは搾取者と被搾取者の決闘に変わり、女は裏切られ、笑いものにされ、残酷な敗北を喫する危険にさらされる。用心深い女は、たとえまだ情熱の火が消え残っていても、さっさとあきらめて「武装を解く」。

女が年をとることに同意すると、状況は一変する。それまではまだ若いつもりで、自分を醜くし変形する不可解な病いと闘うことに夢中だった。いまや彼女は別の存在、性は失ったが完成した存在、老年の女になる。これで更年期の危機は清算されたと考えられる。しかし、だからといって今後女にとって生きることが容易になると結論してはならないだろう。女が時間の宿命に対して闘うのを放棄したとき、もう一つの闘いが始まる。彼女は地上に自分の場所を確保しなければならないのだ。

秋になり、冬になり、やっと女はつながれていた鎖から自由になる。年齢を口実にして、自分に重くのしかかる苦役を免れる。夫のことはよく知っているから、いまさら怖くはない。彼女は夫の抱擁から逃げだす。彼のかたわらに——友情、無関心、あるいは敵意のうちに——自分の生活を整える。夫の方が先に衰えた場合は、妻が夫婦の主導権をにぎる。彼女はまた、あえて流行や世論を無視する。社交上の義務や、ダイエット、身だしなみからも逃れる。たとえば、シェリが再会したときのレアもそうだった。仕立屋からも、コルセット屋からも、美容院からも解放されて、満足しきって美食に浸っているのだ。子どもたちはといえば、もう大きくなり、母親がいなくても平気である。結婚し、家から離れていく。義務から解放された女はやっと自由を見つける。不幸なのは、女の歴史を検討するなかで指摘しておいたのと同じことが、個々の女の生涯においても繰り返されるということだ。すなわち、女はこの自由を、もうそれを使うすべがなくなってから発見するのである。こうした繰り返しは偶然ではない。家父長制社会は女のあらゆる役割に義務の様相を与えた。女は、役割能力をすっかり失ったときに、はじめて隷属の状態を免れる。五十歳頃、彼女は自分がたっぷり実力をもち、経験豊かであると感じる。これはちょうど男がいちばん高い身分、いちばん重要なポストに到達する年齢である。ところが女の方は、お役御免というわけだ。女は献身することばかり教えられたのに、もう誰も彼女の献身を必要としていない。役に立たなくなり、不当に扱われ、これからさき自分に残っている長い希望のない年月を眺めて、つぶやく。「誰も私なんか必要じゃないんだわ」と。

彼女はすぐにはあきらめられない。時には悲嘆のあまり夫にしがみつき、それまで以上にやむにやまれず、夫がうんざりするほど世話をやく。しかし、結婚生活のマンネリ化はいまさらどうしようもない。ずっと以前から自分が夫にとって不必要だということを知っているか、あるいは、自分の存在を正当化してくれるのに夫が大切な人であるとはもう思えないからである。夫との共同生活を維持していくことは、孤独に自分自身を見つめるのと同様、どうなるあてもない仕事である。そこで彼女は期待をこめて子どもにすがりつく。子どもにとって、人生の勝負はこれからである。世界が、未来が、彼らには開かれている。彼女は子どもの後にくっついてそこに飛び込もうとする。年をとってから子どもを産む機会に恵まれた女は、自分が幸運だと思う。というのも、他の女が祖母になる時期にまだ若い母親でいられるからだ。けれども、一般には四十歳と五十歳のあいだで、母親は子どもが大人に変わっていくのを見る。子どもが母親から逃れていく時期になって、母親の方は子どもをとおして生きのびようと必死になるのである。

　娘の助けをあてにするか息子の助けをあてにするかで、彼女の態度はちがっている。女がふつう、最も熱心な希望を託すのは息子の方である。かつて地平線のかなたに、その男のすばらしい出現をいまかいまかと待ちわびていた男、その男が過去の奥底からついに彼女のもとにやってくる。赤ん坊の産声（うぶごえ）を聞いたときから、夫が与えてくれなかった宝物をこの子が惜しみなく与えてくれる日のくるのを待っていたのだ。そのあいだには、ぶったり、下剤をかけたりもしたけれど、そんなことはもう忘れてしまった。お腹（なか）のなかにいたときから、この子はすでに世界と女の運命を支配する半神の一人だったのだ。いまこそ、この子は彼女を母親としての栄光において認めてくれるだろう。彼女を夫の優位からまもり、彼女の恋人だった男、あるいは恋人にできなかった男たちに復讐（ふくしゅう）してくれるだろう。彼は彼女の解放者、救い主になるだろう。彼女は息子を前にしてまるで、〈すてきな王子さま〉を待ちわびている若い娘になったように、気をひき、気取ってみせる。彼女は優雅でまだ魅力的な姿で息子と並んで散歩しながら、彼の「お姉さん」に見えるだろうと思う。もし息子が——アメリカ映画の主人公のまねをして——母親をからかったり、敬意は保ちながらふざけて叱りつけたりすると、嬉しくてうっとりしてしまう。自分のお腹を痛めた子どもの男としての優位を卑屈な誇りをもって認めるのだ。こうした感情をどの程度まで近親相姦と言えるだろうか。息子の腕に寄りかかっている自分を想像して楽しむとき、「お姉さん」という言葉がいかがわしい幻想を慎ましやかに表現していることは確かである。彼女が眠っているとき、自分を監視していないとき、時には空想が度を越すこともある。けれども、前にも言ったように、空想や幻想がいつも現実の行為への隠れた欲望を表わしているとはかぎらない。たいていの場合、空想や幻想をいだくだけで十分なのであり、欲望は成就される。こうした欲望は想像上の満足しか求めていないのだ。母親が冗談に、いずれにしろ漠然と息子のなかに恋人を見るとき、それはまさしく冗談なのである。息子と母親の関係にはふつう、いわゆるエロチシズムはほとんど見られない。しかし、やはりそれは男女関係である。彼女は女としての深いところで、息子のうちに支配的な男を見て尊敬する。彼女は恋する女と同じ情熱で、息子の手にわが身を委ねる。そして、この贈物とひきかえに、神の右の座〔選ばれた人々の座〕にまで高められることを期待する。恋する女はこの昇天を達成するために恋人の自由意志に訴える。危険もいさぎよく受け入れる。そのかわり、いろいろ気をもんで要求する。母親は、子どもを産んだというだけで、神聖な権利を獲得したものと思っている。息子が彼女のなかに自分の姿を認めるのを待たずに、息子を自分の創造物、自分の財産と見なす。母親は恋する女ほど要求しない。なぜなら、彼女は安心して自己欺瞞†に浸っているからだ。一個の肉体をつくったことで、一個の存在を自分のものにする。息子の行為、作品、才能を自分のものにするのだ。自分のつくった果実を称賛することで、わが身を雲の高みにまでもちあげるのである。

代理人によって生きるのは、かりそめの方策にすぎない。事が望みどおりに運ばない可能性もある。息子がただの役立たずや、ごろつき、落ちこぼれ、期待外れ、恩知らずにすぎない場合も多いのだ。母親は息子に対して、こんな英雄になってほしいという自分の考えをもっている。自分の子どもの人格を尊重し、失敗も含めて子どもの自由を認め、あらゆる世界への参加（アンガージュマン）†につきものの危険を子どもとともに引き受ける、そういった母親ほどめずらしいものはない。よく出会うのは、自分の息子を喜んで名誉や死に追いやり、過大な称賛を受けているあのスパルタの母に似た母親たちである。息子が地上でしなければならないのは、母親が尊重する価値を彼にも共通の利益として手に入れ、母親の存在を正当化することである。母親は、神であるわが子の計画が自分の理想と一致し、それが確実に成功することを要求する。どんな女も英雄や天才を産みたいと思う。しかし、英雄や天才の母親はみな、最初は、子どもに胸のつぶれるような思いをさせられたとわめきたてる。というのも、母親が我がもの顔に夢見る勝利の品を、男はたいていの場合、母親に逆らって手に入れるからである。息子がそれを足下に投げてきても、母親にはそうと見分けもつかないのだ。たとえ原則的には息子の企てに賛成していても、母親は恋する女を苦しめるのと同じ矛盾に引き裂かれる。男は自分の生命に——そして母親の生命に——意味を与えるためには、目的に向かって生命を超越†しなければならない。目的に到達するために自分の健康を犠牲にし、危険を冒さざるをえない。だが男は、ただ生きているという事実を超えたところに目的を設定するとき、母親が彼に贈ったものの価値に疑問を抱く。母親はそれに憤慨する。彼女が生み出したこの肉体が男にとって最高の富でないとしたら、彼女は支配者として彼に君臨できなくなってしまう。息子には、母親が苦しみながら完成したこの作品を破壊する権利はない。「疲れるよ。病気になるよ。困ることになるよ」と母親は繰り返し息子に言う。しかし彼女にも、生きているだけでは十分でないのはわかっている。そうでなければ、産んでも無駄になるだろう。自分の子どもが怠け者や卑怯者(ひきょうもの)であるとき、いちばん腹を立てるのは母親なのだ。彼女には心の休まるときがない。息子が戦場に赴くとき、彼が生きて、だが、勲章をもって帰ってほしいと願う。仕事においても「出世」してほしいが、過労にならないかとびくびくする。息子が何をしても、母親はいつも心配して、息子のものであり彼女の思うようにはできない物語の展開を、手をこまねいて眺めている。息子が道を間違えないか、成功しないのではないか、成功するにはしても病気になりはしないか、と恐れる。たとえ母親が息子を信頼していても、年齢や性の違いは彼らのあいだに真の協力関係を樹立しない。彼女は息子の仕事のことは知らないし、協力を求められることもない。

　母親がとてつもなく思い上がって息子を自慢していながら、いつも満たされないのはこのためである。彼女は過去にまで目をやり、単に一つの肉体を生み出しただけでなく絶対に不可欠な存在を築いたのだと思うことで自分が正当化されたと感じる。しかし、それだけでは現在は満たされない。日々の生活を満たすためには、役に立つ活動を続けなければならない。彼女は自分の神にとって自分がなくてはならないものだと感じたがるが、献身というまやかしは、この場合、あまりにも残酷にあばかれる。というのも、やがて嫁が母親の役目を奪ってしまうだろうから。息子を「奪う」よその女に対して母親が感じる敵意については、これまでもしばしば述べた。母親は出産という偶然的事実性を神聖な神秘にまで高めたのだ。人間の決定の方が重みをもつことを認めるわけにはいかない。彼女の目には、価値は既成のものであって、自然や過去に由来するのだ。彼女は自由な世界への参加（アンガージュマン）の価値を認めない。息子の生命は彼女のお蔭（かげ）であり、昨日まで知りもしなかったあの女が彼にとって何だというのか。これまで存在していなかったつながりが存在するかのようにあの女が息子に思い込ませたのは、なにか魔法の力によるのだ。あの女は陰で策を弄する、打算的で、危険な女だ。母親は欺瞞があばかれるのをいらいらしながら待つ。苦痛をやわらげる手をもち、性悪女から受けた傷の手当をしてやる昔話の母親に励まされて、息子の顔に不幸のしるしが現われるのを待ち構える。息子が否定しても、彼女はそのしるしを見つけ出す。そして今度は、息子が何も不満を言わないことに不満を言う。嫁を監視し、批判し、嫁の新しいやり方に対して、闖入者（ちんにゅうしゃ）の存在そのものを断罪する過去や習慣をいちいち対立させる。どの女もそれぞれ、愛する者の幸福を自分にあわせて解釈する。妻は夫に、彼を通じて彼女が世界を支配できるような男であってほしいと願う。母親は息子をひきとめておきたいがために、彼を幼時につれもどそうとする。夫が金持ちになったり、偉くなるのを待っている若妻の計画に、母親は息子の不変の本質という法則を対立させる。彼はひよわであり、過労にならないようにしなければならない、というのだ。過去と未来の対立は、新来者の妊娠によって加速される。「子どもの誕生は、両親の死である」。この真実は、この時、その残酷な力を全開する。息子のうちに生きのびようと願っていた母親は、息子から死の宣告をされたことを理解する。生命を与えたのは彼女なのに、生命は彼女なしで続いていくのだ。彼女はもう「母」なるものではない。鎖の一つの環にすぎず、永遠不変の偶像の天空から墜落する。彼女はもう、有限で時代遅れの一個人にすぎない。症例を見ると、憎悪が高じて神経症になったり、犯罪を犯したりするのはこうした時である。ルフェーヴル夫人が、長いあいだ嫌っていた嫁を殺す決心をしたのも、嫁の妊娠が告知されたときであった。[*1] 通常、祖母になった女は敵意を克服する。時には赤ん坊に、あくまで自分の息子だけの子を見ようとして、専制的に愛することがある。しかし、普通は、若い母やその母親が赤ん坊をとりもどす。父方の祖母は嫉妬し、心配そうなふりの下に恨みを秘めたあいまいな愛情を赤ん坊に対して抱く。

　長女に対する母親の態度は、非常に両面的である。というのも、息子には神を求めるが、娘には分身を見るからである。「分身」とはあいまいな人格であり、ポー〔十九世紀アメリカの作家〕の短編小説や、『ドリアン・グレーの肖像』〔十九世紀イギリスの作家ワイルドの小説〕、マルセル・シュオブ〔十九世紀フランスの作家〕の物語などにあるように、その原型をなす人物を殺してしまう。こうして、娘は大人になるにつれて、母親に死を宣告する。しかし一方で、娘は母親が生きのびることを可能にもする。母親の態度は、子どもの成長のうちに破滅の約束を見るか、再生の約束を見るかによって非常にちがってくる。

多くの母親は敵意のために硬化する。彼女は自分が生命を与えた恩知らずな女に取って代わられることに承知できない。何度も強調しておいたように、色っぽい女ほどみずみずしい思春期の少女に嫉妬する。自分のわざとらしい技巧がばれるからである。女はみんなライバルだと思って嫌ってきた女は、自分の娘までもライバルとして憎むことになるだろう。娘を遠ざけたり、軟禁したり、チャンスを奪う工夫をめぐらしたりする。

＊1　〔原注〕一九二五年八月、ノール県の中産階級の主婦で、夫や子どもたちと同居していた六十歳のルフェーヴル夫人が、息子の運転する車で旅行中に、妊娠六ヵ月の嫁を殺害した。死刑の宣告が下されたが、恩赦を受け、懲治院で一生を終えた。その間、彼女は一度も改悛の念を示さなかった。彼女は嫁を、神の承認のもとに、「雑草を抜いたり、悪い種子を除くように、獰猛な動物を殺すように」殺したのだと考えていた。嫁の残酷さについて彼女があげた唯一の証拠は、ある日若妻が彼女に「いまでは私もいるのですから、私のことも勘定に入れてください」と言ったことであった。彼女が泥棒に対する護身用という口実でピストルを買ったのは、嫁の妊娠を察知したときだった。閉経後も彼女は自分の母性に絶望的にすがりついていたのだ。十二年間、彼女はつわりに似たむかつきを経験していたが、これは想像妊娠の象徴的な表われである。

同様に、模範的で比類のない「妻」であり「母」であることを誇りにしていた女も、自分の地位を奪われることを頑として拒否する。娘がまだ子どもにすぎないと言い張り、娘の企てを幼稚な遊びにすぎないと考える。結婚するには若すぎるし、子どもを産むにはひ弱すぎる。娘が夫や、家庭、子どもをもちたいと頑張っても、それは本心からではないということになる。飽きもせず、娘を批判し、からかい、不幸を予言するのだ。もしできるものなら、娘を永遠に幼児のままにしておきたい。それができないとなると、娘がその資格もないのに主張している大人の生活を駄目にしようとする。すでに述べたように、しばしば母親はそれに成功する。この不吉な影響のせいで、多くの若い女が妊娠しなかったり、流産したりする。子どもが生まれても、授乳したり、育てたり、家政を管理したりできない。そうした娘には結婚生活の能力がないことになる。不幸になり、独りぼっちになり、娘は母親という支配者の腕のなかに避難所を見出す。娘たちが抵抗する場合は、永遠の争いが母娘を対立させるだろう。裏切られた母親は、娘の生意気な独立によって引き起こされる怒りをたいてい婿の方に向ける。

自分の娘と同化することに夢中の母親も、暴君であることには変わりがない。彼女の望みは、成熟した経験をもって、ふたたび青春をやりなおすことである。自分の過去から逃れることで、過去を救おうとするのである。彼女は自分にはもてなかった理想の夫像に一致する婿を選ぶだろう。色っぽくて、愛情ゆたかな母親は、ともすれば心のどこか秘密の場所でその婿が結婚するのは自分の方なのだと想像する。彼女は、娘をとおして、富や成功や名誉といった昔の自分の願望を満足させるだろう。自分の娘を色恋や、映画、演劇の道へと熱心に「後押しする」女がいることはこれまでにもしばしば描かれてきた。そういう女は、娘たちを監督するという口実で、娘の人生を横取りする。そのあげく、娘に言いよる男たちを自分のベッドにひき入れる女の話を聞いたこともある。けれども、娘が母親のこうした保護をいつまでも我慢している例は稀である。夫や誠実なパトロンを見つけた日から、娘は反抗する。最初は娘の夫を大切にしていた母親が、このときから彼を憎むようになる。彼女は人間の忘恩を嘆き、犠牲者のふりをする。今度は彼女が敵役になる番である。こうした失望を味わうのを予感して、子どもたちが大人になってくると、無関心を装って身構える母親も多い。しかし、そうすると彼女は子どもからほとんど喜びを得ることができない。母親が子どもたちに対して横暴な支配者にならず、また子どもたちに虐待されることもなく、彼らの人生から自分を豊かにしてくれるものを見出すためには、稀なことだが、寛大さと無頓着さをかねそなえていなければならない。

祖母の孫への感情は娘に対する感情の延長である。娘への敵意を孫に向けることも多い。多くの女が、誘惑されて身ごもった娘に、無理に中絶させたり、子どもをあきらめさせたり、闇に葬らせたりするのは、単に世間体のためばかりではない。娘に母親になることを禁じるのが嬉しいのである。彼女たちは特権を自分だけのものにしておきたいと懸命になる。正式に結婚して母親になった娘にも、ともすれば子どもを流すようにとか、母乳をやらないようにとか、子どもを手離すようにとか忠告する。自分自身も、この小さな闖入者を無関心な態度で黙殺するだろう。そうでなければ、絶えず子どもを叱りつけ、罰し、さらには虐待するだろう。逆に、娘と自分を一体化している母親は、娘よりも熱心に子どもを迎え入れることが多い。娘の方は小さな未知の存在の出現に当惑するが、祖母はそうした存在に見覚えがある。時間を超えて二十年もさかのぼり、出産した若い頃の自分に戻るのだ。もう随分前から自分の子どもには期待できなくなっていた所有と支配の喜びのすべてが彼女に戻ってくる。閉経時にあきらめた母親になるという欲望が奇跡的に充足される。自分こそがほんとうの母親だ。彼女は権威をもって赤ん坊の世話を引き受け、子どもを任せてもらえた場合には、夢中になって子育てに献身するだろう。だが彼女にとって不幸なことに、若い母親も自分の権利にしがみつく。祖母には、かつて彼女のそばで年長の女たちがしていたような補助的な役割しか許してもらえない。彼女は地位を奪われたような気がする。それに、娘の夫の母親のことも考慮に入れなければならず、当然、嫉妬を感じる。悔しさのあまり、初めに孫に対して抱いていた自然な愛情が損われることも多い。祖母によく見かけられる不安は、彼女の感情の二面性を表わしている。赤ん坊が彼女のものであるかぎりはとても可愛(かわい)がるが、赤ん坊はまた彼女にとって小さな他人でもあり、この他人に対しては敵意を感じる。この反感を恥じる気持ちもある。だが、祖母たちは孫を完全に所有することはあきらめても、暖かい愛情をいだいているかぎり、彼らの生活において保護神としての特権的な役割を演じることができる。権利もないかわりに責任もないので、純粋に寛大な愛情をそそぐ。孫を通してナルシスト的な夢を見ることもない。孫に何か要求したり、自分がその頃にはいないはずの未来のために孫を犠牲にしたりもしない。彼女にとって大切なのは、現在、偶然に、気まぐれにそこにいる肉と骨をそなえた小さな存在である。彼女は孫の教育者ではないし、抽象的な正義や法を具現することもない。そこから、時に祖母と親を対立させる争いが生じるのである。

女が子どもをもたなかったり、子孫に関心を示さない場合もある。子どもや孫との自然的なつながりがないかわりに、それに似た関係を人為的に作り出そうとする場合もある。若者に対して母親のような愛情を示すのである。そうした愛情がプラトニックなものにとどまるか否かはともかく、自分のお気に入りの若者を「息子のように」愛していると言うとき、それを単に偽善だとは言えない。逆に、母親の感情が恋愛的なのである。ヴァラン夫人のような女たちは、若い男を寛大に、物心ともに援助し、育てるのが嬉しいのだ。彼女たちは自分を乗り越えていく存在の源、必要条件、基盤でありたいと思う。母親の役を引き受け、自分の愛する若者のうちに、愛人としてよりも母親としての自分を見出そうとするのだ。同じように、母性的な女は娘のかわりになる存在を求めることも多い。この場合もまた、彼女たちの関係は程度の差はあれ性的なかたちをおびている。しかし、その関係が精神的なものであれ肉体的なものであれ、自分のお気に入りの娘のうちに求めているのは、奇跡的に若返った自分自身の分身なのだ。彼女たちが女優や、舞踊家、声楽家の場合は、教育者になって、生徒たちを養成する。教養のある女性の場合は——コロンビエの静かな生活でのシャリエール夫人のように——心酔者たちに自分の考えを教え込む。信心深い女性は、宗教的な娘たちをまわりに集めるし、娼婦の場合は、娼家の主人になる。後輩の育成にこれほどの情熱を示すのは、けっして純粋な好意からだけではない。娘たちをとおしてもう一度生まれ変わりたいと熱烈に求めているのだ。彼女たちの暴君的な寛大さは、血のつながりのある母と娘のあいだに生じるのとほとんど同じ争いを生じさせる。同様に、孫のかわりになる存在を求めることもありうる。大おばや代母〔赤子の洗礼のときに立ち会う、霊的な母〕は、祖母と同じような役割を喜んで引き受ける。しかし、いずれにしても、女が子孫のなかに——それが自然的な子孫にしろ、選んだ子孫にしろ——下り坂の自分の人生を正当化するものを見出すことはほとんどない。若者の企てを自分のものにするのはたいていは失敗に終わるからである。そうした企てをあくまでも自分のものにしようと頑張っても、闘争と悲劇のうちに消耗し、結局は失望し打ちのめされることになるか、あきらめて、控えめな協力をするにとどまるかである。後者の方が一般的である。年をとった母親や祖母は、支配したい気持ちを抑え、恨みを押し隠して、子どもたちが与えてくれるものだけで満足する。しかし、その場合、子どもたちからたいした助力は期待できない。砂漠のような未来を前にして、彼女たちは孤独と後悔と退屈にとりつかれたままどうしようもないのである。

ここで私たちは、年老いた女の嘆かわしい悲劇に直面する。彼女は自分が無用であるのを知っているのだ。ブルジョア階級の女はしばしば、生涯をとおして、どうやって時間をつぶすか、というばかげた問題を解決しなければならない。しかし、子どもが大きくなり、夫が出世し、少なくとも安定した地位につくと、毎日はますます死ぬほど退屈になる。「婦人の手芸」は、こうした恐ろしい無為をごまかすために発明された。両手は刺繡をしたり、編み物をしたり、動いているが、ほんとうの仕事とは言えない。なぜなら、作られた品物に目的がないからだ。その品物にはほとんど重要性がなく、何に使うかしばしば頭痛の種になる。友だちや慈善団体にプレゼントして厄介払いしたり、暖炉やテーブルを占領したりする。それはまた、その無償性に実存の純粋な喜びを見出すといった遊びでもない。精神は空っぽのままであるから、せいぜい言い訳にすぎないといったところである。それはパスカルが述べているとおりの、愚かな気晴らしなのだ。縫い針や編み針で、女は悲しくも日々の虚無を綴るのである。水彩画、音楽、読書も、まったく同じ役割しか果たさない。手持ち無沙汰な女は、そうしたことに熱中して世界に対する手がかりを拡大しようと努めるかわりに、ただ退屈しのぎをしているにすぎない。未来を切り開かない活動は、ふたたび内在の虚しさに陥る。有閑マダムは、本を読みはじめては投げ出し、ピアノの蓋を開いては閉め、また刺繡にもどり、あくびをし、受話器をもちあげる。実際、彼女がいちばん救いを求めるのは、社交生活である。外出したり、訪問したり——ダロウェイ夫人のように——お客を招くことに非常な重要性を与える。結婚式や葬式には必ず参列する。もはや自分自身の生活はないので、他人の存在を糧(かて)にして生きる。小粋(こいき)だった女がただのおしゃべり小母(おば)さんになり、まわりを観察しては意見を言う。批評や忠告をまわりにふりまいて、自分では何もしない埋め合わせをするのだ。誰も頼みもしないのに、自分の経験を役立たせようとする。もしも資力があれば、サロンを開こうとする。そうすることで、他人の企てや成功を自分のものにしようとするのである。デュ・デファン夫人[*1]やヴェルデュラン夫人〔プルーストの『失われた時を求めて』の作中人物〕が、自分のもとに集まる人々をどんなに独裁的に支配したかは知られている。人の集まる中心地、十字路、煽動者(せんどうしゃ)になること、一つの「雰囲気」を創(つく)り出すこと、これらはすでに行動の代用品である。他にも、世界の動きに働きかけるもっと直接的な方法がある。フランスにもいくつか「慈善団体」や「協会」があるが、アメリカではとくに、女たちがクラブに集まって、そこでブリッジをしたり、文学賞を授与したり、社会の改良のために考えたりする。ヨーロッパでもアメリカでも、こうした組織のほとんどを特徴づけているのは、組織そのものがその存在理由になっていることである。組織が追求していると称する目的は、ただの口実にすぎないのだ。事態はまったくカフカの寓話(ぐうわ)（『市の紋章』）と同じように進行する。そこでは誰もバベルの塔を建設するつもりはない。その空想の建設地のまわりには巨大な集落が建設され、その統治や拡大、内部対立の清算のために力が使い尽くされる。こうして、慈善団体の上流夫人たちも時間の大部分を組織を組織することに費やすのである。執行部の選出、会則についての議論、仲間どうしの口論、他の競合する協会との勢力争いといった具合である。自分たちの貧乏人、自分たちの病人、自分たちの負傷者、自分たちの孤児を奪われてはならない。彼女たちは、彼らを隣の協会に譲るくらいなら、死んでいくままにした方がましだと思う。不正や悪弊がなくなり、彼女たちの献身が無用になるような政体はけっして望まない。彼女たちは戦争や飢餓をも祝福する。そうしたものは彼女たちを人類の恩人に変身させてくれるからだ。明らかに彼女たちの目には、防寒帽や小包は兵士や飢えた人のためにあるのではなく、兵士や飢えた人の方が、編み物や包みを受け取るためにとくに作られたものと見えるのである。

とはいうものの、こうした団体のいくつかは積極的な成果をあげている。アメリカ合衆国では、尊敬すべき「マム」の影響力は絶大である。この影響力は彼女たちが送っている寄生的な生活から生まれる余暇によるものであり、この影響力が悪い結果をもたらすのもそのためである。フィリップ・ウィリーは、アメリカのマムについてこう語っている。「彼女たちは、医学、芸術、科学、宗教、法律、健康、衛生……といったものについて何も知らず、こうした無数に存在する組織のメンバーとして自分が何をしているかに関心を示すことはほとんどない。それが何かでありさえすれば十分なのである」(『蝮（まむし）の世代』)。彼女たちの努力は、一貫した建設的な計画に組み込まれておらず、客観的な目的をめざしていない。自分たちの趣味や偏見を高圧的に押しつけ、自分たちの利

＊1　一六九七－一七八〇、フランスで文芸サロンを主宰、百科全書派など有名な文士を集める。

益を守ることだけをめざしている。たとえば文化的な領域で、彼女たちは重要な役割を演じている。最も多く本を買うのは彼女たちだが、その本を根気仕事でもするように読むのである。文学は、投企に身を投じている個人に働きかけ、そうした個人がより広い地平に向かって自分を乗り越えていくのを助けるとき、その意味と威厳をおびるのであり、文学は人間の超越の運動と一体化しなければならない。ところが女は、内在にとどまり、書物や芸術作品をまる呑みして、その値打ちを台無しにしてしまう。絵画はただの装飾品に、音楽はメロディーの繰り返しに、小説は鉤針編みの背もたれカバーと同じ空虚な夢想になる。ベストセラーの堕落の責任はアメリカ女性にある。そうした本は単に気に入られようとするだけでなく、現実逃避の病いにかかった有閑マダムの気に入られようとするからである。彼女たちの活動について、フィリップ・ウィリーは次のように断定している。

有閑マダムたちは政治家たちを震え上がらせ、卑屈に泣き言をならべるところまで追いやる。そしてまた、牧師たちを恐怖に陥れる。銀行の頭取を当惑させ、学校長をやりこめる。マムたちは次々と組織を増やすが、その本当の目的は、身近な人たちを自分の利己的な欲望に卑屈に従わせることにある……彼女たちは町から、できれば州からも、若い売春婦たちを追放する……バスの路線が労働者のためよりも自分に便利なものになるように手をまわす……慈善のための派手な催物やパーティーをしては、翌日の朝、その実行委員たちの二日酔いを介抱するためにビールを買ってくるように収益金を門番に手渡すのである……女たちのクラブは、マムたちが他人の問題に首をつっこむための数えきれない機会を提供している。

この攻撃的な風刺には多くの事実が含まれている。政治にしろ、経済にしろ、どんな分野でも専門家ではない老婦人たちは、社会に働きかける具体的な手がかりをもっていない。彼女たちは行動がひきおこす問題を知らないし、建設的な計画を企てる力もない。彼女たちの道徳はカントの至上命令と同様に抽象的かつ形式的である。前進のための道を探る代わりに、してはいけないという禁止ばかり口にして、新しい状況を積極的に作り出す努力をしない。悪を撲滅するために、現にあるものを攻撃するだけなのだ。彼女たちがいつも何かに反対するために結束する理由はここにある。アルコール反対、売春反対、ポルノ反対というわけである。アメリカにおける禁酒法の失敗や、フランスではマルト・リシャールが通過させた法律の失敗が証明しているように、単に反対するための努力は不成功に終わることがわかっていない。女が寄生的な存在であるかぎり、より良い世界の建設に有効に参加することはできない。

とはいえ、何らかの企てにすべてを注ぎ込み、ほんとうに行動的な女になる場合もある。そういう女たちは単に時間つぶしに働くのではなく、めざす目的をもっている。自主的な生産者となり、ここで考察してきたような寄生的な人種からは脱出する。しかし、こうした転換は稀である。大半の女たちは、私的な活動にしろ公的な活動にしろ、到達するべき結果をめざしておらず、時間つぶしの手段を求めているだけである。どんな仕事も趣味の域を出ないかぎり空虚であり、女たちの多くがそのために苦しんでいる。すでに終了した人生を前にして、まだ人生の始まっていない思春期の若者と同じ戸惑いを感じるのである。思春期の若者は何にも関心をもてず、まわりは砂漠のように空虚である。何をするにも、「こんなことをして何になるんだ」とつぶやく。だが、若者の場合は好むと好まざるとにかかわらず、男としての生活にひきこまれ、それが責任や、目的、価値を明かしてくれる。彼は世界のなかに投げ込まれ、取るべき態度を決め、世界にかかわっていく。老いた女は、たとえ未来に向けて新たに再出発するように勧められても、「もう遅すぎます」と悲しく答えるしかない。しかしそれは、これから先、時間が限られているからではない。女は引退するのが早すぎるくらいなのだから。そうではなくて、彼女には情熱、信頼、希望、怒りといったものが欠けていて、自分のまわりに新しい目的を発見することができないのだ。彼女はずっとその運命であった惰性のなかに逃避する。反復を一つの体系にして、偏執的に家事に没頭したり、信仰にますます深くのめりこんで、シャリエール夫人のように頑な禁欲主義のなかに閉じこもる。ひからびて、冷淡で、利己的になる。

ふつう老年の女が平穏さを見出すのは、人生も終わりになって、闘うことをあきらめ、死の接近が未来に対する苦悩を取り去ってくれるときである。夫はたいてい彼女より年上なので、夫の衰えを口には出さない喜びで見守る。それは彼女の復讐である。夫が先に死ぬと、快活に喪に服す。年をとってから伴侶に先立たれた場合、男の方が余計にうちひしがれるということは、たびたび指摘されてきた。それは夫の方が妻よりも結婚生活から利益を受けているから、とくに晩年にはそうだからである。その頃には、世界は家庭の範囲内に集中し、現在の日々はもはや未来に向かってあふれ出ることはない。日常の単調なリズムを保ち、日常を支配するのは妻の方だ。男は公的な職務を失うと、まったく役に立たないが、妻は少なくとも家庭の指揮権を握っている。妻は夫にとって必要であるが、夫の方は単なる邪魔者にすぎない。妻は自分たちの自主性から誇りを引き出す。やっと自分の目で世界を見るようになり、一生ずっと騙され、ごまかされてきたことに気づくのである。明晰に、用心深くなり、しばしば小気味のいい皮肉な見方をするようになる。とくに、「経験のある」女にはどんな男にももてないような男についての知識がある。というのも、女は男の公的な顔だけでなく、男が同僚のいないところでうっかり見せる日常茶飯の顔も見ているからである。女はまた、女どうしでしか見せない自然な女の姿を知っている。舞台裏を知っているのだ。しかし、経験によって嘘やごまかしは破れても、そうした経験だけでは真実を発見することはできない。老年の女の知恵は、興味をひくものであれ辛辣なものであれ、いずれにしても消極的なものである。それは異議であり、非難であり、拒否であり、したがって不毛である。思考においても行動においても、寄生的な女に得られる最高度の自由は、禁欲的な挑戦か、懐疑的な皮肉である。女は一生のどの時期においても、役に立つと同時に自立していることはできないのである。

第十章　女の状況と性格

ギリシア時代から現代まで、女に浴びせられる非難にはなぜこれほど多くの共通点があるのか、今ではよくわかる。女の条件は、表面的には変化してきたにしても、ずっと同じままであり、この条件が女の「性格」と呼ばれているものを決定しているのだ。女は「内在†のなかにころがっていて」、ひねくれて、用心深くて、けちくさく、真実や正確さの感覚がなく、道徳性に欠け、いやしい功利心があって、嘘つきで、芝居がうまくて、利にさとい……こうした主張にはすべて真実味がある。ただし、このように非難される女の振る舞いはけっして女性ホルモンによって女に植えつけられるのでもなければ、女の脳の区分のなかであらかじめ定められているのでもない。女の振る舞いが欠陥のかたちをとっているのは、女の状況のせいなのだ。こうした観点に立って、私はこれから女の状況を総合的に見ていくつもりである。やむをえず繰り返しになるところもあるが、女の経済的、社会的、歴史的な条件づけの総体のなかに、「永遠の女性的なもの」を捉(とら)えることができるだろう。

人は「女の世界」を男の世界に対立させることが時としてあるが、女が自律的で、閉鎖的な社会を作ったことはけっしてなかったということをもう一度強調しておかなければならない。女は男が支配する集団に組み込まれ、そこで従属的な位置を占めている。女たちは単に同類として機械的なつながりによって結びついているにすぎない。女たちのあいだには統一された共同体すべての成立基盤となる有機的なつながりがないのだ。女たちはいつも――エレウシスの秘教〔古代ギリシアのデメテル女神信仰〕の時代にも、また今日もクラブやサロンや慈善手芸所などで見られるように――一つの「反・世界」を確立するために結束しようとしてきた。しかしそれを打ち建てるのは、やはり男の世界の内部でのことである。ここから女の状況の逆説が生まれる。つまり、女は男の世界に属していると同時に、男の世界に異議をとなえる領域にも属している。女の領域に閉じこもっていながらも、男の世界にも場を与えられているので、女たちはどこへ行っても安心して身を落ち着けることができない。女の従順さの裏にはいつも拒否が込められ、拒否の裏には受諾が込められている。この点で、女の態度は若い娘の態度によく似ている。しかしこうした態度は、大人の女にとっては若い娘よりも難しい。大人の女は、象徴をとおして自分の人生をただ夢見ていればいいのではなく、人生を生きなければならないからだ。

世界は全体として男のものであることを女自身も認めている。この世界を作り上げ、管理し、いまなお支配しているのは男たちだ。女の方は、自分がこの世界について責任を負っているとは思わない。女が劣等者で従属者なのはわかりきったことなのだ。女は暴力の訓練を積んでいないし、集団の他の成員に向かって主体として姿を現わしたことが一度もない。肉体や住居のなかに閉じ込められたまま、目的と価値を決定する人間の顔をした神々の前で、自分を受け身の存在と捉えている。この意味では、女に「永遠の子ども」のままでいるように仕向けるスローガンには真実がある。人々は、労働者や黒人奴隷や植民地の現地人に恐れをいだいていなかった頃は、やはり彼らのことを「大きな子ども」と言った。つまり、他の人間たちが示す真理や法律を彼らは文句を言わずに受け入れるべきである、ということなのだ。女の取り分は服従と尊敬である。女は自分を取り巻いているこの現実世界への手がかりをもっていないし、もてると考えてもいない。現実は女の目には不透明な存在と映る。というのは、女は物質を支配できるようにする技術を習得していないからだ。女が格闘している相手は物質ではなく生命であり、この生命は道具で操れるものではない。人は生命の隠された法則を受け入れる以外ない。ハイデガーが定義したように、世界は意志と目的のあいだを仲介する「用具の総体」であるとは、女には思えない。それは、逆に、頑固で制御しがたい抵抗である。世界は宿命に支配され、気まぐれな神秘に浸透されている。母の胎内で人間に変わる一塊の血の神秘、これはどんな数学でも方程式に置き換えられはしないし、どんな機械でも急がせたり遅らせたりはできない。女は最も精巧な装置でも割ったり掛けたりはできない時間の抵抗を体験する。女はそれを、月のリズムにしたがう肉体のうちに、年月がまず成熟させやがて腐食させる自分の肉体のうちに体験するのだ。日常的には、料理が女に忍耐と受動性を教える。それは錬金術である。火や水に服従し、「砂糖が溶けるのを待ち」、パン生地がふくらみ、洗濯物がかわき、果実が熟するのを待たなければならない。家事は技術的な活動に似ている。しかし、技術の因果律を女にわからせるには、そうした仕事はあまりに初歩的で単調すぎる。だいいち、こうした領域でさえも物は気まぐれだ。洗って「もとどおりになる」布もあれば、ならない布もある。消えるしみもあれば頑固なしみもあり、ひとりでに壊れてしまう物もあれば、植物のように芽を出すごみもある。女の思考様式は、大地の魔力を崇拝する農耕文明の思考様式を受け継いでいる。女は魔術を信じているのだ。女の受動的なエロチシズムは、欲望が意志や攻撃ではなく、水脈占い師の振り子をゆらす引力に似たようなものであることを女に明かす。女の肉体が目の前にあるだけで男の性器は膨張して立つ。見えない水がハシバミの棒をふるわせないともかぎらないではないか。女は自分が電波や放射線や超能力に取り囲まれているように感じる。テレパシーとか占星術、放射線感応能力、メスマー[*1]のたらい、神智論[*2]、心霊術の動くテーブル、占い女、祈禱師を信じる。宗教のなかに、大ろうそくだとか奉納物といった原始的な迷信をもちこむ。聖人たちに古代の自然の精霊たちを見ようとする。この聖人は旅人を守り、この聖女は産婦を守り、あの聖人は失くしたものを見つけてくれる、といったように。もちろん、どんな超自然的な現象も女を驚かすことはない。悪魔祓いや祈禱をするのが女のやり方なのだ。なんらかの結果を得ようとして、信頼のおける特定の儀式に従う。女がなぜ因習にこだわるのかもたやすく理解できる。時は、女にとっては新しさの次元をもたず、創造的な発現ではないのだ。女は反復に捧(ささ)げられているので、未来のなかに過去の写ししか見ない。言葉や表現を知っていれば時間を生殖能力と結びつけることができるが、この生殖そのものが月や季節のリズムに従っている。妊娠や開花の周期はそのたびに前の周期の繰り返しである。こうした円環運動における時の唯一(ゆいいつ)の変転とは、緩慢な破壊だ。時は、顔を崩していくのと同じように、家具や衣類を傷(いた)める。生殖力は年月の流れによって少しずつ破壊されていく。だから、女はこの容赦ない破壊力に信頼をおかないのだ。

　女は、世界の様相を変えることのできる真の行動とはどのようなものか知らないだけでなく、広大で混沌(こんとん)とした星雲の真ん中にいるかのように、この世界の只中(ただなか)で途方にくれている。女は男の論理を使うのがへただ。スタンダールは、「必要に迫られれば女も男と同じくらい巧みに男の論理を用いる」と指摘した。しかし、この論理は女がほとんど利用する機会のない道具なのだ。三段論法はマヨネーズをじょうずに作るのにも、子どもを泣きやませるのにも役立たない。男の論理は女が経験する現実には適さないのだ。そして男の王国では、女が何もするわけではないので、女の考えはどんな投企(プロジェ†)にも当てはまらず、夢想と区別がつかない。女は有効性に欠けているので、真実の感覚をもてな

＊1　一七三四―一八一五、ドイツの医学者。動物磁気治療法をとなえる。
＊2　人間は神秘的霊智をそなえ、直接に神を見うるとする説。

いのだ。女が格闘しているのはイメージと言葉だけである。そのために、きわめて矛盾した主張もあっさり受け入れてしまう。いずれにしろ、自分の理解の範囲を超える領域の不可解を解明する気などほとんどない。自分に関しては、ひどく漠然とした知識で満足してしまう。党派、意見、場所、人間、事件をとりちがえる。女の頭のなかは奇妙な混沌状態である。だが結局のところ、物事を明瞭に見るのは、女にかかわりのないことなのだ。女は男の権威を受け入れるように教えられた。だから、女は自分で批評したり、調べたり、判断するのをあきらめ、上層カーストに自分を委ねてしまう。男の世界が女には超越的な現実、絶対的なものと見えるのはそのためである。「男が神をつくり、女がそれを崇拝する」とフレーザー[*1]は言っている。男は自分たちが作り上げた偶像のまえに全面的な信念をもってひざまずくことはできない。しかし、女は道すがらにそうした偉大な像に出会うと、それらが誰かの手で作られたものだとは思いもせずに、従順にぬかずく。[*2]とくに女は、「秩序」や「法」が一人の指導者のなかに具現されているのを好む。どのオリンポスにも最高の唯一神がいる。威信ある男性的本質は一つの原型のなかに集められていなければならず、父や夫、恋人はそのぼんやりした反映にすぎない。女たちがこの偉大なトーテムに捧げる崇拝を性的なものだと言うのはいささか滑稽である。女実際は、それを前にしたときの女たちは、自己放棄と拝跪という幼年時代の夢を完全に満足させているのだ。フランスでは、ブーランジェ[*3]、ペタン、ドゴール[*4]といった将軍たちはつねに、自分に賛同する女たちをもっていた。最近『ユマニテ』紙〔フランス共産党の機関紙〕の女性記者たちがどれほど感激にペンをふるわせてチトー〔旧ユーゴスラビアの元帥、大統領〕とその立派な制服を描き出したかも記憶に新しい。将軍、独裁者——鷲の目つき、意志の強そうなあご——それは謹厳の世界が要求する天上の父、いっさいの価値の絶対的な保証者なのだ。女たちが男性世界の英雄や法に払う尊敬の念は、彼女たちの無能と無知から来ている。彼女たちはそれらを、判断によってではなく、信仰の表明によって認めるのである。信仰は盲目的で、信仰は、それが知識ではないというところから、その狂信的な力を引き出す。信仰は盲目的で、情熱的で、頑固で、愚かしい。信仰が提起するものは、無条件で、理性に反し、歴史に反し、いっさいの反駁を寄せつけないといったかた

＊1　一八五四－一九四一、イギリスの人類学者。

＊2　〔原注〕J＝P・サルトル『汚れた手』参照。
「エドエル——頑固な女たちだ。あいつらは、出来合いの思想を受け入れて、神を信じるように信じる。思想を作るのはわれわれだし、その製造所を知っている。われわれは、自分たちの理屈が正しいという確信など絶対にしていないさ」。

＊3　一八三七－一九一一、フランス第三共和政下の陸軍大臣。対独強硬策で人気を集め、反共和主義運動の指導者にまつりあげられる。

＊4　〔原注〕「将軍の通る沿道の群集は、とりわけ女性と子どもが多かった」（『レ・ジュルノー』紙——一九四八年九月、ドゴール将軍のサヴォワ地方視察旅行に関する記事）。
「男性は将軍の演説に拍手喝采だったが、女性の熱狂ぶりは際立っていた。なかには、それこそ一語一語に聞き入っては文字通り恍惚とし、それは熱狂的に叫び声をあげながら拍手するので、顔がヒナゲシのように紅潮している女性たちもいた」（『オ・ゼクート』紙、一九四七年四月十一日）。

ちで提起される。こうした一途な尊敬の念は、場合に応じて二つのかたちをとる。つまり女が情熱的につき従うのは、ある時は法の内容であり、ある時は法の単なる空疎な形式なのだ。既成の社会秩序から利益を得る特権的なエリートに属している女であれば、秩序が揺るがないことを望み、その非妥協性で際だっている。男は他の制度、他の倫理、他の法律を作れることを知っている。自分を超越と捉えているので、歴史をも一つの生成と見なす。きわめつきの保守主義者であっても、ある程度の進歩は避けがたく自分の行為や考えをそれに適応させなければならないことを知っている。だが女は、歴史に参加していないので、そうしたことの必要性がわからない。未来を警戒して、時をとめたがる。父や兄弟や夫からさしだされた偶像がうち壊されてしまうと、どのようにして天にふたたび偶像を住まわせたらいいのか、いくら考えても考えつかない。だから、それらの偶像を必死で守ろうとするのだ。アメリカの南北戦争のとき、南部連合派のなかでも女ほど熱心な奴隷制擁護論者はいなかった。イギリスではブール戦争の際、フランスではパリ・コミューンに対して、最もいきりたっていたのは女だった。女たちは感情の激しさを誇示することによって、行動の欠如を埋め合わせようと努める。勝ったときは倒された敵にハイエナのように襲いかかり、敗けたときはいっさいの和解を激しく拒絶する。女たちの考えは態度にすぎないので、とっくに時代遅れになっている主義主張を平然として守ろうとする。一九一四年に正統王朝派になることもできるし、一九四九年に帝政派になることもできる。男は時に微笑みながら女たちを励ます。男は、自分がなるべく節度をもって表現している意見が狂信的なかたちで反映されるのを見るのがうれしいのだ。しかしまた男は、自分の考えがそのように愚かしく頑固な様相をおびるのに苛立ちもする。

女がこのように断固として見えるのは、高度に組織化された文明や階級だけである。一般的には女の信仰は盲目的で、女が法律を尊重するのはそれが法律だからである。法律は変わっても、その威信を保つ。女の目には、権利を作り出すのは力であると映る。女が男に認める諸権利は、男の力から生じるものであるからだ。一つの集団が解体するとき、まず女たちが勝者の足元に身を投げ出すのはそのためだ。女たちは、いまあるものを受け入れる。女を性格づける特徴の一つは、あきらめである。ポンペイ[*1]の灰のなかから遺骸が発掘されたとき、男は天に立ち向かったり逃げようとしたりして、反抗の動作のまま硬直していたが、それに対し、女は体を曲げ、うつぶせになって顔を地に向けていた。女たちは、火山、警官、主人、男など、事物に対して自分が無力であることを知っている。「女は苦しむようにできている。それが人生……どうしようもない」と女たちは言う。このあきらめが、よく称賛される女の忍耐を生み出す。女は男よりずっと肉体的苦痛に耐える。必要に迫られれば毅然とした勇気も出せる。男のような攻撃的な大胆さがないかわりに、多くの女たちはその受け身の抵抗の穏やかな粘り強さで優る。

＊1　古代ローマの都市。ベスビオ火山の噴火（七九年）で埋没、十九世紀後半に発掘される。

夫より精力的に危機や貧困、不幸に立ち向かう。いくら気がはやってもどうにもできない時間の流れを尊重する女は、自分の時間を惜しまない。なにかの企てに持ち前のおだやかな頑固さを発揮することもあれば、時としてめざましい成功を収めることもある。「女の一念……」と、ことわざでも言っている。寛大な女の場合、あきらめは寛容のかたちをとる。彼女は、人間も物もあるがままのものでしかありえないと考えるので、すべてを許し、誰のことも非難しない。自尊心の強い女は、頑(かたく)なな克己心をもったシャリエール夫人のように、こうした態度を尊大な美徳にしてしまいかねない。しかしまたそうした態度は、無益な慎重さを生み出しもする。女はいつも、破壊してまた新しく建設するより、保存し、修繕し、調整しようとする。革命より妥協や和解の方を好むのだ。十九世紀に、労働者解放の努力がなされていたときに、女たちは最も大きな障害の一つとなっていた。一人のフロラ・トリスタン[*1]、一人のルイーズ・ミシェル〔女性革命家。パリ・コミューンで活躍〕がいたのに対して、いかに多くの主婦たちが臆病(おくびょう)さにとり乱して夫に危険なことは絶対にしないように懇願したことか。彼女たちはストライキや失業や貧困を恐れただけではない。反逆はまちがったことではないかと恐れたのだ。耐えるために耐える女たちが、冒険より習慣的な行動を好むのはよくわかる。街頭より家のなかでのささやかな幸福を自分のものにする方がたやすいのだ。女たちの運命は、はかない物の運命と一体である。物を失えば、すべてを失うことになる。自由な主体だけが時間を超えて自己を確立し、いっさいの破滅を妨げることができる。この最高にして最後の手段が女には禁じられている。女が解放を信じないのは、何よりも、女がただの一度も自由を経験したことがないからである。世界は見えない運命に支配されていて、それに立ち向かうのは思い上がったことだと女には思えるのだ。そのような危険な道に進むよう強いられても、女は自分でそれを切り開いたことがない。熱意をもってそこに飛び込んでいかないのも無理はないのだ。[*2] 女に未来を開いてやれば、女はもう過去にしがみついてはいないだろう。具体的に行動を促して目標を指し示してやり、その目標のなかで女が自分を確認したら、女は男と同じくらい大胆で勇敢になれる。[*3]

女が非難される多くの欠点、すなわち凡庸、卑小、臆病、吝嗇（りんしょく）、怠惰、軽薄さ、卑屈などは、単に女には前途が閉ざされているという事実を表わしているにすぎない。女は

＊1　作家、社会運動家。フランス・フェミニズム運動の先駆者。

＊2　〔原注〕ジッド『日記』を参照。「クレユーズかロトの妻――一人はぐずぐずし、もう一人は後ろをふりかえる。これも、ぐずぐずする一つのやり方だ。熱情の叫びとしては、次のもの以上のものはあるまい。

　このフェードルは、迷路にあなたとともに下って

　道を見つけるも、失うも、あなたと運命をともにするつもり。

しかし、情熱が彼女を盲目にしている。実際、しばらく歩いたあげくに、彼女は座りこんでしまい、引き返したがるだろう――それとも、おぶってほしがるだろう」

＊3　〔原注〕そのようにして、プロレタリアの女たちの態度は一世紀前から根底的に変わった。とくに、北部の炭鉱における最近のストライキでは、女たちが、男たちと同じくらいの情熱とエネルギーのあるところを示し、男たちと並んで示威行動し、闘った。

官能的だとか、内在のなかにころがっているとか言われる。だが何よりも、女はそこに閉じ込められたのだ。ハレムに幽閉されている女奴隷は、すき好んでバラのジャムや香水風呂に病的に熱中しているわけではない。彼女たちは暇つぶしをしなければならないのだ。女は陰気な閨房——娼家やブルジョアの家庭——のなかで息をつまらせているかぎり、快適さや安楽さに逃避する。だいたい女が官能的快楽をむさぼるように追い求めるのは、ほとんどの場合、それを奪われているからである。性的に満たされず、男の荒々しさに身を捧げ、「男の醜さを我慢しなければならない」女は、クリーム・ソースやまわりの早いワイン、ビロード、水や太陽や女友だちや若い恋人の愛撫で自分を慰める。女が男にとってきわめて「肉体的な」存在に見えるのは、女の条件が女の動物性に極度の重要性を与えるよう女に仕向けるからである。男より女の肉体の方が強く叫ぶわけではない。しかし女は肉体のどんなささいなつぶやきにも耳をすましてそれを誇張する。性的快楽は、激しい苦痛と同様に、直接的なものの電撃的な勝利だ。瞬間の荒々しさによって、未来と世界は否定される。燃え上がる肉体の他にはなにもない。この束の間の絶頂のあいだは、女はもう骨抜きにされてもいないし、欲求不満でもない。しかし、もう一度繰り返すが、女が内在のこうした勝利にこれほどの価値を与えるのは、もっぱら内在が女の唯一の定めであるからに他ならない。女の軽薄さには、その「あさましい物質主義」と同じ原因がある。女は大きなことには近づけないので小さなことを重視する。それに、女の日々を満たしているつまらないことの方が大切である場合が多い。女は自分の魅力やチャンスを化粧とか自分の美しさに頼る。女は怠惰でものぐさでいることも多いが、女にあてがわれる仕事は時の単調な流れそのもののように空しいものだ。女がおしゃべりで、あれこれものを書きたがるのは、無為をまぎらすためである。不可能な行為を言葉に置き換えようとするのだ。事実、女も人間にふさわしい企てにかかわれれば、自分が男と同じように活発で、効果的で、寡黙で、禁欲的であることを示せる。女は卑屈だと非難される。女はいつでも主人にひれ伏したり、自分を打った手に接吻できると言われるが、たしかに、一般的に見て女は真の自尊心に欠ける。「身の上相談欄」が裏切られた妻や捨てられた女に与える助言には、卑屈な服従精神が吹き込まれている。女は横柄な態度で喧嘩してへとへとになっても、最後には男が投げてやるパンくずを拾う。しかし、男が唯一の手段であり唯一の生きる理由でもある女は、男の後楯なしにいったい何ができるだろうか。女はあらゆる屈辱に耐え忍ばなければならない。奴隷は「人間の尊厳」の感覚をもつことができない。窮地を切り抜けるだけで精一杯である。要するに、女が「卑俗」で、「家事にかまけて」、あさましく功利的なのは、食事の用意をしたり排泄物を始末することに自分の生活を捧げるよう強いられているからである。こんな状態からは、偉大さという感覚を引き出すことはできないのだ。女は自分の偶然性と事実性†のなかで生活の単調な繰り返しをしっかり守らなければならない。これでは、女自身が繰り返したりやり直したりで、けっして発明することはなく、時はぐるぐる回るだけでどこにも導いてくれないと感じるのも当然なのだ。女はけっして何もする、わけではないのに、忙しい。だから、女は自分の所有しているもののなかに自己を疎外する。こうした物への依存は男から強いられている依存の結果であり、これが女の用心深い倹約や吝嗇を説明づける。女の生活は目的に向けられてはいない。それは食料、衣服、住居など、手段以外のなにものでもない物を作ったり保ったりすることに吸収されてしまう。そのような物は動物的な生活と自由な実存とのあいだの非本質的な媒介物である。非本質的な手段に結びつけられる唯一の価値は、有用性である。主婦はこの有用性というレベルに生きているのであり、彼女自身も身近な人たちに役立つことだけを自慢にする。しかし、どんな存在者も非本質的な役割に満足していることはできない。すぐに手段を目的にしてしまい――とくに政治家に見られるように――、手段の価値が自分の目には絶対的な価値となるのだ。このように、主婦の空間では有用性が真理や美、自由よりも強く支配している。そして、こうした自分自身の観点に立って、彼女は世界全体と向き合うのである。だから彼女は中庸主義、凡庸というアリストテレス的なモラルを採用してしまう。彼女のなかに大胆さや熱意、毅然とした態度、偉大さをどうして見つけることができようか。このような性質が現われるのは、自由があらかじめ与えられた条件すべてを乗り越えて開かれた未来のなかを前方へと向かっていく場合だけである。人は女を台所や閨房に閉じ込めておきながら、女の視野が狭いといって驚く。女の翼を切っておきながら、女が飛べないのを嘆く。女に未来を開いてやれば、女はもう現在に安住しなくてもよくなるのだ。

女に対する非難の一貫性のなさは、女を女の自我や家庭という限界のなかに閉じ込めておきながらそのナルシシズムや利己主義、また、それらに付随する虚栄、自尊心の傷つきやすさ、意地悪さなどを非難するときにも露呈する。女は他人との意志疎通（コミュニケーション）の可能性をまったく奪われている。女は、個別に、自分の家族にまるごと捧（ささ）げられているので、連帯の魅力や利益を自分の経験を通じて感じることがない。だから、一般的な利益へ向けて自分を乗り越えていくことを女には期待できない。女は自分の慣れ親しんだ領域、物のうえに足がかりが得られ、かりそめの主権を手にできる唯一の領域に執拗（しつよう）に閉じこもっている。

とはいえ、扉を閉ざそうと窓をふさごうと無駄で、女は家庭のなかにも絶対の安全を見つけることはできない。女があえて入っていこうとはせずに遠くから敬っている男の世界が、女を取り巻いているのだ。その男の世界を技術や確実な論理や有機的につながった知識をとおして捉（とら）えることができないので、女は子どもや未開人のように自分が危険な神秘に取り巻かれていると感じる。女は現実に対する魔術的な考え方を男の世界に投射する。事態のなりゆきは女には宿命的に思えるが、それでも何が起きてもおかしくない。女は可能と不可能の区別がうまくできず、誰のことでもすぐに信じてしまう。噂（うわさ）をすべて受け入れ、広め、パニックを引き起こす。平穏なときも懸念（けねん）しながら生きている。夜、半睡状態でじっと横たわっていると、現実がまとう悪夢の顔におびえる。このように、受け身にならざるをえない女にとって、不透明な未来は戦争や革命、飢餓や貧困の妄想につきまとわれている。行動できないので不安になる。夫や息子は、自分が何かの企てに身を投じたり、事件に巻き込まれた場合、その危険を自分自身のこととして受けとめる。男たちの企てや男たちが従う規則は、暗闇（くらやみ）のなかにも確かな道を示している。しかし女は漠然とした夜の闇のなかで七転八倒している。なにもしないから「気に病む」。想像のなかでは可能性がすべて現実となる。汽車は脱線するかもしれず、手術は失敗するかもしれず、事業はしくじるかもしれない。女がいつまでもうじうじと考えるなかで空しく払いのけようとするもの、それは自分自身の無力の亡霊なのだ。

　気苦労は既成の世界に対する女の不信を表わしている。女にとって世界が脅威に満ちていて、見えざる大惨事でいまにも崩れてしまいそうに思えるのは、女がこの世界では幸福と感じられないからだ。多くの場合、女はあきらめていることに甘んじているわけではない。自分が耐え忍んでいるのは、いやいやながらであることをよく知っている。女は、相談されたうえで女でいるわけではない。反抗する勇気がなく、いやいやながら服従しているにすぎない。女の態度は終始一貫して不平不満だ。女の打ち明け話を聞く医者や僧侶（そうりょ）や民生委員たちはみな、女の話し方がだいたい嘆き調であるのを知っている。女友だちどうしでもそれぞれが自分の不幸を嘆き、また一緒になって運命の不公平や世間や男一般を嘆く。自由な個人は失敗すれば自分だけを責め、その失敗を引き受けるものだ。しかし、女に起こることはすべて他人のせいで、女の不幸に責任があるのは他人である。女の激しい絶望は手のほどこしようがない。くどくどと不平ばかり言う女に解決法をすすめてもなんにもならない。どれも女には受けつけられそうにないのだ。女は自分が生きている状況をそのままに、つまり無力な怒りのなかに生きたいのだ。何か変化をすすめると、空に両腕をつきあげて「最悪だわ！」と言う。女は、自分の不快感は自分であげつらう口実よりも根深く、そこから解放されるにはその場しのぎの手段では不十分だということを知っている。世界が女ぬきで、女に対抗して築きあげられたので、女は世界全体を責めるのだ。娘時代から、幼年期からも、女は自分の条件に抗議する。その埋め合わせが女に約束され、チャンスを男の手に預けるならそれは百倍になって返ってくると保証された。そして、女は騙されたと思う。女は男の世界全体を告発する。怨恨は依存の裏返しである。すべてを与えても、十分に見返りがあることはまずないのだ。そうではあっても、女は男の世界を尊重するのを必要ともしている。まるごと男の世界に抗議してしまったら、頭上の屋根がなくなって危険だと感じるようになるだろう。そこで、主婦の経験から思いついたマニ教徒的な態度をとることになる。行動する人間は、他の人間と同じように自分も善や悪に責任があるのを認める。目標を定めそれを実現させるのは自分だということを知っている。行動するなかで、解決はすべてあいまいなものであることを経験する。正義と不正、利益と損失は複雑に入り組んでいるものだ。しかし、受け身でいる者は誰も、勝負の外に身を置いていて、倫理的な問題を考えることすらしない。善は実現されなければならず、もし実現されないなら過失があるからで、その張本人を罰する必要があるぐらいにしか思っていない。子どもと同じように、女も善と悪をただの通俗版画のように想像する。善悪二元論は選択の不安を取り除くことで精神を安定させる。災いとより小さな災い、現在の利益と将来のより大きな利益のあいだで決断すること、敗北したか勝利したかを自分で決めなければならないということ、それは恐ろしい危険を冒すことだ。善悪二元論者にとって良い穀物の実は悪い毒麦とはっきり区別されていて、毒麦を抜きとりさえすればいいのだ。ほこりはほこりであるがゆえに悪い。清潔とは汚れがまったくないことである。清掃とは屑や泥を取り払うことだ。こういうふうに、「なにもかも」がユダヤ人やフリーメイソン、ボルシェヴィキ、政府の「過失」だと、女は考える。つねに誰かに、あるいは何かに反対なのである。反ドレフュス派のなかでも女の方が男よりずっと過激だった。女たちは悪の原理がどこにあるのか必ずしも知っているとはかぎらない。しかし、女たちが「良い政府」に期待するのは、家からほこりを追い出すように悪を追い出してくれることである。熱烈なドゴール派の女性には、ドゴールは清掃人の王のように見えた。彼が羽根箒や雑巾を手にして、磨いて艶を出し、「清潔な」フランスを作ってくれるのを想像するのだ。

しかしこうした希望はいつも不確かな未来のなかにある。さしあたっては悪が善を蝕みつづける。そして、ユダヤ人やボルシェヴィキやフリーメイソンが手に届くところにいないので、女はもっと具体的に憤りをぶつける相手を探す。そこで、夫に矛先が向く。男の世界が具現されているのは夫であり、男社会が女を引き受けておきながら欺いたのは、夫をとおしてである。夫はこの世界の重さを支えている。だからもし事態が悪くなれば夫のせいである。夫が夕方帰ってくると、妻は子どものことや行きつけの店の主人のこと、生活費、リウマチ、天気のことなどを夫にこぼす。夫に責任があることを感じさせたいのだ。夫に対して個人的な不満をいだいていることもしばしばある。が、なによりも夫が男であるということが罪なのだ。夫も病気になったり心配事もあるだろう。けれども、「同じじゃない」のだ。夫は特権をもっていてそれを妻は不当だと感じている。注目すべきことは、夫や恋人に対して抱く敵意が女を彼らから遠ざけるのではなく、彼らに結びつけるという点である。男は妻や愛人が嫌になれば逃げ出す。ところが、女は仕返しをするために相手を引きとめておこうとする。ひとを激しく非難することを選ぶと、不幸から抜けだすのではなく、不幸のなかで七転八倒するのを選ぶことになる。女の最高の慰めは、自分を犠牲者だと思うことだ。自分の人生は男が征服してしまった。この敗北そのものを女は一つの勝利にしようとする。女が子どもの頃のようにあれほど無造作に涙にくれたり、わめきちらしたりするのはそのためだ。

女があれほど簡単に泣けるのは、その人生が無力な反抗を基盤に成り立っているからにちがいない。たしかに、女は生理的に男より交感神経系をコントロールしにくい。教育は女になりゆきにまかせるようにと教えた。ここでは命令が大きな役割を演じている。習慣が禁じて以来、男は泣くことをやめてしまったのに、ディドロやバンジャマン・コンスタンはぼろぼろ涙を流して泣いた。しかし、女はとくに、世界に対していつも失敗の振る舞いをする傾向がある。世界を率直に受けとめたことがないからだ。男は世界に同意する。不幸にあってもその態度を変えない。男は世界に立ち向かい、「打ち負かされるままになってはいない」。ところが、女は一つ障害が生じるたびに、世界に敵意をいだき、自分の運命を不当だと思う。そんなときは急いでより安全な隠れ家、すなわち自分自身のなかに駆け込む。女の頬の暖かい涙の跡、焼けつくようなくぼんだ目、そこには悲痛な魂がはっきり現われている。皮膚に柔かく、舌にかすかな塩味のする涙は、またやさしくも苦い愛撫である。顔は慈しみに満ちた水の流れる下で輝いている。涙は嘆きであり慰めでもあり、熱であり心を静める冷たさでもある。涙はまた最高の逃げ道だ。雷雨のように突然ごろごろざあざあしたり、台風や夕立やにわか雨となって、女を嘆きの泉、不穏な空に変えてしまう。その目はもう見えず、霧に包まれる。それはもう眼差しでさえなく、雨に溶ける。盲目となった女は自然物の受動性に戻るのだ。女は、負けるように望まれ、その敗北のなかに沈む。垂直に沈んで行き、溺れる。瀑布を前になすすべもなく見つめている男から、女は逃れていく。男はこのようなやり方は正々堂々としていないと思う。しかし女の方は、自分の手に効果的な武器は何も渡されていないのだから、闘争ははじめからして正々堂々としていないのだと思っている。女はここでもういちど魔術的な企みを用いる。そして、そのすすり泣きが男を苛立たせるのを知っているので、ますますこのやり方にのめりこむ。

　涙で反抗を十分に表現できないと、女はわめきちらし、その支離滅裂な荒々しさが男をさらにいっそう狼狽させる。ある階層では男が妻を実際になぐることもある。また別の階層では、男の方が強くてその拳固（げんこ）は効果的な道具であることがはっきりしているので、男は暴力をいっさい控える。しかし、女は子どものように他愛（たわい）ない荒れ方をする。女が男に飛びかかって引っかいても、それは身振りにすぎない。だが、とりわけ女は神経的な発作をとおして、具体的に実現できない拒否を身体で表わそうとする。女が痙攣（けいれん）的な表現をしやすいのは生理的な理由からだけではない。痙攣とは、世界へ向けて投じられたにもかかわらず何もつかめなかったエネルギーが内面化されたものなのだ。それは状況によって呼びさまされるあらゆる否定能力が無駄づかいされたものである。母親は幼い子どもの前ではめったに神経発作に陥らない。子どもをぶったり罰したりできるからだ。女が激しい絶望におちこむのは、手をあげることのできない大きな息子や夫や愛人を前にするときである。ソフィア・トルストイがヒステリックにわめきちらすのには意味深いものがある。たしかに、彼女が夫を理解しようとしなかったのは大きなまちがいで、その日記を見ても、彼女は寛大ではないし、思いやりにも欠け、誠実でもない。魅力があるとはとても思えない。しかし、彼女がまちがっていたにしても正しかったにしても、彼女の状況がひどいものだったことに変わりはない。生涯を通じて、彼女は夫婦の抱擁、妊娠・出産、孤独、夫が押しつける生活様式に、不平を言いながら耐えるだけだった。トルストイの新しい決心によって争いが激化すると、彼女は敵の意志に対抗する武器がなくなり、自分のありったけの無力な意志でもって相手の意志を拒む。拒否の芝居――狂言自殺、嘘（うそ）の家出、仮病、その他――をやりだし、まわりのものには不愉快で、彼女自身も消耗する。他にどんな解決策があるのか誰もわからない。彼女には自分の反抗心を抑えるようなはっきりした理由が何もなく、またそれを表現する効果的な手段もないのだから。

拒否の果てまできた女に開かれている出口が一つだけある。それは自殺だ。しかし、女は男より自殺の手はつかわないようである。このへんのところは統計はたいへんあいまいだ。[*1] 成功した自殺を見ると、自殺を考えるのは女より男の方がずっと多い。だが、自殺未遂は女の方が頻繁にある。それは多分、女は狂言で満足することが多いからである。女は男より頻繁に自殺を演じるが、自殺を望むのは男より少ないのだ。それはまた、粗野な方法を嫌うせいでもある。だから女は刃物や銃器はほとんど使わない。オフィーリアのように、身投げする方がずっと好きだ。これは、女と、生命が抵抗せずに溶けてしまうような受動的で闇にみちた水との、類似性を示している。全体として、ここでも、私がすでに指摘した両義性が見られる。つまり、女は、嫌いなものでも、自分の心に忠実になってそれを捨てようとはしないのである。女は縁を切るような芝居はするが、結局は自分を苦しめる男のそばにとどまる。自分を虐待(ぎゃくたい)する人生に別れを告げるふりをするが、自殺するのは比較的少ない。女は決定的な解決を好まない。女は男や人生や自分の条件に抗議するけれども、そこから脱出はしないのだ。

それが抗議であると解釈しなければならない女の振る舞いはたくさんある。すでに見たように、快楽のためではなく挑戦するために、女が夫を裏切ることはよくある。夫が几帳面で倹約家だと、女はわざと軽率で浪費家になる。「女はいつも遅刻する」と非難する女嫌いの男は、女には正確さの感覚が欠けていると考える。実際はすでに見たように、女は時間の要求に実に素直に従う。女が遅れるのはわざとなのだ。コケティッシュな女には、そうすれば男の欲望を刺激して自分の姿の価値がさらに高まると思う者もいる。しかしそれよりも、女は男をしばらく待たせておくことで、自分自身の生活そのものである長く待つということに抗議しているのだ。ある意味では女の全生活は待つことである。女は内在、偶然性という混沌としたもののなかに閉じ込められていて、自分を正当化してくれるものはつねに他者の掌中にあるからだ。女は男たちの賛辞や賛同を待ち、愛を待ち、夫や恋人の感謝の念や称賛を待っている。生活費を待っている。存在する理由、自分の価値、そして存在そのものさえ男たちから待っている。女が小切手帳を手にしていようと、毎週あるいは毎月夫から与えられる金額をもっていようと、夫がその支払い分を手に入れなければならないのだし、女が食料品屋の支払いをしたり新しいドレスを買ったりするには、その余分の額を夫が獲得しておかなければならない。女は男が現われるのを待っている。経済的に依存しているために男の意のままになるのだ。女は男の一要素にすぎないのに、男は女の生活全体である。夫は家庭の外に仕事をもっているが、妻は一日中夫の不在に耐えている。恋人どうしでも男の方が――相手に夢中

＊1　〔原注〕アルブヴァックス『自殺の原因』参照。

になっていても――自分のやるべきことを優先させて、別れたり会ったりするのを決める。ベッドでは女は男の欲望を待ち、自分自身の快楽を――時に不安な気持ちで――待っている。女にできるのは、恋人が決めた待ち合わせに遅れていくこと、夫が命令した時間に用意していないことぐらいだ。こうすることで、女は自分自身の仕事の重大さを主張し、独立を要求し、束の間だが、他者が受け身でその意志に従ってくれる本質的な主体になる。しかし、これは臆病な仕返しだ。どんなに意地を張って男を〔他者として〕「定めよう」としても、女は、自分がいつもうかがい、期待し、男の望みに従うのに過ごす無限の時間を埋め合わせることはけっしてないだろう。

一般に女は、男の優位をだいたい認め、その権威を受け入れ、その偶像を崇拝してはいるが、必死に男の支配に抗おうともしている。そこから、女がいつも非難される例の「あまのじゃく」が生じる。女は自律的な領域をもたないので、明確な真理や価値を男の主張する真理や価値に対抗させることができず、それを否定することしかできないのだ。女の否定は、男への尊敬と恨みの混じり合い方の度合に応じてだが、いずれにしても意固地なものだ。しかし実際は、女は男の体系の欠陥をすべて知っていて、それを告発しようと躍起になっているのである。

女は体験を通じて論理や技術の扱い方を学ぶことがないので、男の世界への手がかりをもたない。逆に、男の道具のもつ力は女の領域の境界では消えてしまう。男には、自分でそれを考えることができないので故意に無視しようとする人間的経験の一分野がある。その経験こそを、女は生きる。設計図を作るときはとても精密な技師も、家では造化の神のようにふるまう。一言発すれば、食事が運ばれ、シャツは糊づけされ、子どもは黙る。子をつくるのはモーゼの杖をふるようなすばやい行為である。男はこうした奇跡に驚かない。奇跡の概念は魔術の考え方とは違う。奇跡とは、合理的に決定されている世界のただなかに原因のない出来事の徹底的な非連続性を置くことであり、それに対しては思考はすべて砕けてしまう。一方、魔術的な現象は秘密の力で結ばれていて、従順な意志がそれの連続的な変転を——理解はしないけれども——感じることができる。生まれたばかりの子は、造化の神たる父にとっては奇跡的であり、その成熟を自分の胎内で耐えてきた母にとっては魔術的である。男の経験は理解しやすいが、いくつも穴があいている。女の経験はそれ自身の限界内で、漠然としてはいるが充実している。この不透明さが女を鈍重にする。女と男との関係においては、男は女に軽々しく見える。男は独裁者、将軍、裁判官、官僚、法典、抽象的な原則のもつ軽さをもっている。いつか、ある主婦が肩をすくめて次のようにつぶやいたのは、多分そのことを言いたかったのだ——「男は考えなしなんだから！」。女たちはまたこうも言う。「男はものを知らない。人生を知らないのよ」。女は、「カマキリ」の神話に対抗させて、軽薄で騒々しいマルハナバチを象徴にする。

　こうした見方に立つと、女が男の論理を拒絶するのもよくわかる。男の論理が女の経験にかみあわないだけでなく、理性が男の手のなかでは陰険なかたちをした暴力になってしまうことを、女は知っている。男たちの断固とした主張は、女をたぶらかすためだ。女を、同意するのかしないのか、のジレンマに閉じ込めようとする。認められている諸原則の体系全体の名において、女は同意しなければならない。同意を拒めば、体系全体を拒むことになる。女にはそんな向こうみずなことはできない。女には別の社会を作る手段などない。けれども、女はこの社会に参加してもいない。反抗と隷属のなかばで、女は男の権威にいやいや服従している。女のあいまいな服従の結果を、そのつど女に強制的に背負わせるのは、暴力によってである。男は、自由意志により奴隷になっている伴侶、という幻想を追いかける。男は、女が男に譲歩することによって定理の明証性にも譲歩することを望む。しかし女は、男の厳密な推論のもとになっている公準は男がみずから選んだものであることを知っている。その公準を女が疑おうとしないかぎり、男が女の口を閉ざすのは簡単だ。とはいえ、女はそれが恣意的なものであるのを知っているので、男は女を説得できない。そこで男は腹を立てて、女を強情だとか筋が通っていないなどと非難する。女は骰子がいかさまだと知っているので、勝負をするのを拒否するのだ。

　女は真理が男たちの主張するものとは別のものだとほんとうに考えているわけではない。むしろ、真理は存在しないことを認めている。生命の生成が女に同一律について疑わせたり、女を取り巻く魔術的現象が因果関係の観念を失わせたりするだけではない。男の世界そのもののなかで、その世界に属しているものとしての自分のなかで、女はすべての原理、すべての価値、存在するすべてのもののあいまいさを把握するのだ。女は、男の道徳が、女に関するかぎり、ひどい欺瞞であるのを知っている。男は女に勿体ぶって男の美徳と名誉の法典を押しつける。しかし密かに、それに服従しないよう女にほのめかす。不服従を期待してさえいる。女が服従してしまえば、男がその背後で身を守っている壮麗な建前は崩壊してしまうだろう。

市民は普遍に向けて自己を超越することによって尊厳を獲得するというヘーゲルの考えを、男はよりどころにしがちである。だが、一人の個人として、男は欲望や快楽を得る権利がある。だから、男女の関係は、道徳がもう適用されず、行動がどうでもいい領域に位置づけられるのだ。男は他の男たちとは、さまざまな価値が含まれたさまざまな関係をもつ。男は一個の自由であって、万人が広く認める諸法則にしたがって、他の自由に立ち向かう。しかし、女に対しては、男は自らの実存を引き受けるのをやめて、即自存在†の幻想に身を委ね、非本来的†な場所に自分を位置させる。暴君となり、サディストとなって乱暴になるか、あるいは幼稚でマゾヒストで愚痴っぽくなる。自分の妄想や偏執を満足させようとする。公的な生活で得ている権利をかさにきて、「気をゆるめ」たり、「だらけ」たりする。その妻は――テレーズ・デスケルー〔フランソワ・モーリヤックの同名の小説の主人公〕のように――夫の話や公的行動の高尚な姿と、夫が「陰で根気よくやる捏造」との対照に驚くことが多い。男は口では人口増加を説きすすめる。ところが、巧みに自分に都合のいいだけの子どもしか作らないようにする。貞節で忠実な妻を褒め称（たた）えるが、隣人の妻を不倫に誘う。すでに見たように、男が偽善的にも中絶は犯罪であると決めつける一方で、毎年フランスでは一〇〇万人もの女が男によって中絶しなければならない立場に追い込まれている。夫や恋人はたいていこの解決策を女におしつける。また彼らは、必要な場合には、この策がとられるのを暗黙のうちに想定することが多い。女が不法行為の罪をかぶってくれるのを期待すると公言する。女の「背徳」が男たちの尊重する道徳的社会の調和に必要なのだ。

　この裏表のある態度の最も明白な例は、売春に対する男の態度である。売春の供給を生み出すのは男の需要なのだ。悪徳一般を非難しながら、自分の個人的な偏執にはきわめて寛大な尊敬すべき紳士たちのことを、売春婦たちがどんなに嫌悪（けんお）に満ちた懐疑的態度で見ているかはすでに述べた。しかし、自分の肉体で生活する娘たちは背徳的で身をもちくずしていると見られるのに、その娘たちの肉体を利用する男はそうは見られない。こうした精神状態を例証する逸話がある。前世紀末のことだが、警察はある娼家（しょうか）で十二、三歳の少女を二人発見した。訴訟となって少女たちは証言した。社会的地位のある客たちのことを話し、少女の一人がその名前をあげようとして口を開いた。検事はあわててとめた。「名誉ある方の名を汚（けが）さないように！」。国家から名誉勲章（レジオン・ドヌール）を授かった紳士は、少女の処女を奪うときもやはり名誉ある方なのだ。名誉ある方にも弱点はある。弱点のない人間などいるだろうか。一方、普遍という倫理的な領域に属していない少女——司法官でも将軍でも偉大なフランス人でもない、ただの小娘——は性欲という偶然的な領域で自分の道徳的価値の実現をめざす。それは背徳の女、堕落した女、感化院行きのひどい不良少女なのだ。男は多くの場合、女に加担させて、自分の高尚な姿は汚すことなしに、女には不名誉となる行為をすることができる。女にはこうした巧妙さがよくわからない。女にわかるのは、男は、自分が標榜（ひょうぼう）し、女にそれに背くよう要求する原則に従って行動しているのではないということだ。男は、自分が望むと言っているものを望んではいない。だから女も、自分が男に与えるふりをしているものを与えないのだ。女は貞節で忠実な妻になるだろう。そして、こっそり自分の欲望に身を任すだろう。彼女は称賛すべき母親になるだろう。しかし、注意深く「バースコントロール」をして、必要なら中絶する。男はそんな女のやり方を表向きは否認する。これがゲームの規則なのだ。しかし男は、「貞操観念の乏しい」女や「不妊症」の女に感謝している。女は、捕まれば銃殺され、成功すれば報奨をたっぷり与えられるというスパイの役割を演じる。男の背徳の結果をすべて背負わされる売春婦だけでなく女全体が、立派な方たちの住んでいる輝かしく健康な宮殿の下水溝の役割を果たしているのだ。そのうえで、品位、名誉、誠実、男のあらゆる高尚な美徳について話したところで、女が「従う」のを拒否しても驚くにはあたらない。有徳者ぶった男に、欲得ずくだの、芝居をするだの、嘘つきだのと非難されても、女は陰で冷笑している。[*1] 他にどんな出口も開けてもらえないことを女はよく知っているのだ。男もまた、金や成功には「関心」がある。しかし男には、労働によってそれらを獲得する手段がある。女には寄生者の役割が割り当てられている。寄生者はすべて必然的に搾取者になる。女は、人間の尊厳を獲得するため、食べるため、楽しむため、子を作るために、男を必要とする。性の奉仕によって男の恩恵を確保する。そして、そうした機能に閉じ込められているため、女はまるごと搾取の道具になってしまう。嘘をつくことは、売春の場合を除いて、女と保護者とのあいだの公明正大な取引に差し障りとならない。男は女に芝居を演じるよう求めさえする。男は女に〈他者〉であることを望むのだ。しかし存在者はすべて、どんなに強く自分を否認しても、あくまでも主体である。男は女をモノにしたがる。それで、女はみずからモノになる。女は存在しようとする瞬間、自由な活動性を発揮する。これこそは、女の生来の裏切りである。最も従順な、最も受動的な女でも、やはり意識をもつ存在である。だから時に男は、女が自分に身を任せながらも自分を見て価値判断していると気づくだけで、だまされたと感じることがあるのだ。女は捧げ物、獲物でなければならない。しかし男はまた、このモノを女が自由意志で男に委ねるよう要求する。ベッドでは、男は女が快楽を感じるよう要求する。家庭では、女が男の優越性と長所を心から認めなければならない。だから女は、服従するときには自主的にそうするふりをする必要がある。その一方、他の場合には、受動性の芝居を能動的に演じる。女は、日々の糧を確保してくれる男をひきとめておくために、喧嘩と涙、愛の陶酔、神経発作といった嘘をつく。また、打算的に受け入れている横暴から逃れるためにも嘘をつく。男は、自分の権柄ずくな態度と虚栄心を満足させるための芝居をするように女をそそのかす。そこで女は、隠し事をする能力を男に投げ返す。こうして女は二重に楽しめる仕返しをするのだ。男をだますことで、女は自分だけで欲望を満たし、男を嘲弄する快楽も味わう。妻や娼婦は感じてもいないのに陶酔しているふりをして嘘をつく。そのあとで、愛人や女友だちと一緒になってだまされた男のおめでたい虚栄心をおもしろがる。「彼らは私たちを『満足させない』ばかりか、必死になって悦びの声をあげるのを望んでいるのよ」と、恨みをこめて言う。こうした会話は、ちょうど調理場で「主人」の悪口を言う使用人たちの会話に似ている。女が使用人と同じ欠点をもっているのは、女も同じ家父長的温情主義の抑圧の犠牲者であるからだ。女は従僕が主人を見るように下から上に男を見るので、同じような冷笑的態度をとる。しかし、女の特徴はどれも、生まれつきの堕落した本性や意志を表わしているのでないのは明らかである。つまり、どれもが状況を反映しているのだ。「強制的な制度のあるところはどこでも、虚偽がある」とフーリエは言った。「商品と同じく、愛においても禁輪と密輪は切り離せない」。そして、男は、女の欠点とは女の条件を表わすものであることをよく知っているので、男女の序列の維持に気をつかいながら、男が女を軽蔑する根拠となるような女のさまざまな特徴を自分の伴侶のうちに助長するのだ。もちろん夫や愛人は、一緒に暮らしている個別的な女の欠点には苛立つ。しかし彼

＊1　（253頁）〔原注〕「女はみなデリケートで弱々しそうな様子、聖女も過去の長い奴隷状態の蓄積で同じ様子をしている。心ならずも誘惑的な風情で時を待つ以外には、救済と生活の資のための武器もない」（ジュール・ラフォルグ）。

らは、女らしさの一般的な魅力をほめそやすときには、女らしさは女の欠点と不可分なものと考えている。女は、不実で軽薄で臆病でものぐさでなければ、その魅力を失ってしまうのだ。『人形の家』のなかでヘルメル〔女主人公ノラの夫〕は、男が弱い女に子どもっぽい過失を許すときに、どんなに自分が正しく、強く、思いやり深く、寛大であると感じるかを説明している。同様に、ベルンスタンの描いた夫たちは――作者と加担して――盗みや、いじわるや、姦淫をする女に同情している。彼らは寛大にも女に深い関心をよせて、自分たちの男としての賢明さを推し測っている。アメリカの人種差別主義者やフランスの入植者もまた、黒人は手癖が悪く、怠け者で、嘘つきであることを望んでいる。それが黒人の無能力を表わしているというわけである。黒人は抑圧者の側に正当性をもたらす。もし黒人がどこまでも正直で誠実であろうとすると、強情だと見られる。したがって、女の欠点は、女がそれを克服しようとはしないで、反対に飾りにしようとするだけに、いっそう目立つのだ。

　論理的原理や道徳的命令を拒み、自然の法則に対して懐疑的である女は、普遍の感覚をもたない。世界は個々の事態の雑然とした集まりのように女には見える。女が科学的な説明より近所の女の噂話を信じやすいのはそのためだ。印刷された書物を尊敬するかもしれないが、その尊敬は書物の内容をつかむことなく、書かれたページにそってすべっていく。ところが反対に、なにかの行列やサロンで見知らぬ人間の語った逸話はすぐに圧倒的な権威をおびる。女の領域ではすべてが魔術である。外界はすべてが不可解だ。

女は何が真実かというその基準を知らない。自分自身の経験でも、また他人の経験でも、それが十分に強く主張されるのなら、確信をもたらすのは直接的な経験だけだ。女は家庭に孤立していて、自分を他の女たちと積極的に対比することがないので、自然に自分が特異な立場にいると考える。運命と男たちが自分にいいように例外を作ってくれるのを待っている。誰もが承認できる論理より、自分の心によぎる霊感の方をずっと信じる。女はそのような霊感が神だとか世界の得体の知れない霊のようなものから送られるのだと想定しやすい。ある種の不幸や事故については、平静に、「私にはそんなことは起こらないだろう」と思う。また逆に、「私は例外にしてもらえるだろう」と思い込む。女は特別待遇を好む。商人は割引きしてくれ、警察官は通行許可証なしに通してくれるだろう。人は女の微笑の価値を過大評価することを女に教えたが、女は誰でも微笑するものだということを教えるのは忘れた。それは女が隣の女より自分の方がすばらしいと思うからではない。つまり、女は比較をしないからなのだ。同じ理由から、女が経験を得て誤りを取り消すことはめったにない。一つひとつの失敗は拭ってても、それらを総決算することがない。

だからこそ、女は男に挑戦できるような確固とした「反・世界」をうまく構築できないのである。散発的に、男一般をののしったり、ベッドでのことや出産の話をし合ったり、星占いや美容法を語り合ったりはする。しかし、女たちの恨みから発する「怨恨の世界」を真に打ちたてるには確信が欠けているのだ。女たちの男に対する態度はひどく両面的である。実際、男は、子どもで、偶然的で傷つきやすい身体であり、おめでたくて、しつこいマルハナバチで、卑(いや)しい暴君で、利己主義者で、見栄(みえ)っぱりだ。だがまた、女を解放してくれる英雄であり、女に価値を与えてくれる神である。男の欲望は粗野な欲求で、その抱擁は下劣でうんざりする。けれども、男の激しい情熱や力はまた造化の神のエネルギーのようにも思える。うっとりと「あの人は男だわ」と言うとき、女は自分が感嘆する男の男性的な精力と社会的な有能さを同時に思い浮かべている。そのどちらにも同じ創造の絶対的な力が表わされているからだ。女がある男のことを大芸術家、大実業家、将軍、指導者だと想像するときはいつも、その男はたくましい恋人でもあると考えている。男の社会的成功にはいつも性的魅力がある。その逆に、自分の欲望を満足させてくれる男には天才を認めがちである。もっとも、女がここでとりあげているのは男の神話である。男根(ファルス)は、ロレンスや他の多くの人にとっては、生き生きとした精力であると同時に人間的な超越である。それで、女はベッドの快楽のなかに世界の精霊との交わりを見ることができるのだ。男に神秘的な崇拝を捧げることによって、女は男の栄光のなかに自分を没し、自分を再発見する。ここでは、男らしさを多数の男たちが分かちもっているおかげで、矛盾はたやすく取り除かれる。ある男たち——つまり女が日常生活のつまらなさを感じ取っているような男たち——は、人間のみじめさを体現している。他の男たちにあっては、男の偉大さが高揚されている。だが女は、この二つの姿が一つの姿に溶け合ってしまうことを受け入れさえするのだ。自分より優れていると思う男に恋した若い娘がこう書いていた。「私が有名になったら、R……は虚栄心が満たされるでしょうから、きっと私と結婚するでしょう。私と腕を組んで散歩しながら彼は胸をそらすでしょう」。こう言いながらも、彼女は彼がすごく立派だと思っていたのだ。同じ男が女の目には、けちで、こせこせして、見栄っぱりで、安っぽくて、しかも神でありうる。結局、神にも弱点はあるのだから。人は、その自由とその人間性において愛する人間に対しては、ほんとうの尊敬の裏返しである気難しい厳格さを示す。自分の男の前にひざまずく女は「男の扱い方を心得ている」ことや「操り方を知っている」ことを大いに自慢する一方で、男の威信を失わせずに男の「短所」におもねっておだてる。これは、現実の行為のなかで完成されるような、男の個別的な人格には、女は情愛を感じない証拠である。女は、偶像が分かちもっている一般的本質の前に盲目的にひれ伏す。男らしさとは神聖なオーラ、凝固した一定の価値であり、たとえ、それを身におびている男に欠陥があるとしても、オーラははっきり現われているものなのだ。男本人はどのようであってもいいのだ。むしろ、男の特権を羨(うらや)んでいる女が、からかい半分で男を抑えることに喜びを見出(みいだ)すのである。

女が男に対して抱く感情の両義性は、自分自身および世界に対する女の一般的な態度にも見出される。女が閉じ込められている領域は男の世界に包囲されている。しかし、この男の世界は男自身がもてあそばれる得体の知れない力にとりつかれている。女がその魔法の力と結びつけば、今度は女が権力を獲得することになるだろう。社会は〈自されれば〈精神〉は消滅してしまうのだ。〈精神〉は〈生命〉を超えて確立される。しかし、生命が支えなくなれば〈自然〉は社会を支配する。〈精神〉は〈生命〉を超えて確立されるのだ。こうしたあいまいさを根拠に、女は都市より庭に、観念より病気に、革命より出産により多くの真実を認めようとする。女は自分が非本質的なものに対して再び本質的なものになろうとして、バッハオーフェン[*1]が夢想した大地や〈母〉の支配を回復しようとする。しかし女もまた超越性を宿した実存者なので、自分の閉じ込められている領域を変形させることでしかその領域を高めることができない。女はそれに超越的な次元を与えるのである。男は思考された現実という理路整然とした世界に生きている。女は思考を許さない魔術的な現実と格闘している。実質的な内容をともなわない思考によって、その現実から脱出しようとしているのである。女は、自分の実存を引き受けるかわりに、天空に自分の運命の純粋な〈イデア〉を見つめ、行動する代わりに、想像的なもののなかに自分の像を打ち立てる。推論するかわりに夢想する。だから女は、あれほど「肉体的」であり人工的であるのに、また地上的であるのに、あれほど霊気に満ちているのだ。女の人生は鍋を磨くことで過ぎ去っていき、それはすばらしいロマンである。女は、男の家来なのに、自分が男の偶像だと信じている。自分の肉体を辱められていながら、〈愛〉を賛美する。女は、生命の偶然的な事実性しか体験できないようにされているので、〈理想〉につかえる巫女となるのだ。

こうした両面性は、女が自分の身体を把握する仕方にも示されている。それは重荷だ。

なぜなら、種によって苦しめられ、毎月出血し、受け身に生殖するその身体は、女にとって世界への手がかりの純粋な道具ではなく、不透明な存在であるからだ。女の身体は快楽を確実に自分のものにすることができないし、苦痛が生じ、引き裂かれる。その身体のうちに脅威をはらんでいるので、女は自分の「内部」で自らの危険を感じている。それは、内分泌物（ないぶんぴつぶつ）が筋肉や内臓を統制する交感神経と密接に結びついているので、ヒステリックな身体である。それは、女が引き受けることを拒否する反応を表現する。すすり泣き、痙攣（けいれん）、嘔吐（おうと）のとき、身体は女から逃れ、女を裏切る。身体は女の最も身近な真実であるが、それは恥ずべき真実であり、女はそれを隠す。けれども身体はまた、女のすばらしい分身でもある。女は鏡に映した身体を驚嘆して見とれる。それは幸福の約束、芸術品、生ける彫像だ。女は身体の形を整え、飾りたて、人前にさらす。鏡に向かって微笑（ほほえ）むとき、女は自分の肉体的偶然性を忘れる。愛の抱擁や母性のなかでは自分のイメージは消えている。だが女はたいていは、自分自身のことを思って、自分がヒロインであると同時に肉体であることに驚くのだ。

〈自然〉は女に対称的な二重の顔を与えている。ポトフ〔鍋料理〕を煮る顔と、神秘的な感動へ誘う（いざな）顔と。主婦になり、母になると、女は野原や森に自由に逃げ出していくのを諦め、それよりも平穏に菜園を作って楽しみ、花を栽培して花瓶に生けるのを好むよ

＊1　一八一五－八七、スイスの民族学者。『母権論』の著者。

うになる。けれども、月光や夕日を見るとやはり気持ちが高鳴る。地上の動物や植物に女は何よりもまず食料や装飾を見る。だが、そこには自然の恵みであり魔力である精気が流れているのだ。「生命」は単に内在と反復なのではない。それはまた光の輝かしい面ももっている。花の咲き乱れる野では〈生命〉は〈美〉として現われる。胎内の豊穣(ほうじょう)によって自然と調和している女はまた、自分を活気づける精霊である息吹(いぶき)に吹かれているのを感じる。そして、女がどこまでも満足できずに、無限に未完成の女であると感じるほどに、魂はまたどこまでも続く道の果てしない地平線の彼方(かなた)に吸い込まれていく。夫に、子どもに、家庭に縛りつけられている女は、陶酔してただ一人丘の中腹に立つ支配者のような気分になる。彼女はもう妻でも母でも主婦でもない。一人の人間である。彼女は受け身の世界を眺める。そして、自分が一つの意識、何ものにも代えられない一個の自由であることを思い出す。水の神秘や山頂の躍動する姿の前で、男の支配的地位は消えてしまう。ヒースの野を横ぎって歩くとき、手を川に浸すとき、女は他人のためにではなく、自分のために生きているのだ。あらゆる拘束状態のなかで独立を維持してきた女は、〈自然〉のなかで自分自身の自由を熱烈に愛するだろう。〈自然〉に品の良い陶酔の口実を見出すだけの女たちもいる。そういう女たちは風邪をひく心配と魂の恍惚(こうこつ)とのあいだのどっちつかずの状態でためらうことになる。

　このように、肉体的世界と「詩的」世界に二重に属していることは、女が多少とも明白に受け入れている形而上学(けいじじょうがく)、知恵をはっきり示している。女は生命と超越を混同しようとする。つまり、女はデカルト哲学やそれに類似するすべての意見を受け入れないのだ。女はストア学派の哲学者や十六世紀の新プラトン主義者たちに似た自然主義に対しては気楽でいられる。マルグリット・ド・ナヴァール[*1]をはじめとして、女たちがそのような物質的であると同時に精神的な哲学に引きつけられたのは驚くにあたらない。社会的にはマニ教徒である女は、存在論的には楽天主義者であろうとする深い欲求をもっている。女には行動することが禁じられているので、行動のモラルは女に適しないのだ。女はあらかじめ与えられた条件に対して受動的である。だからこの条件は〈善〉でなければならない。しかし、スピノザのものとわかる理性に基づく善や、ライプニッツのものとわかる計算に基づく善は、女の心をとらえることはできない。女は生命ある一つの「調和」であり、ただ生きるという事実だけでそこにいられるような善を要求する。調和の概念は女の世界の鍵の一つである。その概念は、不動における完全さ、全体から各要素にいたるまでの直接的な正当化、総体性への女の受動的な参加を前提としている。調和した世界のなかで、女は男が行動のなかに求めるものに到達する。女も世界を越え、世界から要求され、〈善〉の勝利に協力しているというわけだ。女が啓示を受けたと思うのは、自身のうえに安らかに休息しつつ現実と自分が調和しているのを発見するときである。それは、ヴァージニア・ウルフが――『ダロウェイ夫人』『灯台へ』のなかで

＊1　一四九二－一五四九、フランスの女性作家。

――、キャサリン・マンスフィールドがその全作品において、女主人公たちに最高の報償として与えている輝かしい幸福の時である。自由の飛翔(ひしょう)という喜びは男のものだ。女が知るのはおだやかな充実感[*1]の印象である。女は通常、拒否や不平や要求の緊張のなかで生活しているので、単なる精神の平静(アタラクシア)が女の目には高い価値をもって見えるのはわかる。だから女が美しい午後や夕べのやさしさを味わうのを非難することはできないだろう。しかし、そこに世界の隠れた魂の真の定義を求めるのはまやかしである。〈善〉はあるのではない。世界は調和ではないし、どの個人も世界に必然的な位置をもってはいない。

社会がいつも懸命に女に分かち与えようとしてきた女の正当化、最高の補償がある。宗教である。民衆に宗教が必要であるのとまったく同じ理由で、女にも宗教が必要なのだ。ある性を、ある階級を内在に運命づけようとするなら、それらに超越の幻想を与えなければならない。男が作る掟(おきて)を神に肩代わりしてもらうのは、男にとってきわめて有利である。男はとりわけ女に対して至高の権威を行使するので、この権威が至高の存在から男に授けられたとすれば都合がいい。とくにユダヤ人やマホメット教徒やキリスト教徒たちのあいだでは、男は神権をもつ主人である。神へのおそれが被抑圧者の反抗の意図をすべて抑えつけてしまう。女の信じやすさがあてにされる。女は男の世界を前にして尊敬と信仰の態度をとる。天にいる神は女には大臣よりもほんの少し身近に感じられ、天地創造の神秘は発電所の神秘と結びつく。だがとりわけ、女がこれほど簡単に宗教に身を投じるのは、宗教がある深い欲求を満たしにやってくるからなのだ。自由に価値を認める――女にあってもそうなのだが――近代文明においては、宗教は束縛の道具としてよりも欺瞞の道具として現われる。女は、神の名において女の劣等性を受け入れるように求められるよりも、むしろ、神のおかげで女は領主たる男と同等なのだと信じるように求められる。不正を克服するのだと主張しつつ、反抗の誘惑そのものを消し去ってしまう。女は神に自分の内在を捧げるのだから、もう自分の超越を奪われることはない。魂の価値は天上においてのみ評価されるのであり、魂が地上で成し遂げたことによって評価されるのではない。この地上には、ドストエフスキーの言葉によれば、雑事があるだけだ。靴を磨くのも橋を造るのも、同じようにむなしい。社会的な差別の彼方では男女の平等は回復されているのだ。というわけで、少女や若い娘は男の兄弟よりもずっと熱烈に信心に夢中になる。男の子には自分の超越を超越する神の視線は屈辱なの

＊1　〔原注〕数ある作品のなかから、メイベル・ドッジの数行を引用しておく。ここには全体的な世界像への移行ははっきり書かれていないが、明確に暗示されている。「金色と緋色にそまった秋の静かな一日だった。フリーダと私は果実をよりわけていた。私たちは地面に座り、まわりには赤いリンゴが山積みになっていた。私たちはしばらく手を休めた。太陽と肥沃な大地が私たちを暖め、芳香で満たしていた。リンゴは充実と平和と豊穣の生きているしるしである。大地から生命力があふれでて私たちの血脈にもそそがれ、私たちは陽気で、誰にも飼い慣らされない、果樹園のような豊かさに満ちているように感じていた。ひととき私たちは、女が時おり、完璧で自分だけで完全に自足していると感じる、豊かで幸福な健康から生まれる感情で結ばれていた」

だ。男の子は、こうした強い保護下にあると、いつまでも子どものままでいることになってしまう。これは、父親の存在によって怯えを感じる去勢より、もっと根本的な去勢である。それに対して「永遠の子ども」〔=女〕は、自分を天使たちの姉妹に変身させてくれるこの視線のなかに救いを見出す。その視線はペニスの特権を無効にしてしまうものなのだ。心からの信仰は少女があらゆる劣等コンプレックスを避けるのに非常に役立つ。少女は男でも女でもなく、神の被造物なのだ。偉大な聖女たちの多くにまったく男性的な揺るぎなさがあるのはそのためである。聖女ブリジット、シエナの聖女カタリナなどは尊大にも世界を導こうという強い意志を示した。彼女たちは男のどんな権威も認めなかった。カタリナは彼女の指導者たちを非常に厳しく指導しさえした。ジャンヌ・ダルクや聖女テレサは男もしのげない勇敢さで自分の道を歩んだ。教会は、神が女に男の保護から逃れることをけっして許していないと注意している。教会は、〔告解後に司祭が与える〕罪の赦しの拒否や破門という恐ろしい武器を男の手だけに託してある。自分の幻視に固執したジャンヌ・ダルクは火炙りにされた。しかし、神の意志そのものによって男の掟に従わされても、女は神のなかに男たちに対抗する確実な手段を見出す。男の論理は、さまざまな神秘によって疑いをもたれる。男たちの傲慢は罪となり、男たちの喧騒は愚かしいだけでなく、罪悪でもある。なぜ神みずからが作った世界を男は作り直そうとするのか。女が捧げられている受け身の性は神聖化される。炉端でロザリオをつまぐっている女は、自分の方が政治集会に駆けまわっている夫より神のいる天に近いことを知っている。女の魂を救うには何もする必要はない。背かずに生きているだけでいいのだ。生命と精神の統合が成し遂げられる。つまり、母は肉体を生み出すだけでなく、魂を神に与えるのである。これは原子のつまらない秘密をつきとめるより高尚な仕事だ。天の父と結託して、女は男に対して女であることの光栄を高らかに要求するのである。

このように神が女の性一般の尊厳を回復させるだけでなく、個々の女は天上に身を隠して自分の支柱を見出す。人格としての女にはたいした重みはない。しかし、女が神の霊感の名において行動するや、その意志は神聖なものとなる。ギュイヨン夫人[*1]はある尼僧(にそう)の病気に関して「〈御言葉(みことば)〉によって命令し、その同じ〈御言葉〉によって服従するとはどういうことなのか」を知ったと言っている。このように信仰に凝り固まっている女は、自分の権威をへりくだった服従で偽装する。子どもを育て、修道院を運営し、慈善事業を企てる女は、まさに超自然的な手のなかの一個の従順な道具である。こういう女に服従しないのは、神自身を侮辱することだ。たしかに男たちもこうした後楯(うしろだて)を侮(あなど)っているわけではない。しかし、男たちは自分と同じように後楯を要求する同類たちと張り合っているので、そうした後楯はあてにできないのだ。闘争とは結局のところ人間的なレベルで解決されるものである。女は、生来すでに自分に従属している者たちの目に

＊1　一六四八－一七一七、静寂主義(キエチズム)を主張したフランスの神秘主義的思想家。

自分の権威を絶対的に正当化しようとして、また自分自身の目に自分の権威を正当化しようとして、神の意思を引き合いに出す。こうした援助が女に有用なのは、女がとくに自分自身との関係で頭がいっぱいだからである——こういう関係が他人にかかわる場合でもそうだ。至高の沈黙が掟の力をもちうるのは、こうしたまったく内面的な葛藤においてのみである。実際、女は自分の欲望を満足させるのに宗教を口実にする。不感症、マゾヒスト、サディストである女は、肉欲を断ち、犠牲者のふりをし、自分のまわりの生命の発露を圧殺することによって、自分を聖化する。自分を傷つけ、無に帰して、選ばれた者たちの位階を獲得する。夫や子どもから地上の幸福をすべて奪って苦しめても、天国には彼らの特等席を用意してある。マルグリット・ド・コルトンヌは、「罪を犯した自分を罰するために」、へまをした自分の子どもを虐待したと、彼女の敬虔な伝記作者たちが言っている。彼女は通りがかりの乞食みんなに施したあとでなければ子どもに食物を与えなかった。すでに見たように、望まれずして生まれた子を憎むのはよくあることだ。高潔な怒りにまかせてそれができるのはもっけの幸いである。一方では、そんなに道徳的でなくても神と気楽に折り合える女もいる。告解後に司祭が与える罪の赦しによっていずれ罪から清められるという確信が、信心深い女にふんぎりをつけさせることはよくある。禁欲主義を選ぼうと快楽の追求を選ぼうとも、また自尊心を選ぼうと卑下を選ぼうとも、自分の救済への気がかりが、何にもまして好きな快楽、すなわち自分に関心をもつことに打ち込むよう女を励ますのである。自分の心の動きを聞き、肉体の戦慄をうかがっている。妊娠している女が胎内に胎児を宿しているように、自分の内にも恩寵が宿っているので、そうした行為は正当化される。自分をやさしく用心深く検討するだけでなく、指導者にも自分のことを話す。昔は、公衆の面前で告白する陶酔を味わうこともできた。マルグリット・ド・コルトンヌは虚栄心の働いた自分を罰するために自分の家のテラスにのぼって、出産するときの女のような叫び声をあげはじめたという——「起きなさい、コルトンヌの住民たちよ。起きて、ろうそくとカンテラを持って外に出て、罪の女の告白を聞きなさい」。彼女は自分の罪をすべて数えあげ、星に向かって自分のみじめさを嘆いた。このようにわめきながら身を低くすることによって、ナルシシストの女に多くの例が見られる露出狂的な欲求を満足させていたのだ。宗教は女に自分への甘えを許し、女が懐旧的な思いで求める指導者、父、恋人、守護神を与えてくれる。夢想を育み、空虚な時間をつぶしてくれる。だが、とりわけ宗教は世界の秩序を確かなものにし、性のない天により良い未来への希望を託すことで、あきらめを正当化する。女がいまでもなお教会の握っている非常に強い切札の一つであるのはそのためだ。教会が、女の解放を容易にしそうな措置にはすべて強く反対するのも、そのせいである。女には宗教が必要である。ということは、宗教を永続させるには女が、「ほんとうの女」が必要なのだ。

　ここにいたって、女の「性格」の全体像が見えてきた。すなわち、女の確信、価値、知恵、道徳、趣味、行動は、女の状況によって説明されるものなのだ。女が超越するのを断たれているという事実が、ヒロイズム、反抗、解脱、創造など、最も気高い人間的な態度に女が近づくのを通常禁じているのである。しかし、男の場合でもこうした態度はあまり見受けられない。女と同じように、中間の領域、非本質的な中くらいなものの領域に閉じ込められている男はたくさんいる。労働者は革命の意志を表わす政治的行動によってそのような領域から脱出する。だが、まさに「中流」と呼ばれる階級の男たちは、故意にそうした領域に安住している。女と同じように日々の務めに捧げられ、既成の価値のなかに疎外され、世論を尊重し、地上には漠然とした快適さしか求めない勤め人、商人、官僚などは、その妻より優れたところをもっているわけではない。料理や洗濯をし、所帯をきりもりし、子どもを育てる妻の方が、命令に隷従している男より多くの進取の精神や独立心を示している。男は一日中、上役に服従し、取り外し式カラーをつけ、社会的地位を確保しなければならない。女は部屋着で家のなかをうろついたり、歌ったり、近所の女と笑ったりできる。女は思うままにふるまい、ちょっとした危険を冒したり、効果的になんらかの結果を出そうとする。女はその夫ほど慣習や外観には生きていないのだ。カフカが――他のなににもまして――描いた官僚の世界、あの儀式と、意味のない身振りと、目的のない行動の世界は、主として男のものである。女はもっと現実にくいこんでいる。男が数字を並べたり、イワシの缶詰を金銭に替えるときには、抽象的なもの以外のなにものも把握していない。揺籠で満ちたりている幼児、白い下着、焼肉の方が手で確かめられる財産である。だが、まさにこうした目的を具体的に追求するなかでそれらの偶然性を――また相関的に自分自身の偶然性を――感じるので、女がそうしたもののなかに自分を疎外してしまわないことが多いのだ。女は自由なままだ。男の企ては、投企（プロジェ）であると同時に逃走である。男は自分の経験や人前での態度でもって自分を消耗させる。男は偉そうにしたり、真面目（まじめ）ぶりたがる。女は男の論理と道徳を疑っているので、そんな罠（わな）にはかからない。まさに女のなかのこうした点を、スタンダールは大いに評価したのだった。女は自分の身分のあいまいさを自尊心のなかに逃げて避けたりしない。人間の尊厳という仮面の後ろに隠れたりしない。女は自分の筋の通らない考え、感動、自発的な反応を男より率直に発見する。主君の忠実な半身としてではなく、自分自身として話すかぎりのことではあるが、妻の話の方が夫の話より退屈でないのはそのためだ。男は、いわゆる一般的な考え、つまり自分の読む新聞記事や専門書のなかで見つかる言葉や決まり文句を出まかせにしゃべる。女は、限られてはいるが、具体的な経験をさらけだす。よく言われる「女らしい感受性」には、神話と芝居が少しずつ含まれている。とはいえ、女の方が男より自分自身や世界について注意深いことも事実である。性的に、女は苛酷（かこく）な男性的環境のなかで生きている。その代償として、女は「きれいなもの」を好む。ここから女の媚（こ）びるような態度が生まれるのだが、また繊細な感覚も生まれる。女の領域は限られているので、女の手の届く対象は貴重なものに思えるのだ。その対象を概念や企画のなかに閉じ込めてしまわないので、女はその豊かさを明かす。女の逃避願望は、お祭り好きに表わされている。花束、お菓子、立派に用意された食卓の無償性にうっとりし、自分の暇の空虚を気前のいい贈物に変えて楽しむ。笑い、歌、装身具、骨董品を愛する女は、通りの光景、空の光景など、自分のまわりで動いているものは何でもすぐに受け入れようとする。招待や外出は新しい領域を女に開く。男はこうした楽しみに参加するのをたいがい断る。男が家に入ってくると陽気な声はやみ、家庭の女たちは男から期待されている、物憂げで、慎ましやかな態度になる。孤独や別離のただなかから、女は自分の生活の個別性の意味を引き出す。過去や死や時の流れについては、男より内面的な体験をしているからだ。女は地上ではその唯一の運命しかもたないことを知っているので、自分の心と肉体と精神の出来事に関心をいだく。また、女は受け身であるために、どっぷりつかっている現実を、野心とか職業に没頭する人間よりも情熱的に、悲壮に耐え忍ぶ。女には自分の感動に身を委ね、自分の感覚を調べ、その意味を引き出す暇と嗜好がある。女の想像力がむなしい夢想のうちに消えてしまわなければ、それは共感となる。女は他人をその個別性のなかで理解し、自分のうちにその人を再創造しようと試みる。夫や恋人とは、ほんとうに同一化することができる。男には真似のできないようなやり方で、相手の企てや心配事を自分のものにする。女は世界全体に自分の注意を行き届かせる。女には世界が謎のように思える。一人ひとりの人間、一つひとつの物がその謎に答えてくれそうだ。女はむさぼるように問いかける。年をとると、その裏切られた期待はしばしば味わいのある皮肉や冷笑的態度に変わる。男のまやかしは認めず、男が打ち建てた威圧的な構築物の偶然的で、愚かしく、根拠のない裏面が見てとれる。女の依存性のせいで女は超然とした態度をとることができないが、時には自分に課せられた献身のなかから真の寛大さを汲み出すこともある。夫のため、恋人のため、子どものため、女は自分を忘れ、完全に捧げ物、贈物となる。女は男社会にうまく適応できないため、しばしば自分で自分の行動を考え出さなければならない。女は既成のやり方や紋切型には男ほど満足できないのだ。やる気のある女なら、夫の偉そうな確信より、もっと本来性に近い不安をもっているものだ。

しかし女が男に対してこうした優越性をもつには、女に差し出されている欺瞞を押しのけるという条件が必要である。上層階級の女は主人が確保してくれる利益を利用することに執着しているので、すでに見たように、大ブルジョア階級の女や貴族の女はいつも夫よりずっと頑固に階級の利益を守ってきた。人間であることの自律性をすべて夫のために犠牲にするのもためらわないほどだ。彼女たちは自分のすべての考え、批判力、自発的な心の躍動を抑えつけてしまう。正しいと認められた意見をオウムのように繰返し、男の法典がおしつけてくる理想と一体化し、心や顔にも、誠実さはことごとく死んでしまっている。家事をする女は、自分の仕事や子どもの世話のなかに自立を見出す。そこから、限られてはいるが、具体的な経験を汲み取る。「奉仕されている」女はもはや世界になんの手がかりももたず、夢と抽象のなかに、空虚のなかに生きている。そうした女は自分でひけらかしている考えがどんな程度のものなのかがわからない。でまかせに言う言葉は、すでに口のなかでまったく意味を失ってしまっている。金融家、実業家、時には将軍でさえも、疲れ仕事や心配事を引き受け、危険を冒す。彼らは自分たちの特権を不公正な取引で買っているのだが、少なくとも体をはって支払っている。妻たちは受け取るだけ受け取って、何も与えず、何もせず、それだけに盲目的な信念で時効にかかることのない自分の権利を信じている。そうした女たちの空虚な傲慢さ、徹底的な無能、頑固な無知が、彼女たちを、人類がこれまでに生み出した最も無益で、無価値な存在にしているのだ。

だから、「女」一般を語るのは、永遠の「男」を語るのと同じように無意味である。女は男より優れているか、劣っているか、同等かを決めようとする比較論がなぜすべて無駄なのかもこれでわかる。男と女の状況は根底から違うのだ。状況そのものを比較するなら、男の方が無限に好ましいのは明らかである。つまり、男は世界のなかに自分の自由を投企（プロジェ）する具体的な可能性をずっと多くもっている。その結果、必然的に、男の成果の方が女の成果よりはるかに優る（まさ）ことになる。女にはなすことがほとんど禁じられているのだから。だが、男と女のそれぞれの限界内での自由の使い方を比較するのは、もともと意味のない試みである。男も女もまさに自由を自由に行使するからである。欺瞞の罠や謹厳さのまやかしが、さまざまな形をとって、男をも女をもうかがっている。自由は一人ひとりが完全なかたちでもっているものである。ただ、女の場合、自由は抽象的で空虚なままなので、反抗することでしか本来的に自分を引き受けることができない。反抗こそは、なにも建設する可能性のない者たちに開かれた唯一の道なのだ。そのような者たちは自分の状況の限界を拒否して、未来への道を拓くように努めなければならない。あきらめは責任放棄と逃避でしかない。女にとっては、自分の解放に努力を傾ける以外に、どんな出口もないのだ。

この解放は集団でしかできないだろうし、また、なによりも、女の条件の経済面での発展が完全に行なわれることが必要とされる。ところが、自分一人で、自分の個人的な救済を実現しようと努力する女が過去にも多くいたし、今も多くいる。彼女たちは自分の実存を自分の内在性のただなかで正当化しようと試みる。つまり、内在のなかで超越を実現しようと試みる。それは自由を奪われた女が牢獄(ろうごく)を栄光の天に、隷属状態を至高の自由に変えようとする究極の——時に滑稽(こっけい)な、しばしば悲壮な——努力である。こうした努力を私たちは、ナルシシストの女、恋する女、神秘的信仰に生きる女のなかに見出すのである。

第三部　自分を正当化する女たち

第十一章　ナルシシストの女

ナルシシズムはすべての女に共通する基本的な態度であるとしばしば主張されてきた。[*1]だが、ナルシシズムの概念を過度に広げると、ラ・ロシュフコー[*2]がエゴイズムの概念を壊してしまったように、それを壊すことになるだろう。ナルシシズムは、実際は、次のように明確に定義される。それは、自我が究極の目的とされて、主体が自我へ逃避するという、疎外(そがい)[†]の一つの過程である。女には、それ以外の態度も——本来的なもの[†]であれ、非本来的なもの[†]であれ——数多くあり、そのうちのいくつかについては、すでに分析してきた。女が男より自我にすがり、愛に身を捧(ささ)げるのは、状況が女をそう仕向けるからであるというのが正しいのだ。

どのような愛にも、主体と客体という異なる二要素の共存が必要である。女は、結局は一つのところに至る二つの道を通ってナルシシズムへと導かれる。女は、主体として、

＊1　〔原注〕ヘレーネ・ドイッチュ『女性の心理』参照。
＊2　一六一三－八〇、フランスの作家、モラリスト。

満たされないものを感じている。女の子は、男の子にとってはペニスである、あのもう一人の自分（アルテル・エゴ）を奪われていた。成長しても、攻撃的な性欲は満足させられないままである。そして、はるかに重要なのは、女には男性的な活動が禁止されていることである。いろいろと用事はこなしているが、なにもしていない。妻、母、主婦としての役割を果たしても、女はその個別性において認められているのではない。男の真実は、彼が建てる家、彼が開墾する森、彼が治療する患者のうちにある。それに対して、女は、企てと目標を介して自己を実現することができないから、その人格の内在性[†]において自己を把握しようとする。シエイエス[*1]のあの言葉をもじって、マリー・バシュキルツェフは次のように書いている。「私とは何か。何者でもない。私は何でありたいか。すべてでありたい」。多くの女が自分の関心を自分の自我だけに執拗（しつよう）に限定し、自我を〈すべて〉と混同するかたちで肥大させるのは、女が何者でもないからなのだ。マリー・バシュキルツェフは「私は私のヒロインです」とも言っている。行動する男は、必然的に自分と向き合う。女は、力を出せず、孤立させられているから、自分を位置づけることも、自分の限界を見定めることもできない。女は、いかなる重要な対象にも手が届かないから、自分に最高の需要性を与えるのである。

　女がこのように自分を自分自身の欲望に差し出すのは、子どもの頃から、女には自分が客体として見えていたからである。女は、受けた教育によって、その身体全体のなかに自分を疎外するよう促されてきたし、思春期になると、この身体が受け身で、欲望をそそるものであることを知らされた。それは、サテンやビロードに手で触れて心を動かされるように、女が、自分の手を差し向けることのできる、そして、恋人の眼差しで見つめることのできる、モノである。孤独な喜びのなかで、女が男性的な主体と女性的な客体に二分されることがある。たとえば、ダルビエ[*2]が症例研究の対象としたイレーヌは、自分に向かって次のように言っている。「私は私を愛そうとしている」。あるいはもっと激しく、「私は私を所有しようとしている」。あるいは病気の極期には、「私は私を妊娠させようとしている」と。マリー・バシュキルツェフも、「それでも、私の腕と上半身を、このみずみずしさとこの若さを誰も見てくれないのは残念です」と書くとき、彼女は主体であると同時に客体である。

実際は、対自が本当に他者であること、そして、意識の光のなかで自分を客体としてとらえることは不可能である。二つに分化されるというのは夢想にすぎない。子どもの場合に、このような夢想を具現するのが人形であり、女の子は自分自身の身体よりも人形のうちによりはっきりと自分の姿を認める。それは一方〔女の子〕と他方〔人形〕のあ

＊1　一七四八－一八三六、フランス革命に理論的指針を与えた『第三身分とは何か』の著者。

＊2　〔原注〕『精神分析』。子どもの頃、イレーヌは男の子のように排尿するのが好きだったし、夢のなかで自分がオンディーヌ〔北欧神話の水の精〕の姿をしているのを頻繁に見た。これはナルシシズムと、ハヴェロック・エリスが「アンディニズム」と呼ぶもの、すなわち一種の尿のエロチシズムとの関係に関する彼の解釈を証明している。

いだに分離があるからである。自我と自我のあいだに優しい会話が成り立つには二人にならなければならないと、アンナ・ド・ノアイユ夫人はとくに『わが世の物語』のなかで説いた。

　私は人形が好きで、私自身の存在の活発さを動かない人形にも分け与えました。人形を羊毛と羽布団でくるまなければ、私自身も暖かい毛布に寝つけませんでした……私は本当に純粋な孤独を二つに分けて味わいたいと夢見ていました……幼い頃は、無垢のままでいたい、自分自身をもう一人ふやしたいと切望していました……ああ、私の夢見がちな幸福感が屈辱の涙に翻弄されるという悲劇的な瞬間に、かたわらにもう一人の幼いアンナがいてくれたらとどれほど願ったことでしょう。彼女がいたなら、私の首に抱きつき、慰め、私のことをわかってくれたでしょう……私は、生涯をとおして、心のなかで彼女に会い、力いっぱい引きとめていました。彼女は、私が望んでいたような慰めのかたちではなく、励ましのかたちで私を救ってくれました。

　思春期になると、娘は人形を眠らせる。しかし、人生をとおして、女は、自分と別れ、自分に再会しようとするなかで、鏡の魔術によっておおいに助けられるだろう。ランク[*1]は、神話と夢における鏡と分身の関係を明らかにした。とりわけ女の場合には、鏡のなかの反映が自我と同一視される。男の美は超越†の証（あかし）であるが、女の美は内在†の受動性である。というのも、女の美だけが視線をとらえるためにつくられ、それゆえに鏡というじっと動かない罠（わな）にとらえられてしまうのだ。自分を能動的、主体的であると思い、そうありたいと望んでいる男は、凝固した自分の像のなかに自分を認めたりはしない。男の肉体は彼には欲望の対象とは思われないから、自分の像にはほとんど魅力を感じないのだ。それに対して、女は自分を対象として認知し、形成するから、鏡のなかに自分を見ていると本当に信じ込む。受動的で与えられたものである反映は、彼女自身と同じように、一つのモノである。そして、彼女は女の肉体、つまりは自分の肉体を渇望（かつぼう）するかのように、自分を称賛し、自分を欲望することで、鏡のなかに見る生気のない美質を活気づけるのである。このことをよく知っていたノアイユ夫人は、私たちに次のように打ち明けている。

　私は私のなかにあるとても力強い、疑いようのない知的素質にはそれほどうぬぼれはもちませんでしたが、しばしばお伺いをたてていた鏡に映る像には大いにうぬぼれていました。……肉体的快楽だけが魂をすっかり満たしてくれるのです。

＊1　一八八四－一九三九、オーストリアの精神分析学者。

「肉体的快楽」という語は、ここではあいまいであり、不適切である。魂を満たすということは、精神ならその真価をこれから発揮しなければならないのに、見つめられている顔はここに、いま、与えられていて、疑う余地がないということである。未来はすべて、その縁によって一つの宇宙が形作られている、この光の緞帳のなかに集められる。この狭い囲いの外では、事態は混沌としたカオスでしかない。世界は一つの像、すなわち〈唯一者〉が輝いているこのガラスのかけらに還元される。自分の反映〔もう一人の自分〕に耽溺している女はそれぞれが、唯一の絶対的な女君主として、空間と時間を支配する。彼女には男たち、富、栄光、快楽に関するすべての権利がある。マリー・バシュキルツェフは自分の美に陶酔していたので、それを不滅の大理石にとどめたいと思っていた。このように、彼女が不死に捧げたものがあるとするなら、それは自分自身なのである。

　家に帰ると、私は服を脱ぎ、裸身になって、はじめて見たかのように、自分の体の美しさに感動します。私の影像を作らなければならないけれど、どのようにしたらいいのかしら。結婚しなかったら、それはほとんど不可能。でも、ぜひともそうしなければならない。そうしなかったなら、醜くなって、台なしになるほかないでしょ……たとえ私の影像を作ってもらうためだけでも、夫がいなければならない。

逢引き（あいび）にでかける用意をしているセシル・ソレル[*1]は、次のように自分を描写している。

　私は鏡の前にいます。もっときれいになりたいのです。ぼさぼさの髪と格闘していて、櫛（くし）の下では火花が散っています。私の顔は、金色の光線のように逆立てた髪の毛に囲まれて、太陽のようです。

私はまた、ある朝カフェの化粧室で見かけた若い女性のことを思い出す。彼女は一本のバラを手にもち、少し酔っているようだった。自分の像を飲むかのように鏡に唇を近づけ、「すてき、私ってすてき」と、微笑（ほほえ）みながらつぶやいていた。巫女（みこ）であると同時に偶像であるナルシシストの女は、永遠の中心で栄光の輝きに包まれて超然とし、厚い雲の反対側から、ひざまずいた被造物たちがそれを崇（あが）める。彼女は自分自身を見つめる〈神〉なのだ。「私は自分を愛しています。私は私の神なのです！」と、メジェロフスキー夫人は言った。神になるとは、即自†と対自†との不可能な統合を実現することである。個人がそれに成功したと勝手に思い込む瞬間は、その人にとって喜び、高揚、充足の幸運な瞬間である。十九歳のある日、屋根裏部屋で、ルーセルは頭のまわりに栄光のオーラを感じた。そして、彼女はこの症状から解放されることはなかった。鏡の奥に――自

＊1　一八七三―一九六六、フランスの女優。

分自身の意識によって生命を吹き込まれた、とそう思われた――自分の姿をした美、欲望、愛、幸福を見た娘は、人生をとおして、このまばゆい啓示の約束を味わい尽くそうとするだろう。「私が愛しているのはあなたなのよ」と、ある日、マリー・バシュキルツェフは自分の反映に打ち明ける。別の日には、「私は私をとても愛しています。すごく幸せなので、夕食のとき大はしゃぎしてしまいました」と書いている。たとえ女が非の打ち所のないほど美しくはなくても、彼女は自分の顔にその魂独自の豊かさが浮かび出るのを見るだろう。そして、彼女が自分に酔うにはそれで十分だろう。ヴァレリーの姿をとおして自分を描いた小説〔『ヴァレリー』〕のなかで、クリューデナー男爵（だんしゃく）夫人は自分を次のように描写した。

　彼女には、私がまだどのような女性にも見たことのなかった、なにか特別なところがあります。同じくらいの上品さと、はるかに優る（まさ）美しさをそなえた女性でも、彼女には遠くおよばないのです。彼女は見とれるほどではないかもしれませんが、なにか理想的な、また魅力的なところがあり、引きつけられてしまうのです。彼女を見た人は、非常に繊細で、とてもすらりとしていると言うでしょう。これは一つの意見かもしれませんが……

不器量な女たちでさえときには鏡の恍惚（エクスタシー）を経験することに驚くのは、間違っている。

彼女たちは、肉体というもの、それがそこにあるという事実だけでも感動するのだ。男と同じように、彼女たちを驚かせるには、若い女の肉体の純然たる豊かさがあれば十分なのだ。そして、彼女たちは、ささやかな自己欺瞞から、自分を独自の主体として把握するので、自分の特別な資質には独特の魅力があると考える。自分の顔や肉体に、優美な、類いまれな、興味をそそるなんらかの特徴を見出す。自分を女と感じることだけからも、自分を美しいと信じるだろう。

もっとも、鏡は特権を与えられてはいても、分身を作る唯一の装置ではない。誰でも心のなかでの対話で、双子の兄弟を作り出そうとすることがある。一日の大半を一人で過ごし、家事にうんざりしている女には、自分自身の姿を夢に仕立てる暇がある。娘のときは未来を思い描いていたが、今は漠然とした現在のなかに閉じ込められていて、自分相手に自分の身の上話をする。彼女はそこに美的秩序を導き入れるかたちで、それに手を加え、死ぬ前から、自分の偶然の人生を運命に変えてしまうのである。

とりわけ、女が子ども時代の思い出にどれだけ深い愛着をもっているかはよく知られている。女性文学はそれを証明している。男の自伝においては、子ども時代は、一般に副次的な位置を占めるに過ぎない。反対に、女はしばしば人生の最初の数年についてだけ語るにとどめる。この最初の数年は彼女たちの長編小説や短編小説の特権的な題材である。女友だちや愛人に自分の身の上を語る女は、ほとんどみな、次のような言葉で話を始める。「私が小さな女の子だったとき……」。彼女たちはこの時代を今でも愛惜しているのだ。自立の喜びを堪能しながら、頭の上に、父の好意的で威厳のある手を感じていたのは、この頃である。大人たちに保護され、是認されていた彼女たちは、自律した個人であり、目の前には、自由な未来が開けていた。ところがいまは、結婚と愛によって不十分ながらも守られ、現在のなかに閉じ込められ、召使いあるいは客体になってしまった。彼女たちは世界を支配していた。毎日少しずつ、世界を征服していた。それなのに、彼女たちは宇宙から切り離され、内在と反復に捧げられている。失墜したと感じている。しかし、彼女たちが最も苦しんでいるのは、一般性のなかにのみ込まれていること、つまり、無数の他の妻、母、主婦、女のなかの一人であるということである。それに対して、子どものときには、それぞれの女は独自の仕方で自分の条件を生きていた。自分の人生修業と仲間たちのそれとのあいだにある類似には気づかなかった。両親、教師、女友だちによって、個性を認められていたし、自分を誰とも比べようのない、ユニークな、またとない幸運を約束された人間だと信じていた。彼女は感動をこめて、かつての自分であるこの若い妹の方に振り向くが、この妹がもつ自由や要求や主権を捨て去り、この妹を多かれ少なかれ裏切ってきたのだ。彼女は大人の女になったが、かつての自分であったこの人間を懐かしみ、自分の心の奥底に、死んでしまった子どもを探そうとする。「小さな女の子」という言葉は彼女の心を打つが、「型破りな小さな女の子」という言葉はそれ以上に心を打つ。それは失われてしまった独創性をよみがえらせてくれるのだ。

彼女は、このきわめて稀有な子ども時代を前にして、遠くから感嘆するにとどまらず、それを自分のうちによみがえらせようとする。自分の好みや考え方や感じ方が型破りの新鮮さをもち続けてきたと確信しようとする。とまどいながら、むなしさについて問い、首飾りをおもちゃにしながら、あるいは指輪を激しく動かしながら、つぶやく。「型破りなのよ……私は、私ってそういう人間なのよ……想像してもみて、水が私を魅惑するのを……ああ！　私は田舎に夢中なの」。好みはそれぞれ奇癖のようであり、意見はそれぞれ世界への挑戦のようだ。ドロシー・パーカーは、生き生きと、この広く知られている特徴について書き記した。彼女はウェルトン夫人を次のように描写している。

　彼女は、自分のことを、咲きほこる花々に囲まれていなければ、幸せではいられない女だと思いたがっていた……内緒話をしたいというちょっとした衝動から、どれほど花が好きかを人々に打ち明けていた。この罪のない打明け話はほとんど弁解口調で、あたかも彼女が聞き手に、自分の好みをあまりにも異常だと思わないでほしいと頼んでいるようだった。彼女は、話し相手がびっくり仰天して、「いや、まったく、どうなることやら！」と叫ぶのを待っているようだった。時々、彼女はその他の些細な偏愛を告白していた。いつでも言い訳混じりに、慎み深い自分としては、心をさらけ出すなどもちろんいやだという様子で、色彩、田舎、気晴らし、本当に面白い劇、きれいな布地、仕立てのよい服、太陽がどれほど好きかを語った。

しかし、彼女が最も頻繁に告白していたのは、花への愛だった。この好みが、他のどれにもまして、自分と普通の人々を隔てているような気がしていたのだ。

女はとかくこのような自己分析を行動によって証明しようとする。女は色を選ぶ。「私は、緑、それが私の色」。女には大好きな花、香水、お気に入りの音楽、迷信、癖があり、どれも大切にする。衣装と家庭内の飾りつけで自分の個性を表現するためには、女は美しくなくてもよい。女が演じている人物には程度の差はあれ、その知性、頑固さ、疎外（そがい）の深さに応じて、一貫性と独創性がある。ある女たちはいくつかの断片的で混乱した特徴をいい加減に寄せ集めるだけであるが、別の女たちは一貫性をもってある人物像を作り上げ、その役を根気よく演じる。すでに述べたが、このように、女はこの戯れ（たわむれ）と真実とをうまく分けられないのだ。こうしたヒロインをめぐって、人生は、痛ましいあるいは素晴らしい、だがつねに少々奇妙な小説に仕立て上げられる。ときには、それはすでに書かれた小説である。なんと多くの娘が、『砂ぼこり』のジュディに自分の姿を認めたと、私に話したことか。また私はとても醜い老婦人のことを思い出す。彼女は『谷間の百合（ゆり）』をお読みなさい、あれは私の身の上話なのですよ」といつも言っていた。まだ子どもだった私は敬意をもちながらもあっけにとられて、このしおれた白百合の花を見つめたものだ。もっと漠然と、「私の人生はほとんど小説のようだ」と、つぶやく女たちもいる。彼女たちの額の上方には幸運あるいは不運の星がある。「そんなことは私にしか起こらない」と、彼女たちは言う。不運が彼女たちの歩みに絡みつくか、または、幸運が彼女たちに微笑みかける。いずれにせよ、彼女たちには運命があるのだ。セシル・ソレルは、その『回想録』全体を貫く無邪気さで、「こうして私は社交界入りを果たしました。最初の友人たちの名前は才能と美でした」と書いている。また、ナルシシストの伝説的モニュメントである『わが世の物語』で、ノアイユ夫人は次のように書いている。

ある日家庭教師たちはいなくなり、運命が彼女たちの代わりにきました。運命は、強くて弱い被造物、女を、その欲求を満たしてきた分だけ手荒く扱いました。運命は女を沈む難破船に乗せたままでした。彼女はまるで、自分の花を救おうと悪戦苦闘するオフィーリアのようでした。その声はいつまでも高く響いていました。運命が彼女に求めたのは、「ギリシア人は死を利用する」というあの最後の約束が本当であってほしいと願うことでした。

さらにナルシシスト文学の例として次の一節を引用しなければならない。

華奢ではあっても丸みをおびた手足、血色のよい頬をしたかつての丈夫な女の子から、私はもっと弱々しく、とらえどころのない体つきになり、そのせいで、思春期の悲壮な少女に変わってしまいました。命の泉が、モーゼの岩と同じぐらいの不思議さで、私の砂漠、飢え、束の間の神秘的な死からほとばしり出ていたにもかかわらず。私は自分の勇気を、そうするのが当然と言わんばかりに、誉めそやしたりはしません。私は勇気を私の力や可能性と同じに見ています。私の目は緑色で、髪は黒く、手は小さく、強く……と、人がよく言うように、私は自分の勇気をそのように語ることができるかもしれません。

そして、さらに数行が続く。

いま、私にはわかるのです。私は魂とその調和的力に支えられながら、自分の声に合わせて生きてきたということが。

美しさ、輝き、幸せがないと、女は自分を犠牲者と決めるだろう。彼女は〈悲しみの聖母〉、理解されない妻をあくまでも体現しようとする。彼女は彼女から見て、「世界一不幸な女」になるだろう。シュテーケルが描写しているのは、こうした鬱病患者の症例である（『不感症の女』）。

毎年、クリスマスになると、H・W夫人は、青ざめた顔で、くすんだ色の服を着て、自分の運命を嘆くために私のところへやって来る。彼女が泣きながら語るのは、悲しい身の上話である。棒に振った人生、失敗した夫婦生活！　初めて彼女が来たとき、私は涙に心を動かされ、あやうく一緒に泣きそうになった……そうこうするうちに、長かった二年の歳月が流れたが、彼女は、失われた人生を嘆きながら、いまもなお彼女の希望の廃墟(はいきょ)に住んでいる。彼女の表情は衰えの最初の兆候をはっきりと示しているが、それが、「私はどうしてしまったの、あんなにきれいだと言われていたのに」という、彼女の嘆きのもう一つの理由になっている。彼女の嘆きは増え、友だちがみな自分の不幸な運命のことを知っているからと言って、絶望感を言い立てる。嘆いてはみなをうんざりさせる……これが、彼女が自分を不幸で、ひとりぼっちで、理解されていないと感じる、もう一つの原因である。もはや、この苦しみの迷路からの出口はなかった……この女性はこのような悲劇的な役に喜びを見出していた。彼女は文字どおりこの世で一番不幸な女であるという考えに陶酔していたのだ。彼女に積極的な人生を歩ませようとするすべての努力は挫折(ざせつ)した。

愛(いと)しいウェルトン夫人、素晴らしいアンナ・ド・ノアイユ、シュテーケルの不幸な患者、特別の運命を定められた多くの女たち、彼女たちに共通する特徴は、自分は理解されていないと感じていることである。彼女たちの周囲にいる人々はその独自性を認めていない、あるいは十分認めていない。彼女たちは、他人のこのような無視や無関心を好意的に解釈して、自分が心に秘密を押し隠しているためにそうなるのだと考える。事実は、多くの女たちは、自分にとってとても大切だった子ども時代や青春時代のエピソードを心のうちにひそかに秘めているということなのだ。彼女たちは自分の表向きの伝記と本当の身の上話が一致していないのを知っている。だがなによりも、ナルシシストの女が深く愛するヒロインは、人生において自分を実現できないのだから、想像の産物にすぎないのである。ナルシシストの女にとって、ヒロインとの一体性は、具体的な世界によって与えられるのではない。なぜなら、それは、隠された原理、フロギストン[*1]と同じくらいあいまいな、一種の「力」あるいは「効力」だからである。ナルシシストの女はその実在を信じているのだが、もし他人にそれを知らせたいと思ったならば、明瞭なかたちをもたない、ありもしない罪の告白をしようと一生懸命な精神衰弱患者と同じくらい当惑するだろう。どちらの場合も、「秘密」は、感情と行動を解読し正当化できる鍵を自我の奥底にもっているという空虚な確信でしかないのだ。精神衰弱患者にこのような幻想を与えるのは、彼らの無為や無気力である。そして、女が自分には説明できない神秘が宿っていると思うのも、日々の活動のなかで自分を表現することができないからである。女性の神秘というかの有名な神話は、女のそういう思い込みを助長し、そうすることで、さらに強化されるのである。

　幸福な星のもとにあろうと、不幸な星のもとにあろうと、まだ知られていない宝物をうちに秘めている女の目には、運命に支配される悲劇の主人公たちの必要条件が自分には備わっていると思われる。彼女の人生すべてが神聖な劇に変わる。もったいぶって選んだ衣装を身につけて、司祭服をまとった女司祭と、忠実な手で飾られ、信奉者の崇拝に捧げられた偶像が同時にすくっと立ち上がる。彼女の部屋は彼女の祭礼が執り行なわれる寺院になる。マリー・バシュキルツェフは、ドレスに払うのと同じくらいの注意を、自分のまわりに配置する空間にも払っている。

机のそばに、古いタイプの肘掛け椅子があるので、人が部屋に入って来たとき、その人と向き合って座るには、この肘掛け椅子をちょっと動かして向きを変えればよい……絵画と植物のあいだにある、本を背にしたもののものしい机のそばで、前から見るときのように机の黒い横木で分断されずに、すねと足元を見てもらえる。長椅子の上方には、マンドリンが二つとギターが掛かっている。こうした部屋の真ん中に、静脈が青く浮き出た、とても小さく繊細な手をした、金髪で色白の娘を置いてみてください。

客間のなかを気取って歩くとき、愛人の腕に身を委ねるとき、女は自分の使命を実現する。彼女は、世界に彼女という美の財宝を与えるヴィーナスである。ビブ[*2]の風刺画の

＊1　十八世紀の燃焼理論において仮想された可燃性の元素。

ついたグラスを砕いたとき、セシル・ソレルが守ったのは彼女自身ではなく〈美〉である。彼女の『回想録』を読むと、彼女は人生のすべての瞬間に、人々を〈芸術〉の崇拝へと誘ってきたことがわかる。同様に、『わが生涯』のなかのイサドラ・ダンカンもそのように自分を描写している。

公演のあと、チュニックをまとい、バラの冠をかぶった私はなんときれいだったことか！　なぜ、この魅力をうまく生かせないのかしら。なぜ、一日中頭を使って働く男が……、この素晴らしい両腕に抱き締められないなんてことがあっていいものかしら。彼が労苦に対する多少の慰めと、美と忘我の数時間を見出せないなんてことがあっていいものかしら。

ナルシシストの女の気前のよさは、彼女にとって都合がいい。彼女が栄光に輝く後光に包まれた自分の分身を認めるのは、鏡のなかよりも他人のうっとりした目のなかだからである。そうした好意的な観客がいないと、ナルシシストの女は聴罪司祭や医者、精神分析医に心を打ち明け、手相見や占い師に相談に行く。「信じてるわけではないけれど、誰かに私の話をしてもらうのがとても好きなの」と、あるスターの卵が言っていた。彼女は女友だちに自分の話をするが、他の誰よりも熱心に恋人に、証人になってもらいたがる。恋する女はすぐに自分の自我を忘れる。だが、女たちの多くは、まさに自分のことをけっして忘れないから、ほんとうの恋ができない。彼女たちは閨房での親密さより大舞台の方を好む。だから、彼女たちにとって社交生活は重要なのだ。彼女たちには、見つめてくれる眼差し、聞いてくれる耳が必要であり、彼女たちが演じる人物にとっては、できるかぎり多くの観客が必要なのだ。自分の部屋を描写しながら、マリー・バシユキルツェフはおもわず次のように告白している。

　こうして、人が私の部屋に入って来て、私が書き物をしているのに気づくとき、私は舞台の上にいるのです。

さらに、あとに次のように記している。

　私は自分にかなりの演出料を奮発することに決めました。サラの邸宅よりもっときれいな邸宅と、もっと大きなアトリエを建てるつもりです……

ノアイユ夫人はノアイユ夫人で、次のように書いている。

＊2　（295頁）一八八八年生まれのフランスの風刺画家。彼の描いたセシル・ソレルの手厳しくこっけいな人物戯画は有名。

私は広場が好きでしたし、今でも好きです……それで、私は誰も座っていない長椅子の前で演じるのは好きではないのよと率直に告白して、しばしば男友だちを、安心させることができたのです。彼らはお客の数の多さに恐縮していて、それを私が不快に思うのではないかと心配していたのです。

化粧と会話は、この誇示したいという女の嗜好の大部分を満たしてくれる。しかし、野心的なナルシシストの女は、より非凡でより多彩なやり方で自分を見せびらかしたいと思う。とりわけ、彼女は自分の人生を観衆の喝采に供される劇にして、大真面目に芝居気たっぷりに振る舞うことに喜びを見出すだろう。スタール夫人は『コリーヌ』のなかで、ハープの伴奏で詩を詠じて、イタリアの群衆を魅了したさまを長々と語っている。コペ〔スイス、レマン湖畔の町〕での彼女のお気に入りの気晴らしの一つは、悲劇的なせりふを朗読することだった。たいてい、彼女はフェードル[*1]に扮して、ヒッポリュトスに仮装させた若い愛人たちに情熱的な愛の告白をするのだった。クリューデナー男爵夫人はショールダンスを専門としていたが、彼女はそれについて『ヴァレリー』のなかで次のように書いている。

ヴァレリーは濃紺のモスリンのショールを求め、額にかかる髪の毛を払いのけ、頭のうえにショールをかけた。ショールは彼女のこめかみから肩に沿って垂れ下がっていた。彼女の額は古代風に浮かびあがり、髪はまったく見えず、まぶたは閉じられ、いつもの微笑みは少しずつ消えた。頭が傾くと、ショールはふわりと、組まれた腕と胸のうえに落ちた。その青い服とその清らかで優しい姿は、コレッジョ[*2]によって描かれた絵のようで、穏やかな忍従を表現していた。それから、視線を上げ、唇に微笑が浮かぼうとするとき、まるで、シェークスピアが描いたように、遺跡のそばで〈苦悩〉に微笑みかける〈忍耐〉を見るようだった。

……見るべきは、ヴァレリーである。内気であると同時に気高く、深い感受性をもち、惑わし、魅了し、感動させ、涙を流させ、そして、心臓が大きなショックを受けたときのようにどきどきさせるのは、彼女である。習って身につくものではない、自然が少数の優れた存在に密かに示した、このような魅力的な上品さを備えているのが彼女である。

もし状況が許すならば、公衆の前で芝居に身を捧げるほど深い満足をナルシシストの女に与えるものはないだろう。ジョルジェット・ルブランは言う。

＊1　ギリシア神話のファイドラ。クレタ王ミノスとパシファエの子で、テセウスの妻。義理の息子ヒッポリュトスを愛し、自殺する。

＊2　一四八九頃－一五三四、イタリアの画家。

> 芝居は、私がそこに求めていたもの、つまり、高揚の動機となるものを与えてくれました。いま、芝居は私にとって行動の模倣物のように思われます。極端な気質に不可欠な何かのように思われます。

彼女が使っている表現はきわだっている。行動することがない女は、行動の代用品を考え出す。芝居は、ある女たちにとっては、特権的な代用品なのだ。それに、女優は非常にさまざまな目的をめざすことができる。ある女たちにとって、演じるのはお金を稼ぐための一つの手段、単なる職業である。別の女たちにとっては、名声への接近であり、名声は色恋のために利用されるだろう。さらに別の女たちにとっては、自分たちのナルシシズムの勝利である。最も偉大な女優たち——ラシェル、ラ・ドゥーゼ[*1]——は、自分たちが作り出す役のなかで自己を超越する、真の芸術家である。それに対して、大根役者は自分が達成することにではなく、役によって自分に及ぶであろう名誉を気にかける。彼女はなによりもまず自分の価値を認めてもらおうとする。頑固なナルシシストの女は、打ち込む術を知らないので、愛におけると同様に芸術においても限界があるのだ。

このような欠点はナルシシストの女の行動すべてにわたってはっきりと認められる。彼女は栄光につながる可能性のあるすべての道に気をそそられる。だが、無条件にそこに身を投じることはけっしてないだろう。絵画、彫刻、文学は厳しい修業を必要とし、孤独な作業を要求する専門分野である。多くの女がこれらに取り組もうとするが、はっきりした創造の欲求につき動かされないと、すぐに断念してしまう。辛抱強く続ける女たちの多くも、仕事をしているのを「演じている」にすぎない。マリー・バシュキルツェフは、名誉を渇望していたので、イーゼルの前で何時間も過ごしていたが、描くことを心から好きになるには、あまりにも自分のことを愛していた。数年間悔しい思いを重ねたのちに、彼女はみずから次のように告白している。「そう、私は描く苦労を自分に課さなかった。いま、自分を見詰め直してみた。私はごまかしている……」。スタール夫人やノアイユ夫人のように、女が作品を打ちたてるのに成功するのは、自分に対する崇拝だけにとらわれていないときである。女性作家の多くに重くのしかかる大きな欠陥の一つは、自分自身に対するうぬぼれであり、それが彼女たちの誠実さを損ない、限界をもたらし、力を削ぐのである。

　優越感が染み込んだ女の多くは、だからといって、それを人々に示すことができるわけではない。そうなると、彼女たちの抱く野心は、男に自分の美点を納得させ、彼を仲介者として利用するということになる。彼女たちは、自由な投企によって独自の価値をめざすのではなく、自分の自我に既成の価値を付け加えたいと思うのだ。だから、彼女たちは権勢と栄光を握っている男たちに助けを求め、ミューズ、霊感を与える女、影響力をもつ女となって、彼らと一体化することを期待するのだろう。その顕著な例が、ロ

＊1　一八五九－一九二四、イタリアの舞台女優。

レンスとの関係におけるメイベル・ドッジの例である。彼女は次のように書いている。

私は彼の精神を魅了し、彼がなにかを作り出すよう仕向けたかったのです……私には、彼の魂、彼の意志、彼の創造的な想像力、そして彼の明晰(めいせき)な洞察力が必要だったのです。私がこうした必要不可欠な道具の女主人になるには、彼の血を支配する必要がありました……私はいつも物事を、それが何であれ、自分自身でしようとはせずに、他人にやらせようとしてきました。私は代理人を介して一種の活気や豊かさを得てきたのです。それは、何もすることがないという悲嘆の気持ちに対する一種の代償でした。

また、もっとあとでは次のように言っている。

私は、ロレンスが私をとおして勝利者になること、彼が私の経験、私の観察、私のタオ〔道教の哲理〕を利用すること、そして、彼がこれらすべてを見事な芸術創造において表現することを望んでいました。

同様に、ジョルジェット・ルブランはメーテルリンクの「栄養と炎」でありたいと願っていた。しかしまた、この詩人が書いた本に自分の名前が記されるのを見たいとも思っていた。ここで問題にしているのは、——ユルシン王妃やスタール夫人[*1]のような——個人的な目的を選択し、それを実現するために男を利用する、野心的な女ではなく、極めて主観的な権威志向につき動かされ、どのような客観的な目標をもめざさず、他人の超越を自分のものだと言い張るような女である。彼女たちがそれに成功するのは稀（まれ）である。だが、彼女たちは自分の失敗から目をそらし、自分には抗しがたい魅力が備わっているのだと信じ込むのにたけている。自分が愛らしく、好ましく、素晴らしいことを知っている女は、愛され、望まれ、感心されていると確信している。ナルシシストの女はすべてベリーズ〔モリエールの戯曲『女学者』の登場人物〕である。ロレンスに献身した純真無垢（むく）なブレットでさえも、自分をちょっとした人物に仕立て上げ、重々しい魅力を授けている。

　目を上げると、あなたが半神獣のように皮肉っぽく私を見つめているのに気づきました。挑発的な光があなたの目のなかで輝いて、まるでパン[*2]のよう。私は、あなたの顔からその光が消えるまで、威厳のある堂々とした態度であなたをじっと見つめます。

＊1　一六四二―一七二二、フランス、イタリア、スペインの宮廷で活躍した女性。
＊2　ギリシア神話の神。上半身は人間、下半身はヤギの姿をしている。

このような幻想が正真正銘の妄想を生み出すこともある。クレランボー[*1]が恋愛妄想を「一種の職業的な妄想」と見なしたのも、理由のないことではない。自分を女であると思うことは、望ましい対象であると思うことであり、自分が望まれ、愛されていると信じることとである。「愛されているという幻想」に冒されている患者の一〇人に九人が女であるということは注目に値する。女たちが想像上の恋人に求めているのは、自分のナルシシズムの開花であることは、まったく明らかである。彼女たちは、恋人が、聖職者、医者、弁護士のような、絶対的価値を備えた男であってほしいと願う。そして、彼女の行動に見出(みいだ)される明確な真実は、彼女が理想とする女主人は他のすべての女よりも優れていて、その女主人には抗しがたい至高の徳があるということである。

恋愛妄想はさまざまな精神病のさなかに現われてくるが、その内容はつねに同一である。主体は、絶対的価値を備えた男の愛によって照らされ称賛される。女は男に何も期待していなかったにもかかわらず、彼が突然彼女の魅力に魅惑されたのである。そして、彼は遠回しに、だが有無を言わせぬ調子で自分の思いを彼女に打ち明ける。このような関係はときには観念的なものにとどまるが、ときには性的な形態をおびる。しかし、この関係の本質的特徴は、権力をもち栄光に満ちた半神が、自分が愛される以上に相手を愛すること、また奇妙であいまいな振る舞いをとおして自分の情熱を示すことである。精神科医によって報告された膨大な数の症例のなかから、以下にあげるのは、極めて典型的な一例で、フェルディエール（『恋愛妄想』）にしたがって私が要約したものである。

それは四十八歳の女性、マリー・イヴォンヌで、彼女は次のような告白をしている。

元国会議員であり政務次官であった、弁護士会と弁護士会評議会会員のアシル先生のことです。彼とは一九二〇年五月十二日に知り合いになりました。その前日、私は裁判所で彼に会おうとしました。遠くから彼の頑健な体軀（たいく）に注目したことはありましたが、彼の顔は知りませんでした。私は背筋がぞっとしました……そうです、彼と私には恋愛感情、相思相愛の感情があるのです。目と目が、視線と視線が交わされました。初めて彼を見たときからすでに彼にぞっこんになってしまいました。彼も同じです……とにかく、彼が最初に愛の告白をしました。それは一九二二年の初めの頃でした。彼はいつでも一人で私を客間に迎えてくれました。ある日は、息子さんを追い出しさえしました……ある日……彼は立ち上がると、会話を続けながら私の方へ来ました。私はすぐに、それは感情のほとばしりだとわかりました……彼は私に深遠な言葉を語りました。さまざまに心を尽くして、相思相愛の思いがあることをわからせてくれました。別の時には、つねに彼の事務所でのことですが、「あなたなのです、あなた一人なのです、あなた以外の人ではないのです、マダム、よくおわかりでしょう」と言いながら、私に近づいて来ました。私はすっかり動転

＊1　一八七二－一九三四、フランスの精神医学者。

して、なんと答えたらよいのかわかりませんでした。私はただ「先生、ありがとうございます」と言いました。彼はついて来た男を追い払いさえしました。彼は事務所から通りまで私を送ってくれました。また、別の時には、彼は事務所から通りまで私を送ってくれました。彼はエレベーターのなかでその男に二〇スー渡して、「きみ、私を解放してくれたまえ。ご覧のとおり、ご婦人の連れがいるんだよ」と言いました。これらのことはすべて、私に付き添って、二人だけになるためにしたことでした。彼はいつでも私の両手を強く握りました。最初の弁論の最中に、彼は自分が独身であることをわからせるために巧みな口上を並べました。

彼は私の家の中庭に歌い手をよこし、自分の愛を私にわからせようとしました……彼は私の部屋の窓の下から見つめていました。私は彼が作った恋愛詩を歌ってお聞かせできるでしょう……彼は、私の家の扉の前で民謡を歌い続けさせました……私は愚かでした。彼がこうして言い寄ってきたすべてに応えるべきだったのでしょう。私はアシル先生の気持ちを冷ましてしまいました……そのとき、彼は、私が彼を拒んでいるのだと思い、行動しました。率直に話してくれたらよかったのですが、彼は復讐しました。アシル先生は、私がBにある感情を抱いていると思っていました……そして、彼は嫉妬深かったのです……彼は私の写真を使って呪いをかけて私を苦しめました。これが少なくとも、私が今年、本や辞典から学んだおかげで発見したことです。彼はこの写真をたっぷり苦しめました。すべてはそこから来ているのです……

このような妄想はたしかに、容易に迫害妄想に変化する。そして、このプロセスは正常な症例においても見られる。ナルシシストの女は、他人が自分に熱烈な関心をもっていないということを認めることができない。自分が熱愛されていないという明白な証拠を得ると、すぐに嫌われていると推測する。彼女は、批判はすべて嫉妬や恨みのせいだとする。彼女の失敗は邪悪な陰謀の結果である。そのため、そうした失敗は、自分は重要視されているのだという彼女の考えを強固にすることになる。ナルシシストの女は簡単に、誇大妄想あるいはそのまったく逆のかたちである迫害妄想に移行する。自分の世界の中心にいて、自分の世界以外の世界を知らない彼女は、いまや世界の絶対的中心なのである。

しかし、現実生活を犠牲にするかたちで、ナルシシストの喜劇は展開する。想像上の人物は想像上の観客の称賛を乞うのだ。自分の自我の餌食になっている女は、具体的な世界に働きかける手がかりをすべて失い、他人とのどんな現実的な関係も作りあげようという気がない。スタール夫人は、「彼女の賛美者たち」がその夜手帳に書き留めるであろう揶揄を予感したなら、『フェードル』をあれほど喜んで朗読しなかっただろう。だが、ナルシシストの女は、自分が見せているのとは別なふうに見られることもあるというのを認めようとしない。これが、夢中になって自分を見つめているにもかかわらず、ナルシシストの女がうまく自分を判断できない理由であり、また、実にたやすく奇行に走る理由でもある。彼女はもはや人の言うことは聞かず、話す。そして、話すときには、自分の役のせりふをしゃべりまくるのである。

マリー・バシュキルツェフは書いている。

それは私を楽しませてくれます。私は彼とは話をしません。私は演じているのです。そして、良い観客の前にいると感じると、私は、子どもっぽく風変わりな抑揚と演技によって素晴らしくなるのです。

彼女は、あまりにも自分を見つめすぎるので、他のものは何も見えない。他人については、自分の認めることだけしか理解しない。自分の場合や自分の身の上と同じだと見なせないものは、彼女には関係ないものである。彼女はさまざまな経験を積むのを好む。酩酊（めいてい）、恋する女の苦悩、母になる純粋な喜び、友情、孤独、涙、笑いを体験したいと思う。しかし、自分を捧（ささ）げることがけっしてできないので、彼女の感情と感動は作りものである。たぶん、イサドラ・ダンカンは自分の子どもたちの死には本当の涙を流すだろう。だが、芝居がかったおおげさなしぐさで子どもたちの遺骨を海に投げるときには、彼女はまさに女優でしかない。また、『わが生涯』の次の節を読む人は不愉快にならざるをえない。彼女はそこで自分の心痛を思い起こしている。

> 私は自分の体の温もりを感じています。のばした脚のうえに、柔らかい乳房のうえに、けっしてじっとしていることなく絶えず穏やかに波打っている両腕のうえに、視線を落とし、眺めます。そして、私にはわかっているのです。この十二年来自分が疲れ切っていて、この胸には尽きることのない苦悩が閉じ込められ、この両手には悲しみが刻まれ、独りのときには、この目がめったに乾くことがないことが。

自我を崇拝することで、思春期の娘は不安な未来に立ち向かう勇気を得ることができる。しかし、それは速やかに乗り越えられるべき一つの段階である。そうしなければ、未来は閉じられる。恋人をカップルの内在性†のなかに閉じ込める恋する女は、自分とともに彼を死に捧げる。想像上の自分の分身のなかに自己を疎外しているナルシストの女は、自分を無にする。彼女の記憶は凝固し、行動は型にはまり、言葉をくどくど繰り返し、少しずつ中身が空疎になっていく身ぶりを繰り返す。こういうわけで、多くの「日記」や「女の自伝」は貧しい印象を与えるのだ。自分を称賛するのに夢中な女は、何もせず、自分を何者にもせず、無を称賛するのである。

彼女の不幸は、どんなに自己欺瞞にひたろうとも、この無を体験することである。ある個人とその分身のあいだには実質的な関係はありえない。なぜなら、この分身は存在しないからである。ナルシストの女は徹底的な敗北を喫する。彼女は自分を全体的なもの、完全なものとして把握することができず、自分が即自―対自存在であるという幻想を抱き続けることができない。彼女は孤独を、すべての人のそれと同じように、偶然的なものとして、また見捨てられた状態として体験する。それゆえ、――改心しないかぎり――彼女は絶えず群衆へ、喧騒へ、他人へと逃避せざるをえない。自分を最高の目的として選択することで、自分は従属を免れられると信じるのは重大な誤りであろう。というのも逆に、彼女は極めて窮屈な隷属に身を捧げるからである。彼女は、自分の自由を足場にするのではなく、自我を客体にし、世界のなかでまた他人の意識のなかでそれを危険にさらすのだ。彼女の身体と顔は傷つきやすい一つの肉体であり、時がそれらを損なうだけではない。偶像を飾りたて、そのために台座を据え、一つの寺院を建てることは、実際には多くの犠牲を要する企てでもあるのだ。すでに見たように、自分の姿を不滅の大理石に刻みつけるために、マリー・バシュキルツェフは金目当ての結婚に同意した。男の財産は、イサドラ・ダンカンやセシル・ソレルが自分の王座の足元に置いた、金、香、没薬の代金を支払ってきた。女にとって運命を具現するのは男である。だから通常、女が自分の成功を評価するのは、自分の力に服従する男の数と質によってである。しかし、ここで再び相互性が働く。〔男を食いものにする〕カマキリの雌のような女は男を道具にしようと試みるが、そうすることによって首尾よく男から解放されるわけではない。なぜなら、男を服従させるためには、男に気に入られなければならないからだ。アメリカの女は、偶像になりたいと望んで、彼女の崇拝者の奴隷となり、男をとおしてだけ、男のためにだけ、装い、生き、呼吸する。本当は、ナルシシストの女も高級娼婦と同じように依存しているのだ。もし彼女が特定の男の支配を免れるとすれば、それは世論の圧力を受け入れることによってである。彼女を他人に縛りつけるこの絆には、交換の相互性は含まれない。もし彼女が活動をとおして他者の自由を目的として認めて、他者の自由をとおして自分を認めてもらおうと努めるならば、彼女はナルシシストであることをやめるだろう。彼女の態度が矛盾しているのは、彼女には自分だけが重要であるにもかかわらず、自分が価値を完全に否認している人々によってより高い評価を与えられたいと思っていることである。他人の賛同は、情け容赦のない、謎めいた、気まぐれな権力であり、魔法によってそれを巧みに引き寄せようとしなければならない。ナルシシストの女は、表面的には傲慢だが、自分が脅かされているのを知っているから、不安で、傷つきやすく、怒りっぽく、絶えず様子をうかがっている。彼女の虚栄心が満たされることはけっしてない。年をとればとるほど、不安に駆られて称賛と成功を求め、周囲の人に陰謀の嫌疑をかける。彼女は、取り乱し、強迫観念に取りつかれて、自己欺瞞の夜に沈み、しばしば最後には自分の周囲に偏執狂的妄想を築きあげる。「自らの命を救わんと欲する者は、それを失うであろう」という言葉がとりわけ当てはまるのが、ナルシシストの女なのである。

第十二章　恋する女

「愛」という言葉は男と女ではまったく異なる意味をもつ。そして、それこそ二つの性を隔てる深刻な誤解の原因である。バイロン[*1]は次のように的確に言った。愛は女の人生そのものであるのに対して、男の人生では一つの関心事にすぎない。同じような見解をニーチェは『華やかな知恵』で次のように述べている。

愛という言葉そのものが男女で違った二つのことを意味する。女にとって愛が意味するものはかなり明確である。それは単なる献身ではない。まったく躊躇せず、それが何のためと考えることもなく、肉体と魂をそっくり捧げることだ。この条件が一切ないということが愛を一つの信仰[*2]にする。女がもつ唯一の信仰である。男はといえば、一人の女を愛したなら、彼が女に望むのはそのような愛である。したがって、男が女と同じ愛の感情を自分にもあてはめることはありえない。全面的に自分を捧げたいと願う男たちがいたとしたら、もちろん、それは男ではないだろう。

男たちは自分の人生のある時期には情熱的な恋人であったかもしれない。しかし、「恋にすべてを捧げる男」と言える男など一人もいない。最も激しく熱中する場合にも、彼らは自分を完全に捨て去りはしない。愛人の足元にひれ伏したとしても、彼らのつねに変わらぬ望みは、彼女を所有し、独り占めすることである。人生のさなかに彼らは絶対的主体にとどまる。恋人は他の諸価値のなかの一つの価値にすぎない。男は女が自分の存在に同化してほしいと思う。女のなかに自分の存在が完全に飲み込まれるのは望まないのだ。反対に、女にとって、愛は主人のために全面的に自己放棄することである。セシル・ソヴァージュは次のように書いている。

愛するとき、女は自分自身の人格は忘れなければなりません。これは自然の法則なのです。女は主人がいなければ存在しません。女は主人なしでは、あちこちに散らばる花束にすぎません。

実をいえば、ここに関わってくるのは自然の法則ではない。男と女の状況の違いが、愛について男と女が作りあげる観念のなかに反映されるのだ。主体であり、自分自身で

＊1　一七八八－一八二四、イギリスの詩人。
＊2　〔原注〕強調はニーチェによる。

ある個人が超越†への高潔な性向をもつならば、世界への手がかりを拡大しようと努める。その人間は野心に燃えて、行動する。ところが、非本質的†な存在は自分の主体性の中心に絶対的なものを見出せない。内在†に捧げられた存在は行為をとおして自分を実現できないのだ。女は、子どもの頃から、限定されたものの領域に閉じ込められ、将来男のものになるように決められ、男を自分が対等になれない支配者とみなすことに慣れてしまっている。それでもなお人間でありたいという自分の要求を押し殺してしまえなかった女が切望するのは、こうした優越的存在の一つに向けて自分の存在を乗り越えることである。絶対的主体に自分を一体化させ、それと一つになるのだ。彼女に対して絶対的なもの、本質的なもの†と示されたものに肉体と魂を一体化する他に進むべき道はないのである。いずれにせよ、依存を強いられるのなら、両親、夫、保護者などの専制君主に従うよりむしろ、神に奉仕する方がいい。彼女は自分の隷属を熱烈に求めることを選択する。それが自分の自由の表現と思えるからだ。自分の置かれた非本質的な客体の状況を徹底して引き受けて、それを乗り越えようとするのである。自分の肉体、感情、行動をとおして、愛する男をこのうえないものと称える。彼を価値として、最高の実在として認める。そして、彼を前にして彼女は自分を無にしてしまうだろう。愛は女にとって一つの宗教となるのである。

　すでに見たように、若い娘はまず自分を男たちと同一視しようとする。それを断念するとき、今度は、男たちのうちの一人の愛を得て、彼らの男らしさを分かちもとうとする。彼女の心をとらえるのは、この男、あるいはあの男の個性ではない。彼女は男一般に恋するのである。イレーヌ・ルウェリオティは書いている。「私が愛するだろう、あなたたち、男たち、なんとあなたたちを待ちこがれていることか。あなたたちともうすぐ知り合えるなんてなんと楽しいでしょう。まずは、あなたが最初の人」。もちろん、男は自分と同じ階級、同じ人種でなければならない。性別の特権が意味をもつのはこの範囲内でだからだ。男が神のような偶像であるためには、当然ながら彼はまず一人の人間でなければならない。植民地の官吏の娘にとって、現地人は人間ではない。若い娘が「下の階級の者」に身をまかせるとすれば、それは、自分は恋にふさわしい人間ではないと思い込んでいるために、自分の価値をわざわざ下げようとしているのである。

普通、若い娘は男の優越性を明らかに示している男を探し求める。残念ながら、彼女はすぐに、選ばれた性をもつ人間の多くは取るに足りない俗っぽい人間たちであると認めざるをえなくなる。とはいえ、彼女は初めのうちは彼らに好都合な先入観を抱いている。男たちは自分の価値を証明しなければならないというよりむしろ、それをあまりひどく裏切らなければよいのである。そのために、しばしば情けない結果に終わるあれほど多くの失敗をするのだ。世間知らずのうぶな若い娘は男らしさの鏡にとらわれている。場合によるが、娘の目に男の価値は肉体的力、洗練さ、富、教養、知性、権威、社会的地位、軍服をとおして現われるだろう。だが、彼女がつねに望むのは、恋人のうちに男の本質が集約されていることである。だが、親しくなるだけで男の威信が失われてしまうことがよくある。最初のキスで、あるいは毎日のように頻繁に会うなかで、または結婚の初夜のあいだにそれは崩れ去る。とはいえ、遠くからの恋は幻想にすぎず、現実の経験ではない。恋への欲望が実際に情熱的な恋になるのは、それが肉体的に確認されたときである。逆に、恋が肉体的抱擁から生まれる場合もある。性的に支配された女が、初めはどうとも思わなかった男を称賛するようになるのだ。しかし、女が知り合った男たちの誰一人として神に変えられない場合もしばしばある。恋は一般的に主張されているほどには女の人生に場所を占めない。夫、子ども、家庭、楽しみ、社交界の生活、虚栄、性生活、職業の方がずっと重要である。女たちのほとんどすべてはかつて「大恋愛」を夢見た。が、彼女たちが経験したのはその代用品である。彼女たちはそれに近づいただけなのだ。偽り、不完全、惨め、災い、中途半端といったかたちで、それは女たちを見舞った。けれども、それに自分の存在を本当に捧げた女はごくわずかだった。

　一般的に、大恋愛をする女は若いときのかりそめの恋に心を消耗してしまわなかった女たちである。彼女たちは、最初は女の伝統的な運命である夫、家庭、子どもを受け入れたか、あるいは、厳しい孤独を経験したか、または、なんらかの計画に賭け、それが多かれ少なかれ失敗に終わった、そういう女たちだ。一流の人間に自分を捧げて、期待外れの自分の人生を救う可能性をかいま見たとき、彼女たちはこの希望に自分のすべてを夢中で託す。アイセ嬢[*1]、ジュリエット・ドルエ[*2]、ダグー夫人[*3]が恋愛生活に入ったのはだいたい三十歳の頃であった。ジュリー・ド・レスピナス[*4]は四十歳に近かった。彼女たちは人生になんの目的も見出せず、価値があると思われたことをなにもやってみることができなかった。彼女たちにとって恋愛以外他にとるべき道はなかったのである。

　たとえ自立した生活が約束されている場合でも、この道の方がまだなお大多数の女にとって最も魅力ある道だ。自分の人生の計画を引き受けるのは不安に満ちている。青年もまた一般的には、自分より年上の女たちに目を向ける。彼女たちに、導き手、教育者、母親を求めるのである。とはいえ、彼が自分自身のうちに見出す命令、慣習、受けた教育が、自己放棄という安易な解決法を最終的に選択することを禁ずる。青年は人生の一つの段階としてそうした恋愛に賭けるにすぎない。幼いときでも大人になってからも、男の可能性は、一番困難だが一番確実でもある道に身を投じるように強いられることにある。女の不幸はほとんど抵抗できない誘惑に囲まれることにある。あらゆることが安易な方向に従うように女をそそのかすのだ。自分のために闘うように促すかわりに、なされるがままにいけばよい、魅惑的な理想郷を待ちなさいと言われるのである。蜃気楼（しんきろう）にだまされたと気づいたときには、もう取り返しがつかない。こうした恋愛沙汰（アヴァンチュール）のなかで、力は尽きてしまっている。

＊1　一六九四－一七三三、コーカサス北部のチェルケスの王妃。
＊2　十九世紀フランスの女優、ヴィクトル・ユゴーの恋人。
＊3　一八〇五－七六、フランスの女性作家、リストの愛人。
＊4　一七三二－七六、女性文筆家、ギベール伯爵（はくしゃく）の愛人。

精神分析家たちはとかく、女は愛人のうちに自分の父親の姿を追い求めているのだと主張する。しかし、父親が女の子を魅了したのは、彼が男であるからであって、父親であるからではない。男たちは誰でもこの魔術を分かちもっているのだ。女は一人の男のうちにある個人の生まれ変わりを見たいのではなく、ある状況、つまり、彼女がまだ大人の庇護にある幼いときに経験した状況をよみがえらせたいのである。女は家族のなかに深く組み込まれ、そこで、ほとんど受け身の安らかさを味わっている。恋愛は彼女に父親と同時に母親も取り戻してくれるだろう。子ども時代も返してくれる。彼女は、頭上を覆う天井を、世界のただなかに見捨てられ孤立した状態を隠してくれる壁を、自分の自由から自分を守ってくれる決まりをふたたび見出したいと望んでいるのだ。この子どもじみた夢は女の恋愛の多くにまとわりついている。女は、恋人から「私のちっちゃな娘、愛しい子ども」と呼ばれるとき、幸福を感じる。男たちは、「君はまったくちっちゃな娘のようだ」という言葉が最も確実に女の琴線に触れるということをよく心得ている。どんなに多くの女たちが大人になることに苦しんできたかはすでに見てきた。女たちの多くは執拗に「子どもっぽく振る舞い」、態度や身なりにおいても自分の子ども時代を無限に引きのばそうとし続ける。男の腕のなかでふたたび子どもに戻ることは彼女たちの欲求を満たしてくれる。これは大ヒットしたはやり歌のテーマでもある。

あなたの腕に抱かれて、わたしはかえる、ちっちゃなとてもちっちゃな子どもに、ああ、わたしの恋は……

このテーマは恋人どうしの会話や手紙のなかでたえず繰り返される。「ベイビィ、私の可愛(かわい)い子」と恋人はつぶやく。そして、女は「あんたの可愛い子ども、ちっちゃな娘」と自分を呼ぶ。イレーヌ・ルウェリオティは次のように書いている。「それで、いつ、その人は、私を支配する術(すべ)を心得たその人は、やって来るのでしょうか」。そういう男と出会ったと思えば、「あなたを私より優れた男だと直感的に感じるのが私は好き」。

ジャネが観察したある精神衰弱の患者は印象的な仕方でそのような態度を例証している（『強迫観念と精神衰弱』）。

覚えているかぎり、私がしたかもしれない愚かな言行や良い行ないはすべて同じ理由から発していました。それは、理想的で完璧(かんぺき)な愛への憧憬(どうけい)です。その恋では、私は自分のすべてを捧(ささ)げられます。男であれ女であれ、神さまのような、私よりはるかに優れた存在に私の全存在を委(ゆだ)ねるのです。だから、自分の人生をどう導くとか自分を見守っていく必要がないほどです。それは、養う労苦をいとわないほどに私を十分愛してくれる誰か、安心して盲目的なまでに従っていけるだろう誰かを見つけることなのです。その人は私が犯すかもしれないあらゆる過失を免れさせてくれ、あふれる愛情をもって、とてもやさしく、まっすぐに、私を完成へと導いてくれると確信しています。マグダラのマリアやイエス・キリストへの理想的な愛を私はどんなにうらやましく思っているでしょう。崇拝されていて、それに値する師の熱烈な弟子であること。崇拝の対象のために生き、死ぬこと。みじんの疑いももたずにその人を信じること。動物に対する天使の決定的な勝利をついにはもたらすこと。彼の腕のなかにしっかり包まれ、彼に守られて身を丸め幼いときに戻り、もはや自分が存在しないほどに彼と一体になること。そうなりたいのです。

多くの事例がすでに示したように、こうした自分を無にしたいという夢は、本当は存在を渇望（かつぼう）する意志なのである。あらゆる宗教において、神への崇拝は信者にとっては自分自身の救済と一体となっている。女は偶像にすべてを捧げながら、その偶像が自分自身と偶像のうちに集約される世界とを同時に彼女に所有させてほしいと願う。たいていの場合、女が恋の相手に要求するのはまず彼女の自我（エゴ）の正当化、賛美である。大多数の女は愛する代償として愛される場合にしか恋に自分を委ねない。しかも往々にして、彼女たちを恋人にするには愛が示されるだけで十分である。若い娘は男の目をとおして自分を夢見た。つまり、男の眼差（まなざ）しのなかに、女はついに自分を見出したと思い込むのである。セシル・ソヴァージュは書いている。

あなたのおそばを歩き、あなたが大好きな私のとっても小さな足を前に進め、ハイヒールのフェルトのかかとにその細かな動きを感じると、私はそれらをくるんでくれるあなたの愛のすべてに愛を抱くのです。マフ〔筒型の手の防寒具〕のなかの私の手、腕、顔のほんのささいな動き、私の声の変化が私を幸福で満たしてくれます。

女は自分が高くて確かな価値を備えていると感じている。女は自分が相手に呼び起こした愛をとおして互いに慈しみ合うことについには同意するのだ。彼女は恋人のなかに証人を見つけたいのである。コレットの『さすらいの女』が打ち明けているのはそのことだ。

白状すると、私は負けたんです。その男のなかに、恋人でもなく、友人でもない、私の人生と私という人間の熱心な観客を求めたいという思いに負けて、彼が明日もまた来るのを許したのです。恐ろしいほどに老いなければ、人は誰かの前で虚栄をはって生きるのをやめることはできないと、ある日マルゴが私に言いました。

ミドルトン・マリー[1]に宛てた手紙の一つで、キャサリン・マンスフィールドは、薄紫色のすてきなコルセットを買ったばかりだという話を書いて、すぐにこう付け加えてい

＊1　一八八九－一九五七、イギリスの批評家、マンスフィールドと結婚。

る、「見てくれる人が誰もいないなんてなんと残念なこと」。自分を誰の欲望も引き起こさない花、香り、宝と感じるのは最悪のつらい経験でしかない。自分自身を豊かにしない、誰も贈物にほしいと思わない財産とは一体なんなのだろう。恋は、白っぽいネガと同じくらい空しく色あせた陰画からポジの輪郭を鮮明に浮かび上がらせる現像液のようなものだ。恋によって、女の顔、体の曲線、子どもの頃の思い出、昔流した涙、ドレス、習慣、世界、彼女であるすべてのもの、彼女に属するすべてのもの、それらが偶然性を免れ、必然的なものとなる。女は自分の神さまの祭壇の足元に捧げられたすばらしい贈物なのだ。

彼がやさしく彼女の肩に手をかけるまで、彼の目が彼女で満たされる前は、彼女はくすんで生彩を欠いた世界のなかのそれほど美しくもない一人の女でしかなかった。彼が彼女を抱きしめた瞬間から、彼女は真珠のような不滅の輝きのなかに立っていた。[*1]

だから、社会的威信をもち、女の虚栄心をくすぐるのにたけている男たちは、たとえ肉体的な魅力がまったくなくても、恋心をかきたてられるのだ。その高い地位によって、彼らは〈法律〉、〈真理〉を体現する。彼らの意識は揺るぎなき現実を示している。彼らが称賛する女は、自分が値のつけようもない宝物に変わったと感じる。たとえば、イサドラ・ダンカン[*2]の言うところによると、ガブリエーレ・ダヌンチオ[*3]の成功はそのせいであった。

ダヌンチオが一人の女を愛するとき、彼はその女の魂をこの地上を越えて、ベアトリーチェが輝いて暮らす彼方の地にまで高めるのです。次々と、彼はどの女も神の本質にあずからせてやります。彼は女を高く、それはとても高く運び去るので、女は本当にベアトリーチェの場所にいるようなつもりになります……とっかえひっかえ、気に入った女に彼はきらめくヴェールを投げかけます。彼女は普通の人々のはるか彼方の高みにまでのぼり、不思議な輝きに囲まれて進みます。しかし、詩人の気まぐれが終わりを告げ、別の女のために捨てられたとき、光のヴェールはなくなり、後光は消え、女はふたたびもとのありふれた人に戻るのです……ダヌンチオ特有の魔法をかけた称賛の言葉を聞くのは、イヴが天国で蛇の声を聞いたときに感じた喜びに匹敵するほどの喜びなのです。ダヌンチオはどの女にも彼女が〈宇宙〉の中心にいるかのような印象を与えることができたのです。

＊1　〔原注〕M・ウェッブ『影の重さ』。
＊2　〔原注〕I・ダンカン『わが生涯』。
＊3　一八六三－一九三八、イタリアの作家。

女がエロチシズムとナルシシズムをバランスよく両立できるのは恋愛においてだけである。すでに見たように、この二つの心的装置のあいだには対立があり、それが女の性的運命への適応を非常に困難にしている。自分を肉欲の対象、獲物にするのと、自分を崇拝の対象にするのとは相反する行為である。そのため、女には、抱擁が自分の肉体を傷つけ汚(けが)すように、あるいは自分の魂の価値を低めるように思われる。一部の女たちが不感症を選ぶのは、そのためだ。そうやって、自我の統一性を維持しようと考えるのである。他の女たちは動物的快感と高尚な感情を切り離す。きわめて特徴的なケースは、シュテーケルが報告したD・S夫人のケースである。これは、前に「結婚した女」〔第二部第五章〕のところでも言及した。

尊敬する夫に対して不感症の彼女は、夫の死後、同じように芸術家で優れた音楽家の若い男と出会って、その愛人となった。彼女の愛は、これまでも今も、確固としたものなので、彼のそばにいれば幸福だった。彼女の生活はロタールで満たされていた。しかし、彼を熱烈に愛していながら、彼女は彼の腕のなかでも相変わらず不感症だった。別の男が彼女の行く手に立ちふさがった。それは粗野で屈強な森番の男で、ある日彼女と二人だけになったとき、造作もなく、簡単に彼女の心をとらえてしまった。彼女は呆然(ぼうぜん)自失となって、なされるがままになった。だが、彼女によれば、「彼のなかで、彼女は最も激しいオルガスムスを感じたのである。彼女は彼の腕の腕のなかで、数ヵ月にわたって私はよみがえったのです。それは野生状態の陶酔といったものでしたが、ロタールのことを考えたとたん、必ず名状しがたいほどの嫌悪（けんお）があとに続くのでした。私はポールを憎み、ロタールを愛しました。でも、ポールは私を満足させてくれました。ロタールにあっては、すべてが私を引きつけます。とはいえ、上流社会の女として、私には快楽は認められていませんでしたので、快楽を得るために自分が娼婦（しょうふ）に変身したような気がしました」。彼女はポールとの結婚は拒否したが、関係は続けた。ことのあいだ、彼女は「別人のようになり、その唇からは、普通ならとても口にできないようなあけすけな言葉が洩（も）れた」。

シュテーケルは「多くの女性にとって、動物性への転落はオルガスムスの条件である」と補足する。彼女たちは肉体的愛を尊敬や愛の感情と両立できない堕落と見なす。だが逆に、他の女たちにとっては、男の尊敬、やさしさ、称賛をとおして、この堕落は消し去れるのである。女たちは男に深く愛されなければ、男に自分を捧げるのに同意しない。肉体関係をパートナーが平等に得をする快楽の交換と考えるためには、女にはかなりの臆面のなさ（シニスム）、冷たさ、誇りが必要だ。[*1] 男も同じように——おそらく女以上に——性的に自分を利用する女に対しては憤慨する。しかし一般的に、相手が自分を道具とし

＊1　〔原注〕とくに『チャタレイ夫人の恋人』を参照のこと。メラーズの口をとおして、ロレンスは自分を快楽の道具とする女たちへの激しい嫌悪感（けんおかん）を示している。

て使っているという印象をもつのは女の方である。熱烈な賛美だけが女にとって敗北と思われる屈辱的行為を補ってくれる。すでに見たように、性行為は女に完全な自己疎外†を要求する。女は受け身のせつなさのなかに沈んでいる。目を閉じ、匿名になって、自分を消し去った女は波にもち上げられ、嵐のなかを転がされ、夜の闇、肉欲の、子宮の、墓場の闇に埋められたように感じる。自分を無にした女は〈全体〉と一体となり、自我は消える。だが、男が女から身を離すと、女は大地に、ベッドの上に、光のなかに投げ出されている自分を見出す。女は名前を、顔を取り戻す。女は敗北者、獲物、モノだ。愛が女に必要となるのはこのときである。離乳後に子どもが両親の安心しなさいという眼差しを探し求めるのと同じように、自分をうっとり見つめる恋人の眼差しをとおして、女にとっては自分の肉体がつらい思いで離れた〈全体〉にふたたび戻ったと感じることが必要なのだ。女が完全に満足するのは稀である。女は快楽の鎮静を知ったとしても、肉欲の魅力から完全には解放されない。官能のうずきは感覚のなかに残っている。女に快感を惜しみなく与えて、男は女を自分につなぎとめ、自由にさせない。しかしながら、男は女にもはや欲望を感じない。女がこの一時的無関心を許せるのは、男が彼女に絶対的で永遠の感情を捧げたときである。そうなると、瞬間の内在†は乗り越えられる。灼熱の思い出はもう後悔ではなく宝物となる。快感は消えるが、それは希望と約束となる。快楽は正当化されたのだ。女は自分の性欲を超越したのだから、それを誇りをもって受け入れられる。官能のうずき、快楽、欲望は一つの状態ではなく、贈物だ。自分の肉体はもうモノではない。それは一つの賛歌、一つの炎である。そうなって、女は性愛の魔術に情熱的に自分を委ねることができる。夜は昼に変わる。恋する女は目を開け、彼女を愛してくれ、彼女を称える眼差しをした男をじっと見つめることができる。彼によって、無は存在の横溢となり、存在は価値に変貌する。彼女は暗闇の海にもう沈んではいない。翼に乗って大空へと舞い上がり、高められる。自己放棄は聖なる恍惚となる。愛する男を受け入れるとき、女は聖母マリアが精霊によって、信者が聖体パンによってそうなるように、それを宿し、訪れを受けるのである。このように、敬虔な賛美歌と露骨な歌の猥褻さとの類似を説明できる。これは神秘的な愛はつねに性的性質をおびるということではない。とはいえ、恋する女の性欲は神秘的色彩で覆われている。「私の神さま、私の崇拝するもの、私の主人……」、同じ言葉がひざまずく聖女とベッドに横たわる女の唇から洩れる。一方の女はキリストを刺す矢にわが身を与え、聖痕を受けるために、手をさしのべ、神の〈愛〉に焼かれることを求める。他方の女もまたわが身をさしのべ、待ち望む。槍、矢は男の性器を表わす。二人の女において、これが同じ夢、子どもじみた夢、神秘的な夢、愛の夢なのである。つまり、他のものの懐に包まれて自分を無にすることで、最高のかたちで存在するのだ。

この自分を無にしたいという欲望はマゾヒズムに行き着くとしばしば言われた。[*1] しか

＊1　〔原注〕これはとくに、H・ドイッチュの説である。『女性の心理』。

し、エロチシズムに関してすでに触れたように、私が「他人による私の客体化をとおして自分を魅惑させよう」と努めるとき、[*1]すなわち、主体の意識が自我に向けられて、屈辱的な状況のなかでそれをつかむとき、そういう場合でなければ、マゾヒズムとは言えない。さて、恋する女は単に自我に自分を疎外するナルシストではない。彼女はまた自分自身の限界を超え、無限の実在に到達する一人の他者を介して、自分も無限になりたいという激しい欲望を抱く。彼女はまず自分を救うために恋に身を委ねる。しかし、偶像崇拝的愛の矛盾は、自分を救うために、ついには自分の完全否認にいたることである。彼女の感情は神秘的な次元を見せる。彼女は神に対してもはや自分を賛美するように、自分を認めるように求めない。神のうちに自分を合体したい、神の腕のなかでわれを忘れたいと願う。「私はできることなら恋の聖女でありたかった（と、ダグー夫人は書いている）。高揚と熱狂的禁欲の瞬間には殉教者をうらやみました」。これらの言葉に表われているのは、最愛の人と自分を隔てる境界をなくし、自分自身を完全に解体してしまいたいという欲望である。それはマゾヒズムではなく、忘我的結合への夢である。ジョルジェット・ルブランの次の言葉から吐き出されるのも同じ夢である。「その頃、この世で一番の望みは何かとたずねられたら、躊躇なく言ったでしょう。〝彼のために糧であり焔であること〟」

この結合を実現するために、まず女が望むのは仕えることである。恋人の要求に応えることによって、自分を必要な存在と感じる。彼女は彼の存在に同化され、彼の価値にあずかり、正当化されるだろう。アンゲルス・シレシウスの言によれば、神秘家たちですら神が人間を必要としていると思いたがる。さもなければ、彼らが自分自身を贈物にしたのがむだになる。男が要求を増やすほどに、女はそれだけ幸せになる。ユゴーがジュリエット・ドルエに課した蟄居（ちっきょ）は若い娘には重荷であったにもかかわらず、彼に従うことに彼女が満足しているのが感じられる。炉辺に座っていることは、主人の幸福のために何かをしていることなのだ。彼女は積極的に彼のために役立とうと一生懸命努める。彼のためにおいしい料理をこしらえ、家庭を築く。それを彼女は可愛（かわ）いらしく小さな「マイホーム」と呼んだ。彼女は彼の衣服の手入れにも気を配る。

できるだけ、洋服に染（し）みをつけたり、破いたりしてほしいわ、それを繕ったり、すっかりきれいにしたり、それをやるのは私ひとりだけでいたいの、と彼女は彼に書いている。

彼のために、彼女は新聞を読み、記事を切り抜き、手紙やメモを整理し、原稿を書き写す。詩人がこうした仕事の一部を彼の娘のレオポルディーヌに任せたとき、彼女は悲嘆に暮れた。同じような特徴が恋する女たちすべてに見出される。必要とあれば、恋人

＊1　〔原注〕サルトル『存在と無』参照。

の名において、彼女は自分自身を暴君にする。彼女という人のすべて、彼女がもつものすべて、彼女の人生のすべての瞬間が彼に捧げられなければならず、そのようにして、それらの存在理由は見出されなければならない。彼女は彼のうち以外にはなにものも所有したいと思わない。彼女を不幸にするのは、彼から何も要求されないことである。思いやりのある恋人なら何か要求を作り出さなければならないほどだ。彼女はまず恋にかつての彼女、彼女の過去、彼女という人間の確認を求めた。しかし同時に、彼女は恋に自分の未来も引き込む。未来を正当化するために、彼女はすべての価値を占有する男に自分の未来をとっておくのだ。そうすることで、彼女は自分の超越から解放される。つまり、自分の超越を自分に不可欠な他者の超越に従属させるのである。彼によって、彼女は家来兼奴隷となる。自分を見出し、自分を救うために、彼女はまず彼に自分を一体化することから始める。だが、事実は、彼女は少しずつ彼のなかに自分を見失っていく。すべての現実はこの他者のなかにあるのだ。

　初期にはナルシシズムの崇高化という性格をもつ恋愛は、献身という厳しい喜びのなかで完成するが、それが自傷にまでいたる場合もしばしばある。燃えるような情熱の始まりの頃、女はこれまでになくきれいに、優雅になる。「アデールが髪を結ってくれるとき、私は自分の額をしげしげと眺めました。あなたが愛してくれる額ですもの」とダグー夫人は書いた。この顔、身体、部屋、自我、彼女はそれらに存在理由を見出し、自分を愛してくれる恋人を媒介にしてそれらを慈しむ。だが、少したつと、彼女は逆に媚びを一切やめる。恋人が望むなら、最初は恋そのものより大切であった自分の顔を変える。そういうことに関心がなくなるのだ。彼女は自分という人間、自分の持ち物を支配者から与えられた領土に変える。彼が軽蔑するものは彼女も認めない。心臓の鼓動の一つひとつ、血の一滴ずつ、骨の髄まで彼に捧げようとする。これが殉教者の夢として表わされるものである。つまり、耐えがたい苦痛となるまで、死にいたるまで自分を捧げると大げさに考え、愛する男が踏みしめる大地となり、ひたすら彼の呼びかけに応え、それ以外のものであってはならない、というのだ。恋人に無用なものはことごとく必死になって消してしまう。この自己献身が全面的に受け入れられなければ、マゾヒズムは現われない。たとえば、ジュリエット・ドルエにはその痕跡はほとんど見られない。過剰なほど恋人を崇拝して、ジュリエットはよく詩人の肖像の前にひざまずき、自分が犯したかもしれない過ちの許しを乞うた。彼女が自分自身に怒りを向けることはなかった。

しかし、献身的な情熱からマゾヒズムの熱狂に移行するのは簡単である。両親を前にした子どもの頃と同じように、恋人を前にした恋する女は、かつて両親に感じた罪悪感をふたたび見出す。彼女は、恋人を愛しているかぎり、彼に反抗しようとはしない。彼女は自分に怒りを向けるのだ。望むほど彼が愛してくれず、その心をつかむのに失敗するならば、彼を幸福にできず、満足させられないならば、恋する女のナルシシズムはそのまま自分への嫌悪、侮辱、憎悪に変わり、自己懲罰へと彼女をかりたてる。多かれ少なかれ長期間続く発作のあいだ、それはしばしば生涯にわたるのだが、彼女は自分から犠牲者を装い、恋人を満たせなかった自分をひたすら傷つける。そうなると、彼女の行動はまさしくマゾヒストの行動そのものである。

しかしながら、恋する女が自分に復讐するために自虐的になろうとする場合と、彼女が求めるものが男の自由と力の確認である場合とを混同してはならない。よく言われることだが——そしてそれは本当らしいのだが——、売春婦は情夫に殴られるのを誇りにする。だが、彼女を高揚させるのは、自分が殴られ服従させられていると考えるからではなく、彼女が依存している男の力、権威、絶対性なのである。それに、彼女は彼が他の男を虐待するのを見るのが好きだ。危険な争いをけしかけたりもする。自分の主人に彼女が属する階層で認知されている価値をもってほしいのである。また、男の気まぐれに喜んで従う女は、自分にふるわれる横暴のなかに至高の自由の明白な証拠を見て感嘆する。なんらかの理由から恋人の威信が損なわれたら、男の殴打やわがままは憎むべきものとなるだろう。それらが恋人の神性を示さないならば、なんの価値もない。このようなケースでは、自分を他人の自由の餌食と感じるのはうっとりするような喜びである。実存者にとって、自分とは異なる一人の他者の高圧的な意志によって自分が正当化されるのは、最も驚くべき出来事なのだ。つねに同じ皮膚を着た自分から抜け出られないのはうんざりする。盲目的服従は人間が体験できる根源的変化への唯一の可能性である。それで、愛する男の気まぐれな夢、絶対的命令に従って、女は奴隷、王妃、花、雌鹿、ステンドグラス、おべっか使い、家政婦、高級娼婦、詩の女神、伴侶、母、姉妹、子どもに変幻するのだ。いつも唇に服従の同じ味を漂わせているのに気づかないかぎり、女はこのような変身に恍惚として従う。エロチシズムの次元と同じく恋愛の次元においても、マゾヒズムは、他者と自分自身に満足できず、期待を裏切られた女が身を投ずる道の一つであるように思われる。それは、幸福な自己放棄への生まれつきの性向ではない。マゾヒズムは、打ちあざのついた傷ついた姿で自我の存在を保持する。反対に、恋愛は本質的主体のために自我の忘却をめざすのである。

人間の愛の最高の目的は、神への愛と同じように、愛する人との一体化である。価値の尺度、世界の真実は恋人の意識のなかにある。だから、恋人に仕えるだけではまだ十分ではない。女は恋人の目をとおして見ようとする。彼が読む本を読み、彼の好む絵画や音楽を好み、彼と一緒に見る景色、彼の頭に浮かんだ考えにしか関心を示さない。彼の友情、彼の反感、彼の意見をわがものとする。何か自問するとき、彼女が聞こうと努めるのは彼の答えだ。胸には彼がすでに吸った空気を吸い込みたい。彼の手から受け取らない果物や花にはなんの香りも味もない。彼女の場所空間の感覚そのものがひっくり返される。世界の中心は、彼女がいる場所ではもはやなく、恋人がいる場所である。すべての道は彼の家から始まり、そこに通じている。彼の言葉を使い、身振りをまね、彼の癖、チックまで取り入れる。「私はヒースクリフだ」と『嵐が丘』[*1]のキャサリンは言

＊1　エミリィ・ブロンテの小説。キャサリンとヒースクリフは主人公。

った。これは恋する女すべての叫びである。彼女は愛する男のもう一つの姿、反映、分身である。彼女は彼なのだ。自分自身の世界は偶然性のなかに埋没するままにする。彼女が生きるのは愛する男の世界だからだ。

　恋する女の至上の幸福は、自分が恋人の一部であったかのように彼と出会うことだ。恋人が「私たち」というとき、彼女は彼に結合し、一体となる。彼女は彼の威信を分かちもち、彼をとおして他の人々に影響力をもつ。この「私たち」という含蓄のある言葉は何度繰り返してもあきない。言いすぎてしまうほどだ。絶対的必然である一つの存在、必然的目的に自分を投企(プロジェ)†し、必然というかたちで世界を自分に返す一つの存在、その存在に必要となった恋する女は責任放棄するなかで絶対の所有がいかにすばらしいかを知る。この確信が彼女にこれほど高い喜びを与えるのである。彼女は神の座する栄光の座に高められたように感じる。完璧(かんぺき)に秩序づけられた世界で永久に自分の場所が与えられるならば、二番目の地位でしかなくてもそれはどうでもいいことだ。愛し愛されているかぎりは、愛する男に必要とされているかぎりは、彼女は完全に正当化されるのである。彼女は安らぎと幸福をかみしめる。信仰上のためらいに魂を悩ませる以前のアンディ騎士に寄り添っていた頃のアイセ嬢の運命、あるいはユゴーに影のごとく付き添うジュリエット・ドリエの運命はおそらくそういうものであった。

　しかし、この栄光の至福が続くのは稀である。どんな男も神ではない。信仰に生きる女が神の不在に対してもつ関係はひとえに彼女の情熱にかかっている。だが、神ではない、神格化されただけの男は現にそこにいる存在だ。そこから、恋する女の苦悩が生まれる。最も一般的な恋する女の運命はジュリー・ド・レスピナスの言葉に集約される。「人生の一瞬一瞬、愛しい人、私はあなたを愛し、苦しみ、待ち焦がれたのです」。たしかに、男にとっても、苦悩と恋愛は結びついている。しかし、彼らの苦しみは長くは続かないし、心身をさいなむほどではない。バンジャマン・コンスタンはジュリエット・レカミエのせいで死まで考えたが、一年後には、立ち直っていた。スタンダールは何年ものあいだメチルドのことを悔やんだ。しかし、それは彼の人生を破滅させるというよりむしろそれをかぐわしいものにする後悔であった。非本質的なものとして自分を受け入れ、全面的な依存を認めるかぎり、女は一つの地獄を作りだす。恋する女は誰もが、アンデルセンの描く、愛によって魚の尻尾を女の脚と交換し、燃える石炭と針のうえを歩いた小さな人魚に自分の姿をなぞらえる。愛される男は無条件に必要とされ、愛する女の方は彼に必要とされないというのは本当ではない。ただ男は彼への崇拝に身を捧げる女を正当化できないし、また彼女に所有されるままになってはいないということなのだ。

本来的な恋愛†は他者の偶然性を、つまり、その欠点、限界、もともとの無償性を引き受けなければならない。それは救済ではなく、一つの人間関係と言えるだろう。偶像崇拝的愛は愛する男に絶対的価値を与える。それこそ誰の目にも一目瞭然な最初の錯覚である。「あの男はそんなに惚れるほどのやつじゃない」と、恋する女の周辺ではささやかれる。ジュリー・ド・レスピナスがギベール伯爵の青白い顔を描くとき、後世の人々は哀れみをもって微笑む。女にとって、自分の偶像の欠点、凡庸さに気づくのは狂おしいばかりの失望だ。『さすらいの女』、『私の修業時代』において、しばしば、コレットはこうした苦悶をほのめかしている。この幻滅は、親の威信が消えていくのを見る子どもの幻滅よりずっと残酷である。なぜなら、自分のすべてを捧げた男を選んだのは彼女自身であるからだ。選んだ男が心底愛するにふさわしくても、男の真実は世俗的である。最高の存在を前にひざまずく女が愛するのは彼その人ではない。彼女は生真面目な気質にまどわされて、価値を「脇に」除けておくこと、つまり、価値は人間存在そのものに由来することを認めることができない。自己欺瞞から自分と自分が崇拝する男とのあいだに障壁を立て、男をほめそやし、ひれ伏す。だが、恋する女は男が世界のなかで危険にさらされ、彼の企てや目的が彼自身のように危うく弱いものであるのに気づかない。となれば、彼にとって彼女は友人ではない。彼女は彼を信念、〈真実〉と見なして、彼の自由がためらいと苦しみであるのを見抜けない。このように恋人に人間の尺度を適用するのを拒む態度から女の矛盾の多くは説明がつく。女は恋人に特別待遇を要求し、男はそれを与える。彼は寛大で、金持ちで、素晴らしい。彼は王であり、神だ。彼が拒否するとしたら、彼はけちで、卑小で、冷酷で、悪魔か獣だ。そうなると、人は次のように反論をしたくなる。「肯定」の返答を実に稀有なことと驚くなら、なぜ、「拒否」の返答に驚かねばならないのか。拒否がそれほどおぞましい男のエゴイズムを示すものなら、なぜ、「肯定」をそれほどまでに賛美するのか。超人と非人間のあいだに、人間のための場所はないのだろうか。

こうなるのは失墜した神は人間ではないからだ。だが、これはまやかしである。恋人の男にすれば、自分は実際に人にほめそやされる王であると証明するか、自分が詐称者であると名乗り出るか、二者択一するほかない。男は賛美されなくなった途端に、踏みつけられてしまう。恋人の額を輝かしく包んでいた栄光の名において、恋する女は彼にどんな弱さも認めない。恋人の実像の代わりに置きかえたその偶像に彼が合わせないと、彼女は失望し、苛立つ。彼が疲れたりぼんやりすると、折り悪しくお腹をすかしたり喉が乾いたりすると、間違えたり、矛盾したことを言ったりすると、彼が「その偶像以下」であると勝手に決め、そのことで彼に不満をいだく。このようにして、恋する女は恋人の主体性をことごとく非難し、それを評価しない。彼女は彼の判断に判定を下す。彼に自由を認めない。恋人が自分の主人に値するようにするためだ。その見返りに彼を崇拝するには、彼が実在するより不在のほうがより都合がよい。すでに見たように、死んだ英雄かまたは近づきがたい英雄に身を捧げ、彼らと生身の人間とをけっして比較しないですむようにする女たちがいる。生身の人間はどうしても彼女たちの夢と食い違う。そこから、次の覚めきった歌い文句が生まれた。「白馬の王子さまを信じてはいけない。男はみなみすぼらしい生きもの」。男に超人を求めなければ、彼らが小人に見えることもないだろうに。

これは、情熱的な女を苦しめる不運の一つである。彼女の無私無欲はたちまち要求に変わる。一人の他人に自分を疎外することで、彼女は同時に自分を取り戻すのだ。自分の存在を占有するこの他者を手離してはならない。自分のすべてを彼に捧げる。しかし、男がこの贈物を威厳をもって受け入れるためには、完全に彼女を自由にできなければならない。彼女は彼にすべての瞬間を捧げる。だが、彼はたえずそこにいなければならない。彼女は彼をとおしてしか生きたいと思わない。だが、生きたい。彼は彼女を生きさせるために献身しなければならない。ダグー夫人は次のようにリストに書き送っている。

ときおり、私はあなたを愚かな仕方で愛します。そういう瞬間には、私があなたのことで頭がいっぱいなように、あなたにとって私がどうしてそうなれないのか、またどうしてそうしてはいけないのか、わからなくなります。

彼にとってすべてでありたいという自然な望みを彼女は抑えようとする。レスピナス嬢の嘆きのなかにも似たような訴えがある。

ああ、毎日がどんなものか、あなたに会うという思いや喜びのない人生がどんなものかをあなたがわかってくださったら。あなたには、遊びや用事、活動があれば満足なのでしょう。でも私の方は、私の幸福はあなたなのです。あなただけなのです。あなたに会って、私の人生のすべての瞬間にあなたを愛してはいけないというのなら、私は生きていたいとは思いません。

最初、恋する女は恋人の欲望を満足させるのに熱中する。その結果、仕事を愛しすぎてあちこちに火をつけて歩いた伝説の消防士のように、恋人の欲望を懸命に呼び覚まし、それを満足させなければならなくなる。それがうまくいかないと、彼女は侮辱され、自分は役立たずだと感じる。それで、恋人は感じてもいない情熱があるかのようなふりをしなければならないほどだ。彼女は奴隷になることで、彼を鎖で縛る最も確実な手段を見つけたのである。これこそ恋愛のもう一つの欺瞞だ。ロレンスやモンテルランなど多くの男たちは恨みをもってそれを暴いた。恋愛が一つの専制となるとき、それは相手に与えられた贈物と見なされる。バンジャマン・コンスタンは、『アドルフ』〔コンスタンの代表作の心理分析小説〕のなかで、一人の女のいきすぎた献身的情熱が男を縛りつける鎖となるさまを手厳しく描いている。「彼女はどれぐらい自分が犠牲を払っているか考えてもみない。私にそれを受け入れさせるのに夢中だからだ」と、彼はレオノールについて残酷な言い方をしている。つまり、受け入れることは一つの契約であり、それは男を束縛する。だからといって、彼は与える人と見なされる特権すらもてない。女は自分が彼に負わせる重荷を彼が感謝の念をもって受け入れるよう要求する。しかも、彼女の専制はとどまるところをしらない。恋する男も専制的だ。しかし、彼は自分が望んだものを手にすれば、それで満足する。一方、女の要求の多い献身には際限がない。恋人を信頼する男は、彼女が留守にして、彼から離れて過ごすことを嫌がらずに認める。恋人を自分のものだと信じる彼は、モノより自由を所有する方がいいと思う。反対に、女にとっては、恋人の不在はつねに耐えがたい苦痛だ。彼は一つの眼差し、一人の裁判官である。彼が彼女以外のものに目を向けるや、彼女を裏切ることになる。彼は自分が見るものすべてを彼女から奪ってしまう。恋人から離れたら、彼女は自分自身も自分が生きる世界も奪われてしまうのだ。彼女のかたわらに座っているときですら、読んだり、書いたりすることで、彼は彼女を見捨て、裏切っている。彼女は彼の眠りを憎む。「疲れし君が美しき目、哀れなる恋人よ」と、ボードレールは眠る女に感動する。プルーストは眠るアルベルチーヌ[*1]をうっとりと見つめる。男の嫉妬は独占的所有への意志にすぎない。眠りが恋人を子ども時代の無防備な純真さに連れ戻すとき、彼女は誰のものでもない。男にとって、この確信で十分だ。しかし、神、主人は内在[†]の休息に身を委ねてはならない。敵意の眼差しで、女はそうした眠りに襲われた超越[†]を見つめる。彼女は、男の動物的怠惰、もはや彼女のためにではなく、彼のうちに存在するその肉体、彼女自身の偶然性を代償にした偶然性に身を委ねたその肉体を憎む。ヴィオレット・ルデュックはこの感情を激しく表現している。

眠る男たちを私は憎む。私は悪意から彼らの上に身をかがめる。彼らの降伏にはいらいらする。その意識を失った平穏を、いつわりの知覚麻痺（まひ）を、勤勉なる盲人の顔を、分別ある酩酊（めいてい）を、無能ぶりを私は憎む……眠る恋人の口からバラ色の泡がこぼれるのを私は見張り、ずっと待ちつづけた。私がひたすら彼に求めたのは存在の泡。私はそれを得られなかった……彼の夜のまぶたは死のまぶただと私は知った……この男が手に負えないとき、私は彼のまぶたの陽気さのなかに逃げ込んだ。眠りが始まるとき、それは耐えがたい。眠りはすべてを盗んでいった。私には無縁の安らぎを自分のために無意識につくりだせる私の眠る男を憎む。気持ちよさそうなその額を憎む……彼は自分自身の奥底で自分の休息のために忙しい。彼は私にはわからない何かを再検討している……私たちは二人で羽ばたきして飛び立ったのだった。私たちは二人の気質を利用して地上を立ち去りたいと願っていた。私たちはともに飛び立ち、よじ登り、見張り、待ちつづけ、口ずさみ、到達し、呻吟（しんぎん）し、勝ち、失った。それは学ぶことの多い真剣な道草だった。私たちは新しい種類の無を見つけたのだ。いま、あなたは眠っている。あなたの消滅は誠実ではない……私の眠る男が身動きするとき、私の手はおもわず精液にふれる。それは横暴で窒息しそうな種子の入った五十の袋を詰めた貯蔵庫だ。一人の眠る男の性器の陰嚢（いんのう）が私の手の上に落ちてきた……私は小さな精液の袋をもった。耕される畑、手入れされる果樹園、

＊1　〔原注〕アルベルチーヌがアルベールであるとしても、ここでは何も変わらない。いずれにしろ、ここでのプルーストの態度は男性的な態度である。

変えられる水力、釘を打たれる四枚の板、高くあげられる帆布を私は手に握っている。果物、花、選び抜かれた動物が私の手のなかにある。メス、ハサミ、ゾンデ、ピストル、鉗子を私は手にもっている。それでも、私の手は一杯にならない。世界の眠る精液は魂の長く続く無益なたるみでしかない……

あなた、あなたが眠るとき、私はあなたを憎む（『私は眠る男たちを憎む』）。

神は眠ってはならない。さもなければ、神は粘土、肉体となってしまう。神はそこにいるのをやめてはならない。さもなければ、神の被造物は無のなかに沈んでしまう。女にとって、男の眠りは物惜しみ、裏切りである。恋する男もときには恋人を眠りから起こすことがある。それは彼女を抱きしめるためだ。だが、恋する女が恋人を目覚めさせるのは、ただ恋人を眠らせないために、遠くに行かせないために、彼女のことだけを考えるようにするために、彼が部屋に、ベッドに、彼女の腕のなかに、つまり彼をそこにいさせるようにするためである。ちょうど聖櫃のなかの神のように。それが恋する女が望むことである。彼女は牢獄の番人なのだ。

しかしながら、恋する女は、男が自分の囚人だけにとどまるのはけっして認めない。ここに恋愛の苦しい矛盾の一つがある。囚われの神がその神性を失くしてしまうからだ。女は自分の超越†を男に向けて行なうことによって、それを救う。しかし、男は全世界に対して優位に立たなければならない。愛し合う二人がともに情熱の絶対性のなかに飲み込まれてしまったら、すべての自由は内在に堕落する。そのときは、死だけが彼らにとって唯一(ゆいいつ)の解決となる。それが『トリスタンとイズー』〔ケルト伝説に基づく中世恋愛物語〕の神話の一つの意味である。互いを互いのためにのみあると運命づけた二人の恋人はすでに死んでいる。彼らは倦怠(けんたい)から死ぬのである。『見知らぬ土地』のなかでマルセル・アルラン[*1]は、こうした自らを食い尽くしていくある恋愛の緩慢な苦しみを描いた。この危険を女は知っている。嫉妬に狂った発作を除けば、女は男が企て、行動することを要求する。彼がいかなる偉業も成し遂げなければ、彼はもはや英雄ではない。新しい武勲に向かって旅立つ騎士は彼の貴婦人の自尊心を傷つける。だが、彼が自分の足元で現状に甘んじていれば、貴婦人は彼を軽蔑(けいべつ)する。これこそ不可能な愛の責め苦である。女は男のすべてを所有したい。男は一つの自由すらもたないのだ。だが、女は手にしうるすべての条件を乗り越えるように男に要求する。女は、ハイデガーの言葉によれば「彼方(かなた)の存在」である実存者をここに閉じ込めようとする。この企てが無理強いであるのを女はよく承知している。「あなた、私はあなたをそう愛しなさいと言われているとおりに愛します。過剰なほどに、無我夢中で、陶酔し悲嘆にくれながら」とジュリー・ド・レスピナスは書いている。偶像崇拝的恋愛は、たとえ明晰(めいせき)なものであっても、絶望的なかたちでしかありえない。なぜなら、恋する女は恋人に英雄、巨人、半神であることを要

＊1　一八九九－一九八六、フランスの作家。

求し、彼にとって自分がすべてでないことを求めながら、自分のうちに彼を完全に所有できなければ幸福を実感できないからである。ニーチェによれば（『華やかな知恵』）、

自分の権利を一切放棄するという女の恋の情熱は、他方の性にとって、放棄の感情と欲望はまったく同じかたちでは存在しないということを明確に前提としている。なぜなら、二人ともが恋愛によって自己放棄をするなら、その結果として、たしかに、なんと言えばいいかわからないが、つまり、むなしい憎悪が生まれるだろう。女はつかまえられたいと思う……だから、つかまえてくれるが、自分の身を捧げたり、自分を放棄したりしない、逆に、恋愛において自我を豊かにしたいと欲するような誰かを女は求める……女は身を捧げ、男は女によって大きくなる……。

少なくとも、女は恋人を豊かにすることに喜びを見出すことができる。彼女は彼にとって〈すべて〉ではない。しかし、彼女は自分は彼に必要な存在なのだと信じようとする。必要性に程度はない。恋人が「彼女なしでいられない」なら、自分は彼という貴重な存在の根拠だ。そして、そこから自分自身の価値を引き出す。彼に奉仕するのは彼女の喜びである。だが、恋人の方でもこの奉仕を感謝の念をもって受け入れなければならない。自己犠牲の通常の弁証法からすれば、与えることは要求に変わる。[*1]それに、生真面目な性格の女は次のように自問する。彼に必要なのはほんとうに私なのだろうか。男

は彼女を深く愛し、やさしさと彼女に対する特別な欲望から彼女を求める。でも、別の女にも同じような特別な感情をもつのではないだろうか。恋する女の多くは知らぬふりをする。彼女たちは個別性に一般性が含まれるのを見たくないと思う。しかも、男が女たちの幻想を助長する。なぜなら、男は最初にこの幻想を共有するからである。男の欲望にはしばしば時間に挑戦するように見える激情がある。彼がその女を欲する瞬間に、彼は情熱的に彼女を求め、彼女にしか欲情を感じない。そしてたしかに、瞬間は一つの絶対である。しかしそれは一瞬の絶対である。だまされた女は永遠に向かう。主人の抱擁によって神聖化された女は、自分はずっと神に捧げられ、神のものであったのだと考える。それも自分一人だけが。だが、男の欲望は絶対的であると同時に移ろいやすい。一度欲望が満たされると、それはたちまち消える。一方、女が男の虜(とりこ)になるのはたいてい恋の後からである。これがすべての通俗的な小説や歌の主題である。「若者が通りかかり、娘が歌っていた……若者が歌っていて、娘が泣いていた」

男が女に永続的に愛着をもったとしても、それは男にとって彼女がまだ必要だということを意味しない。しかし、必要だということこそ女が求めることである。なぜなら、女にその絶対的権威が返されるという条件のもとでなければ、自己放棄しても女は救われないからだ。人は相互性の作用を免れることはできない。となれば、恋する女は苦し

＊1　〔原注〕これは〔ボーヴォワールが〕『ピリウスとシネアス』で明らかにしようとしたことである。

み、あるいは、自分をあざむかなければならない。たいてい、女はまず最初は嘘にしがみつく。女は男の愛を彼女が男に与えた愛の正確な代償と考える。女はごまかして欲望を愛と、勃起を欲望と、愛を一つの宗教と見なすのである。女は男に嘘をつくように仕向ける。私を愛してる？　きのうと同じくらい？　ずっと私を愛してくれる？　細かい誠実な答えをする暇がないときに、または、答えられない状況のときに、女は巧みにいろいろと問いかける。愛の抱擁のさなかに、病気の快復期に、泣きくずれながらあるいは駅のプラットホームで、彼女は有無を言わさない調子でたずねる。無理やり答えを引き出して、それに満足する。そして、答えがないと、沈黙に語らせようとする。多かれ少なかれ、本当の恋する女はすべてパラノイア的である。私はある女友だちのことを思い出す。彼女は遠くに離れている恋人から長いこと音沙汰がないのに対してこう言い切ったのである。「別れたいのなら、手紙を書いてくるわ。解消を告げるために」。その後、はっきりした手紙を受け取ると、「本当に別れる気なら、手紙なんか寄こさないわ」。打ち明けられた秘密について、どこから病的妄想が始まっているのかを見きわめるのはしばしば非常にむずかしい。パニックにおちいった恋する女が描き出す男の行動はつねに常軌を逸したものに見える。それはノイローゼ患者、サディスト、欲求不満のかたまり、マゾヒスト、悪魔、気まぐれ、卑怯者、それらすべてを合わせたものである。それは微に入り細に入った心理的説明にさらされる。「Xは私を崇拝している。彼は狂ったかと思うほど嫉妬深い。私が外出するときにはマスクをつけて欲しいらしい。でも、彼はとても変わった人で、私の愛をひどく疑っている。それで彼の家のベルを鳴らしたとき、踊り場で私を迎え、なかに入れてくれなかった」。あるいはまた、「Zは私を賛美していた。けれど、彼はあまりに誇り高いので自分が住むリヨンにきて暮らさないかと私に言い出せないでいた。私は自分からリヨンに行って、彼の家に泊まった。一週間目に、けんかしたわけでもないのに、彼は私を追い出した。その後、彼には二度会って、三度目に、電話したら、彼は話の途中で電話を切ってしまった。彼はノイローゼだ」。こうしたわけのわからない話の謎(なぞ)は、男が「ぼくは君を全然愛していない」とか「君には友情は感じてはいたが、君と暮らしてもひと月と我慢できなかっただろう」と言ったときに明らかになる。あまりに激しい自己欺瞞(ぎまん)は逃げ場へ導くのだ。恋愛妄想の恒常的な特徴の一つは恋人の行動が矛盾し謎に満ちて見えることである。こうした見方をして、患者の妄想はつねに現実の抵抗を打ち砕くのである。正常な女は最終的には真実に押され、もう愛されてはいないことを認めるようになる場合が多い。しかし、こうして認めざるをえなくならないかぎり、女はつねに多少のごまかしをする。相思相愛の恋愛においてすら、恋人どうしの感情には根本的な違いが存在する。女はそれを見まいとする。女の方が男によって正当化されたいと願っているのだから、男は女なしで自分を正当化できなければならない。女にとって男が必要なのは、彼女が自分の自由から逃げようとするからである。だが、男がそれなくしては英雄にもただの男にもなれない自由を引き受けるなら、なにも、誰も、彼にとって必要ではなくなる。女が依存を受け入れるのは女の弱さのゆえである。どのようにすれば女は、強いからこそ愛する男に相互的依存関係を見出せるというのだろうか。

激しく要求の多い女は、恋愛に休息を見出すことはできない。矛盾した目標をめざすためだ。引き裂かれ、苦しむせいで、女はその奴隷になりたいと思った男にとって重荷となってしまいかねない。自分の必要性を感じとれないので、おのずから邪魔でいとわしい存在になってしまう。これもまたよくある悲劇である。もっと賢明で多少柔軟性のある恋する女はあきらめる。男にとって彼女はすべてではないし、必要でもない。でも、彼にとって役立つならそれでいい。別の女が簡単に自分の代わりになるかもしれない。だから、ここにいられるだけで満足だ。彼女は相互性を求めずに自分の従属を受け入れる。そうして、そこそこの幸せを味わうことができる。とはいえ、こうした限界のなかにいても、暗雲がかからないわけではない。人妻よりもはるかに苦しい思いで、恋する女は待ちつづける。人妻自身がひたすら恋する女であるときは、家事や育児、用事や遊びは彼女にはなんの価値もなくなる。倦怠の淵から彼女を引き離してくれるのは夫の存在だ。「あなたがいらっしゃらないと、日の光を見るのもうっとうしく思われます。そうなると、なにもかも生気を失った感じで、私は椅子のうえに脱ぎ捨てられた小さな洋服のようです」と、セシル・ソヴァージュは結婚した当初に書いている。[*1] そして、すでに見たように、多くの場合、情熱的恋愛は結婚の外で生まれ、開花する。恋愛に全身全霊をかけた人生の最も顕著な例の一つは、ジュリエット・ドルエの場合だ。彼女は永遠に待ちつづける女である。「つねに同じ出発点に、あなたを永遠に待ちつづける地点に立ち戻らなければなりません」と彼女はユゴーに書いた。「籠（かご）のなかのリスのように、あなたを待っています」「ああ！　私のようなものにとって、生涯をかけて待ちつづけるなんてなんと悲しいことでしょう」「なんという日！　あなたを待っているあいだは、一日は終わらないものと思っていました。でもいま、あなたに会えなかったにもかかわらず、あまりにも早く過ぎ去っていきました……」「私には一日が永遠のように思われます……」「あなたをお待ちしています。なぜなら、あなたがぜったい来てくださらないと思うよりとにかくあなたを待ちつづける方がずっと私にはよいのです」。ユゴーが、ジュリエットに彼女の金持ちの庇護者（ひごしゃ）、ドミドフ公との関係を断ち切らせてのち、彼女を小さなアパルトマンに閉じ込め、昔の男友だちの誰とも交際を再開できないように、十二年間も一人での外出を禁じたというのは事実である。しかし、「閉じ込められたあなたの哀れないけにえ」と自分を呼んだ女の運命が緩和されたときでさえ、彼女はやはり恋人だけを生きる理由にしつづけ、彼にはほんのたまにしか会わなかったのである。「あなたを愛しています。私の恋しいヴィクトル」と一八四一年に彼女は書いている。「でも、私の心は悲しく、つらい思いでいっぱいです。あなたに会えるのはほんとうにほんのときたま、ほんのわずかしかあなたにお会いできない。だから、あなたはほんの

＊1　〔原注〕女が結婚に自分の自律を見出（みいだ）しているなら、事情はちがってくる。そうなれば、夫婦のあいだの愛は二人の人間の自由な交換であることができるし、それぞれが満足する。

わずかしか私のものではありません。それで、このほんのわずかが集まって悲しみの束を作り、私の心をそれでいっぱいにするのです」。彼女は自立と恋愛の和解を夢見る。

「私は自立した女であると同時に奴隷でありたい」。自分で食べていけるキャリアによって自立し、恋愛についてだけ奴隷でありたい。しかし、女優としてのキャリアに完全に失敗したのち、彼女は「一生」愛人であるだけに甘んじなければならなかった。偶像に尽くすために努力したにもかかわらず、時はあまりにも空しかった。毎年三百から四百通の割合で、彼女がユゴーに書き送った一万七千通の手紙がそれを証言している。主人が訪れないときは、彼女はひたすら時間をつぶすほかなかった。ハレムの女の状況で、最も怖ろしいのは毎日が倦怠の砂漠であることだ。男が彼女という自分のためのものを使用しないときは、彼女はもはやまったく存在しないと同じである。恋する女の状況もこれと類似している。彼女はひたすら愛される女でありたい。彼女の目にはそれ以外のことはなんの価値もない。したがって、自分が存在するためには、恋人が彼女のそばにいて、彼女のものでなければならない。彼女は彼の訪れ、欲望、目覚めを待ちわびる。彼が彼女のもとを去るや、彼女は彼を待ちはじめる。これは、純粋な恋愛の巫女にして犠牲者である『裏通り』[*1]や『風雨』[*2]の女主人公に重くのしかかる不運である。自分の手に運命を握ったことのない人間に与えられる厳しい罰である。

待つという行為は喜びでありうる。恋人の愛を確信し、彼女のもとに駆けつけてくるのがわかっていて、いまかいまかと待ちわびる女にとって、期待は魅惑的な約束である。

しかしながら、不在そのものを実在に変えてしまう信頼しきった愛の陶酔が過ぎると、愛は不在の空しさに不安という苦しみを加える。男はもうけっして戻ってこないかもしれないと。私が知っている女性は、恋人と会うたびに、驚いたように彼を迎え、「もう来ないと思っていたわ」と言うのだった。彼がなぜと尋ねると、「だって、来ないことだってできるじゃない。あなたを待っているとき、いつももう会えないんじゃないかという気がしてた」。とりわけ、男を愛するのをやめることができる。別の女を愛するかもしれない。「彼は私を熱烈に愛している。私しか愛せないんだわ」と言って、女がいくら激しく自分をごまかそうとしても、嫉妬の苦悩は追い払えない。情熱的だが矛盾した確信を抱かせるのが自己欺瞞の属性である。だから、自分をナポレオンとかたくなに思い込む気がふれた男は、自分がまた理髪店の見習いであるとわかっても、困惑したりしない。まれに、女が自問する気になることがある。「彼はほんとうに私を愛しているのかしら」。だが、それ以上に百回は、「彼は他の女を愛しているのかもしれない」と自分に尋ねてみる。彼女は恋人の熱が少しずつ冷めてしまったことも、彼が恋愛に自分ほど価値をおいていないことも認めない。すぐに、恋敵を想像する。彼女は恋愛を一つの自由な感情と見なすと同時に魔法のように魅惑的なものと考える。そして、彼女は「自分」の男は自由に彼女を愛しつづけていると思っている。だが、男は巧みに策謀をめぐ

＊1　〔原注〕ファニー・ハースト『裏通り』。
＊2　〔原注〕R・レーマン『風雨』。

らす一人の女に「だまされ」、「罠にはめられる」。
　男は内在[†]のうちにある、自分に同化するものとして女をとらえる。それで、彼は気軽にブーブロッシュ[*1]の役回りを演じてしまうのだ。男には恋人もまた自分から逃れる一人の他者であるとなかなか想像しにくい。普通、男の場合嫉妬は恋愛と同じように一時的な発作である。発作は激しく、致命的ですらあるかもしれない。しかし、不安が男のうちに長いこと居すわるのは稀だ。嫉妬は男の場合気晴らしのように現われる。仕事がうまくいっていないとき、生活に苦しめられているとき、そんなとき、男は自分の女に浮気されていると考える。[*2]
　逆に、男をその他者性、超越において愛する女は、たえず自分が危険の淵にいるのを感じる。不在という裏切りと不貞のあいだに大きな隔たりはない。女は愛されていないと感じるや、嫉妬深くなる。要求が多くなるとすれば、それはつねに多かれ少なかれそうした場合である。彼女の非難や不満は、その口実がなんであれ、嫉妬からくるけんかとなって現われる。そのようにして、彼女は待つことの苛立ちや倦怠、依存の苦い思いと損なわれた存在でしかないことへの後悔をぶちまけるのである。女は恋人に全存在を託しているゆえに、男が他の女に目移りする度に彼女の人生そのものが危険にさらされる。だから、恋人の目が一瞬でも違う女に向けられると、怒るのである。彼が彼女だっていましがた他の男をじっと見ていたではないかと思い出させても、彼女は確信をもって答える。「それは別よ」。彼女は正しい。一人の女に見つめられても男はその女から何も受け取らない。女が自分を与えるのは女の肉体が獲物になる瞬間からしか始まらない。一方、男に欲望された女はたちまち性的魅力のある欲望をそそる客体に変身する。そして、ないがしろにされた恋する女は「ただの女」にふたたび落ちる。だから、彼女はたえず目を光らせているのだ。彼は何をしているのかしら。何を眺めているのかしら。誰と話しているのだろう。一つの欲望が彼女に与えたものを、一つの微笑が彼女から奪ってしまえるのだ。「不滅の真珠のような光のなかから」日々の黄昏(たそがれ)のなかに彼女を突き落とすには一瞬で十分なのだ。彼女は恋愛からすべてを受け取った。だが、恋愛が終われば、すべてを失うかもしれない。あいまいであれ明確なものであれ、根拠がないものであれ正当なものであれ、嫉妬は女にとっておそろしい苦しみである。なぜなら、それは愛に対する根本的な異議であるからだ。裏切りがたしかなら、恋愛を一つの宗教にするのをあきらめねばならない、またはその恋愛をあきらめねばならない。これはきびしい一大変動であって、疑いを抱き、思い違いしている恋する女が、致命的な真実を見出したいという思いと恐れにかかわるがわるとりつかれるのは当然である。

たえず嫉妬に駆られている女が根拠もなくいつも傲慢(ごうまん)で、それなのに不安でいっぱいということはよくあることだ。ジュリエット・ドルエはユゴーに近づく女すべてに対す

＊1　十九世紀、G・クールトリーヌの短編小説『ブーブロッシュ』の主人公。お人よしで、友人や恋人にすぐだまされる。

＊2　〔原注〕これはとくにラガッシュの『嫉妬(しっと)の性質と形態』という著作に現われていることである。

る疑惑の苦しみを経験した。ただし、八年間ユゴーの愛人だったレオニー・ビヤールを怖れるのは忘れていた。不安のなかで、すべての女が恋のライバルであり、危険であった。恋する女は恋人の世界に閉じこもるので、恋愛は友情を殺してしまう。嫉妬は彼女の孤独をいっそう激しくし、その結果、依存状態をよりきついものにする。しかしながら、彼女はそこに倦怠に対する救いを見出す。夫の世話をすることは一つの仕事である。恋人の世話をすることは一種の聖職である。熱愛する幸せに没頭し自分のことはないがしろにしてきた女は、脅威を感じたとたん、それを気にかけはじめる。化粧、家庭への目配り、社交術の披露などが闘いの瞬間となる。闘争は一種の刺激作用である。彼女が勝利をほぼ確信するあいだは、闘う女はそこに胸が締めつけられるような喜びを見出す。しかし、敗北への苦悩に満ちたおそれは、いさぎよく受け入れた献身を屈辱的な隷属に変える。男は自分を守るために攻撃する。女は、傲慢なものですら、おとなしく受け身になることを強いられる。手練手管、慎重さ、策略、微笑、魅力、従順さが女の最大の武器である。

私はそうした若い女性に会った。ある夜、私が不意に彼女の家を訪ね、呼び鈴を押したときのことだ。その二時間前に、化粧もせず身なりもかまわず陰鬱な目つきをした彼女と別れたばかりなのだが、玄関にでてきた彼女は彼を待っていた。彼女が私と気づいたときには、もういつもの表情に戻っていたが、ほんの一瞬だが彼女を見る余裕があった。彼女は彼のために身なりを整え、不安と欺瞞のなかで神経を張りつめ、その快活な微笑のうしろであらゆる苦しみの覚悟をしていた。彼女は念入りに髪を結い、おおげさなお化粧は頬や唇を生き生きとさせ、まばゆい白のレースのブラウスは彼女を別人のようにしていた。晴れ着、闘いの武器。マッサージ師、美容師、「エステティシャン」は、お客の女たちが無駄に思える手入れにどんな深刻な悲劇を託しているか知っている。恋人のために新しい魅力を開発しなければならない。彼が出会い所有したいと思うような女にならなければならない。だが、すべての努力は無駄である。最初の彼を引きつけた、また他の女のうちにあって彼を引きつけるかもしれないあの〈他者〉の像を彼女は自分のうちによみがえらせることはできないだろう。恋人のうちにも夫と同じ二重の不可能な要求がある。彼は愛人が完全に自分のものであって、しかも自分とは異なるものであってほしいのだ。彼女が自分の夢にぴったり一致し、彼の想像力が生みだしたすべてのものと異なっていてほしい。期待に対する一つの応答、思いがけない驚きであってほしいのだ。この矛盾は女を引き裂き、挫折へと導く。彼女は恋人の望みどおりに自分を変えようとする。恋愛初期の、彼女たちのナルシシズムを確固としたものにしてくれる時期に輝いていた女たちの多くは、愛されなくなったと感じると、偏執的なまでの自分の卑屈さに怖れをなすようになる。彼女たちは強迫観念にとりつかれ、気力を失い、恋人に対して苛立つ。ひたすら自分を捧げた女は、はじめの頃に彼女を魅力的にしていた大きな自由を失ったのだ。恋人は彼女のうちに自分の反映を求める。だが、あまりにも忠実にその通りだと退屈する。恋する女の不幸の一つは彼女の愛そのものが彼女を醜くし、打ちのめすことだ。恋する女はもはやそのような奴隷、そのような召使い、そのようなあまりにも従順な鏡、そのようなあまりにも忠実なこだまでしかない。彼女がそれに気づいたとき、その苦悩するさまは彼女の価値をさらに下げる。涙や要求やけんかで、彼女は魅力を完全に失ってしまう。実存者とは実存者自らがつくりあげるところのものである。存在するために、彼女は他の意識に身を委ねた。そして、自分で何かをすることはあきらめた。「私には愛することしかできません」とジュリー・ド・レスピナスは書いた。『愛でしかない私』[*1]、この小説のタイトルは恋する女の常套句である。彼女は愛でしかない。愛がその対象を奪われると、彼女はもはや何者でもない。

　恋する女が自分のあやまりに気づくときもある。そうすると、自分の自由を再確認し、自分の他者性を回復しようとする。彼女は男の気を引こうとする。他の男たちから求められて、彼女は冷めきった男の関心をふたたびそそるようになる。これは数多くの「低俗」小説の月並みなテーマである。ときには、距離が彼女の威光を回復する。アルベルチーヌは目の前にいて思いどおりになるときは生彩を欠いていた。離れてみると、彼女はふたたび神秘的存在になり、嫉妬したプルーストはもう一度彼女を見直す。しかし、このような策略はむずかしい。もし男がそれを見破れば、滑稽にも彼女の奴隷的服従を彼に明かすことになる。成功したとしても危険がともなわないわけではない。なぜなら、恋人が愛人をないがしろにするのは彼女が彼のものだからである。しかし、彼が彼女に愛着をもつのも彼女が彼のものだからである。不貞によって打ち砕かれるのは軽蔑か愛着か。悔しがって、男が冷淡な女に背を向けることもある。男は彼女が自由でもいい。まあ、それもよかろう。だが、自分にすべてを委ねてほしい。彼女はこの危険性を知っている。だから、彼女の媚態の動きは鈍くなる。恋する女にとってルールに従ってうまくゲームをするのはほとんど不可能だ。彼女は罠にはまるのを極端に怖れる。そして、自分の恋人をまだ崇めているあいだは、彼をだますのに嫌悪をおぼえる。どのようにすれば、彼は彼女の目に神のままでいられるのだろうか。彼女が勝てば、偶像を破壊する。偶像を失えば、彼女自身が破滅する。救われる道はない。

慎重な恋する女――ただし、この二つの言葉はそぐわない――は恋人の情熱をやさしさ、友情、習慣に変えてしまおうとする。あるいは、強固な絆、つまり子どもや結婚によって恋人をつなぎとめようとする。この結婚願望は多くの恋愛関係につきまとっている。それは安全願望である。抜け日のない愛人は恋愛のはじめの頃の寛大さを利用して、将来の保証を手に入れる。しかし、彼女がこのような思惑買いをするとき、彼女はもはや恋する女の名に値しない。なぜなら、恋する女は恋人の自由を永久にとらえておきたいと熱烈に望んでも、それを消滅させるのは望まないからだ。したがって、自由な契約が一生続く非常に稀な場合を除けば、恋愛＝宗教は破局に行きつく。モラについては、レスピナス嬢は幸運なことに最初に飽きてしまった。彼女が飽きたのはギベールに出会

＊1　〔原注〕作者はドミニック・ロラン。

ったからだ。そして、今度はギベールがすぐに彼女に飽きてしまった。ダグー夫人とリストの恋愛はこうした厳しい弁証法に則って終わった。つまり、リストをあれほど愛されるにふさわしい人にしていた熱情、生命力、野心が彼を別の恋愛に進ませたのだ。ポルトガル人の修道女は捨てられるほかなかった。ダヌンチオを非常に魅力的に[*1]していた情熱の炎は代償として彼を浮気にした。一つの別れが男に深い痕跡を残すこともある。しかし、とにかく、彼には送るべき男としての人生がある。捨てられた女はもはや何者でもなく、また、何ももたない。「以前は、どうしていたの」と聞かれても、彼女は思い出すことすらできない。自分のものであった世界、彼女はそれを灰のなかに捨ててしまい、新しい国に帰依した。だが、そこからも突然追い出されてしまった。彼女は信じた価値をすべて否定し、友情を断った。ふたたび彼女の頭上に屋根はなく、彼女のまわりは一面の砂漠だ。恋人の他には何もないのに、彼女はどうやって新しい人生を再開するのだろうか。彼女はかつて修道院に逃げ込んだように、今度は妄想に逃げ込む。また、あまりにも理性的な女には、死しか残されていない。レスピナス嬢のように直後に死ぬか、あるいはじわじわと時間をかけてか。苦しみは長い間続くかもしれない。十年、二十年と一人の女が一人の男に全身全霊を捧げてきたとき、そして、女が男を祭りあげた台座に男がまだしっかりと居座っていたとき、そういうときに彼に捨てられるのはすさまじい破滅である。「私に何ができるというの？」と、その四十歳の女性はたずねた。「ジャックが私をもう愛していないというのなら、私はどうすればいいの」。彼女は身なりやお化粧やマニキュアに細心の注意を払っていた。だが、すでにやつれきった、けわしいその顔が新しい愛を呼びおこすことはもはや不可能だ。一人の男の陰で二十年過ごしたあとに、彼女自身他の男に恋することができただろうか。四十歳なら、まだなおかなりの年月を生きなければならない。私は別のこうした女性を見た。彼女は苦悩に満ちた表情にもかかわらず、その目は美しく、気品のある顔立ちをしていた。そして、公衆の面前で、何も見えず、何も聞こえないかのように、涙が頬を伝わるままにしていた。泣いていることにすら気づいていなかった。いまではもう、神は彼女のために創(つく)った言葉を他の女に言っている。王座を追われた王妃は、自分がかつて真の王国に君臨していたのかどうかもはや定かではない。女がまだ若ければ、回復する機会がある。新しい恋愛が彼女を癒(いや)してくれるだろう。ときには、唯一(ゆいいつ)でないものは絶対ではありえないのがよくわかったので、新しい恋愛に多少慎重になりながら身を委ねる。しかし、たいていは最初よりもっと激しく次の恋愛にぶつかっていく。過去の失敗を取り戻さなければならないからだ。絶対的愛の挫折は女が自分の力で立ち直ったときにのみ豊かな試練となる。アベラール[*2]と別れたエロイーズは、ある大修道院の運営にあたり、自律した存在になっていたので、敗残者とはならなかった。コレットの女主人公たちは愛の失望に打ち砕かれるままになるにはあまりにも誇り高く、また経済力をもっていた。ルネ・メレ

＊1　〔原注〕イサドラ・ダンカンの言葉。
＊2　一〇七九－一一四二、フランスの哲学者、神学者。エロイーズとの愛の往復書簡は有名。

〔コレットの小説の主人公〕は仕事があったので救われた。そして、「シド」〔コレットの母親の愛称〕は娘にあなたの愛情面での運命についてあまり心配はしていないと言っていた。彼女はコレットがただの恋する女とは違うことを知っていたのである。しかし、自分を完全に他人の手に委ねてしまうこと、この献身というあやまちほど酷い罰をもたらす罪はそれほどない。

本来的な[†]恋愛は二人の自由の相互性を認めたうえで築かれなければならない。そうなれば、恋人のどちらもがお互いを自分自身として、他者として経験できるだろう。どちらもが自分の超越[†]を放棄しないし、自分を損なうこともない。二人でともに世界に対して価値と目的を明らかにするだろう。どちらにとっても、恋愛は自分を相手に与えることによる自己の発見であり、世界を豊かにすることであるだろう。『自己認識』という著作のなかで、ジョルジュ・ギュスドルフ[*1]は男が恋愛に求めるものを非常に正確に要約している。

> 恋愛は私たちを自分自身の外に連れ出して、私たちに自分自身のことをわからせてくれる。私たちは私たちとは異なる者、私たちを補ってくれる者との交流をとおして、自分を確認する。認識の形態としての恋愛は、私たちが日々生きてきた光景そのもののなかに新しい空と大地を発見する。ここに重要な秘密がある。世界は他者であり、私自身も他者なのだ。そして、私はもはやたった一人で世界を知るので

はない。しかも、私にそれを教えてくれたのはある人なのだ。それゆえ、女は男が自分自身についてもつ意識に欠くことのできない重要な役割を果たしているのである。

若い男にとって恋愛修業がもつ重要性はここから来ている〔I巻第三部参照〕。「私自身も他者なのだ」という認識をもたらす奇跡にスタンダールやマルローがどんなに驚嘆したかはすでに見た。しかし、ギュスドルフが、「そして、同じように、男は女にとって、女自身から女自身への必要不可欠な仲介である」と書いたのは間違っている。なぜなら、女の状況は男と同じではないからだ。男は他者の姿で示される。だが、男は彼自身であり、男の新しい顔は彼の人格全体に統合される。女もまた本質的に対自†として存在できないかぎり、女にとって事情は同じとはならない。そのためには、女が経済的自立を手に入れ、自分の目的に向かって自分を投企（プロジェ†）し、どのような仲介もなしに共同社会に向かって自分を乗り越えることが前提とされる。そうなれば、対等な恋愛が可能になる。マルローがキヨとメイ〔マルローの『人間の条件』の登場人物〕のあいだの愛として描いたのはそのような恋愛である。ルソーに対するヴァラン夫人、シェリに対するレア〔ともにコレットの小説の登場人物〕のように、女が男性的、支配的役割を演じることすらできる。

＊1　一九一二－二〇〇〇、フランスの哲学者。

しかし、多くの場合、女は自分を他者としてしか認識しない。彼女の対他は彼女自身の存在そのものと混同される。恋愛は女にとって、自己から自己への仲介とはならない。なぜなら、女は自分の主体的存在のうちに自分を見出さないからだ。女は男が示しただけでなく創造したその愛人のうちに飲み込まれている。女の救いは、彼女を作り上げた、そして一瞬にして彼女を消滅させられるこの専制的な自由に依存している。自分でそうしている自覚がまったくなく、またそうするつもりもまったくないままに女の運命を手中にしている男の前で、女はおびえながら一生を過ごす。彼自身の運命の不安に満ちた無力な証人である一人の他者のうちに包まれて、彼女は危険にさらされる。自分の意に反して暴君になり、心ならずも死刑執行人になったこの他者は、彼女や彼の望みにもかかわらず、敵の顔をもつ。恋する女は、結合を求めたかわりに、孤独の最も苦い味を知り、共犯のかわりに、争いやしばしば憎しみをも経験する。女にあって恋愛は、女に強いられた依存を引き受けつつ、それを乗り越える最後の試みである。しかし、同意のうえの依存であっても、それは恐れと従属のうちに生きられるほかない。

男たちは競って、恋愛は女にとって最高の自己実現であると主張してきた。「女として愛する女はひたすらより深く女になっていく」とニーチェは言った。そして、バルザックは言う。「高度な次元においては、男の人生は栄光であり、女の人生は恋愛である。女は、男の人生が不断の活動であるように、自分の人生を不断の奉納物にすることによってのみ男と対等になれる」。だが、これはさらに一つの残酷な欺瞞(ぎまん)である。女が与えるもの、それを男は受け取る気はまったくないからである。男は自分が要求する無条件の献身も、自分の虚栄心を満足させる偶像崇拝的愛も必要としない。男は、逆にそれらの行為に含まれる要求に応じないという条件でのみそれらを受け入れるのである。男は与えるように女に説教する。そして、女が与えるものは男をうんざりさせる。女は自分の贈物が無用であるのに非常に困惑し、自分の存在がむだであるのにすっかり途方に暮れる。弱さのうちにではなく強さのうちに、自分から逃げるためではなく自分を見出すために、自分を放棄するためでなく自分を確立するために、女が恋愛することができるようになったとき、そのときには、恋愛は男にとっても女にとっても生命の源泉となり、死にいたるような危険ではなくなるだろう。さしあたっては、恋愛は、最も悲壮なかたちで示される、女の世界に閉じ込められた女、自立できない、手足を奪われた女に重くのしかかる矛盾の縮図である。恋愛の数知れない殉教者たちは、女たちに不毛の地獄を最後の救いとして指し示す運命の不公平に抗して、証言したのである。

第十三章　神秘的信仰に生きる女

　愛は最高の天職として女に与えられてきたので、女が一人の男に愛を捧げるとき、男に女は神を求める。状況によって人間の愛が禁じられたり、失望したり、要求がましかったりすると、女は本当の神を崇拝しようとする。たしかに、この炎〔神への愛〕に身を焦がした男たちもいた。だが、そんな男は稀であり、男の熱烈な信仰は非常に浄化された知的なかたちをとってきた。逆に、天上の婚礼の歓喜に身を委ねる女は大勢いる。しかも彼女たちは驚くほど感情的にそれを体験している。女はひざまずいて生きるのに慣れている。普通、女は自己の救済が男の君臨する天から降ってくるのを待っているのだ。男もまた雲に包まれている。肉体的存在を覆うヴェールの彼方に男の威厳が現われる。〈愛されている男〉はつねに多かれ少なかれ現実的存在ではない。彼はあいまいな印をとおして自分を崇拝する女と気持ちを通わせる。女は彼の心を信じることしかできない。それに、男が優れていると思われれば思われるほど、女には彼の振る舞いがますます謎めいて見えてくる。すでに見たように、恋愛妄想の場合はこの信心があらゆる反証に抵抗するのである。女が〈現存〉を身近に感じるには、見ることも触ることも必要ではない。相手が医者であろうと、司祭や神であろうと、女は同じように反駁（はんばく）できない確実さを相手に認め、天から落ちてきた愛の潮を奴隷（どれい）のように自分の心に迎え入れる。人間の愛と天上の愛を混同してしまうのである。というのも、天上の愛が人間の愛の昇華だからではなく、人間の愛もまた一つの超越†的なものに、絶対に向かう運動であるからだ。とにかく、恋する女にとって、一人の至高の〈人物〉に具現された〈全体〉に自分を結び付けることによって、自分の偶然的な存在を救うことが問題なのだ。

このあいまいさは、病理的なものであろうと正常なものであろうと、多くの場合に歴然としている。恋人は神格化され、神は人間の特徴をまとうのである。私はフェルディエールが恋愛妄想に関する著作で報告しているケースを引用するにとどめよう。語っているのは患者である。

一九二三年には、私は『プレス』紙の記者と文通していました。毎日、教訓的な彼の記事を読みました。行間を読んでいたのです。彼は私に答えてくれるように思われましたし、助言を与えてくれました。私は彼にラブ・レターを書きました。たくさん書きました……一九二四年に、それは突然やって来ました。神様が一人の女を捜していて、私に話をしにやって来るように思われたのです。神様が私に一つの使命を与えてくださった、寺院を建立（こんりゅう）するために私をお選びになったというような気がしていました。自分がたいへん重要な団体の中心にいるように思いました。そこには医者の治療を受けている女たちがいます……この時期に……私はクレルモンの精神病院に移されました……そこには、世の中を作り変えたいと思っている若い医者たちがいました。私の監禁室では指に彼らの接吻を感じ、両手には彼らの性器を感じました。あるとき、彼らは私に言いました。「きみは感じやすくはないが、官能的だ。こっちを向きたまえ」。私は振り向いて、彼らを私のうちに感じました。とてもいい気持ちでした……部長のD博士は……まるで神様のようでした。彼が私のベッドのそばにくると、なにかあると感じました。彼は「ぼくは君のものだ」とでも言っているかのように私を見つめるのです。彼はほんとうに私を愛していたのです。ある日、彼はほんとうに熱心な目つきで私を見つめました。……彼のグリーンの目は空のようなブルーになって、恐ろしいほど大きく見開かれました。……彼は別の患者に話しかけながら、その効果を確かめて微笑んでいました……そして、私はこうしてそこに、D博士に釘づけになってしまって……一本の釘がもう一本の釘を追い払ってしまうというわけではないので、ほかに恋人たちがいるにもかかわらず（私には一五、六人も恋人がいました）、彼から離れることができませんでした。この点、彼は悪いひとです……十二年間もずっと、心のなかでいつも彼と話をしてきました……私が彼を忘れようとすると、またもや彼が現われました……ときには彼は多少皮肉屋で……「ほら、ぼくは君を怖がらせてる。君がほかの男を好きになっても、君はいつもぼくのところに戻ってくるんだ……」と言います。私は彼によく手紙を書いて、デートの約束までさせては、出かけて行きました。去年、彼に会いに行きましたが、よそよそしい態度でした。熱意がありませんでしたもの。自分をまったく愚かしく感じて帰ってきてしまいました……彼はほかのひとと結婚したと聞いていますが、私のことをずっと愛してくれるでしょう。彼は私の夫ですもの。でも、行為は一度もなかったわ。二人をくっつけるような行為は……「すべてを棄(す)てて」と彼はよく言いました。「ぼくといっしょなら、君はいつもいつも高く登っていける。君は地上の存在のようではなくなっている」と。おわかりでしょう。私は神様を求めるたびに男を見つけてしまうんです。もうどんな宗教に向かったらよいかわかりません。

ここで問題になっているのは病理学的なケースである。しかし、男と神とのこうした錯綜(さくそう)した混同は、多くの信心深い女に見られる。とくに聴罪司祭は、天と地のあいだであいまいな場を占めている。自分の魂をさらけ出して告解する女の言うことを、彼は肉体の耳で聴くが、彼女を包み込む彼の眼差し(まなざ)しのうちに輝いているのは超自然の光である。彼は神のごとき男性、男の外観をした現前する神なのだ。ギュイヨン夫人はラ・コンブ神父との出会いを次のような言葉で描いている。「恩寵(おんちょう)の力は、彼から私へと魂の深奥をとおしてやって来て、また、私から彼へと戻っていくので、彼も私と同じ力を感じたかのように思われました」。宗教的なものの介入が、彼女が長年苦しんできた渇きから彼女を救い出し、ふたたび彼女の熱い魂に火をつけたのである。彼女は大いなる神秘的時期のあいだずっと彼のそばで暮らしていた。さらに、彼女はこう告白している。「これはもうまったくの一心同体でしかなく、私はもう彼と神を区別することもできないといったふうでした」。実際には彼女は一人の男を恋してしまっただけなのに、神を愛するふりをしているのだと言ってしまってはあまりに単純すぎる。彼女にはこの男が別のものに見えたのだから、彼女は神とともにこの男もまた愛していたのである。フェルディエールの患者とまったく同様に、彼女が漠然と到達しようと努めていたのは、諸価値の最高の源泉なのだ。これこそ、すべての神秘主義者の目的である。男という仲介は神秘主義者の女が天の砂漠に飛翔するのに有益なこともあるが、不可欠というわけではない。女は、現実と戯れを、行為と魔術的な振る舞いを、対象と想像的なものをうまく区別できないので、ことさら存在しないものを自分の肉体をとおして表わしてしまう傾向があるのだ。これよりずっとユーモアを欠いているのは、人がよくそうするように、神秘主義と恋愛妄想を同一視することである。つまり、恋愛妄想の患者は愛によって自分が至高の存在〔神のごとき存在〕として価値づけられたと感じるのだ。この至高の存在が恋愛関係の主導権をとり、愛される以上に情熱的に愛するのである。この至高の存在は、明白ではあるが秘密の印によってその感情を知らせる。この存在は選ばれた者〔女〕の熱意の欠如に嫉妬し、苛立つ。だから、この存在は躊躇せずに彼女を罰するのだ。この存在が肉体的で具体的な姿をとって現われることはほとんどない。こうしたすべての特徴が神秘主義者に見出される。とくに、神はずっと昔からその愛で、神が燃え上がらせた魂を慈しみ、この魂のために血を流し、この魂にすばらしい絶頂を用意する。この魂にできるのは抵抗せずにその炎に身を委ねることなのだ。

今日、恋愛妄想はときには観念的なかたちを、ときには性的なかたちをおびるということが認められている。同様に、神秘主義者の女が神に捧げる感情のなかには、肉体が多少なりとも場を占めている。神秘主義者の女の感情の吐露は地上の愛人たちが体験するそれをなぞったものなのだ。アンジェラ・ド・フォリーニョ[*1]が、聖フランチェスコを両腕で抱きしめているキリストの画像を眺めていると、キリストは彼女に言う。「おまえを抱きしめてあげよう、肉体の目で見えるよりもずっと強く……おまえが私を愛するなら、けっしておまえを見捨てはしない」。ギュイヨン夫人は書いている。「愛は一時も私を休ませはしなかった。私は愛に言ったものです。おお、わが愛よ、もう十分です。ほうっておいて」「いわく言いがたい戦慄で魂を貫くような愛、私を失神させるような愛がほしい……」「おお、わが神よ！　あなたが、もっとも官能的な女たちにも、私が感じていることを感じさせてくださるのなら、彼女たちは偽りの快楽を捨て去って、こんなにも真実な善を享受することができるのに」。聖女テレサの有名な幻視はよく知ら

＊1　一二四八－一三〇九、イタリアの聖女、幻視で名高い。

れている。

天使は両手で長い黄金の槍(やり)をもっていました。時々、天使は私の心臓にその槍を刺し、内臓まで突き刺すのでした。天使が槍を抜き取るときには、まるで内臓が引きちぎられるようで、私は神への愛にすっかり燃え上がったままでした。たしかなのは、苦痛が内臓の奥底まで貫くということです。私の精神的な夫が内臓を貫いた矢を引き抜くとき、内臓が張り裂けるように思われました。

言葉が乏しいから、神秘家の女はこうした性的な語彙(ごい)を借りざるをえないのだと、同情して主張する人々もいる。だが、神秘主義者の女もまた、たった一つの肉体を自由にできるだけであり、地上の愛から言葉を借りるだけでなく、肉欲的な態度も借りるのである。神に自分の身を捧(ささ)げるのに、彼女は一人の男に身を捧げるときと同じ振る舞いをする。とはいえ、このことは彼女の感情の価値をいささかも減じるものではない。アンジェラ・ド・フォリーニョが、心の動きに従って、かわるがわる「青ざめて干からびたり」あるいは「脂(あぶら)ぎって赤ら顔」になったりするとき、涙の洪水に溺(おぼ)[*1]れるとき、その高みから落下するとき、こうした現象を単に「精神的なもの」と見なすことはほとんどできない。だが、それをもっぱら彼女の過度の「感じやすさ」によって説明するのは、ケシの「催眠効力」をもちだすようなものだ。身体はけっして主観的な経験の原因ではない。というのは、身体は客観的なかたちでは主体そのものであるからだ。主体は主体の実存のまとまりのなかで主体の態度を生きるのである。神秘主義者の敵も賛美者も、聖女テレサの忘我状態(エクスタシー)に性的内容を与えることは彼女をヒステリー患者の列におとしめることだと考えている。しかし、ヒステリックな主体の価値を減じるのは、彼女の身体が活発にその妄想を表現するという事実ではない。それは、彼女の身体が憑(つ)かれているせいであり、彼女の自由が呪(のろ)われ、無効にされているからである。苦行僧は自分の身体組織をコントロールする力を得ているから、身体の奴隷にはならない。身体の身振りを自由の躍動で包むこともできるのだ。[*1] 聖女テレサの著作はあいまいさをいささかももたず、めくるめくような悦(よろこ)びの過剰に恍惚(こうこつ)としている聖女を私たちに見せてくれるあのベルニーニ[*2]の影像を裏づけている。彼女の感動を単なる「性的な昇華」だと解釈することは、やはり間違いだろう。まず最初にひそやかな性的欲望があって、それが神への愛という形態をとるのではない。恋する女は、まず第一に対象のない欲望の餌食(えじき)になって、それから、その欲望がある個人に定められるというのではない。恋人の現存が即座に彼に向けられた官能のうずきを彼女のうちに引き起こすのである。こうして、聖女テレサはたった一つの動きで一挙に神との結合を求め、この神との結合を肉体において生きるので

＊1　〔原注〕「涙が彼女の頬を燃え立たせていて、冷水を浴びせなければならないほどだった」と、彼女の伝記作者の一人は伝えている。

＊2　一五九八－一六八〇、イタリアの画家、彫刻家、建築家。

ある。彼女は神経やホルモンの奴隷ではない。だから、自分の肉体のもっとも奥底を貫いている彼女の信仰の強さをむしろ称え(たた)なければならないのだ。実のところ、聖女テレサ自身がわかっていたように、神秘体験の価値は、主観的なその体験のなされ方によってではなく、客観的なその影響力によって測られる。忘我状態(エクスタシー)という現象は聖女テレサにあってもマリー・アラコック[*1]にあってもほとんど同じだが、二人の使命への関心は非常に異なっている。聖女テレサはまったく知的なやり方で、個人と超越的な〈存在〉の関係という劇的な問題を提出する。彼女はあらゆる性的な特定化を超えた意味をもつ経験を女として生きたのである。彼女をシュゾ[*2]や聖ファン・デ・ラ・クルス[*3]と同列に置かなければならない。とはいえ、彼女は輝かしい例外である。彼女まではいかなかった彼女の姉妹たちが伝えているのは、世界と救済についての本質的に女性的な心象(ヴィジョン)である。彼女たちがめざしているのは一つの超越的なものではなくて、自分が女であることの贖(あがな)いなのだ[*4]。

女は、神の愛のなかに、まず第一に、恋する女が男の愛に求めるもの、つまり、自己のナルシシズムの極致を求める。自分に注意深く愛情をこめて注がれるこの至高の眼差しは、女にとって奇跡的な幸運である。娘時代、若い女だった頃をとおしてずっと、ギユイヨン夫人はいつも愛されたい、称賛されたいという欲望に苛(さいな)まれてきた。現代のプロテスタントの神秘主義者であるヴェー嬢は「私にとって、私の心のなかで起こっていることに、共感をもって特別な関心をもってくれるひとが誰もいないことほど、私を不幸にすることはない」と書いている。クリューデナー夫人は、神がたえず彼女のことを気にかけていると思い込んでいた。サント＝ブーヴの語るところによれば、「愛人とのもっとも決定的な瞬間に、彼女は〝神様、私はなんて幸せなんでしょう。ありあまる幸福をお許しください！〟と、うめいた」ほどである。天上全体が彼女の鏡になったときのナルシシストの心を満たす陶酔は理解できる。彼女の神格化されたイメージは神そのもののごとく無限であり、けっして消えることはない。と同時に、燃えあがり、動悸を打ち、愛に溺れた胸のなかに、彼女は敬愛する〈父なる神〉によって自分の魂が創られ、贖われ、慈しまれるのを感じる。彼女が抱きしめるのは彼女の分身、神の媒介によって無限に高められた彼女自身である。聖女アンジェラ・ド・フォリーニョの次の文章はとくに意味深い。イエスは彼女にこう話しかける。

私のやさしい娘、私の娘、私の愛するひと、私の神殿。私の娘、私の愛するひとよ。私を愛しておくれ。私がおまえを愛しているのだから。おまえが私を愛するこ

＊1　一六四七－九〇、サレジオ会修道女、聖女。
＊2　一二九五－一三六六、スイスの神秘主義者。
＊3　一五四二－九一、スペインの神秘主義者、教会博士。聖女テレサと協力してカルメル修道会の改革に尽くした。十字架の聖ヨハネ。
＊4　〔原注〕しかしシエナの聖女カタリナの場合は、神学的関心がひじょうに重要である。彼女もまた、かなり男性的なタイプである。

とができるよりずっと、ずっとはるかにおまえを愛しているのだから。おまえの生のすべて、おまえが食べるのも、飲むのも、眠るのも、おまえの生のすべてが好きだ。私はおまえのうちにあって、諸国民の目に偉大に見えることをなすだろう。おまえのうちにあって私は知られ、おまえのうちにあって私の名は多くの人々から称えられるだろう。私の娘、私にやさしい妻よ。おまえをとても愛している。

そしてさらに、

　私がおまえにやさしくするよりはるかにやさしい私の娘よ、私の悦びよ。全能の神の御心（みこころ）は今おまえの心の上にあり……全能の神は、多くの愛を、この町のどんな女よりも多くの愛をおまえにそそいだ。神はおまえをこのうえない悦びとされたのだ。

別のところではこう書いている。

　お前を愛するあまり、私はもうおまえの無能も気にならず、目にとめることもない。私はおまえに大いなる財宝を預けたのだ。

〔神に〕選ばれた女はこんなにも熱烈でこれほどの高みから降ってきた愛の告白に、情熱をもって応えずにはいられないのだろう。彼女は恋する女の常套手段、つまり自己滅却によって、愛する人と結ばれようとする。「私の唯一の仕事は、愛すること、自分を忘れて、自分をなくすこと」と、マリー・アラコックは書いている。〔宗教上の〕忘我状態はこの自我の放棄を身体的に模倣しているのだ。主体はもはや見もせず感じもしない。自分の身体を忘却し、それを否認する。この放棄の激しさによって、受動性の強烈な受容によって、輝かしい至高の〈現存〉〔神の存在〕は陰画的に示される。ギュイヨン夫人の静寂主義*1はこの受動性を体系として打ちたてた。彼女自身は、大部分の時間を一種の全身硬直のうちに過ごした。彼女はまったく目覚めたまま眠っていたのである。

ほとんどの神秘主義者の女は自分を受動的に神に委ねるだけでは満足しない。自らの肉体の破壊によって、積極的に自己を無に帰そうとするのだ。たしかに、禁欲主義は修道士や僧侶によっても実践された。だが、女が自分の肉体を辱めるときの激しさには独特の性格がある。自分の身体に対する女の態度がいかに両義的であるかはすでに見てきた。屈辱と苦痛をとおして女は身体を栄光に変える。快楽のためにモノとして恋人に委ねられて、女は殿堂になり、偶像になる。出産の苦痛に引き裂かれて、女は英雄を創造する。神秘主義者の女は自らの肉体を苦しめて肉体を主張する権利を得ようとする。肉

＊1　十七世紀のモリスらの神秘主義思想。外的活動をせず、自分を完全に捨てた受動的立場におくことで神との合一を求めようとする。

体を汚辱に還元することによって、女は自己の救済の道具として肉体を称揚するのである。何人かの聖女たちが身を委ねた奇妙な行き過ぎはこのように説明される。聖女アンジェラ・ド・フォリーニョは、ハンセン病患者の手と足を洗ってあげた水をおいしく飲んだと語っている。

この飲み物は私たちをとても心地よくうるおしたので、その悦びは家に帰るまで続いた。こんなにおいしく水を飲んだのははじめてだった。ハンセン病患者の傷口からうろこ状にはがれた皮膚が私の喉（のど）につかえていた。私はそれを吐き出すかわりに、飲み込もうと努めて、それに成功した。私は聖体を拝受したように感じた。私が浸った至上の悦びはけっして言い表わせはしないだろう。

マリー・アラコックが自分の舌で病気の女が吐きだしたものを清めたことはよく知られている。彼女は自伝で、下痢になった男の大便を口にほおばったときに感じた幸福を描いている。イエスは、彼女が三時間も〈聖心〉〔イエスの心臓の象徴〕に唇をおしあてたままにさせておくことで、彼女に報いた。信仰が肉体的な色彩をおびるのは、とくにイタリアやスペインのような激しい官能の国である。アブルッツォ〔イタリア中部〕の村では、女は今日でもなお十字架の道にそって地面の砂利をなめて自分の舌を裂く。こうした行為によって、彼女たちは、自分の肉体を辱めることによって肉体を救った〈贖主〉

〔イエス・キリスト〕を模倣し続ける。男よりもずっと具体的なかたちで、彼女たちはこの偉大な神秘をはっきりと感じとるのである。

ほとんどの場合、神は夫の姿をとって女の前に現われる。ときには、神は栄光のうちに白さと美しさに輝いて、支配者として姿を現わすこともある。神は女にウエディング・ドレスを着せ、冠を被せ、手を取り、天上の栄誉を約束する。だがたいていは、神は肉体をそなえた存在だ。イエスが聖女カタリナに与えて、彼女が指にしていた目に見えない結婚指輪は〈割礼〉によって彼から切り取られたあの「肉の指輪」だった。とくに、イエスは虐待された血まみれの肉体である。彼女がもっとも熱心に没頭するのは、〈十字架にかけられた人〉〔イエス・キリスト〕を眺めることだ。彼女は〈息子〉のなきがらを腕に抱きしめる〈聖母マリア〉や、十字架の下に立って〈最愛の子〉〔イエス・キリスト〕の血を浴びるマグダラのマリアに一体化する。こうして、彼女はサド＝マゾ的な幻想を満足させるのである。神の屈辱のうちに、彼女は〈人間＝男〉の失墜を称賛する。ぐったりとして、受け身で、傷に覆われ、十字架にかけられたキリストは、猛獣や短剣や男たちに捧げられた赤い〔血を流している〕白い肌の殉教の女の転倒したイメージであり、少女はこうした殉教の女に非常にしばしば自分を同一化してきた。〈男〉が、〈神なる男〉がその役割を引き受けるのを見て、彼女は動揺する。〈復活〉の栄光を約束されて、十字架に横たわっているのは、彼女なのだ。これは自分なのだ。彼女はそれを証明する。彼女の額はいばらの冠の下で血を流し、両手、両足、脇腹は、目に見えない剣に貫かれる。カトリック教会が数える三二一人の聖痕をもつ者のなかで、男性はたった四七人である。その他は——ハンガリーのエレーヌ、十字架のジャンヌ、G・ドスタン、オザーヌ・ド・マントゥー、クレール・ド・モンファルコンたちにしても——女たちであり、平均して、更年期を過ぎた女たちである。もっとも有名なカトリーヌ・エメリックはあまりに早く聖痕を受けた。二十四歳のとき、いばらの冠の苦しみを願っていると、彼女のもとにまばゆいばかりの若者が現われて、彼女の頭にいばらの冠をしっかりと被せた。翌日、彼女のこめかみと額は腫れ上がり、血が滴りだした。その四年後、忘我状態のなかで、彼女は傷を負ったキリストを見た。その傷口から、鋭い刃物のような尖った光線がほとばしりでて、聖女の両手、両足、脇腹から血の滴りを噴き出させた。彼女は血の汗をかき、血を吐いた。現在でもなお、聖なる金曜日には、テレーズ・ノイマン[*1]がキリストの血を滴らせた顔を見物人に見せている。聖痕において肉体を栄光に変える神秘的な錬金術は完成される。なぜなら、聖痕は血まみれの苦痛というかたちでの神の愛の現存そのものであるからだ。女たちが血潮を純粋な黄金の炎に変貌させることに異常に執着する理由はかなりよくわかる。人間たちの王〔キリスト〕の脇腹から流れ出る血という想念に取りつかれているのだ。シエナの聖女カタリナはほとんどすべての手紙でこれについて語っている。アンジェラ・ド・フォリーニョはイエスの心臓と脇腹に開いた傷をひたすら見つめていた。カトリーヌ・エメリックは「血まみれの布切れ」のようだったイエスに似ようとして、赤い肌着を着るのだった。彼女はあらゆるものを

「イエスの血をとおして」見ていたのである。マリー・アラコックは、すでに見たように、三時間もイエスの〈聖心〉に浴していた。愛の炎に燃え上がる矢の光輪に包まれた大きな赤い血の塊を信者の礼拝に供したのは彼女である。これが、愛によって血から栄光へいたるという女の大いなる夢を要約する象徴なのだ。

忘我状態（エクスタシー）、幻視、神との対話、ある種の女にはこうした内的体験だけで十分だ。こうした体験を行為をとおして世間に伝える必要を感じる女もいる。行動と観想〔神との内的合一〕の結びつきには非常に異なった二つのかたちがある。聖女カタリナ、聖女テレサ、ジャンヌ・ダルクのような行動的な女がいる。彼女たちは自分のめざす目的を十分に承知していて、それに到達する手段を冷静に考えだす。彼女たちの啓示はその確信に客観的な形を与えるにすぎない。こうした確信に勇気づけられて、彼女たちは自分が正確に描いた道を進む。一方、ギュイヨン夫人、クリューデナー夫人のようなナルシシストの女がいる。彼女たちはひそやかで熱烈な信仰心のはてに、突然「使徒の状態に[*2]」あるのを感じる。彼女たちは自分の使命をあまりはっきりとは自覚していない。そして、——しょっちゅう動きまわっていないと気のすまない慈善団体のご婦人方のように——彼女たちは何かしていさえすれば、自分が何をしていようとあまり気にかけはしない。

＊1　一八九八－一九六二、聖女テレーズの示現に会って、病が全快して後、金曜日ごとにイエス・キリストの傷痕（きずあと）を自分の身体に示すという。

＊2　〔原注〕ギュイヨン夫人。

こうして、大使夫人として、小説家として自分をひけらかしてしまうと、クリューデナー夫人は自分の価値について抱いてきた考えを自分のものとした。彼女がアレクサンドル一世[*1]の運命を掌中におさめたのは、明確になった考えを勝利させるためではなくて、神から霊感を受けた者という役割のなかで自分を確かめるためである。自分に聖なる資質があると女が感じるには、普通、ほんのすこしの美貌と知性があれば十分であるとすれば、まして、自分が神から選ばれた者であると知ったとき、女が自分は〔宣教の〕使命を担(にな)っていると考えるのは当然だ。彼女は不確かな教義を伝え、すすんで宗派を起こす。そうすることによって、自分が産みだした団体のメンバーをとおして、自分の人格の増大に陶酔することができるのである。

神秘主義的な熱情は、恋愛やナルシシズムのように、活動的で自立した生活に組み込まれることもある。だが、個人的救済のこうした努力はそれ自体としては失敗に終わるしかないだろう。女は自分の分身や神といった非現実的なものと関係をもったり、現実の存在と非現実的な関係をつくりだしたりするが、いずれにしても、女は世界に働きかける手がかりをもってはいない。自分の主観性から抜け出せない。女の自由は神秘化されたままである。女の自由を実現する本来的なやり方は一つしかない。それは、能動的な行動をとおして自分の自由を人間社会に投企(プロジェ†)することである。

＊1　一七七七―一八二五、ロシア皇帝。

第四部　解放に向かって

第十四章　自立した女

フランス法典では服従はもはや妻の義務に属するとは見なされていない。しかも、女性市民は選挙権をもつようになった。とはいえ、経済的自立が伴わなければ、この市民としての自由は抽象的なものでしかない。妻であれ愛人であれ、扶養されている女は、投票用紙を手にしたとしても、男から自由になったわけではない。かつてほど慣習による制約を押しつけられなくなったとしても、こうした消極的な自由によって、女の状況は完全に変わったわけではない。女は依然として従属的地位に閉じ込められたままである。女が男と女を隔てていた距離の大部分を乗り越えたのは労働によってである。労働だけが実質的自由を女に保証してくれる。寄生的な生き方をやめたときから、依存することで成り立っていたシステムは崩れ、女と世界のあいだに男の仲介はもはや必要ではなくなる。従属者としての女につきまとう不運は、何もしないでいることしか許されないことだ。そうなると、女はナルシシズムや恋愛や宗教をとおして実現不可能な存在の追求にしがみつく。一方、生産的で活動的な女は超越[†]を獲得する。彼女たちは自らの投(プロ)

企を通じて自分を主体として確立する。自分の追求する目的に対して、また、自分が手にする金銭と権利に対して責任を感じる。多くの女たちはこの利点を自覚している。最もつましい仕事についている女でさえそうだ。私は日雇いの女がホテルのホールのタイル磨きをしながらこう言っているのを聞いた。「私はなに一つ人にせがんだりしたことはないよ。これまでたった一人でやってきたのさ」。彼女は自活しているという点ではロックフェラー〔アメリカの富豪〕と同じくらい誇りをもっているのだ。

しかしながら、単に選挙権や職業を並べることが完全な解放であると信じてはならない。現代の労働は自由を意味しない。女が働くことによって自由を獲得できるのは社会主義社会においてだけである。今日、労働者の大部分は搾取されている。女の地位の向上によって社会構造が根本的に変化したわけではない。つねに男のものであったこの世界はいまだに彼らがそこに刻印した姿のままである。女性労働問題の複雑さはこうした事実から来ていることを忘れてはならない。要職にある保守的な一人の女性が、ルノー自動車工場の女子工員を対象とした調査を行なった。その結果、女たちは工場で働くより家庭にいる方を好んでいると彼女は断言する。おそらく、女たちは経済的に抑圧された階級においてしか経済的自立を獲得しないだろう。だが一方、工場で仕事をしているからといって、家庭でのつらい仕事を免除されるわけではない[*1]。もし、週四十時間の労働を家庭あるいは工場のどちらでやるか選べと提示されたら、たぶん、彼女たちは前とはまったく違った答えをしただろう。そして、労働者として自分の世界になるはずの世界にしっかり組み込まれ、喜びと誇りをもってその建設にかかわっていけるとなれば、おそらく彼女たちはいそいそと工場労働と家庭の仕事の兼務を受け入れるだろう。

現在、農村の女たちはもちろんだが、[*2] 働く女たちの大部分は伝統的な女の世界から抜け出していない。彼女たちは実質的に男と対等になるのに必要な援助を社会からも夫からも受けていない。政治的信念をもち、組合で活動し、未来を信じる女たちだけが、報われない日々の労役に倫理的意味を与えることができる。とはいえ、余暇を奪われ、服従の伝統を受け継いできた女たちがいまようやく政治的、社会的意識を高めはじめたばかりだとしても、それは当然のことなのだ。仕事と引きかえに、期待できる精神的、社会的利益が得られないのだから、女たちがいやいやながらも制約を受け入れているのは当然のことである。また、女の店員、事務員、秘書が男の後楯という特典を放棄したくないのもわかる。すでに述べたが、自分の身を委ねるだけで加入が許される特権カーストの存在は若い娘にとって抵抗しがたい誘惑である。自分の給料はわずかなのに、社会的には人並みの生活水準を維持したいので、娘は男の甘言にすがってしまう。自分の稼ぎだけに満足していれば、のけ者にしかなれない。住むところも服装もひどく、気晴らしや恋愛さえもできない。徳を重んじる人々は禁欲主義を説く。実際、その食生活はカ

＊1　〔原注〕そうした仕事が外で働く女にとってどれほど耐えがたいものだったかはI巻二九五〜二九六頁で述べた。

＊2　〔原注〕この状況についてはI巻、二九二〜二九四頁で検証した。

ルメル派修道女と同じような粗食であることが多い。ただし、誰もが神様を恋人にすることなどできない。だから、女としての人生を成功させるには男に気に入られなくてはならない。その結果、援助を受けるようになる。これこそ皮肉にも雇い主が期待していることで、生活費に足りない給料しか支払われないことになる。ときには、こうした援助が状況の改善と真の自立の獲得に役立つときもある。ときには反対に、扶養してもらうために、職を捨てることもある。たいていは両方を兼ねる。仕事によって恋人から解放され、恋人のおかげで仕事から逃れられるというわけである。だがまた、仕事と男の庇護という二重の束縛を経験する。結婚した女にとって、自分の給料はふつう補助的なものでしかない。「援助を受けている女」にとって、男の援助は本質的なもの†には見えない。しかし、いずれの場合も、個人的努力によって完全な自立を獲得しているのではない。

とはいえ、現在、職業をもつことで社会的、経済的自律を見出している恵まれた女たちがかなりいる。女の可能性や未来が問われるとき、問題にされるのはそういう女たちである。だからこそ、まだ少数派でしかなくても、彼女たちの状況について注意深く検討することがとりわけ興味深いのだ。フェミニストと反フェミニストとの論争はまさに彼女たちをめぐって続いている。反フェミニストは現代の解放された女たちは世界のなかで重要なものを何も勝ちとっていないし、心のバランスをうまくとれないでいると主張する。一方、フェミニストは自分たちの勝ちとった成果を過大評価し、自分たちの混乱には目をつぶっている。実際のところ、彼女たちがまちがった方向に進んでいると言う根拠はなにもない。とはいえ、彼女たちが新しい条件のなかですみやかに居場所を確保できたのでないのは確かである。彼女たちはまだ道のなかばまでしか来ていないのだ。経済的に男から解放されている女は、だからといって男と同じ道徳的、社会的、精神的状況にいるわけではない。女が職業生活に入り、それに専念していく仕方は、彼女の生活形態全体が作りだす状況に左右される。ところで、若い娘が大人の生活に入っていくときに背負っている過去は、男の子と同じではない。また、社会から同じ目で見られているわけでもない。彼女にとって世界は男の子と異なる展望のなかに現われる。女であるという事実は、今日では、自律した一人の人間に特別な問題を課すのである。

　男が手にする特権、子どもの頃から自分にあると感じている特権、それは人間としての使命が男としての運命を制約しないということである。男根（ファルス）と超越†の同一視によって、社会的、精神的成功が男に男性的威信を与えることになるのだ。男は分裂していない。一方、女には、女らしさを完成させるために、自分を客体、獲物にすること、つまり絶対的主権をもつ主体としての要求をあきらめることが求められる。まさに、この葛藤（かっとう）が、解放された女の状況をとりわけ特徴づけているのだ。彼女は去勢されたくないので女の役割に閉じ込められるのを拒否する。しかし、自分の性を捨てるのは去勢されることだ。男は性をもつ人間である。女もまた男と同じように性をもつ人間でなければ、完全な一人の人間であるとは言えない。自分が女であることを捨てるのは、自らの人間性の一部分を捨てることだ。女嫌いの男たちは理知的な女たちを「身なりにかまわない」としばしば非難しておきながら、こんなふうに忠告する。「ぼくたちと同等になりたいのなら、顔をぬりたくったり、マニキュアをつけたりするのはやめたまえ」。この忠告はばかげている。なぜなら、まさに女らしさという観念は習慣や流行によって人為的に定義され、外部から女一人ひとりに押しつけられるものだからだ。この観念が変わることがあるとすれば、それは、その規範が男の採用する規範に近づくかたちをとるときである。たとえば、海岸ではズボンが女らしいということになった。だが、そんなことは問題の本質を変えはしない。自分の思うように女らしさの観念を作りあげる自由など個人にはない。この女らしさの観念になじまない女は性的に、そしてその結果、社会的に価値を下げることになるのだ。社会が性的価値を取り込んでしまっているからである。女の属性を拒否しても、男の属性を得られるわけではない。男装したからといって男にはなれない。男に仮装した女でしかないのだ。すでに見たように同性愛もまた一つの特定化である。つまり、中性はありえないのである。

否定的態度をとれば必ず実際にその代償を支払わなければならない。しばしば、若い娘は慣習なんか無視していいのだと考える。だから、それを態度で示す。彼女は新しい状況を作りだし、その結果を自分で引き受けなくてはならない。既存の規範を逃れたとたん、人は反乱者となる。とっぴな格好をした女が「気まぐれにやっているの。それだけよ」とさりげない様子でいうとき、彼女は嘘をついている。気まぐれを続ければ、常軌を逸していると見られるのがよくわかっているのだ。逆に、風変わりと見られたくない女は一般的しきたりに合わせる。具体的効果のある行動でなければ挑戦的態度を選ぶのは割にあわない。時間や力の浪費だ。ひんしゅくを買いたくない、社会的信用を失いたくないと思っている女は、女として女の条件を生きなくてはならない。職業上の成功のためにそうせざるをえないことも多い。だが、男にとっては、慣習が自律的で能動的な個人の要求にそって定められているので、順応するのはまったく自然である。一方、女の方は、彼女もまた主体であり能動性でありながら、女を受動性にとどめておこうとする世界のなかで生きなくてはならない。女たちは女の世界に閉じ込められ、そこでの義務の重要性を肥大させてしまったため、その義務はそれだけ重いものとなっている。たとえば、女たちは服装や家事をむずかしい技術にしてしまった。男は自分の着るものをまったく気にかける必要がない。男の衣服は男の活動的生活に合っていて着やすく、男は衣服は洗練されているべきだとは考えない。衣服が男の人間性の一部となることはほとんどない。さらに、その手入れを自分ですることなど誰からも期待されていない。報酬を払うにせよ払わないにせよ、誰か女が世話をしてくれる。それに対して、女は、人から見られるとき、外見が自分と切り離して見られないのを知っている。彼女は身なりから、判断され、尊敬され、性的魅力をとやかく言われる。女の衣服はもともと女が自由に動けないようにできていて、傷みやすかった。ストッキングは破れ、靴の踵は減り、明るい色のブラウスやワンピースは汚れやすく、プリーツは折り目が取れてしまう。それなのに、たいていは自分で直さなくてはならない。他の女が無報酬で来てやってくれるわけではない。それに、自分でできることにお金を使うのは気がとがめる。パーマ、セット、化粧品、新しいドレスはそれだけでもかなり高くつく。秘書や学生はいつも夜帰宅してから、ストッキングをかがったり、ブラウスを洗ったり、スカートにアイロンをかけたりする。十分な生活費を稼ぐ女はこうした苦労はしないですむだろう。だが、彼女たちはより凝ったおしゃれをしなければならず、買物や仮縫いなどに時間を費やす。伝統的に、女には——独身であっても——家庭のことに一定の気配りをすることが課せられている。新任地に行った男の公務員は簡単にホテル住まいをする。だが、それが女だったら、「自分の家」をかまえようとするだろう。そして、それを入念に手入れして維持しなければならない。なぜなら、男の家なら当然のだらしなさも女の家では許されないからである。

しかしながら、女が美容や家事に手間暇をかけるように仕向けるのは、世間への気遣いだけではない。彼女は自己満足のために、ほんとうの女でいたいと思う。母親や、子ども時代の遊び、青春時代の夢想によってすでに準備されていた女としての運命と自分で作りあげた人生とを折りあわせてはじめて、彼女は現在・過去をとおして自分を是認できる。女はナルシシスト的な夢をつちかってきた。彼女は、男の男根的誇りに対して自己の像(イメージ)への崇拝を対立させ続ける。彼女は自分をみせびらかし、人を魅了したいと思う。母親や姉たちから彼女は巣への関心を吹き込まれてきた。自分自身の家というものが自立の夢の原型だった。他の道で自由を見つけたとしてもその夢を否定するつもりはない。男の世界で居心地の悪さを感じるかぎり、女は隠れ家を求める気持ちをもちつづける。それは自分自身のなかに求めるのが慣(なら)いとなった内的逃避のシンボルである。女の伝統に従って、自分で床をみがき、男の同僚のようにレストランに食べにいく代わりに自分で料理を作る。彼女は男として女として両方をともに生きたい。だから、仕事も疲れも増えてしまうのである。

　彼女が完全な女でありたいと望むのは、他方の性に最大限の勝算をもって近づきたいからである。最大の難問が生じるのは性の領域においてである。女が完全な個人に、男と対等な人間になるためには、男が女の世界に近づくのと同じように女も男の世界に近づかなくてはならない。つまり、他者に近づかなければならない。ただし、他者の要求が男女の場合では対称的ではない。財産、名声を獲得すると、それらは内在的美点のように見えるため、女の性的魅力を一段と引きたてることができる。しかし、自律的能動性のある人間であることと、彼女が女であることとは矛盾する。彼女にはそれがわかっている。自立した女——とくに自分の状況を考える理知的な女——は女として劣等コンプレックスに苦しむ。男を誘惑することしか考えていないコケティッシュな女と同じように美容のための念入りな手入れをする時間はない。専門家のアドヴァイスに従おうとしてもうまくいかない。彼女はおしゃれの領域ではまったくの素人(しろうと)でしかない。女らしい魅力のためには、超越は内在[†]に堕落し、もはや肉体のかすかな痙攣となってしまわなければならない。自発的に差し出された獲物にならなければならない。理知的な女は自分が身を差し出しているのがわかっている。自分が一つの意識であり、主体であることを自覚している。彼女は思いのままに自分の眼差しを殺したり、自分の目を雲間に見える小さな空や水たまりに変えたりなどできない。世界へと向かう身体の躍動を確実に押しとどめて、その身体を漠とした震えによって生気を与えられた彫像に変身させることなどできない。理知的な女は失敗の恐れがあっても、それに負けないくらいの情熱をもって努力をする。しかし、この意識的な熱意はやはり一つの能動性であって、目的を達成しそこなう。彼女は閉経期に女が犯しやすい間違いと同じ間違いを犯す。年を感じはじめた女が自分の年を否定しようとするように、彼女は自分の才知を否定しようとする。娘のような格好をし、花やフリル、けばけばしい布をごてごてと身につける。また、子どもっぽい、うっとりしたしぐさをして目立とうとする。はしゃぎ、跳びはね、たわいもないことをぺらぺらしゃべり、無遠慮、軽率、衝動的な行動をとる。ある種の筋肉がゆるむ感動を経験したことがないために、瞼や唇のはしをゆるめるのではなく、伏し目にしたり唇を下げてぴくつかせて意志力で拮抗筋を収縮させる役者に似ている。このように、理知的な女は身を委ねているさまを身ぶりで示すために痙攣するのだ。それを自分で感じ、苛立つ。愚かな言動に取り乱した顔を、鋭すぎるほどの知性がきらっとよぎる。期待をもたせるような唇がぎゅっと閉じる。彼女がなかなか気に入られないのは、奴隷的な姉妹たちのように、気に入られたいと本気で思っていないからである。誘惑したいという願望がどれほど激しくても、それは骨の髄まではしみこんでいない。自分が不器用だと感じた瞬間、彼女は自分の卑屈さにいらいらする。男の武器を使ってルールを守りながら反撃したいと思う。彼女は聞く代わりにしゃべる。分かりにくい思想や新奇な感情を開陳する。話し相手に賛成する代わりに反論をする。相手に勝とうとする。スタール夫人は電撃的勝利を得るために二つの方法をかなり巧みにとり混ぜた。彼女に太刀打ちできる男は稀だった。しかしとくに、アメリカの女たちに多いこうした挑戦的態度は、男たちに勝つというよりはむしろ彼らを苛立たせた。だがそもそも、彼らの方が自分たちの不信感のせいで女に挑戦的態度をとらせているのだ。もし、男が一人の奴隷ではなく、自分と対等な一人の女を愛そうとするなら――もっとも男のなかには横柄さも劣等感ももたずに、そういう愛し方ができる人もいるのだが――、女の方も女らしくあるための気遣いに悩まされなくてすむはずだ。そうなれば、彼女は自然らしさや素直さを手にできるし、それほど苦労せずに女であることができるだろう。いずれにしろ女であるのだから。

事実は、男たちが女の新しい立場を支持しはじめているということだ。女はもはや自分に先天的に欠陥があると感じることはなく、非常にゆとりがもてるようになった。現在、女は働いているからといって自分が女であることを無視していないし、性的魅力も失ってはいない。しかしながら、この成功は――平等へ向けて一つの前進を示すものだが――まだ不完全である。他方の性と望ましい関係を築くのは、いまでも男よりも、女にとっての方がはるかにむずかしい。女の性生活や感情生活は多くの障害にぶつかっている。もっとも、こうした面では、従属している女は少しも有利ではない。妻や高級娼婦（しょうふ）の大多数は性的にも感情の面でも根本的に欲求不満である。自立した女の場合に困難がよりはっきりと現われるのは、彼女があきらめではなく、闘いを選んだからだ。生きるという問題はかならず死のなかにひそかな解決を見つける。だから、生きようと努力する女は自分の意志や望みを葬（ほうむ）った女よりもよりいっそう引き裂かれている。とはいえ、後者の女を見習うよう勧められても、彼女は受け入れないだろう。自分が不利な立場にいるとわかるのは、ただ男との比較においてのみできるからである。

頑張って責任ある地位に就いていて、世間の抵抗に抗する闘いの激しさを知っている女は――男と同様に――幸せなアヴァンチュールによって肉体的欲望を満たすだけでなく、休息や気晴らしを得たいと思う。ところが、女にこうした自由を実際に認めない環境が依然としてある。この自由を行使すれば、評判を落とし、キャリアを台無しにするおそれがある。少なくとも、世間は彼女に偽善を要求し、それが彼女に重くのしかかる。社会的に重要な地位を占めるのに成功すればするほど、人はえてして目をつむってくれる。しかし、とくに地方では、たいていは厳しく監視される。最も恵まれた環境においてさえ――世間を恐れる必要がないときでも――この点に関しては、女の状況は男とは同じではない。この違いは伝統から来ると同時に、女の官能性の独自の性質から生じる問題からも来ている。

男はともかく肉欲を鎮め、精神的にリラックスできる束の間の抱擁を容易に経験できる。女性のための売春宿を開くよう要求した女も少数だがいる。『十七番』と題された小説のなかで、一人の女が、「タクシーボーイ」[*1]と呼ばれる男相手に女が「性的安らぎ」を求めに行ける家を作ってほしいと提案していた。こういう場所が一つサンフランシスコに最近まであったらしい。足しげく通っていたのは商売女だけだが、今までお金を支払われていた彼女たちは、今度は自分たちが支払うことを楽しんでいたようだ。だが、彼女たちのひもがそこを閉店させてしまった。こうした解決策は現実離れしているうえにあまり望ましくない。おそらく成功しないだろう。すでに見たように、女は男と同じように機械的な「安らぎ」を得ることはない。大部分の女は、こうした場は快楽に身を委ねるのにあまり適していないと見るだろう。いずれにせよ、今日この解決策は女たちには拒否されているというのが事実だ。一夜または一時間を共にするパートナーを街で拾ってくるという解決法は――仮に、強靭な性格であらゆる自己抑制を解放してきた女が嫌悪感をもたずに試みたとしても――、男より女にとってははるかに危険は大きい。性病の危険は女にとってずっと深刻である。なぜなら、感染の予防措置は男がするべき

＊1　〔原注〕この作者は――私は名前も忘れてしまった。急いで思い出さなくてはならないようにも思われないが――、彼らがどんな女性客も満足させるためにどのように訓練され、彼らにどんな生活をさせなければならないかを長々と説明している。

ことだからだ。また、どんなに用心しても、女は子どもができるかもしれないという危険に対して完全に安心できない。とくに見知らぬ者どうしの関係——粗野なレベルの関係——においては、体力の違いがものをいう。男は自分の家に連れ込んだ女をそれほど恐れることはないし、多少用心すれば十分だ。女が男を家に入れた場合は同じようにはいかない。

こんな話を聞いたことがある。パリに着いたばかりの二人の娘が、「世の中を見たくて」、豪遊したあと、モンマルトルの女好きのする売春婦のひもを二人夜食に呼んだ。翌朝、彼女たちは身ぐるみはがれ、乱暴され、ゆすられるはめになったという。もっと意味深いケースをあげてみよう。三人の大きな子どもと老いた両親を養うために一日中つらい仕事をこなしてきた四十歳代の離婚歴のある女性の場合だ。まだきれいで魅力的なのに、彼女には社交生活をしたり、おしゃれをしたり、ごく普通に誰かを誘惑してみるという余裕はまるでなかった。もっともそんなことは面倒だったのかもしれない。しかし、性欲は旺盛(おうせい)で、男のようにそれを鎮める権利があると考えた。ときおり夜になると、彼女は街をぶらつきに出かけて行って、男をひっかけようといろいろやった。しかし、ある夜ブーローニュの森の茂みのなかで一、二時間過ごしたあと、帰ろうと思っても相手が承知しない。名前や住所を知りたがり、再び会いたいとか、一緒に暮らしたいと言った。断るとひどくなぐられ、あざだらけとなって、恐怖に震える状態で置き去りにされたのだ。愛人の気持ちをつなぎとめる仕方に関していえば、たとえば、男がしばしばするように、愛人を扶養したり援助することで愛人の心をつなぎとめるというようなことは、裕福な女にしかできない。次のような取引をして間に合わせてしまう女たちもいる。男に金を払って、男を道具にしてしまうのだ。そうすれば、横柄に男を使い捨てにすることができる。しかし普通は、かなり年配の女でなければ、これだけ露骨に性愛と感情を分けることはできない。すでに見たように、思春期の娘の場合は両者の結びつきは大変深いのだ。男にもこうした肉体と意識の分離をけっして受け入れない者が多い。まして、大多数の女たちはそうしたやり方をしてみようとは思わないだろう。それに、そこには欺瞞(ぎまん)があって、男より女たちの方がそれに敏感である。つまり、金を払う客もまた道具になっていて、相手は生計の手段としてそれを利用するということだ。男は自尊心から性愛のドラマのあいまいな面を見ないでごまかす。男は無意識のうちに自分をいつわるのだ。女は男より屈辱を受けやすく感じやすいが、男より明敏である。女はもっと狡猾(こうかつ)な自己欺瞞がなければ真実に目をつぶることはできない。自分のために男を買っても――女がその手段をもっているとしてだが――、一般的に女にとってそれで十分だとは思えないだろう。

大部分の女にとって――男にとってもそうだが――ただ欲望を満たすだけでなく、欲望を満たしながら人間の尊厳を守ることが重要なのだ。男は女との性的快楽を楽しむとき、そして、女に性的快楽を与えるとき、自分を唯一(ゆいいつ)の主体として定める。威圧的な征服者として、寛大な贈与者として、あるいは、両者を兼ね備えたものとして。女の方でも、相手の男を自分の快楽のために服従させるのだと、自分を捧げることで男を満たしているのだと主張したい。だから、男に恩恵を約束したり、男の騎士道精神を当てにしたり、駆け引きによって男の欲望をそのまったくの一般性のうちに目覚めさせたりすることによって、男に自分を認めさせるときでも、女は男を満たしていると思い込みがちである。この自分に都合のよい確信のおかげで、自分は寛大な心で行動するのだと言い切れるので、女は辱められたと感じることなく男を誘惑できるのだ。たとえば、『青い麦』のなかで、フィルの愛撫を求める「白衣の婦人」は、横柄な態度で彼に言う。「私が愛するのは、物乞いか飢えた者だけなの」。実際は、彼女は巧妙に仕組んで、彼に懇願させようとしたのだ。そこで、コレットは次のように言う。「彼女は狭く薄暗い王国へと急いだ。そここそは、彼女の自尊心が、嘆きは苦悩の告白の表われだと思い込める、そして、彼女のようなしつこく嘆願する女がおうようさの幻影を抱く場所であった」。ヴァラン夫人は、自分の欲望は寛大さから来ているのだと見せるために、若い恋人や不幸な恋人、低い身分の恋人を選ぶ女たちの典型である。だが、もっと大胆不敵な女たちもいる。彼女たちはたくましい男を誘惑し、男を満足させたと思って悦にいるのだが、男の方は礼儀あるいは恐怖から誘惑に屈したにすぎないのだ。

一方、逆に、男を罠に捕らえた女は自分が相手に身を捧げているのだと思い込もうとし、自分の身を捧げる女は自分の方が捕らえるのだと言い張る。「私は男を捕まえる女よ」と、ある日、若い女性ジャーナリストが私に言った。だが実際には、レイプの場合を除けば、誰にも相手を本当に捕らえることはできない。しかし、女はここで二重に嘘(うそ)をついている。なぜなら、事実は、男はしばしば激情に駆られてあるいは攻勢をかけて誘惑し、積極的に相手の同意を奪い取るからである。すでに引用したスタール夫人のような特別の場合は別として、普通の女の場合はこのようにはいかない。女にできるのはもう身を任せることぐらいしかない。というのも、男たちの大部分は自分の役割に非常に執着しているからである。彼らは女の欲求をその一般性において満たすために選ばれたいと思うのではなく、女のうちに個別的な官能のうずきを目覚めさせたいと思うのだ。男は、選びとられると、搾取(さくしゅ)されたように感じるのである。[*1]「男に恐怖感をもたない女は、男には恐ろしい存在だ」と、ある若い男が私に言った。また、「女が主導権を握ると思うとぞっとする」と、大人の男たちが言うのをよく耳にしたものだ。どんなに女が大胆に自分から申し出ても、男は知らん顔をする。征服したいのだ。だから、女は自分を獲物にすることによってしか捕らえることができない。受動的なモノになること、つまり、従属の約束をしなければならない。もし成功すれば、女はこの魔術的陰謀をみずから行なったことになり、自分を主体として発見するだろう。だが、女は男に軽蔑(けいべつ)されて無用なモノに凝固させられてしまう危険を冒している。そのために、男に言い寄って拒否されると、女は深く辱められるのである。男もまたもてあそばれたと思って怒るこ

＊1　〔原注〕この感情は若い娘に見られると私たちが指摘した感情の代償だ。ただ彼女は最終的には自分の運命をあきらめて受け入れてしまうのである。

とはよくある。しかし、彼は一つの企てに失敗したにすぎない。それ以上ではない。女はうずきと期待、約束のなかでみずからを肉体にすることに同意してしまったのに、自己喪失することによってしか勝てない。自分を失ったままである。このような敗北を甘受するには、ひどく理性に欠けているか、すばらしく明晰（めいせき）でなければならない。また、誘惑がうまくいったとしても、勝利したかどうかはあいまいである。実際、誰に言わせても、勝利したのは、つまり、女を手に入れたのは男なのだ。女は男のように自分の欲望を満たすことが許されてはいない。女は男の獲物である。男は種としての力を個性のなかに取り込んでいると了解されている。一方、女は種の奴隷であるという。[*1] あるときには、女はまったくの受動性と見なされる。「マリー、ここに寝てごらん。女の体のうえを通過しなかったのはバスだけなんだよ」というわけだ。それは一つの、自由に処分し、使える道具のようなものなのだ。彼女は官能のうずきに魅了されたまま、おずおずと譲歩する。木の実をとるように彼女を摘む男に魅了されるのである。またあるときには、女は疎外（そがい）[†]された能動性と見なされる。子宮のなかには足を踏みならす悪魔がいて、膣（ちつ）の奥では、男の精液をたっぷり飲みたがる一匹のヘビが様子をうかがっているというのだ。いずれにせよ、女が単純に自由であると考えてはならない。フランスでは、自由な女と誘惑されやすい女がしつこいほどに混同されている。されやすいという観念は、抵抗力、抑制力がないこと、一つの欠如を意味し、自由そのものの否定ですらある。女性文学はこの偏見と闘おうとしている。たとえば『グリゼリディス』のなかで、クララ・マルローが強調するのは、主人公は誘惑にはあくまで譲歩しないが、自分の要求する行動は必ずやり遂げるという事実である。アメリカでは、女の性行動に自由が認められていて、これは女に有利に働いている。しかし、フランスでは、男たちは「すぐ寝る女」の愛情は利用するくせに、彼女たちに軽蔑の念を抱くので、大多数の女たちは動きがとれない。自分のせいでこんなふうに言われるのかもしれないとか、自分がネタにされてこんな言葉が使われたのでは、と思うのがたまらなくいやなのだ。

たとえ女がこうした匿名（とくめい）のうわさを無視したとしても、パートナーとの肉体関係において具体的な困難を感じる。なぜなら、世間の意見が彼のなかに具現化しているからだ。普通、男はベッドを自分の攻撃的優越性が発揮される場だと思っている。彼は捕らえたいのであり、受け取りたいのではない。交換し合いたいのではなく、魅了したいのだ。男は、女からもらう以上に、女を所有しようとする。男にとって、女の承諾は敗北であり、女のささやく言葉は女から奪い取った告白でなければならない。女が自分の快楽を認めるとき、女は自分の隷属を認めるのだ。クロディーヌが素早く自分の方から服従することでルノーに挑むと、ルノーは彼女に先んじる。彼女が身を任せようとしているのに、ルノーは急いで彼女を力ずくで犯そうとするのだ。彼女のくるめくような目のなか

＊1　〔原注〕I巻第一部第一章でこの意見には一定の真実があることは見てきた。しかし、この非対称が作用するのは厳密には欲望の瞬間ではない。生殖においてである。欲望のなかでは男も女も同じように自然な機能を引き受けている。

に自分の勝利をじっくり眺めようとルノーは彼女に目をあけたままでいるように強いる。『人間の条件』のなかでも、威圧的なフェラルは、ヴァレリーが明りを消したいと言うのに、あくまで明りをつけたままにしておく。誇り高く、要求も厳しい女はライバルとして男に接する。この闘いでは、女の武器は男よりはるかに少ない。まず男の方が体力があり、自分の意志を通しやすい。またすでに述べたように、緊張と能動性が男のエロチシズムと調和しているのに、女は受動性を拒否すれば、彼女を快感に導く魅惑を壊すことになる。態度や行動において、自分の優位を表現すると、女はうまく快楽に到達できない。それで、自尊心に固執する女たちのほとんどは不感症になる。恋人の支配的でサディズム的傾向を満たしてくれるような男は稀だ。そして、こういう男の従順さが女の性愛を完全に満足させるかといえば、これはまたもっと稀なことである。

女にとってずっと楽に思われる道が一つある。マゾヒズムという道だ。昼間、働いて、闘って、責任とリスクを引き受けるとき、夜、まったくの気まぐれに身を委ねるのは、気晴らしとなる。たしかに、恋している女やうぶな女は、たいてい、専制的な意志のために自分を無にするのを好む。だが、そうなると、彼女は自分がほんとうに支配されていると感じなくてはならない。日常的に男たちのなかで暮らしている女にとって、男の無条件な優位を信じるのはたやすいことではない。ほんもののマゾヒストではないが、きわめて「女らしい」女、つまり男の腕のなかで自己放棄の深い性的快楽を味わっていた女の例を聞かされたことがある。彼女は十七歳の頃から夫を何回となく変え、たくさんの恋人をつくり、多くの歓び(よろこび)をそこから得ていた。だが、ある困難な事業──そのあいだ男たちに指図していた──をうまくやり終えたのち、彼女は不感症になってしまったと嘆いた。屈託のない自己放棄ができなくなってしまったのだ。というのも、彼女は男を支配することに慣れてしまって、彼らの威厳は消えてしまったからである。女が男の優越性に疑いをもちはじめると、男のうぬぼれは男に抱く尊敬の念を減らしていくだけとなる。ベッドで男が最も強烈に自分を男であると感じたいと思うとき、まさに、男が男らしさを身振りで表現するせいで、男は経験豊かな女の目には幼稚に見えるのだ。彼は昔の去勢コンプレックス、または自分の父親の影、あるいは他のなんらかの妄想を払いのけようとしているだけなのだ。愛する女が恋人の気まぐれに譲歩するのを拒むのは、つねに自尊心からだけではない。彼女が相手にしたいと思うのは、自分の人生の現実の瞬間を生きている大人であって、自分の身の上話を語る少年ではない。マゾヒストの女はとりわけ幻滅を感じる。母のような過剰なもしくは寛大な気配りは彼女が夢見る自己放棄ではないからだ。彼女は自分が支配され隷属(れいぞく)させられていると信じ込むふりをしながら、つまらない戯れ(たわむれ)に自分もまた甘んじなくてはならなくなるだろう。さもなければ、自分の主人が見つかるのを期待して、いわゆる「優れた」男たちを追いかけまわすことになるだろう。それとも、不感症になることだろう。

すでに見たように、二人のパートナーがお互いに対等だと認め合えば、サディズムやマゾヒズムの誘惑から逃れることは可能だ。男女双方にちょっとした謙虚な気持ちとある程度の寛大さがあれば、勝ったとか負けたとかいった考えはなくなる。愛の行為は自由な交換となるからだ。しかし逆説的言い方になるが、女にとって、別の性をもつ一人の個人を自分の同類と認めるのは男に比べてはるかにむずかしい。まさに男のカーストが優越権を握っているからこそ、男は多くの個々の女たちに愛情ある敬意を捧げることができる。一人の女を愛するのは簡単だ。女はまず恋人を彼の世界とは異なる世界に導く特権をもっている。彼は彼女に寄り添って彼女の世界を探検して楽しむ。少なくともしばらくのあいだ、彼女は好奇心をそそる存在であるし、楽しませてもくれる。そして、彼女の置かれた状況が従属的で限界があるために、彼女の長所はどれも獲得されたもののように見え、一方、彼女の過ち(あやま)も大目に見ることができる。スタンダールはレナル夫人〔『赤と黒』の登場人物〕やシャステレル夫人〔『リュシアン・ルーヴェン』の登場人物〕を、彼女たちがひどい偏見の持ち主だったにもかかわらず、称(たた)えている。女が誤った考えをもっていても、あまり知的でなくても、洞察力に欠けていても、勇気がなくても、男はその責任が彼女にあるとは見なさない。女は置かれた状況の犠牲者だと男は考える――多くの場合、これは正しい。男は彼女はこうなれたはずだとか、こうなれるのではないかと夢想する。彼女を信じて待ってやったり、彼女にないものをいろいろ貸し与えたりできる。なぜなら、彼女はどんな定義もなされていないものであるからだ。この定義が欠如しているせいで、恋人の男はすぐにあきる。だがまたそれゆえに、神秘、つまり男を魅惑してたやすく愛情へと向かわせる魅力が生じてくる。男に対して友情を感じるのはなかなか容易ではない。というのは、男は自らがそのように作られた存在であって、それはどうにもならないことなのだ。男を、不確かな将来性や可能性のなかにではなく、その存在、その真実のなかで愛さなければならない。男は自分の行動や考えに責任がある。彼には言い訳は許されない。男との友愛関係は、彼の行動、目的、意見に同意するときにしか生まれない。ジュリアン〔スタンダールの『赤と黒』の主人公〕は正統王朝派〔思想上、彼の反対派〕の女を愛することができるが、ラミエル〔スタンダールの『ラミエル』の女主人公〕は自分が軽蔑する思想をもつ男を好きになることはできないだろう。妥協してもよいと思っていても、女は寛大な態度をとるのはとても難しい。というのも、男は女のために子ども時代の緑の楽園を開けてくれはしないからだ。女は、男にも女にも共通の世界であるこの現実のなかで男に出会う。男が与えてくれるのは彼自身だけだ。男は自己完結し、限定されていて、断固としていて、夢をかきたててくれることはほとんどない。男が話すときは、彼の話を聞かねばならない。男は自分の言動を重要視する。関心を引かない男であれば、うんざりさせられ、その存在が重く感じられる。ただ非常に若い男たちだけは素晴らしく気さくな態度が身についていて、彼らのなかに謎めいたところや将来性を探り、彼らを大目に見て、軽い気持ちで受けとめることができる。これは若い男が成熟した女たちの目に非常に魅力的に映る理由の一つだ。ただしほとんどの場合、彼らの方は若い女を好む。三十歳の女は大人の男の方に投げ返される。たぶん、そのなかで、期待や友情の気持ちを挫かれないような男たちに出会うだろう。しかしそのとき、横柄なところをなにも見せない男たちだったら、彼女は幸運だと言えるだろう。彼女が心も肉体も投入できるような一つの出来事、つまりアヴァンチュールを望むとき、問題は、自分の方が優れていると考えていない男、彼女が一人の対等な人間として考えることのできる男に出会えるかどうかということだ。

一般的に女はあまり面倒なことは言わないと人は言うかもしれない。女はあまりくどくど自問せずに機会をとらえる。そして、自分の自尊心や官能性とうまく折り合いをつける。それは確かだ。だが、女は心の奥に数多くの失望、屈辱、悔恨、恨みを秘めているのもまた確かである。男たちのうちには——平均してだが——それらに相当する感情が見つからない。多少とも失敗した情事からでも、男は性的快楽という利益をほとんど確実に引き出す。女はそれからいかなる利益もまったく手にできないこともある。女は男に対して冷淡な気持ちでいても、決定的な瞬間がくると、礼儀から抱擁に応じる。ところが、恋人が不能ということが明らかになる場合もある。すると、女はつまらない騒ぎに巻き込まれたと苦しむだろう。また、自分が快感に達しなければ、そのときは、女は自分が「ものにされた」、もてあそばれたと感じる。だが、満ち足りれば、恋人をずっとつかまえておきたいと思う。快楽を期待して、その場かぎりの情事しか考えていないと女が言うとき、女が本当に嘘偽りない気持ちで言っていることはめったにない。というのは、快楽は女を解放するどころか、女を縛りつけるものだからだ。別離は、いわゆる円満な別離であっても、女を傷つける。女が昔の恋人について友情をこめて話すのを聞くのは、男が愛人たちの話をするのを聞くよりはるかに稀なことなのだ。

女のエロチシズムの性質と自由な性生活を送るむずかしさが女を一夫一婦制へと向かわせる。しかし、愛人関係や結婚と職業の道とを両立させるのは、女にとっては男よりもはるかに困難である。恋人や夫がその両立をあきらめるよう要求することもある。女はためらう。男のぬくもりを自分のものにしておきたいと熱烈に願っていながら、結婚の束縛をひどく恐れるコレットの『さすらいの女』のように。譲歩すればまたもや従属の身となる。拒否すれば、無味乾燥な孤独を余儀なくされる。今日では、男は一般的には自分の伴侶が仕事をもつことを認めている。家庭の平和を守るために自分の仕事を犠牲にせざるをえなかった若い妻を描いたコレット・イヴェールの小説はいくらか時代遅れになった。自由な二人の共同生活はそれぞれに豊かさをもたらしてくれる。そして、それぞれが、伴侶の職業のなかに自分自身の自立の保証を見出す。自活できる女は夫婦生活の束縛から男を解放する。夫の束縛は彼女自身の束縛の代価となっていたのだ。男が良心的な善意の人であれば、恋人どうしも夫婦も、相手に多くを要求せずに寛大な心で完全な平等に到達する。[*1] 献身的に奉仕者の役割を演じる男もいるくらいだ。たとえば、ジョージ・エリオットのかたわらで、ジョージ・ヘンリー・ルイス[*2]は封建領主的な夫のまわりに通常妻が作りあげるような最適の環境を作ったのだ。しかし、大半の場合、家

＊1　〔原注〕クララとロバート・シューマンの生活は一定期間ではあったが、この種の成功例であろう。

＊2　イギリスの哲学者、文芸批評家。ジョージ・エリオットの内縁の夫。

庭の調和のために苦労しているのはまだ女の方である。女が家を維持し、子どもの世話と教育を一人で行なうのは、男にとっては自然に見える。女の方も結婚することで自分個人の生活では免除されていた負担を引き受けたのだと考える。女は夫が「ほんとうの女」と一緒になったら見つけたはずのさまざまな利益をまた失わせないようにする。妻たちが伝統的にそうであったように、優雅で、良き主婦、献身的な母親でありたいと思う。だが、それは重圧的なものになりやすい務めである。女は相手に対する敬意と自分への忠誠の両方からその務めを引き受ける。というのは、すでに見てきたように、彼女は自分の女としての人生に欠けるものがないようにしておきたいからだ。彼女は自分自身であると同時に夫にとっては分身であるだろう。夫の心配事を引き受けるだろうし、自分自身の運命に関心を抱くのと同じくらいに、ときにはそれ以上に、夫の成功に協力するだろう。男性優位を尊重するなかで育てられてきたために、第一位の座を占めるのは男だと、女がまだ考えていることもある。またときには、第一位の座を自分が要求すると、家庭を崩壊させるのではないかと恐れる。女は自己主張の欲求と自己忘却の欲求とに二分され、分裂させられ、引き裂かれるのである。

とはいえ、女が自分の弱点そのものから引き出せる利点もある。出発点で男より不利なので、女はすぐさま自分には罪がないと感じるのだ。社会的不公平を補うのは彼女の責任ではないし、そう求められてもいない。善意の男は自分が女より優遇されているかららと、女を「いたわる」ことを自分の義務とする。そうした男は心遣いや同情にとらわれやすいので、「しつこく付きまとう」、「むさぶりつく」女たちの餌食になるおそれがある。彼女たちが無防備だからだ。男性的な自立を獲得している女は、自律して能動的な個人である男たちと性的関係をもつという大きな特権をもっている。そうした男たちは――一般的に――彼女の人生において寄生者の役を演じることはないし、自分の弱さや自分の欲求の要請で、女をしばることもないだろう。ただし実際には、自分のパートナーと自由な関係を作り出せる女はごく稀である。男は女を束縛したくないと思っているのに、女自身が束縛を作り出してしまう。相手の男に対して恋する女の態度をとるのだ。

若い娘は二十年ものあいだ待ち、夢見、期待しながら、解放者であり救い主であるヒーローの神話を温めてきた。仕事のなかで勝ちとった自立だけでは、輝かしい自己放棄の願望を捨て去ることはできない[*1]。思春期のナルシシズムを容易に乗り越えるには、彼女が完全に男の子と同じように育てられなくてはならなかっただろう。だが、女は大人になっても子ども時代をとおして彼女が仕向けられた自我崇拝を保ち続ける。職業上の成功を女は自分のイメージを飾りたてる美点にする。女は天上から注がれる視線が自分の価値を明らかにし、認めてくれることを必要としている。日々その能力の程度を判断している、男たちへの評価は厳しいとしても、女は〈男〉を尊敬しないわけではない。

＊1　〔原注〕それは同じ方法によるだけでなく、同じ環境のなかでということだ。教育者のあらゆる努力にもかかわらず、これは今日でも不可能だ。

もしそんな〈男〉に出会ったら、ひれ伏すつもりだ。一人の神に自分の存在の意味づけをしてもらうのは、自分自身の努力でそうするよりずっと楽である。世間は女がこの与えられた救いの可能性を信じるようにうながす。女はそれを信じることに決める。女が完全に自分の自律をあきらめることもある。そうなると、もはや恋する女でしかない。普通は、妥協の道を探る。しかし、戯れの愛や自己放棄の愛は惨めな結果をもたらす。それはすべての思考とすべての時間を占領し、しつこくつきまとい、専制的だ。仕事で失敗したとき、女は夢中になって恋愛に逃げ場を探す。彼女の失敗は八つ当たりや無理難題の要求となり、そのつけは恋人が払わされる。だが、女の心の痛みが職業への情熱を強めることはほとんどない。一般的には、大恋愛の王道を禁じるような生き方に彼女は逆に苛立ちをおぼえる。女たちが編集する政治専門誌で十年間働いていたある女性が私に言った。自分たちは事務所ではほとんど政治の話はしないで、もっぱら恋愛の話ばかりしていたと。ある女は、自分のすばらしい知性は無視されて、肉体だけ愛されていると嘆き、ある女は肉体的誘惑にはまったく興味を示してもらえず、機知ばかりが評価されると不満を言っていた。ここでもまた、女が男のように恋愛ができるためには、言いかえれば、自分の存在自体を問題にしないで自由に恋愛ができるためには、女が自分は男と対等だと考えること、そして、実際に男と対等であることが必要だろう。そして、女が男と同じ決定権をもって自分の立てた計画に身を投じることが必要だろう。しかし、これから見ていくが、そうしたことはまだごくわずかしか行なわれていない。

現在、自由に行使することがほとんど不可能な女の機能が一つある。それは母性だ。イギリスやアメリカでは、女は少なくとも「バースコントロール」実施のおかげで、自分の意志で出産を拒否できる。すでに見てきたように、フランスでは、女は苦しくかつ費用のかかる中絶に追いこまれる場合がしばしばある。たいていは、望んで産んだのではない子どもの面倒を女が引き受け、自身の職業生活を失うことになる。その負担が重いのは、慣習が逆に、女が望むときに妊娠できるようにさせていないからだ。未婚の母はスキャンダルとなり、子どもにとっても婚外子ということは大きな欠陥となる。結婚の束縛を受け入れずに、または身をもちくずさずに、母親になれるのは稀である。人工授精の考えが多くの女の関心を引くのは、彼女たちが男の抱擁を避けたいと思っているからではない。社会によって自由な母性がついには認められるようになることを願っているからだ。補足しなくてはならないが、きちんと組織された託児所や幼稚園がなかったら、子どもが一人いるだけで、女の活動は完全に身動きがとれなくなる。子どもを親や友人や家政婦に任せることでしか自分の仕事を続ける道はない。彼女は、つらい欲求不満を感じさせる不妊か、職業生活との両立がむずかしい負担を引き受けるか、どちらかを選ばなくてはならない。

このように、今日、自立した女は職業への関心と性的使命への配慮とのあいだで分裂している。自分の均衡をとるのに苦労する。均衡がとれているにしても、それは譲歩、犠牲、離れわざとひきかえで、つねに緊張を強いられている。女によく見られる苛立ちや弱さの原因は、生理的条件よりはるかにこの点に求めるべきである。女の身体構造自体がどの程度ハンディキャップとなっているのかを判断するのはむずかしい。とりわけ月経障害についてはよく問題にされてきた。仕事や活動でよく名を知られている女たちはそんなことはあまり気にしていないように見える。生理痛が軽いことが成功の原因なのだろうか。反対に、行動的で野心的な生活を選択したから、このような特典が与えられたのかどうかと考えることもできる。というのは、生理による不調を気にすることが女たちの苦痛をひどくしているからだ。スポーツ選手や活動的な女たちは、自分の苦痛を無視してしまうので、他の女たちほど苦しまない。たしかに、そうした苦痛は生理的な原因からも来ているし、きわめてエネルギッシュな女たちがひどい痛みに苦しめられて毎月二十四時間をベッドで過ごさなくてはならないのを私も見てきた。しかし、彼女たちの仕事が妨げられることは一度もなかった。女を苦しめる不調や病気の大部分の原因は精神的な原因から来ていると私は確信している。そもそもこれは、婦人科医たちが私に語ったことである。女たちが自分の力の限界でつねに精根尽き果てているのは、すでに述べたような精神的緊張が原因であり、あらゆる務めを女が引き受け、矛盾のなかで悪戦苦闘しなくてはならないからだ。だからといって、彼女たちの苦痛はまったく想像の産物だというのではない。それらの苦痛は、それらが示す状況と同じように、現実のものであり、心身をさいなんでいるのだ。とはいえ、状況が身体に左右されるのではなく、身体の方が状況に左右されるのである。したがって、働く女が社会でしかるべき地位を占めるようになれば、女の体調は仕事の妨げにはならなくなるだろう。逆に、仕事をしていると、体調ばかり気にかけるわけにはいかなくなるので、かえって身体のバランスをとるのに大いに役立つのだ。

女が職業面でどこまで進展をとげているかを判断して、そこから女の未来を予測しようと思うとき、以上の事実全体を見失ってはならない。苦しい状況のただなかで、つまり、伝統的に、女であることにまつわる負担に依然としてしばられながら、女はキャリアの道を進んで行くのである。客観的な環境もまた女にとってけっして有利ではない。敵意に満ちた、少なくとも警戒心を隠さない社会を突っ切って一筋の道を切り開いていこうとするのは、新参者にとって、つねに厳しいものだ。リチャード・ライト[*1]は『ブラック・ボーイ』のなかで、アメリカのある若い黒人の野心が最初からどれほどの妨害に出会うか、そして、白人にとってはじめて難題が生ずる水準に達するためだけでも、どんな闘いを続けなくてはならないのかを教えてくれる。アフリカからフランスにやってきた黒人たちもまた——自分の内と外で——女たちが出会うのと同じ困難を経験している。

まず修業時代に、女は自分が劣等の立場にいることに気づく。この点については若い

＊1　一九〇八－六〇、アメリカの黒人作家。

娘に関するところですでに触れたが、もっと厳密にそこに立ち戻ってみなくてはならない。勉学時代、また、職業生活の非常に大切な最初の数年間に、女がためらわずに自分の可能性に向かって突き進むことはめったにない。それに、多くの娘がスタートが悪くてハンディを背負っている。実際、私が述べてきたような葛藤が、最大限の激しさに達するのは十八から三十歳のあいだである。しかも、職業についての将来が決定されるのがこの時期なのだ。実家で暮らしていようと、結婚していようと、周囲から男の努力が尊重されるのと同じように女の努力が尊重されることはめったにない。つらい仕事や用事がおしつけられ、女の自由は抑圧される。女自身もまだ自分の受けた教育に深く影響されていて、年上の女たちが主張する価値観に敬意を払い、幼年時代、青春時代の夢にとらわれている。自分の過去の遺産と未来の利益とをうまく調整できないでいる。ときには、女は自分の女らしさを拒絶し、純潔、同性愛、または男まさりの女の挑発的態度とのあいだでためらっている。みっともない格好をしたり、男装したりする。挑戦したり、茶番を演じたり、怒ったりすることに多くの時間と力を浪費する。たいていは、反対に女らしさを強調する。マゾヒズムと攻撃性のあいだでゆれながら、媚びたり、出歩いたり、恋のまねごとをしたり、真剣に恋をしたりする。いずれにせよ、彼女は自問し、動揺し、散漫になる。外部の心配事に気を奪われているというだけの理由で、自分の計画に没頭できない。また、そこからたいした利益も引き出せないと、それだけ、それを放棄したいという気になっている。

自活しようと努力している女にとって最も気力がそがれてしまうのは、自分と同じ社会階層に属し、最初は同じ状況、同じ可能性をもっていたのに、寄生的な生き方をするようになった女たちの存在である。男も特権階級に対して恨みを感じることがあるだろう。しかし、男は自分の階級と固く結ばれている。全体として、彼らは同じ可能性をもって出発し、ほとんど同じ生活レベルに到達する。一方、女は、同じ条件で出発しても、男を媒介にして、それぞれの豊かさは非常に異なる。結婚した友人や扶養されて安楽に暮らしている友人は、独りで成功を勝ち取らなくてはならない女にとっては誘惑だ。彼女には自分が最も困難な道を一方的にとらされたように思われる。それで、つまずくたびに、他の道を選んだ方がよかったのではないかと考えてしまう。「自分の頭だけが頼りで、なにもかもそこから引き出さなきゃならないとはね！」。ある貧乏女子学生が憤慨しながらこう言っていた。男は絶対的な必然性に従う。女は絶えず自分の決断を更新しなくてはならない。女は、目的を前方にまっすぐ見据えるのではなく、自分のまわりをうろうろ見回しながら前進する。だから、その足どりはおずおずしていて不安定だ。彼女にとっては——すでに述べたように——前進すればするほど、他の可能性を放棄することになるように思えるのだ。青鞜(せいとう)[*1]の女のようになっても、理知的な女になっても、一般的な男には嫌われてしまうだろう。また、自分があまり華々しく成功すると、夫や

＊1　文芸趣味や学識があり、あるいはこれをてらう女性たちの呼び名。

恋人に恥をかかせることになるだろう。それだけにいっそう自分をおしゃれで軽薄な女に見せようとするが、そればかりでなく、自分の飛躍も抑制してしまう。いつか自分自身への配慮から解放されたいという思いと、そんな配慮をしていたら、そうした思いすら断念しなくてはならないという恐れがない交ぜになって、彼女が学業や職業にためらいなく自分を投入していくのを妨げるのである。

　女が自分は女でありたいと願っているかぎり、自分の自立的立場は女のうちに劣等コンプレックスを生じさせる。逆に、自分が女であることは、女に自分の職業上の可能性に疑念を抱かせる。これこそ最も重要な点の一つである。すでに見たように、アンケートのなかで、十四歳の女の子が「男の子の方がよく出来る。私たちより楽に勉強しているから」とはっきり言っていた。若い娘は自分の能力は限定されていると確信している。両親や先生が女の子のレベルは男の子より低いと認めているので、生徒たちもまたとかくそう認めがちである。そして実際に、高校ではカリキュラムが同じなのに、女子の教養は男子ほど深められない。いくつかの例外を除くと、たとえば、女子の哲学クラスは全体的に男子クラスよりもあきらかに下である。生徒たちの多くは勉学を続けるつもりはない。勉強の仕方が非常に表面的であったり、競争心に欠けている。試験がかなりやさしいあいだは、女子の学力不足はあまり感じられない。だが、厳しい選抜試験にのぞむ時期になると、女子学生は自分の足りない点に気づく。彼女はそれを自分の教養の貧弱さのせいにせず、自分が女であることに付随する不公平な不運のせいにする。この不公平をあきらめて受け入れることで、彼女はそれをいっそうひどくする。自分の成功の可能性は忍耐と応用のなかにしかないと信じ込んでいる。それで、自分の力をけちけちと節約することに決める。これこそいやらしい打算だ。とくに、多少の創意や独創性、ある程度の細かい着想が必要とされる研究や職業においては、実利的な態度は有害である。カリキュラム以外の会話や読書、精神が自由にさまよえる散策は、何冊もの部厚い文法書を単調に引き写すことよりは、ギリシア語のテキストの翻訳そのものにはずっと役立つ。あまりにまじめな女子学生は、権威の尊重や学識の重さに押しつぶされ、偏狭（へんきょう）な考え方から視野は狭くなり、自分のうちの批判精神や知性さえも殺してしまう。彼女の型どおりの勤勉さは緊張と倦怠（けんたい）を生む。セーヴルの女子高等師範学校の受験準備をしている女子高生のクラスでは、窒息しそうな雰囲気が支配していて、わずかに生き生きしていた個性もすべて意気消沈してしまう。受験生は自分自身で徒刑場をつくりながら、そこから逃げ出すことしか考えない。本を閉じると他のことばかり考える。彼女は、勉強と気晴らしが一つに溶け合い、精神の冒険が生き生きと熱気をおびるあの充実した瞬間を味わうことがない。勉学の成果が上がらないことにうちのめされ、自分は勉学をやり遂げるのには向いていないと次第に感じるようになる。教授資格試験を受けるある女子学生が男女共通の哲学の試験のとき、こう言っていたのを思い出す。「男の子は一、二年で合格できるけど、私たちは少なくとも四年はかかるわ」。試験に出題される著者カントについての本を読むことを指示された別の女子生徒は言った。「この本はむずかしすぎるわ。男子高等師範生用よ！」。彼女は女はおまけしてもらって選抜試験に合格できるのだと勝手に思い込んでいるようだった。つまり、最初から引きさがって、成功のチャンスをすべて男に譲っていたのだ。

こういう敗北主義の結果、女はそこそこの成功で簡単に満足する。あえて高望みはしない。薄っぺらな教育を受けて仕事につき、はやばやと願望を限定してしまう。自分で自分の生活費を稼ぐことがかなり立派な手柄のように思える。他の多くの女たちのように、自分の運命を一人の男に預けることもできただろう。自立を望み続けるためには努力が必要である。その努力を誇りに思ってはいるのだが、やはり疲れる。何かをすると決めただけで、たいしたことをやったように彼女には思われる。「女にしては、これだけでも相当なものだわ」と思う。風変わりな仕事をしているある女はこう言っていた。「私が男だったら、トップにならなくちゃと思うでしょう。でもこんな職についているのはフランスでは私だけだわ。それだけで私には十分よ」。この謙遜(けんそん)には用心深さがともなっている。女は、あまり遠くをめざすことで挫折(ざせつ)するのが怖いのだ。女は信頼されないという考えによって、まさに女は窮屈な思いをしている、と言うべきである。一般的に、上層カーストは下層カーストから上がってきた者に対し敵意を抱く。白人は黒人の医者に診察してもらおうとはしないし、男は女医には診てもらおうとしない。しかし、下層カーストの人間は、彼ら独特の劣等感が染(し)みついていて、運命に打ち勝ったものに対して強い反感をもっていることが多いが、彼らもまた主人にすがりたがる。とくに、女の大部分は男を崇拝することに浸り切っていて、医者、弁護士、所長といった男たちに主人を熱心に追い求める。

男も女も女の命令を受けるのは好まない。男の上司たちは、女に対しては、たとえその女を高く評価していても、つねに多少の恩着せがましい心遣いを見せる。女であることは、大きな欠陥ではないにしても、少なくとも特異なことなのだ。女は最初は信頼されていないので、絶えず信頼を勝ちとっていかなくてはならない。出発点で女は疑われている。だから、証拠を見せなくてはならない。彼女に価値があるのなら、それを実証するだろうと人は言う。しかし、価値はもともと与えられている本質ではない。それは幸運な発展の到達点である。不利な偏見が自分に重くのしかかっていると感じることが、その偏見を打破する助けになることはめったにない。初期の劣等コンプレックスは、通常見られるように、自己防御の反応を引き起こすが、過剰に権威を装うといったかたちをとる。たとえば、大部分の女医は権威を気取りすぎるか、あまりにも気どらなすぎるかのどちらかだ。自然のままでいると、威厳がない。というのは、女としての生活全体が、命令するよりはむしろ誘惑する方に女を仕向けるからだ。支配されたいと思っている患者は、あっさりと与えられる忠告にがっかりするであろう。そのことを意識して、女医は重々しく、きっぱりした口調で話す。だが、そのとき、彼女には自分に自信をもつ男の医者のように人を引きつける円満な愛想のよさはない。男は自分を認めさせるのに慣れている。だから、彼の患者はその能力を信じる。彼は自由にやることができて、確実に強い印象を与える。女は同じような安心感を抱かせない。もったいぶり、おおげさで、やり過ぎる。ビジネスや役所の仕事で、女はきちょうめんで、ささいなことにこだわり、すぐに攻撃的になる。学生時代と同じように、女はのびのびした態度、飛躍、大胆さに欠ける。成功しようとして、固くなるのだ。

女の行動は挑戦と漠然とした自己表明の繰り返しである。それこそ確信のなさが引き起こす最も大きな欠陥である。この主体は自分を忘れることができないのである。この主体はおおらかな気持ちで一つの目的をめざすということがない。世間が自分に要求する価値の証拠固めに懸命なのだ。目的に向かって大胆に身を投げだせば、幻滅を味わう危険がある。しかしまた、思いがけない結果に到達することもある。慎重さが強いるのは凡庸さである。女には冒険への志向や無償の体験への関心、利害を超えた純粋な好奇心はあまり見られない。彼女は、他の女たちが幸福を築くように、「キャリアを築くこと」をめざしている。彼女は男の世界に支配され、包囲されている。だが、その天井を突き破る大胆さはない。情熱的に自分の企てに身を投ずることはない。彼女はまだ自分の生活を内在的企て†として捉えている。一つの目的をめざすのではなく、その目的をとおして自分の主観的な成功をめざすのである。これはとりわけアメリカの女たちに顕著な態度である。彼女たちは「仕事」をもち、それを具体的にやりとげることを証明したいと思っている。だが、仕事の内容にはそれほど関心をもたない。同時に、女はこまかい失敗やささいな成功にこだわりすぎる傾向がある。やる気をなくしたり、大いにうぬぼれたりを繰り返す。成功は、予想されていた場合には、淡々と受けとめられる。しかし、成否が疑問視されていた場合には、うっとりするような勝利となる。これが、女たちが権威に夢中になり、ちょっとした業績でこれ見よがしに自分を飾りたてる理由だ。女はつねに後ろを振り返り、自分のたどってきた道をおしはかる。しかし、それは女たちの飛躍を断ち切ることだ。こういうやり方をすれば、かなりのキャリアは実現できても、偉大な行動は実現できない。多くの男たちもまた平凡な運命しか築くことができないことを付け加えておくべきだろう。非常に稀な例を除けば、女がまだ後ろからついていく存在に見えるのは、男たちのなかの最も優れた者と比べてということでしかないのだ。私がこれまであげてきた理由はそれを十分説明している。そして、そうした理由があるからといって、それによって〔女の〕未来が限定されるわけではない。大きなことを成し遂げるために、現代の女に基本的に欠けているのは、自分を忘れることである。だが、自分を忘れるには、まず今すでに自分を見出していることがしっかりと確認されていなくてはならない。男たちの世界に新しく入ったばかりで、男からの支援もほとんどない女は、まだ自分を知ろうとすることで手いっぱいなのだ。

これらの指摘があてはまらない種類の女たちがいる。それは彼女たちの職業が、女であることの表明を妨げるどころか、それをさらに強めるものだからだ。それは、女であるという与えられた条件そのものを芸術的表現によって乗り越えようとする女たち、女優や、踊り子、歌手である。過去三世紀のあいだ、彼女たちは社会のなかで実際に自立を保持してきたほとんど唯一の女たちだった。そして、いまもなお特権的な地位を占めている。最近まで女優は教会から非難されてきた。この行き過ぎた厳しさがかえって、つねに彼女たちが非常に自由な生活態度をとるのを可能にしてきたのである。彼女たちはよく男の甘い言葉を受け、娼婦のように一日の大半を男たちに囲まれて過ごしている。しかし、自分の稼ぎで生活し、仕事に自分の存在の意義を見出しているため、自分を束縛するものからのがれている。彼女たちが享受している大きな特権、それは、男の場合と同様に、仕事の上での成功が彼女たちの性的価値を高める助けになっていることである。人間として自己実現しながら、彼女たちは女としても自分を完成させる。だから、矛盾する願望のあいだで引き裂かれることはない。むしろ反対に、仕事のなかに自分のナルシシズムの正当化を見出している。おしゃれ、美容、魅力は職業上の義務の一部である。自分の像にほれ込んでいる女にとって、ただあるがままの自分を見せびらかすだけで、なにかをすることになるというのは大きな満足である。それに、ジョルジェット・ルブランの言葉によれば、この自分を見せるという行為は、行動の代用品として現われるために、同時に、かなりの技巧と研究を必要とする。大女優はさらに高度なものを求める。与えられた条件を自分がその条件を表現するというやり方で乗り越えていく。そうして、本当の芸術家、この世界に一つの意味をもたらすことで、自分の生に一つの意味を与える創造者になるだろう。

しかし、こうした稀有な特権にもまた罠が隠されている。女優は、ナルシシスト型の自己満足と自分に許されている件的自由を芸術家としての生活と一体化させる代わりに、自己崇拝あるいは色恋におぼれてしまうことがよくある。これらの偽(にせ)の「芸術家」についてはすでに述べた。彼女たちは男の腕のなかで利用できる財産を示すことで映画や演劇のなかで、「名声を得よう」としているだけである。男の援助という快適さは、職業上の危険や、本当の仕事についてまわる厳しさに比べて、かなり魅力的である。夫、家庭、子どもという女の人生への願望や恋愛の魅力は、女優として成功したいという意志と必ずしも両立するとはかぎらない。しかしとりわけ、女優が抱いている自己礼讃(らいさん)の気持ちは、多くの場合、女優としての才能に限界を与える。まじめに仕事するのがむだに思われるほどに、自分は存在するだけで価値があると幻想を抱く。なによりもまず自分の姿をみせびらかしたいと思い、自分の演じる人物を台無しにしてしまう。こうした女優もまた自分を忘れるだけの高潔さをもちあわせておらず、そのために、自分を乗り越える可能性を奪われる。ラシェルやラ・ドゥーゼのような女優は、こうした障害を乗り越え、芸術を自我の下僕と見なすかわりに、自分の身体を芸術の道具とした類(たぐ)いまれな女優である。だが三流の女優は、私生活でもナルシスト的欠陥をすべて誇張して見せるだろう。うぬぼれや自尊心が強く、芝居がかった振る舞いをし、世界全体を舞台と考えるのだ。

今日、女たちに差し出されている芸術活動は表現芸術だけではない。女たちの多くが創造的活動に取り組んでいる。女の状況からして、女は文学や芸術に救済を求めやすい。男の世界の周辺で生きている女は、世界をその普遍的な姿で捉えるのではなく、独自の視点から捉える。世界は女にとっては道具や概念の集合体ではなく、感動や情緒の源泉である。女は事物の性質に、それらが無償で秘密であるという点で、興味をもつ。否認や拒否の態度をとって、現実に飲みこまれることはない。言葉によって現実に抗議するのだ。自然をとおして自分の魂の像を求める。夢想に身を捧げ、自分の存在に到達したいと思う。だが、女は挫折する運命にあって、想像の領域でしかそれを取り戻すことができない。何の役にも立たない内的生活を無のなかに沈めてしまわないために、反抗しながら耐える女という与えられた条件に逆らって自分を主張するために、自己に到達できないような世界とは別の世界を創りあげるために、自分を表現したいと思う。こんなふうにして、女はおしゃべりでやたらに書きたがることは知られている。女は会話や手紙、私的な日記のなかに自分の心情を打ち明ける。わずかな野心がありさえすれば十分だ。女は思い出を綴ったり、自伝を小説に作りかえたり、詩のなかに自分の感情を発散させる。女はこれらの活動を進めるのに有利な膨大な余暇に恵まれている。

　しかし、女を創造活動に導く状況そのものが乗り越えられないような障害となって立ちはだかることもよくある。日々の空白を埋めるという唯一の目的のために、絵を描いたり、文章を綴ったりしようと決心したのに、絵や随筆は「奥様の作品」として扱われる。それで、それにもう時間や手間をかけなくなり、作品はほぼそれに見合っただけの価値しかもたなくなる。女が自分の存在の欠落を埋めようとして絵筆やペンに飛びつくのは、更年期に多い。しかし、あまりに遅すぎる。きちんとした訓練を受けていないので、素人にとどまるしかない。かなり若いときから始めていたとしても、芸術を真剣な仕事と見なす女は非常に少ない。無為に慣れ、厳しい習練の必要性をその生活のなかで感じてこなかったせいで、不断のたゆまぬ努力が彼女にはできない。しっかりした技術を身につけようと努めない。目に見えぬ努力とか、何回も何回も壊してはやり直すといった、孤独でむだに思われる暗中模索を嫌う。子どもの頃から人に好かれるよう教えられ、ごまかすことを学ばされてきたので、適当にやって難局を切り抜けたいと思うのだ。それをマリー・バシュキルツェフは告白している。「そうだわ、苦労して絵を描くのはやめるわ。今日、自分をよく見つめてみたの……ごまかすことにするわ……」。たいていの場合、女は仕事のまねごとをしてみるが、本当に仕事をするのではない。受動性の魔力を信じ込んで、魔術と行為、形だけの身振りと実効性のある行動とを混同する。美術専攻の学生になったつもりで、ひと揃いの絵筆を用意する。画架の前にかまえて立ち、視線は白いキャンバスから自分を映す鏡へとさまよう。しかし、花束やリンゴのコンポート皿はキャンバスの上に自然に浮かび上がってはこない。机の前に座り、漠然とした話をあれこれ思いめぐらしながら、女は、自分を作家なのだと想像することで、穏やかな逃げ道を確保する。しかし、白い紙のうえに何か文字を書きつけなくてはならない。その文字は他人の目に意味がなければならない。そこで、ごまかしがばれる。気に入られるためには幻想をふりまくだけで十分だ。だが、芸術作品は幻想ではない。確固とした一つの物である。それを作りあげるには、その仕事をよく知っていなければならない。コレットが偉大な作家になったのは、彼女の才能や気質によるだけではない。彼女のペンはしばしば生活の糧（かて）であったし、彼女は、そのペンで、良い職人が自分の道具を使ってするようなていねいな仕事をしようとしたのだ。『クロディーヌ』から『一日の誕生』を経て、アマチュアの作家はプロの作家になっていった。辿（たど）った道は厳しい修業の成果を輝かしく見せてくれる。

しかし、大部分の女たちには、自分の伝えたいという欲求にはらまれている問題がわからない。これで彼女たちが怠慢である理由の大半は説明がつく。彼女たちはつねに自分をあらかじめ才能を与えられたものと見なしてきた。自分の才能は自分に宿る天賦（てんぷ）の才能から来ると思っている。価値は自分で勝ちとることのできるものだとは思いもよらない。魅惑するためには、自分をそのまま見せればよいとしか思わない。自分の魅力が発揮されるかされないか、のことだ。成功するか失敗するかについて自分から働きかける手がかりを彼女は一切もたない。自分を表現するためには、同じように、ありのままを見せるだけで十分だと考えている。自分の作品を反省的な作業によって練り上げる代わりに、自分の自然性（スポンタネイテ）に頼る。書くことも微笑（ほほえ）むことも、彼女にとってはまったく同じ一つのことなのだ。自分の可能性を試してみる。成功するかもしれないし、しないかもしれない。自分に自信をもち、本や絵は努力しなくても、成功するものと期待している。臆病(おくびょう)で、ほんのささいな批評でも意気消沈する。失敗が進歩への道を切り開くことを知らない。失敗を修復不能の大惨事のように、先天的奇形のようにとらえる。だから、女たちはしばしば非常に傷つくのだ。そうした傷つきやすさは彼女たちにとって有害である。彼女たちは自分のまちがいに気がつくと、そこから実りある教訓を引き出すかわりに、苛立(いらだ)ちや失意を感じるのだ。」

残念ながら、自然性(スポンタネイテ)は思われるほど単純な作用ではない。ジャン・ポーラン[*1]が『タルブの花』で説明しているように、月並みな考えがもつパラドックスは、月並みな考えと主観的印象の直接的表現とがよく混同されることである。その結果、女は、他人のことは考慮せず、自分のうちに作りあげたイメージを示して、自分が最も個性的だと思い込む。しかし実際は、平凡なきまり文句しか生み出していない。そこをつかれると、驚き、悔しがり、ペンを放り出す。彼女には、一般の読者がそれぞれ自分の目で、自分の考えをもって読んでいることがわからない。また、非常に新鮮なある付加形容詞が読者の記憶のなかに多くの古い思い出を呼び起こすこともわからない。たしかに、自分のなかから生き生きした印象を引き出して、それを言葉の表面に浮き上がらせることができるのは貴重な能力だ。コレットのなかには男性作家には見られない自然性(スポンタネイテ)があり、称賛されている。しかし、それは彼女のなかで——次の二つの言葉は調和しないように見

＊1　一八八四–一九六八、フランスの作家、批評家、言語学者。

えるが——十分熟考された自然性（スポンタネイテ）なのだ。彼女は自分が生み出したもののうちのいくつかは捨ててしまい、その他を十分に吟味したうえではじめて採用する。女のアマチュア作家は言葉を人間相互の関係として、他者への呼びかけとして捉えるのではなく、自分の感覚の直接的ひらめきと見る。選んだり、削ったりするのは自分の一部を拒否することのように思われる。彼女は自分のうちのなにものも犠牲にしたくない。なぜなら、彼女はいまある自分に喜びを見出していて、他のものになるのは望まないからである。彼女の不毛なうぬぼれは、自分を築きあげる勇気をもたず、自分を慈（いつく）しむことから生じるのだ。

　このようなわけで、文学や芸術を趣味にやってみようとする多くの女たちのなかで、頑張り続けるものはごくわずかでしかないのだ。この最初の障害を乗り越える女たちでさえ、ナルシシズムと劣等コンプレックスのあいだで引き裂かれたままになることがよくある。自分を忘れられないという欠点は、他のどのような職業におけるよりも、彼女たちに重くまつわりつくだろう。彼女たちの主な目的が抽象的な自己主張、成功という表面的な満足ならば、世界の綿密な観察に彼女たちが没頭することはないだろう。だから、彼女たちには世界の新たな創造はできないだろう。マリー・バシュキルツェフは有名になりたかったので絵を描く決心をした。名誉の妄想が彼女と現実のあいだに介在する。本当は、彼女は絵を描くのは好きではない。芸術は手段でしかないのだ。彼女の夢想は中身がなくただ野心的なだけで、一つの色、一つの顔がもつ意味を彼女に明らかにすることはない。女は自分が取り組む作品に献身的に打ち込むことをせず、それを生活の単なる飾りと考えることがあまりに多い。書物や絵画は、彼女の本質的な現実——自分という人間——を公に誇示できるための非本質的な媒介でしかないのだ。したがって、彼女の関心を引く主要な——しばしば唯一の——主題は彼女という人間である。ヴィジェ＝ルブラン夫人はキャンバスの上に、にこやかに微笑む自分の母性をあきることなく描きつづける。また、女性作家は、一般的なテーマについて話すときでさえ、自分を話題にするだろう。著者の身長、体格、髪の色、特徴的性格について知らされずに演劇時評なるものを読むことはありえない。たしかに、自己というものはつねに鼻もちならないものではない。ある種の告白本以上に夢中になれる本はごくわずかだ。しかし、そうした告白は真摯なものでなければならないし、また著者は告白すべき何かをもっていなくてはならない。女のナルシシズムは女を豊かにするのではなく、貧弱にする。何もせず自分ばかり見つめているので、女は無になる。自分に抱く愛すら紋切り型になる。彼女が自分の作品で見せるのは、自分の本来的体験†ではなく、決まり文句で建てられた想像上の偶像なのだ。バンジャマン・コンスタンやスタンダールのように小説のなかに自分を投影したからといって、彼女を非難はできないだろう。けれども、不幸なことに、彼女は自分の物語を世間とは無関係なおとぎの国と見なすことが非常に多い。若い娘はさまざまな不思議な魔法をはりめぐらして、自分を怯えさせる生々しい現実を見まいとする。残念ながら、大人になってもなお、世界を、作品の登場人物を、そして自分自身を、詩的な霧のなかに埋没させている。こうした仮装の下から人生の真実が現われると、ときにすばらしい成功が得られることもある。しかしまた、『砂ぼこり』や『忠実な心の妖精』と比べて、色あせたつまらない逃避小説がなんと多いことか！

女が評価も理解もされないと感じることの多いこの世界から逃れ出ようとするのは当然である。残念なのは、そのときに、一人のジェラール・ド・ネルヴァルやポー[*1]として大胆な飛翔を試みようとしないことだ。女の臆病さにはいろいろな言い訳がつく。気に入られることが女の最大の関心事だ。しばしば、ものを書くというだけで、女としては嫌われるのではないかとすでに恐れている。女文士という言葉は少々使い古された感はあるが、いまでも不愉快な響きを呼び起こす。女にはまだ物書きとして嫌われる勇気はない。独創的な作家は死にでもしないかぎりつねに物議をかもしだす。新しいものは不安を引き起こしたり、反感をかうのだ。女はまだ、男の世界である思想や芸術の世界で認められると驚き、満足する。彼女はそこでは非常におとなしく振る舞う。混乱させたり、探りを入れたり、感情を爆発させたりなどしない。謙遜と趣味の良さで文学をやるという思い上がりを許してもらわなければならないかのように思えるのだ。彼女は体制順応主義という確かな価値を当てにする。人が彼女に期待する個人的色あいをほどよく文学のなかにもちこむ。彼女は自分が女だということを適度な魅力、媚態、気取りによって思い起こさせる。こうして、「ベストセラー」の優れた書き手になるのである。とはいえ、未曾有の道を切り開くことなど、彼女に期待してはならない。それは女が行動や感情において独創性に欠けるからではない。閉じ込めておかなくてはならないほど風変わりな女たちもいる。だいたい、そうした女たちの多くは男の規則を拒否していて、男より奇異で突飛である。しかし、彼女たちは自分の奇妙な才能を生活や会話や手紙のなかには出せるのだが、いざものを書こうとすると、文化の世界によって、それが男の世界ゆえに、押しつぶされそうに感じる。口ごもってしまうばかりだ。反対に、男の技法を使って推論することや自己表現することを選んだ女は、自信がもてない自分の独自性を押し殺そうと懸命になる。女子学生のように、ともすれば勤勉で衒学的になる。彼女は厳しさや男の力強さをまねる。彼女は優秀な理論家になるかもしれないし、確固たる才能を獲得できるかもしれない。けれども、自分のうちにある何か「異なる」ものはすべて捨てざるをえないだろう。狂人じみた女たちもいれば、才能ある女たちもいる。だが、才能——人はそれを天才と呼ぶ——のうちにこうした狂気をもっている女は一人としていない。

これまで女の才能の限界を規定してきたのはなによりもこの分別ある謙遜さだ。多くの女たちは、ナルシシズムや偽りの不思議な魔法の罠を逃れてきたし、ますます逃れつつある。だが、与えられた世界の向こう側に頭角を現わそうとして、慎重さをことごとく踏みつけてしまった女はいない。まず当然のことだが、多くの女はありのままの社会

＊1　一八〇八－一八五五、フランスの詩人、作家。

を受け入れる。彼女たちはとりわけブルジョア階級の代弁者である。脅かされつつある階級のなかで最も保守的な要素を代表している。彼女たちは、形容詞を選んで使うことで、いわゆる「質の高い」文明の洗練された姿を思い起こさせる。幸福というブルジョア的理想を称え、自分たちの階級の利益を色とりどりの詩で装った。彼女たちは、「女にとどまる」ように女たちを説得するためのたぶらかしを繰り広げる。古い家、公園、菜園、趣のある祖母たち、いたずらな子どもたち、洗濯、ジャム、家族の祝い日、おしゃれ、サロン、ダンスパーティー、悩み多いが模範的な妻たち、犠牲や献身の美学、夫婦愛のささいな苦しみや大きな喜び、若い頃の夢、熟年のあきらめなど、イギリス、フランス、アメリカ、カナダ、スカンジナヴィアの女性作家たちはこれらのテーマを徹底的に利用し尽くした。そうやって、彼女たちは栄光とお金は獲得したが、私たちの世界についての理解を深めはしなかった。

もっと興味深い女たちがいる。彼女たちはこの不公平な社会を告発した叛乱者たちだ。権利の要求を掲げた文学は力強く真摯な作品を生んでいる。ジョージ・エリオットは自分の反抗のなかから綿密かつ劇的にヴィクトリア朝時代のイギリスの姿を描きつくした。しかしながら、ヴァージニア・ウルフが指摘するように、ジェーン・オースチン[*1]、ブロンテ姉妹、ジョージ・エリオットは外的束縛から自由になるために多くのエネルギーを消極的に使わなくてはならなかった。そのため、スケールの大きい男性作家がスタートする地点にたどり着いたときには、すでに少し息切れしていた。彼女たちには自分の勝利を踏み台にして、自分をしばるすべての絆を断ち切るほどの余力はもはや残っていなかった。たとえば、彼女たちのなかにはスタンダールの皮肉や遠慮のなさは見られないし、その穏やかな率直さもない。彼女たちはまたドストエフスキーやトルストイの豊かな経験ももたない。だから『ミドルマーチ』〔ジョージ・エリオットの小説〕のような素晴らしい本も『戦争と平和』には及ばないし、『嵐が丘』もその偉大さにもかかわらず、『カラマーゾフの兄弟』のスケールをもてないのだ。今日、女たちは自分を表現するのにもうそれほど苦労はしない。しかし、彼女たちは自分たちを女らしさの枠のなかに閉じ込める古来からの性の特定化を完全には乗り越えていない。たとえば、明晰さはまさに彼女たちが誇りに思っている獲得物ではあるが、それで自己満足するのは早急だ。事実は、伝統的な女は一つのたぶらかされた意識であり、一つの欺瞞の道具だということである。彼女は自分の依存に目をつぶろうとする。これは一つの同意の仕方である。この依存を告発することはすでに一つの解放だ。屈辱や恥辱に抵抗する臆面のない反世間的態度は一つの防衛である。これは一つの責任の引き受け方の粗描である。女性作家は、明晰でありたいと願いながら、女の利益に最大の貢献をする。しかし、世界を前にして公平無私な態度をとって広大な地平を切り開いていくためには、彼女たちは――概してそれに気づいていないが――あまりにもこの女の利益に仕えることにこだわりすぎる。

＊1　一七七五－一八一七、イギリスの女性作家。

幻想と虚構のヴェールをはぎとったとき、彼女たちは自分はかなりやったと思う。けれども、この消極的大胆さは私たちを謎(なぞ)の前にまだ置きざりにしたままである。なぜなら、真理そのものが両義性であり、深遠であり、神秘であるからだ。真理の存在を示したら、次はそれについて思考し、それを再創造しなくてはならない。だまされないということは実によいことである。だが、すべてが始まるのはそこからなのだ。幻想を一掃するのに女はその勇気を使い果たす。そして、現実を前にして恐ろしくなって立ち止まる。それで、たとえば、いくつかの女の自叙伝は誠実で人を引きつけるものになるのだ。しかし、どれも『告白』〔ルソーの著書〕や『エゴチスムの回想』〔スタンダールの著書〕と比べられるようなものではない。私たち女は明晰に見ることばかりに気をとられていて、その明晰さの向こうにある他の未知の闇(やみ)に踏み込もうと努力しないのである。

「女は絶対に題材を越えることはない」と、ある作家が私に言った。これはかなり正しい。女たちは、まだこの世界を探検する許しを得たことに大いに感嘆し、その財産目録を作っていて、世界の意味を発見しようとはしていない。女たちがしばしば秀(ひい)でているのは、与えられたものを観察するときである。非常に優れた報告をする。どんな男性記者にもアンドレ・ヴィオリスのインドシナやインドについての証言を凌駕(りょうが)することはできなかった。女たちは雰囲気や人物を描くことができ、その人物たちのあいだにある微妙な関係を明らかにできる。また、彼らの魂の密(ひそ)かな動きに私たちを参加させることもできる。ウィラ・キャザー[*1]、イーディス・ウォートン、ドロシー・パーカー、キャサリン・マンスフィールドは鋭い陰影のある方法で、個人、風土、文明を思い起こさせてくれた。だが、彼女たちが、ヒースクリフと同じくらい説得力に富む男性主人公の創造に成功するのは稀だ。男のなかに、彼女たちはほとんど雄としての側面しかとらえない。しかし、彼女たちは自分の内的生活や経験、自分の世界についてはしばしば見事に描いてきた。事物に潜む秘密の実体に心を奪われ、自分自身の感覚の独自性に魅せられて、自らの真新しい体験を趣のある形容詞や官能的イメージをとおして明らかにする。通常、彼女たちの語彙はその構文よりも優れている。というのは、彼女たちは事物と事物の関係より事物そのものに関心があるからである。彼女たちがめざすのは抽象的な格調の高さではない。むしろ反対に、言葉は感覚に語りかける。彼女たちが最も愛情をこめて探求した領域の一つは〈自然〉である。若い娘や、まだ完全にあきらめてはいない女にとって、自然は、男にとって女そのものが表わすもの――自我とその否定、王国と流刑地――を表わしている。自然は完全に他者の姿で現われる。女性作家たちが私たちに最も親しげに自分の経験や夢を明かすのは、荒れ地や菜園について語ることをとおしてである。彼女たちの多くは樹液や季節の奇跡をポットや花瓶、花壇に閉じ込める。また、植物や動物を閉じ込めることはないが、やさしい愛情を注ぐことで飼い馴らそうとするものもいる。コレットやキャサリン・マンスフィールドがそうだ。だが人間とはかけ離れ

＊1　一八七三－一九四七、アメリカの女性作家。

た自由のなかにある自然と取り組む女性作家はめったにいない。彼女たちはその未知の意味を解明しようと試みたり、この自然という他者の存在と一体化するために自分を見失ったりすることはめったにない。こうした道はルソーが切り開いた。そこに踏み込もうとしたのはエミリィ・ブロンテ、ヴァージニア・ウルフと、ときにはメアリー・ウェッブぐらいしかいない。まして、既知の事実を横断してその隠された側面を探究した女たちは五指に数えられるだけだ。エミリィ・ブロンテは死について問いかけ、ウルフは生について問いかけた。マンスフィールドはときに――そう頻繁にということではないが――日常の偶然性と苦悩について問いかけた。どの女も『審判』、『白鯨』、『ユリシーズ』、『叡知の七柱』〔T・E・ロレンスの自伝小説〕を書かなかった。彼女たちは人間の条件に異議を唱えはしなかった。なぜなら、ようやくそれを全面的に引き受けることができるようになりはじめたところだからだ。これが、彼女たちの作品に一般に形而上学的響きとブラックユーモアが欠けている理由である。彼女たちは世界をかっこに入れたり、それに疑問をつきつけ、その矛盾を告発したりはしない。ただ世界を真に受けてとらえるだけである。もっとも、大部分の男たちにも同じような限界があることは事実である。女が凡庸なものとして現われるのは、「偉大な」と呼ばれるに値する何人かの稀有な芸術家と比較したときのことである。女に限界を与えるのは運命ではないのだ。これで、なぜ、女に最高峰に到達する機会がこれまで与えられなかったのか、これからも当分のあいだ与えられないのか、ということが容易に理解できる。

芸術、文学、哲学は、人間の自由、創造者の自由の上に新しく世界を構築しようとする試みである。こうした意欲を育てるためには、まず、自分を明確に一つの自由として定めなくてはならない。教育や慣習が女に押しつける制約が、世界に働きかける女の手がかりを制限している。この世界のなかで地位を占めるための闘いがあまりに厳しいとしても、そこから自分を引き離すことは問題になりえない。したがって、この世界をふたたび捉(とら)え直したいと思うなら、まず、絶対的な孤独のなかでそこから浮かび上がらなければならない。女にまず最初に欠けているのは、苦悩や自尊心のなかにあって、見捨てられ独りになった孤独と超越†の修練を積むことである。

マリー・バシュキルツェフはこう書いている。

私のほしいもの、それは、たった一人で散歩する自由、行ったり来たりする自由、チュイルリー公園のベンチに腰かける自由です。これこそ、それがなければ真の芸術家にはなれない、そういう自由です。誰か連れがいるとき、つまり、ルーヴル美術館に行くのに、その人の馬車や、その人のお嬢さんや、その家族と待ち合わせをしなくてはならなかったら、そういうときに、見るものから何かを引き出すことができるとお思いですか！……これこそが欠けている自由であって、それなしではまじめに何かになることなどできないのです。思索が絶えずこうしたばかげた邪魔にとらわれるのです……これだけで翼が落ちるには十分。これは女性芸術家が存在しない大きな理由の一つなのです。

実際、創造者になるためには教養を磨くだけでは、すなわち自分の生活にさまざまな光景や知識を組み入れるだけでは不十分である。教養は超越[†]の自由な動きをとおして把握されなくてはならない。精神はそのすべての富をもって、何もない空に向かって身を投げかけていかなくてはならない。その空を満たすのは精神の働きである。しかし、義務的な無数の絆が精神を大地にふたたび縛りつけるならば、精神の飛躍は砕かれる。たぶん今日では、若い娘は一人で出かけて、チュイルリー公園をぶらつくこともできるだろう。しかし、通りが彼女にとってどれほど敵意に満ちているかは、すでに述べた。いたるところで、目や手が様子をうかがっている。軽率に風の吹くままふらついたり、カフェのテラスでタバコをふかしたり、一人で映画に行ったりすると、不愉快な出来事がすぐに起こる。化粧や服装から尊敬の念を抱かれるようにしなくてはならないのだ。こうした気遣いは彼女を地面に、自分自身に縛りつける。かくして「翼は落ちる」。十八歳でT・E・ロレンス[*1]は一人で自転車でフランス横断ツーリングを達成した。若い娘がこんな向こう見ずな行動をとることは誰も許さないだろう。その一年後にロレンスがしたように、なかば砂漠の危険な国を徒歩で冒険旅行するなどということは、若い娘にはなおさらできないだろう。しかし、こうした経験は後々への計り知れない影響力をもっている。個人が、自由や発見に酔いしれながら、地球全体を自分の領土として眺めることを学ぶのはこの時なのだ。すでにもう、女は必然的に激しい訓練の機会を奪われている。女の肉体的弱さが女をどれほど受動性の方向に向かわせるかはすでに言った。少年がげんこつでけんかのけりをつけるとき、彼は自分自身の悩みは自分で引き受けられると感じる。少なくともその代わりとして、女の子にもスポーツや冒険での自主性や、障害を克服した誇りとかが許されるべきではないだろうか。しかし、そうはなっていない。彼女は世界のただなかにあって、孤独を感じているかもしれない。だが、彼女が唯一(ゆいいつ)の絶対者として世界と対立して立ち上がったことはけっしてない。あらゆることが、外部の存在によって与えられ、支配されるままになるように彼女を仕向ける。そして、とりわけ恋愛において、彼女は自分を主張するのではなく自分を否認する。こうした意味では、不幸とか不運は豊かな試練となる。エミリィ・ブロンテに力強く激しい本を書くことを可能にさせたのは、彼女の孤立だった。自然、死、運命を前にして、彼女は自分自身にしか救いを期待しなかったのだ。ローザ・ルクセンブルクは醜かった。彼女が、自分の像への崇拝におぼれ、自分を客体、獲物、罠(わな)にしようとしたことはけっしてなかった。若いときから、彼女は精神そのものであり自由そのものだった。だがたとえそうであっても、女が与えられた世界との苦しい対峙(たいじ)を全面的に引き受けることはめったにない。女を取り囲む制約や重くのしかかる伝統すべてが、世界に対して責任をもっている

＊1　一八八八－一九三五、イギリスの考古学者、冒険家、作家。

と女が感じるのを妨げているのだ。これが女の凡庸さの根底にある原因である。

　私たちが偉大と呼ぶ男は——なんらかのかたちで——世界の重みをその肩に背負った者のことだ。彼らは多かれ少なかれたしかに世界の重みを乗り越えた。そして、世界をふたたび創造するのに成功したか、または失敗した。しかし、まずはこの膨大な重荷を引き受けたのだ。これこそ、どの女もけっしてしなかったことである。またできなかったことである。世界を自分のものとして見るためには、また、世界の過ちを自分の罪と感じ、その進歩を自分の誇りとするためには、特権カーストに属していなくてはならない。命令権を握っているそれらの特権者たちだけに、世界を変革し、世界について考え、世界の秘密を明かすことによって、世界を正当化する権利はあるのだ。彼らだけが世界のうちに自らの姿を認め、そこに自らの痕跡を残そうと試みることができるのだ。今日まで〈人間〉が具現されてきたのは、男のなかにであって、女のなかにではない。しかし、私たちに模範と見える個人、天才という名を奉られる個人は、その個別の実存において人類全体の運命を演じようとした人々である。自分にその資格があると思った女は誰もいなかった。どうして、ヴァン・ゴッホが女に生まれてくることなどできただろうか？　女がボリナージュ地方〔ベルギー南部の炭坑地帯〕に派遣されることなどありえなかっただろう。女が人間の悲惨を自分自身の罪として感じ、贖罪を求めたりすることはなかっただろう。だから、女はけっしてヴァン・ゴッホのひまわりを描くことはなかっただろう。この画家の生活の仕方——アルルでの孤独、カフェや売春宿への出入りなど、ヴァン・ゴッホの感性を養い、彼の芸術を育てたものすべて——が、女には禁じられていたということがあるにしてもである。女はカフカにもけっしてなれなかっただろう。なぜなら、疑いや不安にとらわれていても、女はそこに楽園を追われた〈人間〉としての苦悩を認めることはなかっただろうから。完全に見捨てられ孤立した状態のなかで、人間の条件を自分のものとして牛きたのは、アヴィラの聖女テレサを除いてほとんどいない。その理由についてはすでに見てきた。彼女は、地上の階級制を超えたところにいたので、聖ファン・デ・ラ・クルスと同じように、頭上の天井を安心できるものと感じなかった。それは二人にとって同じ闇、啓示の同じ輝き、自己においては同じ虚無、神においては同じ充足感だった。このようにして、ついにすべての人類が性的分化を超えて、自らの誇りをその自由な実存の困難な栄光のなかに置くことができるようになるとき、そのときようやく、女は自分の歴史、自分の問題、懐疑、希望を人類のものとしてともに考えることができるようになるだろう。そうなってようやく、女はその生活や作品のなかで、自分という人間だけではなく、現実全体を解き明かそうとするだろう。まだ女が人間になるために闘わなければならないあいだは、女は創造者になることはできない。

もう一度言うが、女の限界を説明するために引き合いに出さなくてはならないのは、神秘的な本質ではなく、女の状況である。未来はいまなお大きく開かれている。人々は競って女には「創造的天才」はないと力説してきた。これはとりわけ、かつて有名だった反フェミニストのマルト・ボレリー夫人が支持する説だ。だが、彼女はあたかも自分の著作で女の非論理性や愚かさの証明を試みたかのようだ。その結果、彼女の著述そのものが矛盾だらけとなっている。そもそも、生まれつきの「本能的」創造者という考えは古いプラカードのなかの「永遠の女性的なもの」という考え同様、ありもしないものとして捨て去るべきなのだ。もう少し具体的に言うと、一部の女嫌いたちは、女は神経症だから何も価値あるものを生みだせないのだと断言している。しかし、天才は神経症だとはっきり言い切っているのも、たいてい同じ連中だ。いずれにせよ、プルーストの例が心理的・生理的な不均衡は無能力も凡庸も意味しないということを十分に示している。歴史の検討から引き出せる議論については、それをどう考えるべきかはすでに見てきた。歴史的事実を永遠の真理を定義するものとして考えることはできない。歴史的事実はまさに歴史的なものとして現われた一つの状況を示すにすぎないのだ。なぜなら、状況は変化しつつあるものだからである。女には天才的な作品を――短い作品でさえも――完成させる可能性が拒否されていたのに、いったいどうやって、女は天才的資質をもてたというのだろうか。昔のヨーロッパは、芸術家も作家ももたない野蛮なアメリカ人に、かつて軽蔑（けいべつ）の言葉を浴びせた。これに対してジェファーソン〔アメリカ合衆国第三代大統領〕はおおよそ次のように答えている。「私たちの存在の正当性を証明しろと要求する前に、まず私たちを存在させてください」と。黒人たちは、おまえたちはホイットマンもメルヴィルも生まなかったではないかと責め立てる人種差別主義者たちに同じように答えている。フランスのプロレタリアもまた、ラシーヌやマラルメに対抗できるような名前をあげることはできない。自由な女はいまようやく生まれようとしているところだ。それが勝ちとられたら、たぶんランボー[*1]の予言は正しいことになるだろう。「詩人たちが生まれるだろう！　男——これまで忌(い)まわしきものであった男——が女に暇を出し、女の果てしない隷属(れいぞく)が打ち破られるとき、女が自分のために、自分自身で生きるようになるときが来れば、女も詩人になるだろう！　女は未知のものを見つけるだろう！　女の思想の世界は私たち男のものとは異なるのだろうか？　奇異なもの、はかり知れぬもの、むかつくもの、甘美なもの、これらを女は見つけるだろう。男たちはそれらを取りあげ、理解するだろう」[*2]。女の「思想の世界」が男の思想の世界と異なるのかどうかは確かではない。なぜなら、女は、自分と男たちを同列に置くことで、解放されるからだ。どの程度女が個別にとどまるか、その個別性がどの程度の重要性を得るのかを知るためには、思いきって大胆な予想をたてなくてはならない。確かなことは、これまで女の可能性はふさがれていて、それが人類にとって損失となっていたこと、そして、いまこそ、女自身のために、みんなのために、女にあらゆる可能性を自由に追求させる時である、ということだ。

＊1　一八五四-九一、フランスの象徴主義期の代表的な詩人。
＊2　〔原注〕「見者の手紙」、一八七一年五月十五日。

結論

「そのとおり、女はわれわれの仲間ではない。堕落した怠け者だから、われわれは女を自分の性（セックス）だけが武器の、われわれとは別の、わけのわからない存在にしてしまった。そのせいで、永遠に続く闘いが始まった。しかも、この武器は、正々堂々としていなくて、愛するときも憎むときも素直な相手ではない。秘密結社的な一致団結した軍団をなす存在であり、永遠に卑小な奴隷に特有の不信感だらけなのだ」

　このジュール・ラフォルグ[＊1]の言葉に納得する男たちはまだ数多くいることだろう。男女のあいだにはこれからも「策略や諍（いさか）い」はあっても、友愛はけっしてありえないだろうと思う人は多い。今日、男たちも女たちもお互いに満足していないのは確かである。問題は、ある本源的な呪（のろ）いによって男女は決裂するよう運命づけられているのか、それともこの対立は人類の歴史における一つの過渡期を示すものでしかないのかを知ること

＊1　一八六〇－八七、フランスの詩人。

にある。

すでに見たように、これまで言い伝えられてきたこととは違って、どんな生理的運命も、〈雄〉と〈雌〉をそれだけで永遠の敵対関係にあるように定めてはいない。あの有名なカマキリの雌も、他に食べ物がないときにだけ、ただひたすら種を守ろうとして、雄を食べるのだ。下等動物から高等動物にいたるまで動物の個はすべてこの種というものに従属している。ところが、人類は種とは別のものである。それは歴史的生成である。人類は自然の事実性†をどう引き受けるかで決まっていくのだ。実際、どんなに悪意があっても、人間の雄と雌のあいだに、文字通り生理的なレベルで対立関係があることを示すのは不可能である。それなら男女の敵対関係を生物学と心理学の中間ぐらいの領域においてみたらどうか。つまり精神分析という領域である。女は男のペニスが羨ましくて、それを切り取りたがると言われている。しかし、この幼児期のペニスへの欲望は、大人の女の生活においては、女にとって女であることが去勢されたことのように感じられるのでなければ、問題にはならない。ペニスが男であることのすべての特権を体現しているからこそ、女はこの男性器官を自分のものにしたいと思うのである。男を去勢したいと願う女の夢には象徴的な意味があると言われがちである。つまり、女は男の超越性†を奪ってしまいたいのだと思われている。しかし、私たちがこれまで見てきたように、女の願望はもっとずっと両義的である。女は相矛盾するやり方で超越性を所有したいと望むのだ。つまり、この超越性を尊重している一方で、否定もし、この超越性に没入したいと思う一方で、それを固定してしまいたいと思っているのだ。ということは、女のドラマは、性的なレベルでだけ展開するわけではないということだ。そもそも、セクシュアリティが、何らかの運命を決定するものとして、また、それ自体で人間の行為を解く鍵（かぎ）となるものとして私たちに見えたことは一度もなかった。ただ、セクシュアリティは、ある状況を全体的に表わし、それを定義するのに貢献するものだと私たちには思えるのである。いずれにしろ、男女の闘いは、男女の解剖学に直接的にかかわるわけではないのだ。実は、男女の闘いについて話すとき、人は、〈永遠の女性的なもの〉〈永遠の男性的なもの〉というような、あるかどうかもわからない二つの本性のあいだの闘いが、時間の流れを超えた〈イデア〉の天空だけで展開されているものとして語っている。そして、この大規模な闘いが地上で起こっており、歴史的な時期に呼応して、二つのまったく違ったかたちを取っていることには気づいていない。

まず、女は内在性†に閉じ込められているから、この内在という牢獄（ろうごく）に男も引きとめようとする。こうすれば、牢獄は世界と見分けがつかなくなり、女はもうそこに閉じ込められていることに苦しまなくてすむからだ。母、妻、愛人は女看守である。男たちによって体系化されたこの社会は、女は劣ったものだと宣告する。女がこの劣等性を消し去るには、男の優越性を破壊するしかない。そこで女は男に傷を与え、男を支配しようとする。女は男の言うことに反対し、男の真実と価値とを否定する。しかし、女がそうするのは、単に自分の身を守りたいからなのである。女にとって内在性や劣等性が運命となっているのは、なにも不変の本性や罪深い選択によるのではない。こうした内在性や劣等性は女に押しつけられたものなのだ。すべての抑圧は戦争状態を引き起こす。男女の闘いの場合も例外ではない。非本質的とされた実存者は、必ず自分の主権を立て直したいと思うものなのだ。

今日では闘いは別のかたちを取り始めている。女は、もう男を監獄に閉じ込めようとはしないで、自分自身がそこから脱け出そうとしている。男を内在性の領域に引きずり込むのではなく、自分が超越性の光のなかへと浮かび上がろうとしている。こうなると今度は男たちが新しい軋轢を生み出すような態度をとる。男は、いやいやながら女に「暇を出す」。男は、至高の主体、絶対的優越者、本質的な存在のままでいることが気に入っている。自分の伴侶である女を具体的に対等と見なすことはしない。女は男のこうした不信行為に対して攻撃的な態度で応えようとする。こうなると戦争はそれぞれが自分の勢力範囲に閉じこもった個々人のあいだで起こることではなくなってくる。自分たちの権利を要求する一つのカーストが猛攻撃をしかけ、特権をもつもう一つのカーストによって妨害されるということになる。闘っているのは、二つの超越である。それぞれの自由が、互いに相手を認めるのではなく、相手を支配しようとするのだ。

こうした態度の違いは、性的なレベルだけでなく、精神的なレベルでもありありと現われている。「女らしい」女は、自分を受け身の獲物に見せかけながら、同時に男も受け身の肉体にしてしまおうとする。女は、男を罠にはめようとし、従順なモノのふりをすることで男のなかに欲望を引き起こし、それで男を縛ろうと躍起になる。それに対し、「自由になった」女は、積極的、捕捉的であろうとし、男が女に押しつけようとする受け身的な在り方を拒否する。たとえば、エリーズ〔作家ジュアンドーの妻〕やそれに類する女たちは、男たちの活動に価値を認めない。彼女たちは、精神より肉体を、自由より偶然性を、大胆な創造力より彼女たちの型にはまった知恵を上位に置こうとする。しかし「現代的な」女は男のもつ諸価値を受け入れる。こうした女は、男たちと同じ資格で、考え、行動し、仕事をし、創造することを誇りにする。男たちをおとしめようとはしないで、男たちと対等であると主張するのである。

「現代的な」女が具体的な行動で自分を見せるにつれて、こうした権利要求は正当なものになる。そうなれば、男たちの傲慢さの方が非難されるべきものとなるだろう。しかし、男たちの弁明のために言っておく必要があるのは、女たちは好んで事態を混乱させるということである。たとえば、メイベル・ドッジのような女は自分の女らしさの魅力をつかってロレンスに従順なふりをするが、それは精神的に彼を支配するためである。多くの女たちは、成功して男と同じ価値があることを証明するために、まず男の支えを性的な手をつかって確かなものにしようとする。彼女たちは、二股かけて、昔からの敬意と新しい評価の両方を要求し、古い女の魔力と最近の諸権利の両方に賭ける。そうなれば、男が苛立って防御態勢をとるのも理解できる。しかし、男の方にも女に対してふた心があり、女が正々堂々と勝負することを要求しながら、警戒心と敵対心から勝負に必要な切り札は女に渡そうとしないのだ。というように、闘いは、男女にあっては、はっきりしたかたちをとらないだろう。なぜなら、女の存在そのものが不透明なものだからだ。女は男に対して主体として立ち向かいはしない。女は、逆説的に、主体性がそなわった客体として男に対する。女は自分であることと他者であることを同時に引き受ける。この矛盾が困った結果を引き起こすことになる。女が自分の弱さと強さの両方を武器にするとき、よく考え、計算したうえでやっているわけではない。つい女はこれまで押しつけられてきた消極性という道のなかに救いを求めてしまうし、同時に、積極的に自分の主権も要求するというわけなのだ。このやり方はたしかに「正々堂々として」はいない。しかし、これは単に女に割り当てられた両義的な状況を女がそのまま表わしているにすぎないのだ。それなのに、男は、自分が女を自由な存在として扱おうとしているのに、女が男に罠をしかけると言って怒る。その一方で、男は、女が男の獲物であるうちは女にお世辞を言い、満足させてやるが、女が自律を求めれば、今度は苛立つのである。いずれにしろ、男はだまされたと思い、女は侵害されたと思う。

男女がお互いに同類だと認め合おうとしないなら、つまり、女らしさをそのまま永続させてしまうなら、こうした闘争はいつまでも終わらないだろう。女らしさを維持するのに熱心なのは、男と女のどちらなのだろうか。女らしさから解放された女でも、その特権だけとっておきたいと思うものだし、男の方は、それなら、女らしさのなかにとどまってもらいたいと言うだろう。「一方の性を非難するのは他方の性を弁護するより容易だ」とモンテーニュも言っている。いずれにしろ、どちらかの性に対して非難したり称賛したりしても意味がないのだ。実際、こうした悪循環を断ち切るのがこんなにも難しいのは、両性ともそれぞれ自分の犠牲者でもあるし、相手の犠牲者でもあるからである。しかし、対立する両者が純粋な自由のなかで向かい合うなら、和解は楽にできるはずである。それにこの闘争は誰の得にもならない。といっても、この問題全体にわたる複雑さは、それぞれの陣営が敵の共犯者でもあることからきている。女は責任放棄の夢を見続け、男は自己疎外の夢を見続ける。非本来的な生き方では何も得られはしない。それぞれが、安易さの誘惑に負けてみずから招いた不幸を相手のせいにする。男も女も、相手の嫌なところと見ているものは、実は他ならない自分自身の自己欺瞞や臆病さによる明白な失敗なのだ。

　歴史の起源になぜ男たちが女たちを従属させたかについてはすでに見た。女であることの価値低下は人類の変遷の必然的な段階だったのである。しかし、人類の変遷は男女の協力を生み出すこともできたはずだ。抑圧は、存在者が、自分自身から逃げようとして、そのために、自分が抑圧する当の相手のなかに自己を疎外する傾向から説明できる。今日でもこうした傾向は個々の男のなかに見出せる。圧倒的多数の男たちがそれに負けている。夫は妻のなかに、恋する男は愛する女のなかに、石像のかたちをした自分の姿を求める。男は、女のなかに、男らしさの、崇高さの、自分のじかの現実の神話を探し求める。「夫は映画になど絶対に行きはしません」と妻は言う。不確かだった男の意見は、こうして、永遠という大理石のなかに刻み込まれる。しかし、男の方も自分の分身の奴隷なのである。一つの像を作り上げるのは、なんという労苦なのだろう！　しかもその像にしても男はいつも危険にさらされている。どんな像をつくろうと、それは女たちの気まぐれな自由の上に建てられているからだ。だからこの自由を絶えず自分にとって都合のいいものにしておく必要がある。そこで、男は、男っぽくて、重要人物で、偉い人間であるように見せようと躍起になる。男は芝居を演じる。相手にも芝居をしてほしいからだ。男もまた攻撃的で心配性である。男が女たちに敵意をもつのは、女たちを恐れているからだ。男が女たちを恐れるのは、自分が同一化した相手が怖いからだ。こうしたコンプレックスを清算したり、昇華したり、転位させたりするのに、何と多くの時間と労力を費やして、男は女について語り、女を誘惑し、女を恐れたりすることか！　女を自由にすれば、男も自由になるというのに。しかし、まさにこのことが男の恐れているることなのだ。男は、女を鎖でつないでおくために、さまざまなごまかしを施すことしか考えない。

女がごまかされていることを、多くの男たちは知っている。「女であることはなんと不幸なことか！　しかし、女であることの最大の不幸は、実は、それが不幸だとわからないことである」とキルケゴールも言っている[*1]。もう長い間、人はこの不幸を包み隠そうとしてきた。たとえば、女に後見人をつけることはすでに廃止されているので、女に「保護者」をつける。その保護者たちは古代からの後見人の権利を保持しているが、それは女の利益のためだとする。女が働くのを禁止し、家庭に閉じ込めておくのは、女を守るためであり、女の幸福を確かなものにするためだとする。私たちは、女に任された家事、育児などの単調な仕事がこれまでどんなに詩的なヴェールで隠されてきたかを見てきた。自由と引き換えに、「女らしさ」というもっともらしい宝物を女は贈ってもらったのだ。バルザックは、こうした操作を実にうまく描いた。彼は、女を、女王であると思い込ませながら奴隷として扱えと男に忠告したのだ。多くの男たちは、バルザックほど臆面ない考えはもてないから、女がほんとうの特権の持主だと、自分でも思い込もうとしている。今日のアメリカには、「下層階級の利得（ロウクラス・ゲイン）」なる理論をまじめに教える社会学者たちもいる。つまり、「劣等カーストの利得」というわけだ。フランスにも――もう少し学問的でないにしても――、労働者たちは「代表者になる」必要がないから、幸運に恵まれているとか、さらに、浮浪者たちは、ボロを着て、歩道で寝ていればいい

＊1　〔原注〕『酒中に真あり』。キルケゴールはこうも言っている。「レディー・ファーストなどの礼儀は――本質的に――女のためにある。そして女がためらいなく礼儀を受け入れる事実は、最も弱い、最も恵まれない者のために自然がそのように配慮したからだと説明できる。こうした者たちにとって錯覚は償い以上の意味がある。しかし、この錯覚は彼らにとってまさに致命的である……想像のおかげで悲惨さから解放されたと感じる、想像にだまされる、こういうことはより根の深い嘲笑ではなかろうか……女は、見捨てられたひと（Verwahrlos）に程遠いが、しかし、別の意味では、まさに見捨てられた者である。なぜなら、自然が女を慰めるために錯覚を利用してきたせいで、女は、今後ともけっして錯覚から解放されはしないだろうから」

し、こういう喜びはボーモン伯爵やウェンデルのかわいそうな紳士たちには許されないとか主張する人はよくいるのだ。ノミやシラミを無造作にかきむしる気楽な乞食もいれば、いくら鞭打っても陽気に笑う黒人もいる。また唇に笑いを浮かべながら、飢えで死んだ子どもたちを葬るスース〔チュニジアの一地方〕の快活なアラブ人もいる。女もこうした責任のなさという比類なき特権に恵まれているというわけだ。苦労もなければ、仕事もなく、気楽である。まさに女は「最上の分け前」を引き当てたのだ。厄介なことに——おそらくは原罪に関係あるらしいのだが——異常な頑固さで、ずっと何世紀にもわたって、さまざまな国で、この最上の部分を引き当てた人たちは、もうたくさんです！と恩人たちに叫びつづけてきた。あなた方の分け前の方で結構です！ と。しかし、気前のいい資本家、寛容な植民者、親切な男たちは頑固にも言いつづける。最上の分け前なんだから、きちんともっていなさい、と。

　事実、男たちは、ふつう抑圧者が抑圧する相手に探しあてる共犯性以上のものを、自分の伴侶である女に見つける。彼らはそれを口実に不誠実にも彼らが押しつけた運命を彼女が望んだと言い張る。実際、女への教育のすべてが反抗や冒険の道を閉ざすように仕向けるのを、私たちはすでに見てきた。尊敬する両親から始まって、社会全体が女に嘘をつき、献身的な愛や奉仕の高い価値を賛美して、実は恋する男も夫も子どもたちもこの迷惑な重荷を引き受けるつもりがないのだということを隠すのである。女は安易にこうした嘘を信じる。彼らが容易な道を歩むように誘うからだ。これこそが女に対して行なわれる最悪の犯罪である。子どもの頃から、女の人生すべてを通じて、甘やかし、だめにし、自分の自由に不安を抱く実存者すべてを駆りたてる、あの責任放棄こそ女の天職であるかのように言うのだ。もし子どもを怠惰のなかに放っておき、毎日遊ばせて、勉強する機会を与えず、勉強が何の役に立つかも言わないなら、この子が、大人になったとき、無能力で無知であることを自分で選んだなどとは誰も言わないだろう。これがまさに女を育てるやり方である。自分の生を自分で引き受ける必要を女にけっして教えない。それなら、女が保護や愛や援助や他人の指導を当てにする方向に喜んで行くのは当然である。自分の存在を実現しようと今何かをするかわりに、いつかできるという希望に魅惑されてしまう。こうした誘惑に負ける女はたしかにまちがっている。しかし男がそういう女を非難するのも筋違いである。女にそう仕向けたのは男なのだから。こうして両者のあいだに葛藤が生じたときに、この状況の責任は相手にあるとそれぞれが思うことになる。女は、この状況をつくったのは男だと非難する。「誰も私にじっくり考えることと、自分で稼ぐことを教えてくれなかった」……男は、そんな状況を受け入れたのは女だと非難する。「おまえは何も知らない、おまえは無能力だ」……それぞれが、攻撃することで自分自身を正当化したと信じる。しかし、一方の誤りでもう一方を無実にすることはできない。

男女間の数え切れない葛藤は、一方が提案し、もう一方が受け入れるこの状況の結果すべてに対して、両方とも責任を負おうとしないことから来ている。「不平等のなかの平等」というこの疑わしげな観念は、一方が自分の横暴を、もう一方が自分の無気力を隠すために使うものだが、経験すれば、それが偽りであることがわかる。女は保証してもらった抽象的な平等をよこせと要求するし、それと交換に、男は具体的な不平等を認めるよう要求するからだ。ここから、与える、取るというあいまいな言葉をめぐって、果てしない論争があらゆる男女関係のなかで続くことになる。女は自分がすべてを与えたと不平を言うし、男は、すべてを取るのは女だと抗議する。女が理解しなければならないのは、――経済学の基本法則なのだが――提供される商品の値段が、売り手でなく買い手によってつけられ、この値段によって交換が行なわれるということである。女に無限の値があるかのように思わせて、人は女をだましてきた。実際には、男にとって女は一つの気晴らし、快楽、つきあい、非本質的な財産にすぎないのに。女という存在に意味と理由を与えるのは男だ。だから交換は同じ価値をもつ二つの物のあいだで行なわれるわけではないのである。この不平等は、二人で過ごす時間が――あたかも同じ時間であるかのように見えながら――二人にとって同じ価値をもたないことにはっきりと表われてしまう。愛する男は、女と過ごす夜に、自分のキャリアに有益な仕事をしたり、友だちに会ったり、人間関係を育てたり、気晴らしをしたりするだろう。ふつう男は社会の正員だから、男にとって時間は金、名声、快楽になる積極的な富なのである。これに対し、ひまで退屈している女にとって時間はどうにかしてつぶさないといけない重荷である。うまく時間をつぶせれば、彼女は得をしたことになる。男の存在は、だから、まったくの純益なのだ。たいていの場合、女との関係で男が何よりも関心をもつのは、そこから引き出す性的な利益である。つきつめれば、男は愛の行為をするのに必要な時間だけ女と過ごせればいいと思っている。それに対し――例外を除いて――女は、何をしていいかわからない、あり余る時間を「流して」しまいたいと思っている。そこで、――カブを「買う」のでなければ、ジャガイモは売らないという八百屋と同じで――、女は男がおしゃべりと外出の時間というおまけを「つけて」くれないと、体を任せたりはしない。男にとって引き当てる商品全体の値段がそれほど高くなければ、釣り合いはとれたことになる。つまり、釣り合いは、当然、自分の欲望の強さと自分が犠牲にする活動が男にどれほどの重要性をもって映るかにかかっているということだ。しかし、もし女があまりにも多くの時間を要求する――提供する――なら、彼女は、氾濫した川のように、迷惑そのものになってしまう。男は、こうなれば、もちすぎるより、何ももたない方を選ぶだろう。だから女は、要求を少々控える。とはいえ、均衡は、たいていの場合、双方の強力な引き合いによって保たれる。つまり、女は男が安値で女を「手に入れた」と思うし、男は高すぎる値段を払ったと考えている。もちろん、こういう言い方は少々ユーモアがすぎるかもしれない。しかし――男が女の全体を所有したいと思うような嫉妬や排他的な情熱に駆られていないかぎり――このような葛藤は、やさしさ、欲望、愛のなかにさえ、表われているのである。男はいつも自分の時間のなかで「何か他にすること」があるし、女は自分の時間をどうにかしてしまいたいと思っている。男は、二人の時間を女がくれる贈物ではなく、一つの負担だと考えている。一般的に言って、男はこの負担を我慢しようと思っている。なぜなら男は自分が恵まれた側にいることをよく知っていて、「やましさ」があるからだ。もし男に何らかの親切な気持ちがあると、寛容な心をもって、不平等な状態の埋め合わせをしようとする。男には憐(あわれ)むという美点があるのに、諍(いさか)いが始まればすぐ、女を恩知らずだと思い、腹を立てる。ああ、おれは人が良すぎた、と。女の方は、自分が要求がましい女だったと感じる。しかし、自分の贈物の価値は高いと思い込んでいるから、自分が屈辱を受けたと思う。よく女が残酷になるのも、これで説明できる。女に「やましさがない」のは、自分が恵まれていない側にいるからである。彼女は特権カーストに対してどんな手加減も必要ないと思う。彼女はただ自分の身を守りたいだけだ。自分を十分に満足させてくれなかった恨みを恋人に見せる機会でもあれば、彼女はとても幸せな気持ちになるだろう。彼が十分にくれないから、彼から取れるだけを取ろうとする粗暴な喜びに浸るだけなのだ。そうなると、男は傷つけられ、いつもは侮(あなど)っていた関係の全体の価値にあらためて気がつく。彼はどんな約束でもしようとする。しかし、その約束を守るべき時がくると、またつけこまれたと思う。そこで彼は自分を脅したと言って、女を責め、女の方は、男のけちさ加減を責め、こんなふうにして二人とも傷つけられたと思うのである。ここでもまた、弁解と非難をふりまいても無駄なことがわかる。不正義のなかに正義を打ち立てようとしても無理なのだ。つまり、植民地の行政官が土地の人々に対してよい行ないをすることは、どの点からも、ありえないし、将軍が自分の兵士たちに対するのも同じである。ただ一つの解決策は、植民者にも軍隊の長にもならないことだ。しかし、男が男をやめることはできない、ここに、男が、自分の意に反して、また自分で犯したわけでもない過ちにより、犯罪者となり抑圧者となる理由がある。それと同じで、女は、自分の意に反して、犠牲者になり、うるさい人間になる。時に、男は反逆を試み、残酷になる。すると、不正義に加担することになり、過ちは、正真正銘、自分自身の過ちとなってしまう。時に、男は、権利要求がましい、自分の犠牲者の言うままになり、食い尽くされてしまう。そうなると男はだまされたと思う。たいていの場合、男は、自分をおとしめ、居心地の悪くなるような妥協をする。善意の男は、こうした状況に、女自身よりも悩むものだ。この意味では、負けた側の方に、いつも良いつけが回ると言えるかもしれない。しかし、女もまた善意である場合、やる気があっても自立できない、かといって、自分の運命の重荷で男をつぶすのも嫌だとなると、彼女は複雑に入り組んだ混乱のなかでもがくだけになってしまう。日常生活でこうしたケースは山のようにあるが、これらには満足できる解決は見つからない。というのも、こうしたケースの前提条件そのものが満足できないものだからだ。もう愛してもいない女を物質的、精神的に生かしておく義務が自分にあると思う男は、自分を犠牲者だと感じる。しかし、もし男のために全人生を費やした女を何の生活手段もないままに男が捨てるとしたら、女もまた同じような不正義の犠牲者となるだろう。悪は個人的な背信行為から来るのではない。悪はすべての個的な行為が無力である状況から来るのだ。それで、お互いが責任を相手になすりつけようとすると、自己欺瞞が始まる。女たちは「つきまとい」、重くのしかかり、そうすることで苦しむ。彼女たちは自分ではない生物体の生命を吸いとる寄生物であるという運命を背負っているからだ。もし女たちが、自律した生物体を授けられ、世界に対し闘いを挑み、自分の生きる手段を世界から手に入れることができるなら、女たちの依存は消滅するだろうし、男たちの依存もまた消滅するだろう。こうなれば、まちがいなく、男も女もずっと気分よく生きられるだろう。

　男女が平等である世界を想像するのは難しくない。それは、まさに、ソ連の革命が約束していたものだからだ。女たちは、男たちとまったく同じ条件で育てられ、教育を受け、そして同じ条件で[*1]、同一賃金をもらって、働くだろう。慣習として性的な自由は認められるだろうが、性行為はもう金になる「勤め」とは思われなくなるだろう。女は他の稼ぎで身を立てなければならなくなるし、結婚は、二人が望めばそのまま解消することのできる自由な契約に基づくものとなるだろう。母になるのも自由に任されるだろう。つまり、バースコントロールや妊娠中絶が許可され、その代わりに、母にも子どもにも、結婚するしないに関係ない、まったく同じ権利が与えられるだろう。妊娠・出産休暇手当は、共同体が支払うことになるだろうが、この共同体はまた、育児も引き受けてくれるだろう。これは何も両親から子どもたちを取り上げるのではなく、彼らに任せきってしまわないということである。

しかし、女と男がほんとうに同類になるためには、法律、制度、慣習、世論そしてすべての社会的な背景を変えるだけで足りるのだろうか。「女はいつまでも女だ」と疑り深い人たちは言う。見通しをつけたがる他の人たちは、女らしさを脱ぎ捨てても、女は男にうまく変われないし、かえって化けものになるだけだと予言する。これは、今日の女もまた自然の産物だとする言い方である。もう一度繰り返さなければならない。人間の集団にあっては何ものも自然のままではない。とりわけ女は文明がつくりあげたものである。最初から女の運命には他人が介在している。この介在が他の方向でされていれば、まったく別の結果になっていることだろう。女は、ホルモンや謎めいた本能によって定義されるのでなく、自分でない意識をとおして、間接的に、自分の身体や世界との関係を理解するそのやり方によって定義される。青年期の男女を隔てる深淵は、子ども時代のごく初期の頃から周到に準備されてうがたれてきた。後になって、女が*つくられ*たとおりのものにならないように試みてももう遅い。女はいつも背後にこの過去を引きずっている。この過去の重さを測ってみれば、女の運命が永遠のなかに固定されていないことが、はっきりとわかるだろう。とはいえ、女が変わるには、その経済的な条件を

＊1　〔原注〕ある種のあまりにもきつい職業が女に禁止されていることは、こうした方向に矛盾しない。男たちのあいだでも、職業への適応の問題が、ますます具体的に取り組まれていて、彼らの身体的、知的能力によって選択の可能性は決まる。とにかく、私たちが望むのは、性やカーストにどんな境界も設けないことである。

変えるだけですむと思ってはならない。経済的要因は、たしかに、女を変えるのに基本的なものだったし、今もそうだろう。しかし、この要因が生みだすと同時に必要ともしている精神的、社会的、文化的な成果がついてこなかったら、新しい女は生まれないだろう。今のところ、こうした成果は、どこにも、ソ連にも、フランスにも、アメリカにも、実現されていない。そのせいで、今日の女は過去と未来のあいだで引き裂かれている。今日の女は、たいていの場合、男に変装した「ほんとうの女」のように見え、自分の女としての身体のなかでも、その男っぽい衣服のなかでも居心地悪そうにしている。女は、生活を一新し、自分にあった服装を身につける必要がある。それは集団が変化しなければできないことだろう。今日、どんな教育者も、一人では、「男の人間」とまったく同等の「女の人間」をつくることはできない。女の子は、男の子のように育てられれば、自分が例外だと思うだろうし、そうなれば、また新しい種類の差別を受けることになる。スタンダールはこうしたことがよくわかっていた。彼は「森林は一気に植えないとだめだ」と言っていた。しかし、もし私たちが、逆に、男女平等の具体的に実現されているような社会を想定できるなら、その平等が個々人のうちに新たに確立されるかもしれないのだ。

もし、女の子が、幼年期のごく初期から、男の子と同じ要求、同じ敬意、同じ厳格さ、同じ自由さで育てられ、同じ勉強、同じ遊びに参加し、同じ将来を約束され、周囲の女たちと男たちが完全に平等であるように彼女に見えるなら、「去勢コンプレックス」とか「エディプス・コンプレックス」の意味は根本的に修正されるだろう。もし母親が、父親と同じ資格で、夫婦の物質的、精神的な責任を引き受けるなら、その母親は父親と同じ長続きする威信を手に入れることだろう。子どもは、母親のまわりに、男性的でなく、両性的な世界を感じることだろう。女の子が父親の方により強く愛情をもっているとしても――それでさえ確かなことではないが――、父親に対するこの愛は、よい意味での競争意識がともないこそすれ、もう無力な感情につきまとわれはしないだろう。女の子はもう受け身の方向に自己形成しないだろう。自分の価値を仕事やスポーツのなかで見せることが許されれば、そして男の子と活発に競争できれば、ペニスのないこと――その代償として女は子どもをもつことになっている――が、「劣等コンプレックス」を引き起こすことにはならないだろう。それと同じで、男の子も、人から吹き込まれたりせず、男を尊重するのと同じように女も尊重するようになれば、[*1]「優等コンプレックス」など、自然に、もたなくなるだろう。こうなれば、女の子はナルシシズムや夢想のなかに、空しい埋め合わせを探さなくてすむ。自分をあらかじめ定められたものと思わず、自分がつくるものに興味をもち、自分が計画することに、ためらいなく、飛び

＊1　〔原注〕私が知っている八歳の男の子は、母親、おば、祖母という三人とも自立していて活動的な人たちと、半分不能な高齢の祖父と一緒に暮らしている。彼は、女に対して、ひどい「劣等コンプレックス」に陥っていて、母親がどうにかしようと努力している。学校では、彼は友だちや教師をかわいそうな男たちと思い、軽蔑している。

込んでいくだろう。これまで繰り返し言ってきたように、もし女の子が、男の子と同じように、大人へと向かう自由な将来を約束されて、月経の開始を通り越すなら、どんなにか楽だろう。月経が、突然やってくる女らしさへの転落と見えるからこそ、女の子はあれほどの恐怖を感じるのである。また、自分の運命全体に対して、度はずれた嫌悪を感じないですめば、彼女は自分の未熟な性の喜びをよりおだやかに受けとめるだろう。一貫性ある性教育はこうした危機を乗り越えるのに大きな助けになるだろう。そして、男女共学になれば、〈男〉というこのおごそかな秘密が生まれる機会さえなくなるだろう。この観念は、日常の親しさと自由な競争で死滅してしまうだろう。こうした教育システムに反対する意見には、いつも、性をタブー視する考えがひそんでいる。しかし、子どもの性への好奇心や喜びを抑制しようとしても無駄である。そんなことをすれば、抑圧、固定観念、ノイローゼなどに行きつくだけだ。だが、若い女の子にありがちな高ぶった感傷癖、同性愛的な熱情、プラトニックな情熱には、ばかばかしさや気まぐれが山ほどつきまとっていて、子どもの何とかごっこや何かはっきりした経験より、はるかに有害である。だから、若い女の子にとって、とくに有益だと思われることは、男を、半ば神のような人と思わず、ただ単に、一人の仲間、友だち、パートナーと見なすことである。そうすれば、彼女は自分自身の存在を自分から引き受けるようになるだろう。性の喜びや恋愛は、もう自己放棄ではなく、自由な超越としての性質をそなえるようになるだろう。女の子はこうした恋愛を対等な関係として生きることができるだろう。もちろん、子どもが大人になるときに乗り越えなければならない困難すべてを一筆で消すことが問題なのではない。最も知的で寛容な教育とは、子どもが自分自身で経験するのを邪魔しない教育である。少なくとも今できることは、子どもが歩む道に、意味なく、障害物を積み重ねないことだろう。たとえば、女の子に「不品行」の烙印（らくいん）を押さないだけでも、すでに進歩である。精神分析に両親は少しは学ぶことがあったはずだ。とはいえ、女の性的な形成、性への入門の現状は、あまりにも嘆かわしいから、根源的に変えなければだめだという考えに反対の意見は、どれも確かな論拠をもてないだろう。問題にしたいのは、人間の条件につきものの偶然性や悲惨さを女からなくすことではない。そうではなく、それらを乗り越える手段を女に与えることなのだ。

女はどんな謎めいた宿命の犠牲者でもない。重要なのは、女を特色づけるものではなく、その特色にかぶせられる意味づけの方である。女を特色づけるものの方は、新しい展望のなかで捉（とら）えなおしたとたんに、乗り越えることができるはずだ。たとえば、これまで見てきたように、女は自分の性的な体験をとおして、男の支配を感じている――たいていは嫌悪している。だからといって、そのことで、卵巣（らんそう）が永遠に女をひざまずかせていると結論づけてはいけない。何もかもが、一致して、男に主権を認める一つのシステムのなかでだけ、男の攻撃性が君主の特権のように見えるのだから。そして女が自分を受け身だと考えるからこそ、女は愛の行為のなかでこれほど心底から受け身だと感じるだけなのだから。現代の女たちの多くは、人間の尊厳を欲しがりながら、相変わらず自分の性生活を奴隷の伝統によって捉えようとしている。だから彼女たちには、男の下で身を横たえ、男によって貫かれるのが屈辱的だと見えてしまう。こうして彼女たちは不感症におちいり、いらいらする。しかし、もし現実がちがっていれば、愛の身振りや姿勢が示す象徴的な意味もまたちがってくるだろう。たとえば、金を払って愛する男を支配する女は、自分の素晴らしいひまな生活に誇りをもち、進んで力を尽くす男を服従させていると思うだろう。今では、すでに勝ち負けの発想が交流という考えに変わって、性的に均衡のとれているカップルがいくつも生まれている。実際、男も、女と同じように、一つの肉体であり、したがって受け身の存在であり、ホルモンや種のおもちゃであり、自分の欲望に捕らわれた不安気な獲物である。女もまた、男と同じように、肉体の熱気のさなかにあっても、合意、意志の力、行為である。男女は、それぞれのやり方で、身体としての存在という不思議なあいまいさを生きている。自分たちが敵対していると信じるこうした闘争のなかで、それぞれが闘っているのは、実は、自分自身に対してであり、相手のなかに投影した自分自身の一部に対してなのである。自分の条件であるあいまいさを生きようとしないで、それぞれが自分のおぞましさを相手に我慢させようとし、自分の名誉は自分のためにとっておく。しかし、もし両者とも、ほんものの誇りにそなわっているあの明晰な慎み深さで、自分の条件のあいまいさを生きるなら、彼らはお互いを同類だと認め合い、友情をもって性愛のドラマを生きられるだろうに。人間であるという事実は、人間どうしを区別するそれぞれの独自性より無限に重要である。優位性がはじめから決められていたことなど一度もない。昔の人々が「美徳」と呼んでいたものは、「私たち次第で決まる」レベルのものとして定義できる。男においても女においても、同じように、肉体と精神、有限と超越のドラマが演じられている。男も女もともに時間によって蝕(むしば)まれ、死につけねらわれ、どちらも、同じように、相手を本質的に必要としている。男女は、それぞれの自由から、同じ栄光を引き出すことができる。もし彼らがこの栄光を味わうすべを知っているなら、彼らはもう偽りの特権を争う気持ちにはなれないだろう。そうなれば、両者のあいだには友好関係が生まれるだろう。

以上の考えすべてはきわめてユートピア的だと言われてしまうかもしれない。なぜなら、「女をつくり直す」には、すでに社会が現実に女を男と同等に扱ったことがなければならないからだ。保守主義者たちは、同じような事態があれば必ず、こうした悪循環を見せつけてくれた。しかし、歴史は堂々巡りしているわけではない。たしかに、あるカーストを劣等の状態にほうっておけば、そのカーストは劣等のままでいる。しかし、自由がこの循環を断ち切るだろう。もし黒人たちに投票を許すなら、彼らはやがて投票にふさわしくなってくる。女にさまざまな責任を与えれば、女はそれらを担(にな)うようになれる。実際、抑圧者が理由なく寛容さの衝動に駆られることは期待できない。しかし、時には抑圧された側の反逆が、時には特権カースト側の変化そのものが新しい状況を生みだす。このように男たちは、自分の利益のためにも、部分的に女を解放するようになってきた。あとは、女たちがこの向上を続けていけばよい。女たちが手に入れる成功は彼女たちをさらに勇気づけてくれるだろう。これからかなり遠い将来になるかもしれないが、女たちが経済的・社会的な完全平等に到達するのはほとんど確かなことだろう。この平等が内的な変貌を引き起こすにちがいない。

いずれにしろ、ある人たちはこう反論するだろう。そうした世界は可能かもしれないが、望ましくはない、と。女が男と「同じ」になってしまったら、人生には「味をつける塩」がなくなるだろうと。こうした議論もまた、新しいものではない。現在を永遠化したいと思う人たちは消えていく美化された過去に涙を流すのが常で、これからの未熟な将来に微笑みかけようとはしないものだ。たしかに、奴隷市場を廃止したせいで、アザレアや椿であれほど見事に飾られた大農園は死滅したし、アメリカの優美な南部文明すべてが崩壊してしまった。いにしえの手編みレース飾りは、システィーナのカストラート聖歌隊のあの清らかな響きと交じり合い、時代を経た屋根裏部屋で眠っている。そして、ある種の「女らしさの魅力」もまた、風化しようとしている。私も、稀有の花々、レース飾り、去勢歌手のクリスタルのような声、女らしさの魅力などを評価しないのは粗野なことだと思っている。「魅力的な女」がその輝きのなかで現われるなら、彼女は、ランボーの心をかき乱す「愚劣なペンキ絵、扉の飾り、室内装飾、大道芸人たちの絵、看板、大衆的な彩色さし絵」などよりはるかに気持ちの高なるオブジェとなる。最も現代的な技巧を施され、最新の技術により洗練されて、「魅力的な女」は、テーベ〔古代ギリシアの遺跡〕、ミノス〔同上〕、チチェン・イッツァ〔マヤ文化の遺跡〕などの諸時代の奥深くからやってくる。彼女はまたアフリカの茂みのなかに植えられたトーテムである。それは時代を超えて舞うヘリコプターであり、鳥である。まさに、最も偉大な傑作と言っていい。絵に描かれた彼女の髪のもとで茂みのざわめきは一つの思想となり、彼女の胸からは言葉がもれ出す。男たちは驚異の作品には貪欲な手を差しのべるものだ。しかし、彼らがつかみ取ろうとしたとたんに、それは視界から消えてしまう。妻や愛人は、唇を使い、皆と同じようにおしゃべりをする。彼女たちの言葉は、その言葉にふさわしい価値しかない。彼女たちの胸もまた同じである。こんなにもうつろいやすく――そしてこんなにも稀な――驚異のために、男女両性にとって有害な状況を永続化していいのだろうか。花々の美しさ、女たちの魅力を評価するのは当然だが、それらの価値にふさわしく評価したらいい。もしこれらの宝物が血と不幸で贖われるなら、宝物を犠牲にすることも知るべきだ。

ところが、男たちにとって、この犠牲はとりわけ、大きいものに見える。男たちのなかで心の底から女が自己実現するのを望む者はほとんどいない。女を軽く見ている男たちは、そうなれば自分が得るものは何もないと思う。女を大切にする男たちは、失うものが多すぎると思う。たしかに、現在の変化は女らしさの魅力を脅かしているだけではない。女が女自身のために存在するようになれば、男の世界で女に特権的な地位を与えてくれた、男の分身の役割、仲介者の役割を女は放棄するだろう。自然の沈黙と、自由な他者たちの要求がましい存在とのあいだに捕われた男にとって、自分の同類でありながら受け身のモノという存在は大きな宝のように見える。男が自分の同伴者に見る姿は神話的なものだが、にもかかわらず、女が原因となりきっかけとなる数々の経験は現実である。これほど貴重で、内密な熱烈な経験はない。こうした経験に、女の依存、劣位、不幸が独特の性格を与えていることは否定できない。たしかに、女の自律は、男たちから厄介事をなくすとしても、同時に、さまざまな便利さまで奪ってしまうだろう。また、たしかに明日の世界では、ある種の性的な冒険を生きるやり方は消えてしまうだろう。しかし、そうだからといって、愛や幸福や詩や夢まで追い出すことにはならない。私たちの想像力のなさがいつも未来を貧しくすることに気をつけよう。未来は私たちにとって一つの抽象概念にすぎない。私たちは皆、ひそかに、自分であったものの不在を嘆く。しかし、明日の人類は、明日を、自分の肉体と自由とで生きるだろう。それは彼らの現在になるだろう。そして今度は彼らがその現在を過去よりも好きになるだろう。男女のあいだには私たちには想像がつかない肉体と感情の新しい関係が生まれるだろう。すでに、男と女のあいだには、性的な関係のあるなしにかかわらず、過去の世紀が生み出すことのできなかった友情、ライバル、共犯、仲間などの関係が現われてきている。とりわけ、私にとって、新しい世界が画一性に向かっている、したがって退屈に向かっているとするスローガンくらい疑わしく見えるものはない。私は、新しい世界には退屈がなくなるとは思わないが、自由が画一性を生み出すとも思わない。だいいち、男と女のあいだで、いくつかの差異はこれからもずっと残るだろう。女のエロチシズム、したがって女の性的世界は、固有のあり方をしているから、女のうちに固有の官能性、感受性を生み出すにちがいない。女が、自分の身体、男の身体、子どもとのあいだにもつ関係は、男が、自分の身体、女の身体、子どもとのあいだにもつ関係とはけっして同じにならないだろう。あれほど「差異における平等」を主張してきた人たちは、平等における差異が存在しうるという私の考えに同意しないわけにはいかないだろう。それにまさに制度こそ、単調さを生み出すものなのである。スルタンの腕のなかでは、ハレムの若くて美しい女奴隷たちはいつも同じである。キリスト教は、人間の雌に魂を授けるのとひきかえに、性愛に罪と伝説とで味つけをしてきた。女がその崇高な主権を取り戻すからといって、それは愛の抱擁から感動的な味わいまで奪ってしまうことにはならない。男と女が具体的に同類になったら、性の饗宴、不品行、エクスタシー、情熱が不可能になるなどと主張するのはばかげている。肉体と精神、瞬間と時間、内在の目くるめきと超越への呼びかけ、快楽の絶対性と忘却の虚無などの対立は、けっして消えることがないだろう。セクシュアリティには、つねに、存在することの緊張、苦しみ、喜び、失敗そして勝利が具現化されるだろう。女を解放することは、男との関係を否定することではなく、女をその関係のなかにだけ閉じ込めないようにすることである。女が自分のために存在するようになるにしても、女は、同じように、男のためにも存在しつづけるだろう。お互いが主体として認め合っても、それぞれは相手にとって他者でありつづけるだろう。両者の関係の相互性は、人類が二つの違ったカテゴリーに分化していることで生まれる欲望、所有、愛、夢、冒険などの奇跡を取り除くことにはならないだろう。そして、与える、征服する、結ばれるなどの私たちを感激させる言葉は、それら自身の意味を失わないだろう。それどころか、人類の半分の奴隷状態とそれにともなう偽善のシステム全体が廃止されれば、人類の「区分」はその本当の意味づけを明らかにするだろうし、人間のカップルはその本当の姿を見つけるだろう。

「人間と人間の直接的で自然で必然的な関係は、男と女の関係である」とマルクスは言った。[*1]「この関係の性格から、人間がどこまで自分を類としての存在、あるいは人間として理解したかがわかる。男と女の関係は人間と人間の関係のなかで最も自然的な関係である。だからこの関係は、人間の自然な行為がどこまで人間的になったか、あるいは人間的存在であることがどこまで人間の自然的存在になったか、どこまで人間的自然が人間の自然になったかを見せてくれる」

これ以上巧みな言い方はできないだろう。すでに在るこの世界の只中(ただなか)で、自由の時代を勝利させるかどうかは人間しだいである。この至高の勝利を得るためには、男と女が、その自然の分化を越えて、両者の友愛をはっきりと肯定することが何よりも必要なのだ。

＊1 〔原注〕『哲学的論考』第六巻。強調はマルクス自身による。

用語解説

投企（プロジェ）（projet）

人間の本性は存在しない。人間はまず先に実存し、その後に自らをつくるものである。人間はみずからかくあろうとして、未来に向かって自らを投げる。このようにいつも自分の可能性に対して主体的に開かれていることを「投企（プロジェ）」という。個々人が実際になんらかの計画を立てるのは、この根源的な投企があるからである。

超越（transcendance）↕ 内在（immanence）

人間は、根源的な投企（プロジェ）によって、現にある自分をたえず越えていく。「超越」は、こうしてつねに自らをつくっていく運動としてとらえられる。なお、ほぼ同じ意味で、dépassement が用いられていることもある。

内在（immanence）

「超越」が運動であるのに対して、自らの内にとどまっていること。

疎外（aliénation）

1　人間が自らの自由を逃れて固定したものの安定性に閉じこもろうとすること。自主性を失い、自分以外のものに隷属すること。

2　自分を自分以外のものに託すこと。子どもが、自己同一性の確立の過程で、鏡に映った自分の姿が自分であることを認めるのも、一つの自己疎外である。

本来性（authenticité）、**本来的な**（authentique）⇕非本来性（inauthenticité）、非本来的な（inauthentique）

人間は一人ひとり、自らの状況のなかで、他の人間とは異なる可能性を秘めている。こうした自分独自の可能性にめざめた状態を「本来性」という。また、それに向かって、責任と危険を引き受け、自らを乗り越えて生きていく自由を「本来的な」自由という。

非本来性（inauthenticité）、**非本来的な**（inauthentique）

人間が自らの状況に目をつぶり、他の人間と同じような平均的、没個性的な状態にとどまるとき、その状態を「非本来性」という。また、こうした状態に逃避することを「非本来的な」逃避、自らの主体性や自由を放棄した生き方を「非本来的な」生き方という。ハイデガーの用語からきている。

自己欺瞞（mauvaise foi）

自分に対して自分の真実や可能性をおおい隠すこと。これは、自らの自由を逃れ、責任を回避しようとする企てであり、「非本来的な」態度である。

事実性（facticité）

人間が、理由や必然性なしに世界のなかに投げ出され、状況のなかに放り出され、みずから選んだのではない条件のなかに、単に事実として存在しているあり方。ハイデガーの用語からきている。

対自（pour soi）↕ 即自（en soi）

サルトルは『存在と無』において、対自を「それがあるところのものであらず、それがあらぬところのものであるような存在」と言っている。すなわち、つねに現在の自分を超越し、未来の自分のあり方を意識的に選択するような存在。

即自（en soi）

対自（pour soi）である意識に対して、物のあり方を示す。自己のなかにとどまり、それ自体とぴったり粘着している存在。

本質的なもの（l'essentiel）↕ 非本質的なもの（l'inessentiel）

サルトルの実存主義の第一の原理は、「実存は本質に先立つ」である。人間に本性はなく、あらかじめ定められた本質はない。人間はみずからつくるところのもの以外の何ものでもない。しかし、本書で、男＝「本質的なもの」というときの本質は、右のように「定められた本質」という意味ではなく、二元対立的思考において、「主たるもの、基準となるもの」の意味で使われている。

非本質的なもの（l'inessentiel）

他者であることにあまんじて、主体である「本質的なもの」に左右される人間は「非本質的なもの」である。だが、実際には、「本質的なもの」と「非本質的なもの」、言い換えれば「主体」と「他者」のあいだには相互性があり、固定的な関係ではない（I巻二〇頁参照）。したがって、女も「非本質的なもの」としてあまんじていてはいけない、というのが『第二の性』を通じてのボーヴォワールの主張である。

一者（l'Un）

形而上学史にあらわれる〈一者〉は、絶対的一者を意味する。すなわち、それは絶対的に完結した全体であり、すべての根源である。これに対して、ボーヴォワールは、一方の者（l'un）と他方の者（l'autre）の関係は相互的なものであり、両者とも相対的一者であって、〈他者〉から〈一者〉への反転はありうるはずだと考える。しかし、歴史のなかの男女関係を見ると、男はつねに〈主体〉であり、絶対的〈一者〉であった。女はつねに〈他者〉であったと言うのである。

世界への参加（engagement）

人間は状況によって拘束されていると同時に、自分を積極的に拘束する、すなわち受動を能動へと転換し、自由な選択によって行動し、状況に対して働きかける、というサルトルの実存主義の中心的概念。

旧版訳者あとがき

本書は Simone de Beauvoir, *Le Deuxième Sexe, II L'expérience vécue*（Gallimard）の全訳である。第Ⅰ巻の「訳者あとがき」でも述べられているように、旧訳（生島遼一訳、新潮社、一九五三）の五巻本では、原書Ⅱ巻（「体験」）がⅠ巻（「事実と神話」）の先にきて、構成が大きく変えられている。

Ⅰ巻では、なぜ歴史の初めから、男女という性別に序列がつけられ、女は男より劣った性、「第二の性」、〈他者〉とされているのか、男たちは法と慣習を通じて歴史的にどう女の地位を決定したのか、神話をとおして女のイメージはどう作りあげられてきたのか、という問題が論じられている。こうしたことを解き明かしたⅠ巻を読んではじめて、Ⅱ巻の女が誕生してから老いるまで日々生きる生涯の体験の構造と意味が明らかになる。そして、有名な書き出し――「人は女に生まれるのではない、女になるのだ」、つまり文明全体が個々の女の状況をとおして、女をいまあるような女に作り上げたのだという強力なメッセージをより深く理解できる。また、最終部「解放に向かって」で示される主張、男女の関係はこれまでの抑圧関係から、現在の闘争関係を経て、将来の友好関係に向かうべきであり、それは可能なのだという展望への道すじは、I巻の序文からの一貫性ある論理展開を読み取って、はじめて、説得力のあるものとして納得できるのだ。

II巻では、個々の女が、生まれたときから〈他者〉になるように仕向けられ、〈他者〉となることをどのように内面化し、〈他者〉としての女の人生をどのように受け入れ老いていくのか、男が超越へと向かうのに対し、どうして女は内在にとどまってしまうのか、それが女のうちにどのような葛藤（かっとう）を生み出すのか、こうしたことが女の視点から、女の具体的な体験をとおして語られる。

このようにII巻は、女の視点から語られる体験の書であると同時に、性というものがいかに社会・文化的に作られた虚構であるかということを、女の体験の構造から明らかにしたジェンダー論とも言える。生物学的な性であるセックスと社会・文化的に作られたジェンダーの関係は、『第二の性』においては非常に微妙で、ジェンダーが、セックスを意味づけする、セックスに先行すると読み取れる箇所が多い。たとえば、II巻第一部第一章で、ボーヴォワールは「他人の介在があってはじめて個人は〈他者〉となる。子どもは自分に対してだけ存在しているかぎりは、自分を性的に異なるものとしてとらえることはできない」と言う。これは、現在でもセックスとジェンダーをめぐる大きな問題点となっていることを記しておきたい。

第一部「女はどう育てられるか」では、まず、人間の性別というものが幼児期に認識されていく過程が明らかにされる。男も女も母親と融合状態にいる乳児は、離乳期になってはじめて遺棄（見捨てられた独りぼっちの状態）を経験し、すべての実存者が生きる〈他者〉との関係という根源的なドラマを直接的に生きることになる。三、四歳頃から子どもはこの遺棄と闘おうとする。この遺棄に対する埋め合わせとして、大人が子どもに接する態度、育て方は、男の子と女の子では明確に異なっている。逆に、性別を意識しなかった子どもたちに自分たちの身体構造の違い（ペニスの有無）をはっきり認識させることになるのだ。次いで、性別に基づいて大人が仕向ける「男らしさ」、「女らしさ」が、思春期の男女のうちに、能動性、受動性の意識・行動として現われてくる過程が示される。そして、女に押しつけられた受動性が、思春期の女のセクシュアリティ、エロチシズムにどんなかたちをとらせるか、同性愛へと向かわせる場合もある、その複雑な様相が描かれる。

第二部「女が生きる状況」では結婚制度を背景に女の生き方が描かれる。結婚することで女は夫を介して社会的尊厳を得るが、一方で、依存状態に置かれ、内在に閉じ込められていく。また、女は母親になることで、その生理的運命をまっとうする。しかしボーヴォワールは、母性本能というものは存在しない、子どもに対する母親の態度は母親が置かれた状況全体、そして本人がそれをどう引き受けるかによって決まるのだと言う。ボーヴォワールは母性を否定したとよく誤解されるが、否定したのではなく、それが女を「他者」にしておく一つの罠（わな）だと言っているのである。だから、罠とならなかった場合について、次のように言うのだ。個人生活が最も豊かな女こそ、子どもにとって最もよき母親、教育者となる、と。だが、実際の母子関係は葛藤に満ちている。そこに女の状況が反映されているのだ。女も社会のなかで個別の自由な人間として認められたいと思っている。結婚した女のなかには、社交生活、女どうしの友情、姦通などを通じて、この願望を果たそうとする者もいるが、実現は難しい。また、性愛の面では、自分の個別性を認めさせることで自由を達成する高級娼婦は別として、妻も売春婦も女一般という面で男と結びついているにすぎない。

　こうした状況のなかで女は熟年期、老年期へと移っていく。更年期と前後して精神的危機に見舞われる女が多い。女としての魅力を失うまいとあがく者も多い。性は失ったが完成した女という現実を受け入れると、この危機は回避される。しかし、自分自身の目的をもてないまま、自分が役に立つ存在として認められたいと懸命になる女は、成人した子どもに過剰に干渉したり、単なる暇つぶしの活動にたずさわったりする。そうした報われない行動は、空しさ、冷淡さ、辛辣さをともなった態度として現われる。最終章「女の状況と性格」で、ボーヴォワールは、女の生涯を見ていくと、古来から女の性格として非難されてきたものは、女の状況のせいであることがわかる、と言う。女には行動することがほとんど禁じられているので、女が自分の自由を引き受けるのは反抗を通じてということになる。しかし〈他者〉の運命を逃れるには自分自身で解放に努力を傾ける以外にない。この解放は集団でしかできないだろうし、経済的自立が不可欠である。（なお、旧訳では、この章が「永遠の女性とは？」と題され、第三部冒頭に組み入れられていて、原書の意図が正確に伝わっていない）

第三部「自分を正当化する女たち」では、自分ひとりで自分の個人的救済を果たそうとする女たち、内在のただなかで超越を実現しようとする女たちの滑稽（こっけい）で悲壮な努力が、ナルシシストの女、恋する女、神秘的信仰に生きる女のなかに描き出される。

第四部「解放に向かって」では、「女らしさ」の神話をくつがえそうとしている女たち、経済的、精神的に自立しつつある女たちにいまどんな問題が突きつけられているかが明らかにされる。そしてボーヴォワールは主張する。人間の集団のなかで自然のままのものは何もない。とりわけ女は文明が作り上げたものであって、最初から女の運命には他人が介在している。この介在が他の方向でなされるなら、まったく別の結果になる。だから、女が変わるには経済的要因はたしかに重要だが、これに精神的・社会的・文化的成果が伴わなければ新しい女は生まれない。一方、男女が互いに主体であり、他者であるという相互性のある関係が打ち立てられても、男と女のあいだにいくつかの差異はこれからもずっと残るだろう、と。

ボーヴォワールは膨大な知識と資料を駆使し、強靭（きょうじん）な論理で、いかに社会・歴史・文化が女という性を「第二の性」に作り上げたか、その壮大な性の支配装置を解き明かし、そこからいかに女が自己解放していくべきかの展望を拓（ひら）いた。この本は、女が自分の可能性をどこまで拓き、男女のあいだに、どのように平等な相互性が打ち立てられたかを見るとき、つねに立ち返る指標となるだろう。人類がもった優れた女性解放論、ジェンダー論、つねに今日性を失わない女性論の古典として、これからも読みつがれ、多くの女たちに自分を思考する手がかりを与えて励まし、男たちにも、女は一人ひとりが個別で自由でありたいと願っていることを理解させ、納得させていくだろう。

新訳は、日仏女性資料センター（日仏女性研究学会）の研究グループ「『第二の性』を原文で読み直す会」のメンバーが共同で作成した。Ⅱ巻の訳者（分担）は、石川久美子（第一部第一章、第四部第十四章）、井上たか子（第二部第六章・第九章）、加藤康子（第一部第四章、第二部第五章）、木村信子（第一部第三章、第二部第十章）、坂井由加里（第二部第五章）、塩川浩子（第一部第二章・第三章、第二部第八章）、芝崎和美（第二部第七章、第三部第十三章）、杉藤雅子（第一部第二章、第三部第十一章）、棚沢直子（第四部結論）、中嶋公子（序文、第二部第六章、第三部第十二章）、支倉寿子（第二部第五章）。「用語解説」は井上、訳文の調整・統一作業は加藤（第二部、第四部結論）と中嶋（序文、第一部、第三部、第四部第十四章）が担当した。

なお、Ｉ巻の「訳者あとがき」にもあるように、原文には、当時の支配階級による差別用語的な表現や、科学の進歩によって現在では不適切となった事柄もあるが、翻訳にあたっては、そのまま訳出したことを、ここでお断りしておきたい。

最後に、本書を訳し直す機会を与えてくださった方々に心から感謝の意を表します。

一九九七年三月

加藤康子
中嶋公子

訳者あとがき――『第二の性』読解の一助として――

シモーヌ・ド・ボーヴォワールが『第二の性』執筆にあたって読破した膨大な文献が一様に示していること、それは、「女は他者である」[*1]という明快なものだった。本書に登場する女たちの体験にはどれも、他者にされた女が生きる矛盾に満ちたさまざまな様相が描かれている。実存主義のモラルからすれば、人間は本来的に自由な存在であり、未来へ向けて常に自己実現していくべきである。しかし他者にされた女は、押し付けられた状況（situation）のなかで自由を行使できず、そのあいまいさ（ambiguïté）の只中で、引き裂かれ、葛藤する。ある時ジャン＝ポール・サルトルが、人間は常に自由を行使できると言ったのに対し、ボーヴォワールはそれをまやかしにすぎないとし、女には自由を行使できない多くの条件（condition）があるのだと主張した。女たちの生きる体験は、複雑で、矛盾し、分裂して、曖昧で、実存主義のモラルのように美しいプロジェを描くことは稀である。

こうした条件は、自然的に女に備わったものではなく、人為的に課されたものであり、まさにボーヴォワールが言うように、女は文明によってつくられたのである。他者にされ、女らしさ（féminité）[*2]の神話を押し付けられた女を、観念的な自由論にもとづくモラルによって裁くことはできない、とボーヴォワールは言うのである。女は身体的、精神的、経済的、社会的、歴史的に自由を行使できない数多くの状況の只中にいるのであり、その事実をこそまず問題にしなければならない。ひとは誰しも両義的な存在であるにしても、女は男よりさらに分裂し、葛藤にさらされている。そのように育てられるからである、と。

ボーヴォワールの『回想録』[*3]によると、メルロ＝ポンティ、ポール・ニザン、レーモン・アロンらノルマリアンたちとの交流は、彼ら知識人と自分との知的水準の圧倒的落差を痛感させられるものだった。しかしその落差が女ゆえであることを恐らく彼女は認識していなかった（『第二の性』を書くとき、自分が女であることに障害や劣等感はな

＊1　ボーヴォワールによれば、女ははじめ単独で〈他者〉を具現するほど重要ではなかった。やがて女の役割が大きくなると、女は〈他者〉の領域をほとんどすべて吸収するようになる。こうして女神たちが誕生し、女神たちをとおして豊穣の観念が崇拝されるようになる。『第二の性　I』、一五二－一五三頁。

＊2　『第二の性』で féminité が現実の具体的な女性を示す場合は「女であること」と訳し、その場合には否定的意味はない。

＊3　*Mémoires*, Éditions Gallimard, Pléiade, 2018.『ある女の回想―娘時代』『女ざかり』『或る戦後』『決算のとき』、その他が収録されている。

いと彼女は思っていた)。当時エコール・ノルマルは正式には女性に門戸を開放していなかった。ノルマリアンたちとの落差がこうした教育制度における女の周縁性に由来することに当時ボーヴォワールは疑問をもたなかった。しかしこのような知的環境下における先駆的女性知識人としての確立は、実はさまざまな局面で緊張と葛藤をもたらす要因となっていった。

カトリックである母からの強い支配力による強迫観念、幼児の頃からの神経発作、非存在への願望と神との一体化、思春期からとりつかれた死の想念(死は彼女の作品のいたるところに現れる)、やがてはサルトルに統合失調症と言われることになる症状は、一連の成長過程の延長線上に築かれていくこの女性知識人の生がいかに苦闘に満ちたものであるかを物語っている。

こうして、死・非存在・無にどうしようもなくつきまとわれていたボーヴォワールにとって、おそらくは、実存主義は、生きていくために必要な力を与えてくれる哲学だった。存在と無(意識・自由)の対立を命題としたサルトルの『存在と無』を、出版される以前からボーヴォワールは繰り返し読むことになる。

サルトルの実存主義では、主体と他者の相克(そうこく)が描かれ、主体はつねに他者になりうるし、その逆もつねにある。つまり、主体と他者の相互性が論じられている。しかし、女と男の関係になるとその相互性がまったく作動しなくなる。歴史的、社会的に女はつねに他者であり、主体になることはなかった。

こうした女の他者性を明確にするためにボーヴォワールが用いた手法は、プラスとマイナスの価値をもって対立する実存主義用語を、『第二の性』全編にわたって効果的に配置するものだった。すなわち、プラス面をもつ用語（超越、対自、自由、本来性、本質的なもの）を男にあてはめ、それに対応するマイナス面をもつ用語（内在、即自、事実性、非本来性、非本質的なもの）を女にあてはめることによって、女の他者性を浮き彫りにしたのである（各語の意味は「用語解説」を参照）。

ところで実際には、超越的な生き方を実践しているのは男の場合でもそう見られるものではないとボーヴォワールは言う。しかしそうではあっても、自己を主体とし、自己を超越していく状況は、男の方が無限に有利であるのは明らかだ。そのことを明確に示すには、極端なかたちでの男の超越性、女の内在性を際立たせる必要があった。こうして、ボーヴォワールは「女は他者である」ことを実存主義の観点から理論的に描いてみせるのである。

しかし、この「～である」（être：英語のbe動詞にあたる）という語をそのまま受け入れるのは欺瞞であると、ボーヴォワールはいう。であるという現在の状況とは、そのようになった、ということで、この語にはじつは「動き」が含まれている。たとえば支配カーストは、皮膚の色の違い、性の違い、といった変えようのない事実を口実に、自分たちに都合のいいように被支配カーストの状況をつくりだし、それが彼らの本性であるかのように言いくるめる。ところがそれは、なった、にすぎないのだ。この論点は『第二の性』全体の骨子ともいえるもので、まさに人は「女になる」[*1]のである。けれどもこの、なるについてはもう少し考えてみる必要がある。

「〜である」に含まれるダイナミズム

サルトルは *être* をイタリック体で強調して、「存在する」という意味で用い、しかも本来の用法にはない他動詞扱いにしている。たとえば、J'*étais* la racine de marronnier.「私はマロニエの樹の根であった＝を存在した」（『嘔吐』[*2]）というように。そうなると、「存在される」という受動態も可能になるわけで、実際に彼は『存在と無』のなかでこうした使い方をしている。Le Néant *«est été»*「無は《存在される》」（『存在と無』[*3]）。この場合、無とは存在する（自動詞）のではなく、厳密には（〜によって）存在されるにほかならない、というわけで、自動詞 être には暗黙のうちに他動詞性が含まれていることになる。

ボーヴォワールは、であるとは、なったことだと言い、そのあとすぐ続けて、「現にあるようにつくられたということ」だと、その内容が受動的なものであるのを明らかにする。彼女は être を他動詞扱いにして強調することはないが、その意味内容には明らかに他動詞性を含ませている。たとえば彼女が『第二の性』のなかで存在すると言うとき、それは主体によって存在させられた他者の状態をさしているのだといえる。

常に受動性を帯びた他者である状態にとどまって、それが永遠に変わらぬ本質とされてしまうような存在。それこそがまさに、他者＝女の状態だというのである。こうして他者＝女は、なった（＝された）という過去の事実を隠蔽（いんぺい）されたまま、であると本質づけられ、みずからもそう思い込んでしまう。『第二の性　Ⅱ　体験』で語られる女たちの多くは、このêtre（エートル）が内包するメカニズムに翻弄（ほんろう）され、実にそうした役割を肯定し、男の共犯者となり、男の主体性を支えるのである。そのメカニズムは、女の条件、状況、両義性（アンビヴァレンツ）を読み解くための礎（いしずえ）ともなるだろう。

女も本来的に自律した自由な存在であるにもかかわらず、自分を他者として受け入れるよう強いられた状況のなかで、主体としてみずからを超越し投企（プロジェ）を実現しようとすると、その超越は、女を内在に留めおこうとする男の超越によって乗り越えられてしまう。ささやかな主体性を発揮して試みる企ても、さまざまな障害ある現実の前で潰（つい）えていく

＊1　『第二の性　Ⅱ』上、一五頁。

＊2　«*J'étais* la racine de marronnier.»: *La nausée* in *œuvres romanesques*. Bibliothèque de la pléiade, Gallimard, 2001. p.155.「私はマロニエの樹の根で〈あった〉。」→「私はマロニエの樹の根を存在した。」、『嘔吐』、白井浩司訳、人文書院、一九七〇年、一五二頁。

＊3　«Le Néant *est été*»; *L'être et le néant*, Gallimard, 1969, p.58.「〈無〉は《存在される》」、『存在と無Ⅰ』、松浪信三郎訳、人文書院、一九七一年、一〇四頁。なお同書一〇五頁の訳註1を参照。

ことが多い。その失敗の連続の上になお、本来自由な意識はつねに主体的に新たな価値や意味をつくり出していかなければならない、というのが実存主義のモラルであるのだろう。しかし、他者性を内面化され、分裂し、葛藤する女たちに向かい、自由を行使しないと言って非難できるだろうか、とボーヴォワールは問う。そして、こうした条件下で葛藤する女たちの内的・外的生活について、出来得る限り多くの例をあげ、精神的、肉体的、経済的、社会的、歴史的などの側面から克明に描いたのだった。

その分析に必要なのは、冷徹なまなざしではなく、経験に富んだ豊かなまなざしであるだろう。ボーヴォワールの最初の小説『招かれた女』（一九四三）は、教え子、サルトル、自分との苦しいトリオの関係が下敷きにあった。やがて女のおかれた過酷な条件が存在することに気づき、どんな条件下でもその状況を引き受けるべく人間は自由であると言えるだろうか、という疑問がくすぶり続ける。それは『両義性（アンビギュイテ）のモラルのために』（一九四七）という哲学的エセーに独自の思想として結実する。『第二の性』を執筆する機は熟していたのである。ボーヴォワールは言う。「『第二の性』は完全な創作であり、この本は女性に関する自分の見解を反映し、自分がいかにそれを経験したかを書いたものである」と。[*1]

体験篇の女性たち

ボーヴォワールは『第二の性　Ⅱ 体験』の序文で次のように書いている。女が生きていく困難な条件を、女はどのように学習し、体験するのか、強固な経済的基盤の上に築かれた男社会から女は脱出することができるのか、これらを詳細に調べ分析することによって、新しい未来を築こうとする女たちにつきつけられている問題は何かを知ることになるだろう、と。

結婚とその逆説

戦後、ボーヴォワールが女たちの体験を書いていた当時、「女たちは家に戻され、『女らしさ』の至上命令にさらされていた」[*2]。女たちの体験を書くにあたって、女の状況を分析するためにボーヴォワールが参照した文献は膨大である[*3]。とりわけウィルヘルム・シュテーケル（一八六八－一九四〇、オーストリアの精神分析医）が記した、女たちの証言の

＊1　『第二の性その後』、福井美津子訳、青山館、一四五頁。
＊2　同、三〇頁。

引用は随所に出てくる。その生没年代からもわかるように、彼が活躍したとりわけ十九世紀は個人主義がいきわたり、結婚、家庭が礼賛されていた。結婚生活の入門書が毎年大量に刊行され、精神分析家と医師が「夫婦問題カウンセラー」になっていたほどである。体験篇の一章を成す「結婚した女」は、ある意味で戦後の女たちの状況に近似するものでもあった。結婚した女の私有財産に立脚する幸福はつねに家のなかで具現する。家はブルジョワの価値を端的にあらわしている。持ち家が無くとも、ささやかな家庭を築き結婚生活が送れる幸せは、この時代の空気を反映するものだった。

ところで十八世紀末以降まさにこの時代を含め、後にミシェル・フーコー（一九二六－八四）が告発するように、人々のセクシュアリティの告白が義務づけられ、見えない網の目のように張り巡らされた監視装置により、同性愛などの異常者が容赦なく摘発されていたのである。[*1] それは、家への礼賛：夫婦愛という正常なセクシュアリティの称揚と、同時進行でなされていた。こうした同時代の両面が、時を経て、卓越した証言者たちによって私たちに伝えられるのは、いくつもの伏せられていた層が徐々にとりはらわれ、後世いずれ明かされるその条理に触れることなのだろう。

さて、ボーヴォワールは言う。結婚の逆説とは、結婚には性的な機能と社会的な機能が同時にそなわっていることである、と。社会的存在である夫は、妻にとって扶養者であり、庇護者である。しかし夫婦関係の問題が関わってくると、とりわけ妻の側に、深刻なさまざまな様態・症状があらわれるようになる。種によって苦しめられ、受け身に生殖するその身体は、内分泌物が筋肉や内臓を統制する交感神経と密接にむすびついているので、ヒステリックな身体なのだ。ウィルヘルム・シュテーケルは女たちに発症する数多くの事例をあげている。

ボーヴォワールは、そうした事例のひとつとして、十六歳年上の夫と結婚し十三人の子どもを産んだソフィア・トルストイ（一八四四－一九一九）の日記をくり返しとりあげる。その日記には夫で作家のレフ・トルストイ（一八二八－一九一〇）への両面感情（アンビヴァレンツ）が連ねられ、ボーヴォワールはそこに女の過酷な状況の典型例を見る。夫がおしつける生活様式に不平を言いながらも耐え、争いが激化すると拒否の芝居（狂言自殺、嘘（うそ）の家出、仮病、その他）をする。他にどんな解決策があるのかわからないのだ。自分の反抗心を抑える為のこれといった理由がなく、またそれを表現する効果的な手段もなかった。しかし、十年たった頃の日記では、夫が離れていくと嫉妬心がつのり、自分だけを愛してどこにも行かないでほしいと嘆き、二十年後、三十年後も同じような絶望、倦怠、悲しみの告白がちりばめられる。そこには情熱的な愛の抗議が入りまじっているのだとボー

＊3　（491頁）ウィルヘルム・シュテーケル『性の分析―女性の冷感症』、ヘレーネ・ドイッチュ『女性の心理』、その他フランス文学作品を多く引用。

＊1　『性（セクシュアリティ）の歴史Ⅰ―知への意志』、渡辺守章訳、新潮社、一九八六年。

ヴォワールは説く。

通奏低音とも思えるソフィアの日記の合間には、他の女たちの症例や告白が連ねられていく。こうした症例、性的告白などの引用の圧倒的多さ、女たちの条件や状況の膨大な具体例を積み上げていく手法、それは『第二の性　Ⅱ』の特徴のひとつである。

フランス民法はナポレオン法典から実に一九四二年まで、妻に夫への服従を命じていた。ボーヴォワールの用語を使えば、超越を体現するのは男であり、女は種の保存（出産）と家庭の維持に、すなわち内在に運命づけられていたのである。

娘と母

結婚に至るまでの女の状況はどのようなものだったか。女の子はどのように育てられたのか。本書の「子ども時代」「娘時代」にそれは克明に描かれている。幼年期から娘時代に至る過程で、女の子の内面生活は兄弟よりも奥深く展開し、みずからの条件の両義性（アンビヴァレンツ）を日々経験する。思春期を迎え、性のめざめ、最初のときめき、情熱、そして恐怖や嫌悪の体験、こうしたことを胸の内に秘めて成長し、やがて「性の入門」にいたる。ボーヴォワールは、後に成人した女たちが本書で語るどんな性的体験よりも赤裸々に、この性の入門の章を書いている。それは精神医療的視点にも則（のっと）った、書くことの使命感に根ざしたものと言って過言ではない。

こうして成長していく状況において、女の子は母親と親密になるのが一般的だ。女の同性愛のほうが男の同性愛よりも圧倒的に多いのは、その所以でもあるとボーヴォワールはいう。自分の娘のなかに自分自身を認め、娘に癒着（ゆちゃく）する母親は娘に性的愛着を感じている場合が多いと。しかしボーヴォワールが評価する作家のコレット（一八七三―一九五四）が、愛着する母親シド（愛称）を描くその像は、家に執着し娘に執着する女たちとはおよそ似つかない、豊かな自然に親しむシドの世界だ。ボーヴォワールは「同性愛の女」の章で、同性愛の女とそうでない女というように明確なカテゴリーに女を分けるのは意味がないと言っている。女たちの性行動が両義的（アンビヴァレンツ）であるからだ。したがって、時間が直線的に進行するようには、個人の歴史は宿命的に進行するものではない。動きのあるたびに、過去が新たな選択によってとらえなおされるのであると。それは実存主義の言うような常に前へと向かっていくプロジェとはおよそ相容れない時間である。[*1] おそらくボーヴォワールはこうした体験を経て、女たちへのまなざしを深みある独自のものに鍛え上げた。

　そして言う。母親が仕事や社会との関係のなかに自己実現を見出す女であれば、それは子どものためにも望ましい。しかし大半の夫は職業に専念し、妻の活動には素知らぬ風を決め込み、人間を育てるという最も難しくかつ重大な企てを妻に任せる。子どもが育っていく状況は危うさの連続である。精神分析が明らかにした重要な真実の一つは、

＊1　ジュリア・クリステヴァ（一九四一―）が永続的に反復する時間性を「女の時間」と言ったのは一九七九年だが、ボーヴォワールは一九四九年にすでにこの概念を提示していた。

「正常な」両親でさえ子どもにとって危険となる。どんな親も自分の過去を振り返ってみればそれに気づくはずである。母親がすべきことは、子どもを養い世話をするという実質的な状況を作りだすことだけで、その状況を乗り越えるのは子ども自身である。母親が子どもの未来に賭けるとするなら、それは他者（子ども）に依って自己超越することにほかならず、さらなる依存に陥ることになる。子どもから解放されて自分の人生を自由に引き受けること、そうすることによって子どもは親から解放されて、自己形成していけるのである、と。

子どもが親離れしてのち、自分の状況の限界を拒否し、独自の可能性に賭け、真に納得できるやり方で世界への参加（アンガージュマン）を果たしたいと決意するとき、女は、男のように紋切型な既成のやり方では満足できない。しかし、女が男にたいしてこうした優越性を抱き、超越を実践しようとするなら、まず女に差し出される欺瞞を押しのけるという条件が必要である、とボーヴォワールは諭（さと）す。

女への罠（わな）

女に差し出される欺瞞とは、内在のなかで超越を実現しようとする孤独な試みへと女を誘導する罠のことである。女は障害が生じるたびに、自分の運命を不当だと思い、より安全な隠れ家、すなわち自分自身のなかに逃げ込もうとする。そして、自分だけで個人的な救済を実現しようとし、自らの実存を内在性のただなかで正当化しようとする。女はそのような罠にかかりやすいとボーヴォワールは警告するのだ。その罠にかかった女の例として、とりあげられるのは、「ナルシシストの女」、「恋する女」、「神秘的信仰に生きる女」である。

ナルシシストの女は自我を究極の持ち札とし、自我にすがって生きようとする。状況がそのようにしむけてきたからだ。女は子どもの頃から男性的な活動を禁止されてきた。行動する男の子は必然的に外の世界に触れ、将来への道筋を描くこともできる。女の子は用事を言いつけられることが少なくなく、兄弟にとって重要とされる事柄からは外される。こうした状況にあって最も大切なのは「自分自身」ということになり、自らを客体として見るようになる。思春期になると自分の身体が受け身で、欲望の対象であることを知る。やがて鏡という罠にとらえられ、鏡の中の自分を活気づけ、称賛し、自ら陶酔するようにもなる。こうしてナルシシストになった女は、自分が世界の中心にいると決めこむ。やがて年月を経て疎外されていると感じるときがくると、自分は犠牲者だと悩み、鬱病(うつびょう)になって、シュテーケルに頼っていくことにもなる。

恋する女の多くは、まず自分を救うために恋に身を委ね、やがて相手との永遠の結びつきを夢見る。子どものころから男を自分が対等になれない支配者とみなすことに慣れた女は、男に隷属して自分の非本質的な状況を引き受けることで、自分の内在性を乗り越えようとするのだ。しかし男が訪れないときはひたすら待つ身となり、それが恋する女の状況であることを知る。ヴィクトル・ユゴーが、ジュリエット・ドルエに十二年間の蟄居を課したとき、彼女は満足し、彼に一体化していった。しかし事実は、彼女は少しずつ彼のなかに自分を見失っていったのだった。女優のキャリアも失い、ユゴーに近づく女たちに嫉妬しつつ、それでも彼女はずっと愛人としてユゴーを待ち続ける女でいるのだった。

神秘的信仰に生きる女は、ほとんどの場合、自分を受動的に神に委ねるだけでは満足しない。身体の破壊によって自己を無に帰そうとしたり、自らの肉体を苦しめることによってその肉体を誇示しようとする。そうかと思うと、十字架の下に立ってイエス・キリストの血を浴びるマグダラのマリアに一体化し、額は茨(いばら)の冠の聖痕で血を流している。こうして神秘的信仰に生きる女は、サド゠マゾ的な幻想を満足させるだけにとどまるのである。

以上見てきたように、状況によって内在に仕向けられて自己を正当化する個人的救済の努力は、いずれ失敗に終わるしかないのだろう。

状況の複層性

本来、女もまた超越性を宿した実存者である。にもかかわらず女が超越するのを絶とうとする状況が、女に行動することを妨げている事実が明白になった。

女の複層的な状況にあって唯一できること、それは自分の状況の限界に反抗し、それを拒否し、未来への道を拓くよう努めること以外にない、とボーヴォワールは女たちを励ます。具体的に言えば、たとえば女性作家は現実を明晰に見ることばかりを考えて、その明晰さの向こうにある他の未知の闇に踏み込もうと努力しない。芸術、文学、哲学など新しい世界を構築しようとして、女にまず欠けているのは、苦悩や自尊心のなかにあって、見捨てられ独りになった孤独と超越の修練を積むことである。また、職業に就き自立した女は、複雑な女性労働問題に立ち向かって状況を切り開き、その結果を自分で引き受けていかなければならない。……厳しい要求ではある。しかし、真理である。

ところで、男の場合でも非本質的な領域に陥っている者は多くいる。フランツ・カフカ（一八八三―一九二四）が描いた官僚の世界、儀式と、意味のない身ぶりと、目的のない行動の世界は、主に男のものである。男もこうして抑圧されているのが現実なのだ。さらに事実を言えば、男の法律によって、男たちの利益のために作り上げられた社会が、女の条件のみならず、男にとっても苦痛の種となっている現状だ。

現代の政治思想家ピエール・ロザンヴァロン（一九四八―）は、ジャコバン主義の時代には社会的なものを考察するのに、その本質的なものであるはずの性的差異を考察の対象から外し、男を普遍性、女を特殊性、として両極化(polarisation)した。それは、長く続く『第二の性』の政治的排除に与することになったと[*1]、社会を再創造するのに欠かせないとして性的差異の問題を提示している(『第二の性』がひとり歩きするようになっている!)。時代は変わっていく。「状況」に負けてはいられない。

『第二の性』を出版して二十年後、ボーヴォワールは、再び『第二の性』を書くとすれば、主体と他者の対立を、観念的にではなく、経済的基盤の上に立って論じるだろうと、『回想録』に記している。そして女の解放は集団でしかできないという認識のもと、社会変革と女性問題を同時に進める必要があるとし、一九七〇年以降、女性解放運動に積極的に関わっていったのである。

最後に、『第二の性』の大きな枠組として、「女性」を相互性の利かない主体/他者関係の他者の項に置いたその意義は、じつはボーヴォワールが思っていた以上に大きいものだった。というのも、他者の項に「女性」だけでなく、「子ども」、「高齢者」、「障がい者」、「外国人」……などをあてはめることによって、つねに序列関係の下位にある他者の問題を含みこむことができるからだ。これは、相互性を謳ったサルトルの主体/他者関係よりも、問題の今日性を先取りしていたことを示すものだといえるだろう。

なお、今回の復刊に当たっては、数十カ所の訳文修正を含めて、訳文の調整・訳語の統一作業は、Ⅰ巻とⅡ巻下の第三部・第四部を井上、Ⅱ巻上とⅡ巻下の第一部・第二部を木村が担当した。

末筆になりましたが、本書の復刊を企画していただいた河出書房新社編集部の石川詩悠さん、複雑な編集に携わっていただいた島田和俊さんに、心から感謝いたします。

二〇二三年二月

木村信子

＊1　コレージュ・ド・フランス就任講義、二〇〇二年三月二十八日。

フェミニスト哲学をもう一度、ここからはじめるために
――ボーヴォワール『第二の性』解説

刊行から七十四年が経ち、いまや誰もがフェミニズムの古典と認める『第二の性』の執筆が開始されたのは、第二次世界大戦が終わったばかりの一九四六年、シモーヌ・ド・ボーヴォワールが三十八歳の頃である。夥しい数の犠牲者を出した二度にわたる戦争の爪痕は、従来の考え方や生き方が通用しない時代の到来を西欧の知識人たちに痛感させ、荒廃した状況でいかにして世界に、そして人間そのものに向き合うべきかという根本的な問いを投げかけた。威信を失い、もはや拠って立つことのできないひび割れた大地を前にして、知識人たちの思考は危機に瀕していたにちがいない。そのとき、若くして大学で哲学を修め、エクリチュールに人生を捧げる決心をした一人の作家が選択したのは、体系立った叙述ではなく、エッセイのかたちで女性についての思考を試練にかけることであった。

エッセイの思考

日本語の感覚からすれば、「エッセイ」は気軽に楽しめる文学の一ジャンルを指す言葉であろう。筆者の経験や日常のあれこれが平易な文体で語られるそれは、読者の共感を呼んだり、物事の新たな側面を照らし出す独自の視点を開示したりするものだ。フェミニストのための書店がオープンするほど、近年日本においてフェミニズムを学ぶ機運は高まっており、関連する出版物にも一般読者が手に取りやすいエッセイは多く含まれる。だが、それらと比較してみると『第二の性』は読みづらい……というのが、初見の読者が抱く正直な感想ではないだろうか。

これはなにも翻訳が問題なのではない。本書は複数の訳者が携わったとは思えないほど淀(よど)みのない一定のトーンで、原著者の声が響きわたるよう訳文に工夫がなされている。読みづらさの原因はむしろボーヴォワールのほうにあるのだ。まず、とにかく本書は分厚すぎる。そのうえ小見出しがほとんどなく、この節まで読んだら休憩しようと読者が思っていても、切れ目はなかなか訪れない。ひとつひとつの段落も長く、黙読しているはずなのに次の段落まで息がもつだろうかと不安になるときすらある。とりわけ、女性についての多様な言説が次々と紹介されていくなかで、突然挿入される哲学の専門用語は読者を面食らわせるだろう。本書はライトでカジュアルな親しみやすいフェミニスト・エッセイではけっしてないのである。

「エッセイ」のもととなるフランス語の《essai》は、後期ラテン語の《exagium》に由来し、「判断する」(juger)、「試験する」(examiner)、「重さを量る」(peser) などの意味をもつ動詞《exigere》から派生したとされる。つまりエッセイとは、すでに整理された情報やよく練られた考えを発表するのにふさわしい形式ではなく、学んだり調べたりした知識をその場で吟味（ぎんみ）していき、筆者がみずからの思考を試すのに適した形式なのだ。そこに読みやすさへの配慮など存在しない。あらかじめ結論が決まっているわけではないため、簡単に答えを教えてもくれない。膨大な資料と哲学の概念を駆使しながら、ボーヴォワールは女性をめぐる学説、歴史、神話、文学、体験、状況などを、主観と客観という異なる位相の緊張関係のなかで丁寧に描き出していく。そうして彼女は書きながら考える。だからこそ、先行する生島訳が原書の構成を組み替えて訳してしまったのに対し、本翻訳ではボーヴォワールの思考の歩みと正しい順番が重視されたのだ。

　エッセイとはまさに実験の場であり、筆者の思考の経験が足跡として残された空間なのである。エッセイにしかできないことがあるとすれば、模索し、試行錯誤し、荒削りな仕方でも問題に取り組み、戦うこと、それによって新たな思考を誕生させ、前代未聞の声を響かせることではないだろうか。ボーヴォワールは時代の危機に正面から向き合い、危機を批判力へと変換させ、見事にそれをやってのけた。試みることでしか生まれない思考があるとすれば、困難な状況はいつもその最大のチャンスなのである。

感覚を超えていけ

ボーヴォワールが『第二の性』でおこなったのは、内在や超越といった哲学の術語を用い、個として生きられた経験にもとづきながらもある種の普遍性を見出そうとする現象学的な方法論に則って、女性を取り巻く諸問題に理論的基盤を与えることであった。[*1]一九四九年に生み出された理論は、いまなおフェミニストたちが立ち返るべき原点であり、トランスジェンダー・フェミニズムをも含む幅広い議論の射程を有している。しかしながら現在、いったいどれだけのフェミニストが新たな理論構築に関心を寄せていると言えるのだろうか。[*2]

こうした懸念は、共感や実感を求心力とするフェミニズム運動を見るにつけ高まっていく。#MeTooをはじめとするオンライン・フェミニズムでは、発信者が性暴力やハラスメント被害を告発し、それを文字どおり「私も」「私も」と共有していくことで、たくさんの「私」の連なりが「私たち」という現実をつくりだす。ひとつひとつの声は小さくとも、その集まりは波となり、力となる。そこに運動を推進するポジティヴな面があることは確かだが、裏を返せば、同質的なまとまりを形成し、感覚を分かちあえない者との分断を強化する恐れもある。ソーシャルメディアが直感性に長けた媒体である以上、「私」を「私たち」へとつないでいくのは、何よりも当人たちが実際に抱いている

＊1　『第二の性』で展開された議論がコンパクトにまとめられているのは次の論考である。木村信子「シモーヌ・ド・ボーヴォワール『第二の性』」、『シモーヌ』vol. 1所収、現代書館、二〇一九年、一四－二一頁。

＊2　藤高和輝「「なる」ものとしてのジェンダー」、前掲書所収、四六－五三頁。

感覚なのである。

けれども感覚は、感覚を問い直す視座をもたない。特定の属性に対する不安、恐怖、嫌悪、差別感情は理屈抜きにそうであり、自身の感覚を感覚それ自体によって書き換えることはできないからだ。共感や実感の段階にフェミニズムがとどまるとすれば、明らかな衰退である。理論や思考を放棄し、感覚や感情ならびに生物学的身体にのみ依拠したフェミニズムは、性差別主義者が大好きな「女性らしい」運動となるだろう。はたしてそれでよいのか。「私たち」はさらに先へと進んでいく必要があるのではないか。

ソーシャルメディアの影響を度外視したフェミニズムが不可能な現代において『第二の性』を読む意義を考えるとすれば、本書にはもともと抱いていた感覚を考察によって超えていった一人の女性の軌跡を見ることができる。実際、ボーヴォワールは回想録『或る戦後』で「私はかつて劣等感を持ったことがないし、誰からも《貴女は女だからそう考えるのですよ》と言われたことがない。女であることは全然私の邪魔にならなかった」[*1]と述べている。彼女の恵まれた出自や輝かしい経歴、それによって培（つちか）われた感覚からすれば、フェミニズムなど簡単に一蹴できるものだったのだ。それでも、ボーヴォワールは女性であるとはどういうことかを考えつづけた。いまではそれがフェミニズムの古典となっているのだから、『第二の性』の出発点には自身の感覚を反省し、それを書き換えていく思考の身振りが間違いなく存在するのである。

「〜である」から「〜になる」へ

「人は女に生まれるのではない、女になるのだ」というあまりにも有名な文言は、現代の言い回しではジェンダーの社会構築性を表している。要するに、女とは生まれながらにして女なのではなく、置かれている状況や社会、文化、生育過程などで「女とはこういうものだ」と刷り込まれ、女にさせられていくということだ。各自の希望や選択に委ねられているわけではなく、構造的に、アイデンティティは他者によって割り当てられ、勝手に規定されることに端を発する。そして世界は、その者が何であるかをくりかえし問い尋ねてくる。とはいえ、ジェンダーがつくられたものであるならば、「私は女である」を成り立たせている同一性は永久に不変のものではない。動詞「〜である」にはつねに「〜になる」という変化の可能性が内包されているからだ。

ボーヴォワールが「〜である」や「存在する」を示すフランス語の動詞《être》を「〜になる」を意味する《devenir》へと読み換えていったのは、当時の西洋哲学からすれば当然の流れであったと思われる。彼女の哲学的な立場は、パートナーであるジャン＝ポール・サルトルや友人のモーリス・メルロ＝ポンティと同じく実存主義や現象学に位置づけられるが、それらの発想はドイツの哲学者マルティン・ハイデガーに多くを負っていた。ハイデガーは、辞書的には自動詞として説明される「〜である」や「存在す

＊1　シモーヌ・ド・ボーヴォワール『或る戦後』上、朝吹登水子・二宮フサ訳、紀伊國屋書店、一九六五年、一〇四－一〇五頁。

る」を表すドイツ語《sein》を、『哲学への寄与』などで他動詞的に用いたことで知られる。存在の他動性とは、端的に言えば、ひとはそこにぽつんと存在しているのではなく、みずからをそのものとして存在せしめているということだ。そこには運動があり、移行がある。能動性があり、力がある。私の本質も固い地面になど根差しておらず、ハイデガーは『存在と時間』で「「本質」《Wesen》」はその実存のうちにひそんでいる」[*1]と言う。ここから本質は、たんなる普遍性や固有性を離れて、実存するという動きなしには成り立たないものとなっていった。

このようにして、「実存は本質に先立つ」というサルトルの名言や、『見えるものと見えないもの』に書き残されたメルロ゠ポンティの動詞的な《Wesen》の議論とともに、ボーヴォワールは『第二の性』で本質と実存の関係や同一性という哲学の根本問題を女性に即して問い直したと言える。「〜である」に「〜になる」の意味の負荷をかける流れは、ボーヴォワールらの世代にとどまらず、次世代のさらに次の世代にあたるジャン゠リュック・ナンシーなどにもはっきりと受け継がれている。したがって、ボーヴォワールらはこのとき、「ポストモダン」と呼ばれる思想潮流を待たずして、アイデンティティを固定的で自明のものとする議論にすでに終止符を打っていたのである。[*2]

それぞれのボーヴォワール

ミシェル・フーコー、ジル・ドゥルーズ、ジャック・デリダなどに代表される「ポストモダン」ないし「フランス現代思想」の輝かしい台頭により、たしかにサルトルやメルロ＝ポンティ、ボーヴォワールらのテクストはその影に追いやられてしまった感が否めない。彼らの発想の源泉には、ハイデガーをはじめ、フリードリヒ・ニーチェやジークムント・フロイトなどドイツの思想家たちがおり、フランスにおける実存主義と現象学をベースにしたひとつ前の世代からインスピレーションを得ていたとしても、それを前面に押し出すことは少なかった。

同様に、ボーヴォワール以後のフランスのフェミニズムは普遍主義と差異主義に分岐すると概説的には言われており、彼女の思想はクリスティーヌ・デルフィやモニック・ウィティッグらの普遍主義へと流れ着き、精神分析を基盤とするアントワネット・フークの率いる差異主義のメンバーはボーヴォワールに批判的だったとされている。エレーヌ・シクスー、リュス・イリガライ、ジュリア・クリステヴァらの「エクリチュール・フェミニン」と総称される、「フェミニスト」を自称しない作家・思想家たちは差異主義の周辺で活動していたとされ、やはり普遍主義的な考え方を採ってはいなかった。こ

＊1　マルティン・ハイデガー『存在と時間Ⅰ』原佑・渡邊二郎訳、中央公論新社（中公クラシックス）、二〇〇三年、一〇六頁。

＊2　その意味で、抑圧されたアイデンティティの社会的承認を求めるアイデンティティ政治と現代フランス哲学の相性はお世辞にもよいとは言えない。個々のアイデンティティのもとに一致団結する動きよりも先の未来を、二十世紀のフランス哲学はまなざしていた。

のような思想史の整理はもちろん必要ではあるが、ともあれこの図式に固執しすぎてはボーヴォワールをめぐる現在の状況を見誤ることになるだろう。時の流れはかつての思想家やテクストを語り直す機会を与えてくれるものであり、もはや普遍主義か差異主義かという二項対立には収まらない動きも見られるのである。

その筆頭はなんといってもクリステヴァであろう。彼女が二〇一六年に発表した『ボーヴォワール』[*1]には、二十一世紀になってから語り直されたボーヴォワールに関する多数のテクストが収録されている。前述した思想史上ではボーヴォワールと異なる系列にいるクリステヴァだが、二〇〇八年にパリで開催されたボーヴォワール生誕百周年シンポジウムを取りまとめたのは彼女であり、同年の「女性の自由のためのシモーヌ・ド・ボーヴォワール賞」の創設にも尽力している。しばしば指摘される『第二の性』におけるる母の問題を、クリステヴァは否定的にではなく積極的に捉え直そうとし、ボーヴォワールがいかなる意味で「母」でありうるのかを考察するのが彼女のボーヴォワール論の主眼と言えるだろう。それは必ずしも生殖する母ではなく、テクストによって様々な女性のポリフォニーを生み出した「母」であり、母という言葉の本質もまた彼女において生成変化していることを物語っている。

そして、デリダの流れを汲む脱構築思想の最前線に位置するカトリーヌ・マラブーは、二〇二〇年の『抹消された快楽』[*2]でボーヴォワールに一章を割いている。マラブーにとってのボーヴォワールは、『第二の性』によって哲学の長い歴史のなかに精神分析とクリトリスやヴァギナといった概念をはじめて刻み込んだ者であり、身体性を排除することなく、みずからの性を生きるとは何かを問う性的実存の哲学を構築した思想家であった。脱構築に特徴的なノンバイナリー性を好むマラブーにとって、ボーヴォワールはその語法において性の二分法を解体したわけではないが、それでも権力関係のなかで男性よりも劣位に置かれる女性を抵抗の旗印としたことは評価する。マラブーはそれを、男女の二元論を超えたものをも含み込みながら、あえて「女性」や「女性的なもの」という表現を用いて引き継いでいる。女性という言葉は、見た目を変えることなく、ここでもまた意味の変容を生じさせているのである。

現在、ボーヴォワールと『第二の性』を再考する機運は、これまでまったく別の陣営だと思われていたエクリチュール・フェミニンや脱構築思想においても高まっており、さらなるリバイバルの機会が訪れるのを待っているように思われる。もちろん、ボーヴォワールの正統な流れを汲む「フェミニスト現象学」は、すでに日本でもその入門書が刊行され[*3]、現象学が男性かつ健常者の経験を基礎とする学問であったことを批判し、月

＊1　ジュリア・クリステヴァ『ボーヴォワール』栗脇永翔・中村彩訳、法政大学出版局、二〇一八年。収録された中村彩「解題　革命の継承」では、ボーヴォワールとクリステヴァをめぐるフランスのフェミニズムの状況が詳細に述べられている。

＊2　カトリーヌ・マラブー『抹消された快楽——クリトリスと思考』西山雄二・横田祐美子訳、法政大学出版局、二〇二一年。

経や妊娠・出産などの身近なテーマを哲学的に取り扱うためのすべを教えてくれている。

「自由な女はいま生まれようとしているところ」であり、それは『第二の性』の刊行から七十四年が経っても、ボーヴォワールの死から三十七年が経っても途切れることはない。各自がそれぞれの仕方で『第二の性』を語り直すことによって、新たな思考は今後も生まれてくるだろう。彼女の言葉をパラフレーズすることは、ボーヴォワールのそば(para-)に寄り添いながらも、別の言葉(phrase)を隣に書き記すことなのである。『第二の性』はいま、そうされることを待っている。

二〇二三年二月

横田祐美子(立命館大学助教)

＊3 稲原美苗・川崎唯史・中澤瞳・宮原優編『フェミニスト現象学入門——経験から「普通」を問い直す』、ナカニシヤ出版、二〇二〇年。

本書は、一九九七年四月に新潮社より刊行され、二〇〇一年四月に新潮文庫に収められた『決定版　第二の性　Ⅱ 体験 下』を、加筆修正のうえ文庫化したものです。

Simone de BEAUVOIR:
LE DEUXIÈME SEXE
Tome 2: L'Expérience vécue

決定版 第二の性
II 体験 下

二〇二三年 四 月一〇日 初版印刷
二〇二三年 四 月二〇日 初版発行

著 者 S・ド・ボーヴォワール
訳 者 『第二の性』を原文で読み直す会
発行者 小野寺優
発行所 株式会社河出書房新社
〒一五一－〇〇五一
東京都渋谷区千駄ヶ谷二－三二－二
電話〇三－三四〇四－八六一一（編集）
〇三－三四〇四－一二〇一（営業）
https://www.kawade.co.jp/

ロゴ・表紙デザイン 粟津潔
本文フォーマット 佐々木暁
印刷・製本 中央精版印刷株式会社

Printed in Japan ISBN978-4-309-46781-8

キンドレッド

オクテイヴィア・E・バトラー　風呂本惇子／岡地尚弘〔訳〕　46744-3

謎の声に呼ばれ、奴隷制時代のアメリカ南部へのタイムスリップを繰り返す黒人女性のデイナ。人間の価値を問う、アフリカ系アメリカ人の伝説的作家による名著がついに文庫化。

ヴァギナ　女性器の文化史

キャサリン・ブラックリッジ　藤田真利子〔訳〕　46351-3

男であれ女であれ、生まれてきたその場所をもっとよく知るための、必読書！　イギリスの女性研究者が幅広い文献・資料をもとに描き出した革命的な一冊。図版多数収録。

ダーク・ヴァネッサ　上

ケイト・エリザベス・ラッセル　中谷友紀子〔訳〕　46751-1

17年前、ヴァネッサは教師と「秘密の恋」をした。しかし#MeTooムーブメントのさなか、歪められた記憶の闇から残酷な真相が浮かび上がる——。世界32か国で翻訳された震撼の心理サスペンス。

ダーク・ヴァネッサ　下

ケイト・エリザベス・ラッセル　中谷友紀子〔訳〕　46752-8

「あれがもし恋愛でなかったならば、私の人生はなんだったというの？」——かつて「恋」をした教師が性的虐待で訴えられ、ヴァネッサは記憶を辿りはじめる。暗い暴力と痛ましい回復をめぐる、衝撃作。

ラウィーニア

アーシュラ・K・ル＝グウィン　谷垣暁美〔訳〕　46722-1

トロイア滅亡後の英雄の遍歴を描く『アエネーイス』に想を得て、英雄の妻を主人公にローマ建国の伝説を語り直した壮大な愛の物語。『ゲド戦記』著者が古代に生きる女性を生き生きと描く晩年の傑作長篇。

いまファンタジーにできること

アーシュラ・K・ル＝グウィン　谷垣暁美〔訳〕　46749-8

『指輪物語』『ドリトル先生物語』『少年キム』『黒馬物語』など名作の読み方や、ファンタジーの可能性を追求する評論集。「子どもの本の動物たち」「ピーターラビット再読」など。

ギフト 西のはての年代記Ⅰ

ル＝グウィン　谷垣暁美〔訳〕　46350-6

ル＝グウィンが描く、〈ゲド戦記〉以来のＹＡファンタジーシリーズ第一作！　〈ギフト〉と呼ばれる不思議な能力を受け継いだ少年オレックは、強すぎる力を持つ恐るべき者として父親に目を封印される――。

ヴォイス 西のはての年代記Ⅱ

ル＝グウィン　谷垣暁美〔訳〕　46353-7

〈西のはて〉を舞台にした、ル＝グウィンのファンタジーシリーズ第二作！　文字を邪悪なものとする禁書の地で、少女メマーは一族の館に本が隠されていることを知り、当主からひそかに教育を受ける――。

パワー 上 西のはての年代記Ⅲ

ル＝グウィン　谷垣暁美〔訳〕　46354-4

〈西のはて〉を舞台にしたファンタジーシリーズ第三作！　少年奴隷ガヴィアには、たぐいまれな記憶力と、不思議な幻を見る力が備わっていた――。ル＝グウィンがたどり着いた物語の極致。ネビュラ賞受賞。

パワー 下 西のはての年代記Ⅲ

ル＝グウィン　谷垣暁美〔訳〕　46355-1

〈西のはて〉を舞台にした、ル＝グウィンのファンタジーシリーズ、ついに完結！　旅で出会った人々に助けられ、少年ガヴィアは自分のふたつの力を見つめ直してゆく――。ネビュラ賞受賞。

終わらざりし物語　上

J・R・R・トールキン　C・トールキン〔編〕　山下なるや〔訳〕　46739-9

『指輪物語』を読み解く上で欠かせない未発表文書を編んだ必読の書。トゥオルの勇姿、トゥーリンの悲劇、ヌーメノールの物語などを収録。

終わらざりし物語　下

J・R・R・トールキン　C・トールキン〔編〕　山下なるや〔訳〕　46740-5

イシルドゥルの最期、ローハンの建国記、『ホビットの冒険』の隠された物語など、トールキン世界の空白を埋める貴重な遺稿集。巻末資料も充実。

リンバロストの乙女　上

ジーン・ポーター　村岡花子〔訳〕　46399-5

美しいリンバロストの森の端に住む、少女エレノア。冷徹な母親に阻まれながらも進学を決めたエレノアは、蛾を採取して学費を稼ぐ。翻訳者・村岡花子が「アン」シリーズの次に最も愛していた永遠の名著。

リンバロストの乙女　下

ジーン・ポーター　村岡花子〔訳〕　46400-8

優秀な成績で高等学校を卒業し、美しく成長したエルノラは、ある日、リンバロストの森で出会った青年と恋に落ちる。だが、彼にはすでに許嫁がいた……。村岡花子の名訳復刊。解説＝梨木香歩。

スウ姉さん

エレナ・ポーター　村岡花子〔訳〕　46395-7

音楽の才がありながら、亡き母に変わって家族の世話を強いられるスウ姉さんが、困難にも負けず、持ち前のユーモアとを共に生きていく。村岡花子訳で読む、世界中の「隠れた尊い女性たち」に捧げる物語。

精霊たちの家　上

イサベル・アジェンデ　木村榮一〔訳〕　46447-3

予知能力を持つクラーラは、毒殺された姉ローサの死体解剖を目にしてから誰とも口をきかなくなる——精霊たちが飛び交う神話的世界を描きマルケス『百年の孤独』と並び称されるラテンアメリカ文学の傑作。

精霊たちの家　下

イサベル・アジェンデ　木村榮一〔訳〕　46448-0

精霊たちが見守る館で始まった女たちの神話的物語は、チリの血塗られた歴史へと至る。軍事クーデターで暗殺されたアジェンデ大統領の姪が、軍政下の迫害のもと描き上げた衝撃の傑作が、ついに文庫化。

鉄の時代

J・M・クッツェー　くぼたのぞみ〔訳〕　46718-4

反アパルトヘイトの嵐が吹き荒れる南アフリカ。末期ガンの70歳の女性カレンは、庭先に住み着いたホームレスの男と心を通わせていく。差別、暴力、遠方の娘への愛。ノーベル賞作家が描く苛酷な現実。

アメリカーナ　上

チママンダ・ンゴズィ・アディーチェ　くぼたのぞみ〔訳〕　46703-0

高校時代に永遠の愛を誓ったイフェメルとオビンゼ。米国留学を目指す二人の前に、現実の壁が立ちはだかる。世界を魅了する作家による、三大陸大河ロマン。全米批評家協会賞受賞。

アメリカーナ　下

チママンダ・ンゴズィ・アディーチェ　くぼたのぞみ〔訳〕　46704-7

アメリカに渡ったイフェメルは、失意の日々を乗り越えて人種問題を扱う先鋭的なブログの書き手として注目を集める。帰郷したオビンゼは巨万の富を得て幸せな家庭を築く。波瀾万丈の物語。

なにかが首のまわりに

C・N・アディーチェ　くぼたのぞみ〔訳〕　46498-5

異なる文化に育った男女の心の揺れを瑞々しく描く表題作のほか、文化、歴史、性差のギャップを絶妙な筆致で捉え、世界が注目する天性のストーリーテラーによる12の魅力的物語。

血みどろ臓物ハイスクール

キャシー・アッカー　渡辺佐智江〔訳〕　46484-8

少女ジェイニーの性をめぐる彷徨譚。詩、日記、戯曲、イラストなど多様な文体を駆使して紡ぎだされる重層的物語は、やがて神話的世界へ広がっていく。最終３章の配列を正した決定版！

突囲表演

残雪　近藤直子〔訳〕　46721-4

若き絶世の美女であり皺だらけの老婆、煎り豆屋であり国家諜報員——X女史が五香街（ウーシャンチェ）をとりまく熱愛と殺意の包囲を突破する！世界文学の異端にして中国を代表する作家が紡ぐ想像力の極北。

さすらう者たち

イーユン・リー　篠森ゆりこ〔訳〕　46432-9

文化大革命後の中国。一人の若い女性が政治犯として処刑された。物語はこの事件に否応なく巻き込まれた市井の人々の迷いや苦しみを丹念に紡ぎ、庶民の心を歪めてしまった中国の歴史の闇を描き出す。

黄金の少年、エメラルドの少女

イーユン・リー　篠森ゆりこ〔訳〕　46418-3

現代中国を舞台に、代理母問題を扱った衝撃の話題作「獄」、心を閉ざした四〇代の独身女性の追憶「優しさ」、愛と孤独を深く静かに描く表題作など、珠玉の九篇。O・ヘンリー賞受賞作二篇収録。

あなたのことが知りたくて

チョ・ナムジュ／松田青子／デュナ／西加奈子／ハン・ガン／深緑野分／イ・ラン／小山田浩子 他　46756-6

ベストセラー『82年生まれ、キム・ジヨン』のチョ・ナムジュによる、夫と別れたママ友同士の愛と連帯を描いた「離婚の妖精」をはじめ、人気作家12名の短編小説が勢ぞろい！

テヘランでロリータを読む

アーザル・ナフィーシー　市川恵里〔訳〕　46743-6

全米150万部、日本でも大絶賛のベストセラー、遂に文庫化！テヘランでヴェールの着用を拒否し、大学を追われた著者が行った秘密の読書会。壮絶な彼女たちの人生とそれを支える文学を描く、奇跡の体験。

愛人 ラマン

マルグリット・デュラス　清水徹〔訳〕　46092-5

十八歳でわたしは年老いた！　仏領インドシナを舞台に、十五歳のときの、金持ちの中国人青年との最初の性愛経験を語った自伝的作品として、センセーションを捲き起こした、世界的ベストセラー。映画化原作。

ボヴァリー夫人

ギュスターヴ・フローベール　山田𣝣〔訳〕　46321-6

田舎町の医師と結婚した美しき女性エンマ。平凡な生活に失望し、美しい恋を夢見て愛人をつくった彼女が、やがて破産して死を選ぶまでを描く。世界文学に燦然と輝く不滅の名作。

高慢と偏見

ジェイン・オースティン　阿部知二〔訳〕　46264-6

中流家庭に育ったエリザベスは、資産家ダーシーを高慢だとみなすが、それは彼女の偏見に過ぎないのか？　英文学屈指の作家オースティンが機知とユーモアを込めて描く、幸せな結婚を手に入れる方法。永遠の傑作。